DELIUS KLASING

Toni Caviezel
PURA VIDA
Eine etwas andere Weltumseglung

Delius Klasing Verlag

Die Deutsche Bibliothek – CIP-Einheitsaufnahme

Caviezel, Toni:
Pura vida: eine etwas andere Weltumseglung /
Toni Caviezel. – 1. Aufl. – Bielefeld: Delius Klasing, 2002
ISBN 3-7688-1345-2

1. Auflage
ISBN 3-7688-1345-2
© by Delius, Klasing & Co. KG, Bielefeld

Fotos (einschließlich Schutzumschlag): Toni Caviezel
Schutzumschlaggestaltung: Buchholz/Hinsch/Hensinger, Hamburg
Satz: Fotosatz Habeck, Hiddenhausen
Druck: GGP Media, Pößneck
Printed in Germany 2002

Alle Rechte vorbehalten! Ohne ausdrückliche Erlaubnis
des Verlages darf das Werk, auch nicht Teile daraus,
weder reproduziert, übertragen noch kopiert werden,
wie z. B. manuell oder mithilfe elektronischer und mechanischer
Systeme inklusive Fotokopieren, Bandaufzeichnung
und Datenspeicherung.

Delius Klasing Verlag, Siekerwall 21, D - 33602 Bielefeld
Tel.: 0521/559-0, Fax: 0521/559-113
e-mail: info@delius-klasing.de
www.delius-klasing.de

Inhalt

Abenteuer Mittelamerika 7
*Wie alles begann – Die ersten Tage auf der PURA VIDA –
Puntareas – Isla Gitana – Landreise Costa Rica – Golfito*

Gangster und Gastfreundschaft: Panama 46
Boca Chica – Panama City – Bahia Honda

Endlose Weite und kleine Inseln: Der Pazifik 63
3850 Meilen »Stiller« Ozean – Marquesas – Tuamotus – Tahiti

Südseeparadiese 101
Bora Bora – Cook Islands – Tonga

Downunder: Neuseeland und Australien 138
*Südwärts nach Neuseeland – Opua und Bay of Islands –
Seglerstadt Whangarei – Ferien in Kaledonien –
Australische Metropolen – Ins Outback – Great Barrier Reef –
Torresstraße und Arafurasee – Darwin*

Meer zwischen den Welten: Der Indik 175
*Cocos Keeling – Rodrigues – Mauritius – La Réunion –
Auf nach Südafrika!*

Rund ums Kap der Stürme: Südafrika 191
*Im Landesinneren – Zimbabwe – Nationalparks und
Großwild – Der lange Weg zum Kap der Guten Hoffnung –
Süd-Südafrika – Ein Fels im Ozean: St. Helena*

Hochsee und Urwaldströme: Brasilien 221
*Landimpressionen – Fernando de Noronha – Belem –
Segeln durch den Dschungel – Französisch-Guayana –
Weltraumbahnhof Kourou – In der Konvergenzzone*

Zwiespältiger Reiz: Karibik 260
*Tobago und Trinidad – Ein Horrortrip – Der Karneval
beginnt – Grenada – Carriacou – Martinique und Antigua*

Auf dem Heimweg 289
*Der letzte große Schlag – Auf den Azoren –
Ein schwieriges Stück – Die Straße von Gibraltar –
Endstation Aguadulce*

Abenteuer Mittelamerika

Wie alles begann – Die ersten Tage auf der PURA VIDA – Puntareas – Isla Gitana – Landreise Costa Rica – Golfito

Das Nachtessen war vorbei. Die Lichter in der Kabine waren abgedunkelt. Leise summten die Triebwerke der DC-10. Ein Videofilm vermochte einige Passagiere zu fesseln. Andere schliefen. Auch meine Frau Vreni. Tief unter uns lag der Atlantik. Das Meer. Die See, auf der wir reisen würden. Bis vor einer Woche war alles noch ein Traum gewesen. Jetzt aber waren wir stolze Besitzer einer 12-Meter-Yacht vom Typ »Chiquita 38«. Zwölf Meter Stahl, eine Ketsch mit Mittelcockpit. Wir hatten genau das Boot gefunden und gekauft, von dem wir so lange geträumt hatten. Am 20. Mai 1993 unterschrieben wir die Verträge in Costa Rica/Zentralamerika. Nun waren wir auf der Heimreise in die Schweiz. Das Boot sollte noch ein Jahr unter der Obhut der Vorbesitzer in Costa Rica bleiben. Auf uns warteten zwölf Monate harter Arbeit. Anfang Mai 1994 wollten wir wieder in Costa Rica sein.

Wir flogen dem Tag entgegen. Über dem Atlantik graute der Morgen. Die momentane Position war unweit der Azoren. Irgendwann würden wir mit unserer Yacht hier unten segeln. Auf dem Weg nach Hause wie jetzt auch. Fröstelnd im beginnenden Tag und den Aufgang der Sonne herbeisehnend. Erfrischungstücher wurden herumgereicht. Ich musste lachen. Das würde da unten wohl niemand tun.

Begonnen hatte alles vor Jahren. Mit einer schweren Krankheit lag ich für viele Wochen im Spital und hatte Zeit, über mein Leben nachzudenken. Mit Erschrecken stellte ich fest, dass es bisher nur aus Arbeit bestanden hatte und vom Beruf geprägt war. Karriere,

Beruf und dann Familie, in dieser Reihenfolge spielte sich mein Leben ab. In diesen Wochen erkannte ich den Unsinn. Meine Familie bekam einen neuen Stellenwert. Für sie wollte ich da sein. Mit ihr wollte ich meine Freizeit verbringen. Die Freizeit, die ich jahrelang in den Beruf investiert und dafür selten genug Dank erhalten hatte. Diese Wochen im Spital hatten mich gewandelt. Gesundheit und Zufriedenheit waren mir nun wichtiger als der Beruf und das, was ich als Karriere betrachtet hatte. Ich reduzierte meine Arbeitszeit drastisch. Jedes Wochenende waren wir in unseren Bündner Bergen. Die bestiegenen Berggipfel wurden immer höher und anspruchsvoller. Ich spürte, wie ich gesund wurde. Der Blick von den Gipfeln der Berge hinab in die tiefen Täler und hinaus in die weite Ferne erfüllte mich mit einer tiefen Befriedigung.

Zwei Jahre später machten wir mit einem gemieteten Wohnmobil eine Reise rund um Korsika. Ans Meer waren wir mit unseren Kindern schon einige Male gereist. Mit unserem Wohnwagen waren wir in Spanien, Frankreich, Schweden und Jugoslawien gewesen. An den Küsten dieser Länder haben mich Schiffe, vor allem Segelyachten, immer wieder fasziniert. In Korsika schauten wir ihnen zu, wie sie langsam am Horizont vorbeizogen. Neidisch sahen wir sie in wundervollen Buchten ankern, die nur von See her zugänglich waren. Dort in Korsika kam in mir der Wunsch auf, segeln zu lernen. Ich sagte zu Vreni: »Wir kommen wieder nach Korsika – aber mit einem Segelboot.«

So war es denn auch. Nur Vreni war nicht dabei. Und die Söhne auch nicht. Die gingen bereits ihrer eigenen Wege. Die See war nicht Vrenis Element. Schon leichte Krängung löste bei ihr Angstzustände aus. Während ich von der Segelei immer mehr fasziniert war, entwickelte Vreni eine innere Abwehr. Ein schöner Segeltag am Bodensee war für sie ein Tag ohne Wind, Dümpeln auf dem See oder in unserem Hafen in Altenrhein. Einmal sagte sie: »Wenn ich daran denke, wie tief das hier ist, wird mir kotzübel.« Mein Argument, dass man auch in zwei Meter tiefem Wasser ertrinken kann, nutzte wenig. Aber mit der Zeit baute sie viele Vorurteile ab und genoss auch die Tage mit Wind. Unser kleines 27-Fuß-Boot CAPRAIA machte uns danach viel Spaß. Meistens verbrachten wir den Samstag in den Bergen und den Sonntag auf dem See. Bald kannten wir jeden Hafen am Bodensee. Segelferien in der Ägäis folgten, und plötzlich wollte es Vreni ganz genau wissen. Sie fuhr eine Woche allein an die Ostsee und machte dort einen Ausbildungstörn bei einer Segelschule in Laboe. Wie die Kerle da oben im Norden es schafften, weiß ich nicht. Auf jeden Fall gelang es ihnen, Vreni die Angst vor Wasser und Krängung zu nehmen – vielen Dank! Von da an hatten wir auch immer Sherry und Rum an Bord. Innerhalb kürzester Zeit machte sie ihren Segelschein für die Schweizer Seen, den Motorboot-Führerschein und noch im gleichen Jahr den B-Schein.

Nun machte das Segeln auf dem Meer noch mehr Spaß. Zu zweit und später auch mit Gästen unternahmen wir mehrere Törns in der griechischen Ägäis und in Italien. Es war eine wundervolle Zeit.

Irgendwann war die Idee da, mit einem Segelboot auf eine lange Reise zu gehen. Wir lasen alle verfügbaren Bücher über solche Unternehmen und reisten weit, um Bobby Schenk berichten zu hören. Wir bildeten uns weiter. Der C-Schein folgte und Vreni machte zusätzliche Erste-Hilfe-Kurse. Wir beschlossen, die Welt zu umsegeln, stellten unseren Lebensstil um und begannen zu sparen. Einen Termin hatten wir nicht festgelegt, erst musste das nötige Betriebskapital beisammen sein. Dann war da dieses Inserat in der »Yacht«: Stahlketsch, Langkieler, Mittelcockpit, Windsteueranlage, Funk usw. – wir baten um die Detailunterlagen. Die kamen bald danach und wir waren begeistert. Aber die angebotene Yacht war uns viel zu teuer und lag zudem in Costa Rica in Mittelamerika. Sie hieß SAMONIQUE II. So suchten wir denn eben weiter. Unterlagen kamen, wurden begutachtet, und immer stimmte irgendetwas nicht – es war einfach nicht das dabei, wonach wir suchten. Ein Jahr später war die SAMONIQUE II wieder in der »Yacht« ausgeschrieben. Nur ein wenig billiger. Ich erkannte sie sofort auf dem kleinen Foto. Nun bemühten wir uns ernsthaft und flogen kurze Zeit später nach Costa Rica, um das Boot zu besichtigen und es zu segeln.

Über San José reisten wir nach Tamarindo an der Westküste von Costa Rica. Hier hatten sich Sam und Moni, deshalb der Name SAMONIQUE, eine Finca gekauft. Natürlich wollten wir so schnell wie möglich das Boot anschauen. Aber das dauerte. Moni humpelte mit einer Fußinfektion herum und Sam klagte über eine tropische Grippe. Beide waren einfach unpässlich. Wir waren bereits entschlossen, wieder abzureisen, als es nach drei Tagen doch noch klappte. Bevor wir segeln konnten, musste aber erst das Unterwasserschiff gereinigt werden. Es war komplett bewachsen, und die Prozedur kostete uns zwei Stunden Arbeit. Die SAMONIQUE gefiel uns auch aus der Nähe, wenn an manchen Stellen der Eigenbau auch nicht zu übersehen war. Die Bilgen und der Motorraum waren sauber und frisch gestrichen. Rost sahen wir nirgends. Der Motor war gemäß Sam durch die Mercedes-Niederlassung in San José in diesem Jahr für viel Geld überholt worden. Das Boot segelte gut und unser Gesamteindruck war nicht schlecht. Fachleute waren wir ja keine. Hier und da ein bisschen Farbe war schon nötig. Vor allem sah sie sehr stabil und Vertrauen erweckend aus.

Am nächsten Tag saß ich mit Vreni an der Bucht von Tamarindo und wir schauten zu der dort ankernden SAMONIQUE hinüber. Sie gefiel uns schon, wie sie da lag und sanft in der Dünung schaukelte. Wir beschlossen, sie zu kaufen. Am Strand stand ein groß gebauter Costaricaner mit ausgebreiteten Armen und rief: »Pura vida!« – Das wahre Leben! In Zentralamerika ist das Gruß, Wunsch oder Hoffnung – je nachdem was man gerade braucht. Man sagt auch »pura vida« , wenn man einem schönen Mädchen nachschaut oder ein kühles Bier zum Trinken ansetzt. Damit war der Name für unsere Yacht auch schon geboren, denn SAMONIQUE war uns zu persönlich.

Bis der Verkauf vertraglich festgelegt war, vergingen nochmals zwei Tage. Mit den Verträgen fuhren wir nach Santa Cruz zu einem Notar und unterzeichneten sie dort. Der Notar beglaubigte die Echtheit unserer Unterschriften. Er war voll mit Rauschgift und benötigte für den einzigen Satz, den er mit der Schreibmaschine unter die Verträge schrieb, mehr als eine Stunde und eine halbe Flasche Tipp-Ex.

Tags darauf reisten wir in acht Stunden mit dem Bus wieder zurück nach San José und einen Tag später in die Schweiz.

In den kommenden Monaten gab es viel zu tun. Als Erstes suchten wir Mieter für unser Haus. Wir zogen in die kleine Einzimmerwohnung im Erdgeschoss und renovierten die nun leere große Wohnung. Wir strichen alle Räume und ersetzten die meisten Spannteppiche. Hinter dem Haus bauten wir einen neuen Sitzplatz mit Grillstelle und den Garten hoben wir auf, indem wir Rasen ansäten. Im Wald lagen noch ein paar gefällte Buchen, die zu Brennholz verarbeitet werden mussten. Wenn man unsere Arbeiten sah, hatte man nicht den Eindruck von großer Aufbruchstimmung. Unsere Söhne machten einen weiten Bogen um uns, weil es zu Hause einfach nach zu viel Arbeit roch.

Den ganzen Herbst und Winter über waren wir mit Vorbereitungsarbeiten beschäftigt. Wir erarbeiteten Seekartenverzeichnisse, besuchten Sprachkurse, stellten die umfangreiche Bordapotheke zusammen, bestimmten Ersatzmaterial, kauften tausend Werkzeuge und suchten eine Transportmöglichkeit für eine Tonne Material. Detaillierte Packlisten mussten dreisprachig erstellt werden. Das Material verpackten wir laufend in Kartons, damit wir uns überhaupt noch bewegen konnten. Der Endspurt im Frühjahr sah uns ziemlich gestresst. Die vielen Abschiedsfeierlichkeiten waren an den Wochenenden nicht mehr unterzubringen und belegten auch manchen Wochenabend. In der Woche vor Ostern humpelten wir wie Invaliden vom Spital nach Hause. Vreni hatte sich den Blinddarm entfernen lassen und ich ließ mir drei Furunkel wegschneiden. Nach baldiger Abreise sah das nicht aus.

Anfang Mai 1994 wurden unsere dreißig Kartons Luftfracht abgeholt und wir lebten die restlichen Tage mehr oder weniger aus der Reisetasche. Am 10. Mai hatten wir unseren letzten Arbeitstag, und am 16. Mai 1994 flogen wir ab. Wieder an Vrenis Geburtstag, genau wie ein Jahr zuvor. Unsere Söhne brachten uns gemeinsam zum Flughafen Zürich-Kloten und versprachen, uns bald zu besuchen.

Der Abschied war kurz und herzlich. Ein letztes Winken und dann waren wir allein in der riesigen Abfertigungshalle inmitten unseres Gepäcks. 25 Jahre geregelten Lebens lagen hinter uns. Was würde uns nun die Zukunft bringen? Haben wir mit diesem Ausbruch aus dem normalen Leben richtig entschieden? Morgens um sechs Uhr auf dem Flughafen solchen Gedanken nachzuhängen hatte keinen Sinn – wir schoben unsere Utensilien zur Gepäckaufgabe. »Das wird teuer«, meinte die Dame von der »Swissair« in unverkennbarem Bündner Dialekt. »Wir haben zu viele Gepäckstücke und 25 Kilogramm Übergewicht.« – »Und das kostet wie viel?«, fragte ich. Sie entlockte ihrem Computer neue Informationen und sagte dann: »Das macht um 600 Franken aus. Es ist aber viel zu kompliziert zum Rechnen. Lassen wir das. Sie fliegen ja ›Iberia‹ und nicht ›Swissair‹«.

Es wurde wieder ein langer Flug. Madrid, Miami, Panama-City und dann endlich San José. Wegen der Zeitverschiebung natürlich auch ein langer Geburtstag für Vreni. Darauf wollten wir im Hotel eine Flasche Wein trinken. Er schmeckte uns nicht. Entweder war er wirklich schlecht oder wir waren einfach zu müde. Wir gingen schlafen. Gefeiert hatten wir in den vergangenen Wochen genug.

Wir blieben ein paar Tage in San José. Noch in der Schweiz hatten wir einen Anwalt ausfindig gemacht, der fließend Deutsch sprach. Es galt nämlich ein kleines Problem zu lösen. Die PURA VIDA hielt sich illegal in Costa Rica auf. Sie hätte bereits als SAMONIQUE in Costa Rica eingeführt und damit versteuert werden müssen. Das wurde jedoch nie gemacht. Wir mussten nun einen Weg finden, der die Voreigner finanziell nicht belastete und uns genügend Frist gab, das Land Costa Rica ohne Hast kennen zu lernen. Zudem war das Grundvoraussetzung für die zollfreie Einfuhr unserer dreißig Kartons Luftfracht als Transitgut.

Unser Anwalt war ein blonder junger Mann, der in San José und Hamburg studiert hatte und mit den Verhältnissen in Costa Rica bestens vertraut war. Nachdem er wusste, wo die PURA VIDA lag, tätigte er einige Telefonate und hatte bald einen zentralamerikanischen Vorschlag zur Hand. Der zuständige Capitano del Puerto war in Playa del Coco stationiert. Dort wohnte auch ein Deutscher namens Günter Winter, der wiederum mit dem Capitano sehr gut bekannt war. Diesen Günter sollten wir kontaktieren. Die Akte SAMONIQUE müsse verschwinden und die PURA VIDA neu einklariert werden. Playa del Coco liege ja an der Grenze zu Nicaragua und sei Einklarierungshafen. No problemo!

Das war also geklärt. Ich hatte ein ungutes Gefühl dabei und von

»geklärt« konnte natürlich keine Rede sein. Unsere Luftfracht war auch angekommen. No problemo! »Zeigen Sie dem Mann vom Zoll Ihre gültigen Schiffspapiere und Ihre Waren werden zollfrei ausgeliefert«, sagte unser Mann von »Dacotrans«. Wir ließen die Transportfirma wissen, dass die Fracht noch zwei bis drei Wochen im Freilager bleiben müsse und buchten unsere Bustickets nach Tamarindo.

Zwischen den Telefonaten und Abklärungen hatten wir genug Zeit für die Stadt. San José ist eine quirlige Millionenstadt im Zentraltal. Sie liegt 1200 Meter über dem Meer und hat ein vorwiegend gemäßigtes Klima. In San José und im Zentraltal wohnt ein Drittel der Bevölkerung Costa Ricas. Wir besuchten das kleine, aber eindrucksvolle Museo Nacional, hörten den indianischen Musikern vor dem Nationaltheater zu, bestaunten die von Indios angebotenen farbenprächtigen Hängematten und bummelten durch den Zentralmarkt. Geld wechseln konnte man bei fliegenden Händlern auf der Straße. Zwanzig Prozent billiger als auf der Bank und vor allem schneller. So priesen sie das wenigstens an. Wir versuchten es mit 100 Dollares des Estados Unidas. Als der Kurs ausgehandelt war, erschien der Kassierer. Der zählte mir den Gegenwert in Colones in die Hand. Da rief jemand: »Policia!«. Alle rannten weg und ich stand da mit meinen 100 US-Dollar und den Colones. Wir sahen nichts von Polizei und die Händler waren auch bald wieder da. Das Geld wurde nachgezählt und bald war der Handel abgeschlossen. Zwei Straßen weiter merkten wir, dass wir nach dem Nachzählen nur den Gegenwert von etwa 70 Dollar zurückerhalten hatten. Wir waren den Brüdern wie blutige Anfänger auf den Leim gegangen. Die erste Lektion war gelernt.

Aus meinem Tagebuch am 19. Mai 1994: »Heute kurz vor Mittag sind wir auf der PURA VIDA angekommen. Sie schwimmt noch, aber alles andere sieht wüst aus. Wir haben heute Salon, Vorschiff und Cockpit gereinigt. Dreck wo man hinschaut. Das Unterwasserschiff sieht wie ein Korallenriff aus. Die Batterien sind leer – kein Batteriewasser. Motoröl ist unter Minimum. Bilgenpumpe funktioniert nicht. Lichtmaschine lädt nicht. Alle Abflussrohre sind verstopft.

Auf dem Deck überall Vogelscheiße. Die Fender sind weg. An Backbord hängt ein Autoreifen. Im Vorschiff liegt die Rollgenua. Nicht zusammengelegt und voll mit Vogeldreck. In der Saling sind Vogelnester. Wir haben bis in die Nacht hinein gearbeitet. Wir glaubten nicht, dass das Boot in einem Jahr so herunterkommen würde.«
 Es sah tatsächlich wüst aus und vor allem funktionierte nichts. Der Voreigner hatte uns hoch und heilig versprochen, dass er uns die PURA VIDA in dem Top-Zustand übergeben würde, wie wir sie gekauft hatten. Regelmäßig wollte er den Motor laufen lassen, die Batterien und Bilgen kontrollieren und das Boot lüften. Uns wurden die entsprechenden Fahrten jedes Mal in Rechnung gestellt und wir hatten sie auch immer bezahlt. Nun bekamen wir vom Manager der Marina glaubhaft zu hören, dass er seit Monaten niemanden auf unserem Boot gesehen habe.
 Die vereinbarte, gründliche Einweisung in das Boot erfolgte nie. Jede einzelne Information mussten wir per Telefon erbetteln. Weil es in Costa Rica bekanntlich sehr warm ist, wollten wir so schnell wie möglich den Kühlschrank aktivieren. Wie der funktionierte, war uns aber ein Rätsel. Wieder einmal riefen wir an. Der uns beschriebene Schalter für den Frigo war dann aber der für die Bilgepumpe. Ein paar Telefonate später wussten wir dann den richtigen Schalter. Nur tat sich nichts. Wieder mussten wir anrufen. »Damit der Kompressor läuft, muss natürlich die Maschine laufen. Das ist doch logisch«, bekamen wir zu hören. Für uns war es nicht logisch. Der nächste Versuch mit laufender Maschine und eingeschaltetem Kompressor brachte auch nichts. Die beschriebenen Luftblasen im Schauglas waren nicht zu sehen. »Dann ist kein Gas mehr im System«, bekamen wir nun zu hören. Sam sagte, er kenne einen Mann, der das richten könne. Der kam anderntags vorbei und füllte Freon R/12 auf. Es tat sich immer noch nichts. »Der Kompressor ist defekt!«, beschied unser Spezialist, aber das sei »no problema«. Er baute ihn ab und nahm ihn zur Reparatur mit. Am nächsten Tag wollte er ihn wiederbringen. Mañana! José kam nicht. Auch nicht am übernächsten Tag. So machte ich mich zu Fuß auf den Weg zu ihm. Seine Werkstatt war in Hueca, zehn Kilometer vom Meer entfernt. Als ich ankam, begann gerade der tägliche tropische Regenguss. José

saß unter dem Vordach eines kleinen Hauses mit nur einem Raum. Um ihn herum seine Frau, die drei Schwestern seiner Frau und ein paar Kinder. Auf einem Brett im strömenden Regen stand unser Kompressor wie ein Fremdkörper in der Landschaft. Sein Auto sei defekt und die Frauen zu wenig stark, um es anzuschieben. Der Kompressor sei nun »todo perfecto«.

José bot mir eine der Schwestern an, aber ich lehnte ab. Großzügig meinte er, ich solle doch alle drei nehmen. Die jungen Damen lächelten freundlich und waren keineswegs beleidigt, als ich nochmals dankend ablehnte. Ich schob den klapprigen Wagen an und zurück ging die Fahrt. Wir konnten nur im zweiten Gang fahren, weil mit »la cacha« etwas nicht in Ordnung sei. Aber wir kamen an. Der Kühlschrank tat es immer noch nicht. Die Messung der elektrischen Leitung brachte dann schnell die Lösung. Der Kompressor war nie defekt gewesen. Wir hatten endlich einen funktionierenden Kühlschrank.

Das Beiboot war keine zwei Stunden zu benutzen, dann war die Luft weg. Wir fanden insgesamt acht Löcher. Es dauerte Tage, bis es endlich dicht war.

Eines unserer Hauptprobleme war Werkzeug. Unser eigenes lag als Luftfracht im Zollfreilager, und an Bord gab es nichts mehr. Von Fischern bekamen wir dies und jenes ausgeliehen, aber das war auch aus sprachlichen Gründen mühsam. Langsam aber sicher bekamen wir trotzdem die Probleme in den Griff. Jeden Tag hatten wir irgendwelche Erfolge und nach zwei Wochen, als beinahe alles wieder funktionierte, ließ sich sogar unser Vorbesitzer für eine Stunde auf der PURA VIDA blicken. So klärte sich auch das Verschwinden unseres Zweitankers auf.

»Der muss gestohlen worden sein. Ich habe ihn in der Bilge im Durchgang gestaut.«

Das hatte ich auch so in Erinnerung. Unklar blieb nur, wie man ohne Beschädigung der Luken in das Boot kam. Es blieb immer ein Rätsel.

Am 1. Juni 1994 fuhren wir mit dem Bus nach Playa del Coco, um diesen Günter Winter und den Capitano del Puerto zu treffen. Busfahren ist in Costa Rica eine kurzweilige, lustige Angelegenheit.

Auch ohne Ortskenntnisse kommt man problemlos überall hin, auch wenn man dabei umsteigen muss. Jeder Fahrer hat einen Beifahrer, der auch das Fahrgeld kassiert. Dem sagt man, wohin man will, und bekommt Bescheid, wo man umzusteigen hat. Zudem ist es eine sehr billige Reisegelegenheit. Unser Bus hielt an einer Straßenkreuzung an und man informierte uns, dass wir nun an der Abzweigung nach Coco seien. Wir stiegen aus und der Bus fuhr mit wildem Abschiedshupen davon. Häuser gab es da keine und Schatten auch nicht. Ein weiterer Bus hielt, andere Fahrgäste nach Coco stiegen aus und warteten mit uns. Nur der Bus nach Coco kam nicht. Als wir per Autostop in Coco ankamen, saß der Buschauffeur dort schon beim Mittagessen.

Den Günter Winter fanden wir schnell und es stellte sich heraus, dass er tatsächlich sehr gute Beziehungen zum Capitano del Puerto unterhielt. Zusammen gingen wir zur Capitaneria. Der Capitano war aber an diesem Tag abwesend. Zwei Tage später fuhr Vreni erneut nach Coco, und unser Problem löste sich, wie der Anwalt vorausgesagt hatte. Die Akte SAMONIQUE verschwand und PURA VIDA wurde neu einklariert. Der freundliche Capitano wollte dafür nicht einmal etwas haben. Vreni gab ihm überglücklich ein Geschenk für die Kinder. Das kann kein Costaricaner ablehnen. Zu danken haben wir sicher Günter Winter, der uns selbstlos geholfen hat und das Ganze einfädelte.

Mit einem anderen Bus war ich zur selben Zeit in Santa Cruz und konnte die Lichtmaschine reparieren lassen. Am Abend war sie wieder eingebaut, und wir feierten diesen erfolgreichen Tag mit einer Flasche Wein.

Tags darauf saßen wir beim Morgenkaffee, als die PURA VIDA innerhalb von zwei Sekunden um 40 Grad wegkippte. Bei Niedrigwasser waren wir immer etwas aufgesessen. Die Boote neben uns krängten dabei stark. Wir schrieben unsere geringere Schräglage dem Umstand zu, dass unser Langkieler weniger Tiefgang hatte und zudem besser auf Grund stand. An diesem Tag war ein Motorboot viel zu schnell in den Hafen gedonnert, und seine Welle brachte uns zum Kippen. Den Schreck wollten wir nicht nochmals erleben. Wir gingen in der Bucht vor Anker.

Es dauerte zwei Wochen, bis wir die Fahrt nach Puntarenas riskieren konnten. Alles konnten wir nicht reparieren. In Flamingo gab es einfach keine Möglichkeit dazu. Wir mussten zusehen, dass wir unsere Fracht an Bord bekamen. Die Lagerung derselben kostete uns täglich Geld und wir benötigten das Material dringend.

Am 6. Juni 1994 verließen wir Flamingo. Wir fuhren in vier Tagesetappen über Tamarindo, Bahia Samara und Bahia Ballena nach Puntarenas. Wind war kaum vorhanden. Der Motor lief auf der ganzen Strecke mit. Das ist in diesem Gebiet normal. Die Küste sieht vom Meer kaum bewohnt aus und ist dicht bewaldet. Die Dünung war hoch, jedoch sehr lang gezogen. Wir sahen Schildkröten, Delfine, Seeschlangen und Haie. Die Durchfahrt bei den Islas Negritos war der Höhepunkt auf dieser Fahrt. Es war ein Bild wie in einem Ferienprospekt. Weiße Sandstrände, sanft wiegende Palmen, blaugrünes Wasser und weit und breit kein Mensch zu sehen.

Puntarenas war bis vor wenigen Jahren der einzige Hafen Costa Ricas an der Pazifikseite. Der Hafen liegt im Fluss, gut geschützt durch eine lange, schmale, etwa sieben Kilometer lange Landzunge. Auf dieser Landzunge wurde die Stadt gebaut. Die Flusseinfahrt ist mittlerweile so stark versandet, dass sie für große Schiffe nicht mehr zu gebrauchen ist. Dadurch verlor die Stadt auch an Bedeutung, und die Verarmung begann. Die Großschifffahrt benutzt heute den neuen Hafen von Calderas, zwanzig Kilometer von Puntarenas entfernt. Puntarenas ist eine quirlige Provinzhauptstadt. San José liegt nur zwei Autostunden entfernt, und mancher reiche Tico hat in Puntarenas eine Yacht liegen. Der Golf von Nicoya eignet sich hervorragend für den Bootssport. Die Uferpromenaden sind vor allem am Wochenende gut besucht und an den Essbuden werden überall schmackhafte Landesspezialitäten billig angeboten.

Im Fluss bekamen wir eine Boje der Puntamar del Oeste. Das war uns sicherer als vor Anker, denn die Strömung ist wegen des großen Tidenhubs bis zu vier Knoten stark. Umgehend nahmen wir mit unserer Transportfirma Kontakt auf. Ein Termin wurde vereinbart und ein paar Mal verschoben. Aber am 16. Juni 1994 war es dann so weit. Unsere dreißig Kartons wurden bei Puntamar del Oeste abgeliefert. Eigentlich hätten wir nach Calderas fahren sollen, aber unser Transporteur von »Dacotrans« machte gute Arbeit. Der Zollbeamte wollte nur die ankernde PURA VIDA sehen – und ein kleines Trinkgeld. Wir waren überglücklich. Als alles an Bord stand, machte Vreni ein langes Gesicht. »Mich nimmt Wunder, wo wir das verstauen. Wir bräuchten ein größeres Boot.« Am Abend hatte trotzdem jedes Teil seinen Platz gefunden. Bis auf einige Kleinigkeiten war alles unbeschadet angekommen und es fehlte nichts.

In den kommenden Tagen suchten wir eine Werft. Wir fanden drei Betriebe, die darauf eingerichtet waren, Boote aus dem Wasser zu nehmen. Vor allem Fischerboote wurden dort bearbeitet. Von uns verlangte man 1000 US-Dollar allein für das Aus- und Einwassern. Diesen Wucherpreis waren wir nicht bereit zu bezahlen. Wir mussten einen anderen Weg finden.

Wo ein paar Yachten an einem gemeinsamen Ankerplatz zusammen liegen, beginnt automatisch ein Informationsaustausch. Kontakte sind immer schnell hergestellt. So lernten wir die Kanadier Bob und Rita von der RITANA sowie Enrico und Silvie von der NUNKI kennen. Enrico ist Italiener und Silvie Französin. Die Verständigung war meist ein Mix aus mehreren Sprachen und allein aus diesem Grunde sehr lustig. Die NUNKI-Crew hielt sich schon seit Wochen in der Region auf und kannte die besten Ankerplätze im Golf von Nicoya sowie mehrere Plätze, wo man sich trockenfallen lassen konnte. Auch die RITANA brauchte einen neuen Antifouling-Anstrich. Das war für uns eine ausgezeichnete Möglichkeit, einmal zu sehen, wie das Trockenfallen praktisch funktioniert. Wir deckten uns mit Proviant ein und fuhren am 21. Juni 1994 zusammen mit der RITANA nach Isla Gitana.

Die Insel heißt eigentlich Isla Muertos, »Toteninsel«. Die auf der Halbinsel Nicoya lebenden Indianer hatten diese Insel als Bestattungsplatz benutzt. Ein Nachkomme dieser Indianer erzählte uns, dass sich ältere Leute noch heute weigern, die Insel zu betreten. Der Amerikaner Karl Ruegg baute auf der Insel einige Bungalows und eine Bar. Er nannte sie »Isla Gitana«, damit empfindliche Gäste durch den ursprünglichen Namen nicht abgeschreckt wurden.

Karls Großvater war Schweizer und wir hatten bei ihm deswegen einen Stein im Brett. Der vitale 80-Jährige lebt dort seit vielen Jahren zusammen mit seiner jungen philippinischen Frau Loida.

Der Ankerplatz ist fantastisch. Meistens liegen dort um die zehn Yachten und gegen Abend trifft man sich bei Karl an der Bar zu einem Bier. Die Bar ist eine offene Strohhütte. An den Palmen sind Hängematten festgemacht. Man bediente sich selbst. Abgeschlossen wird nie etwas.

Am provisorischen Landesteg lag Karls 60-Fuß-Stahlketsch. Für die Überholung und Instandstellung der GALAXY beschäftigte er drei einheimische Arbeiter.

An diesem Steg demonstrierte uns Bob, wie man ein Segelboot trockenfallen lässt. Es ist eine aufwendige Angelegenheit. Bei Niedrigwasser werden am Grund alte Autoreifen so platziert, dass der Kiel darauf zu liegen kommt. Bei festem Sand kann man darauf auch verzichten. Die Reifen werden mit Sand und Steinen gefüllt, damit sie nicht weggeschwemmt werden. Wir markierten die Lage der Reifen auf dem Steg. Am Steg selbst haben wir auch Reifen befestigt, damit die Boote nicht beschädigt werden. Bei Hochwasser wird das Boot an den Steg gefahren und festgemacht. Im oberen Bereich des Mastes, bei einer Ketsch in beiden Masten, wird eine lange Leine befestigt. Mit dem Fallen des Wassers müssen die Leinen und Fender immer wieder neu fixiert werden. Kurz bevor das Boot aufsitzt, wird mit der Mastleine eine leichte Krängung erzeugt. Damit erreicht man, dass sich das Boot am Steg oder an den Pfählen anlehnt, wenn das Wasser weg ist. Mit dem Reinigen des Unterwasserschiffs kann man beginnen, sobald die zu reinigende Fläche frei wird. Bei Isla Gitana brauchten wir jeweils um die vier Stunden, bis die Boote für die Malerarbeiten komplett trocken lagen. Sobald das Boot wieder schwimmt und genügend Wasser unter dem Kiel ist, geht man zurück an seinen Ankerplatz.

Mit der PURA VIDA sind wir fünf Tage mit der Tide am Steg rauf und runter gerutscht. Die Spachtel- und Schleifarbeiten nahmen viel Zeit in Anspruch. Roststellen sahen wir im Unterwasserbereich keine und das war sehr beruhigend. Leider hatten wir zu wenig Antifouling gekauft. Es reichte gerade für einen Anstrich.

Es ergab sich, dass die Bordkasse von Enrico und Silvie leer war und die beiden Arbeit suchten. Wir packten die Gelegenheit beim Schopf. Sie verlangten keinen großen Stundenlohn und vor allem Enrico kannte sich mit Arbeiten an Stahlbooten gut aus. Wir hatten genug zu tun und waren froh, Hilfe zu bekommen. Wir nahmen den Boden des Motorraums in Angriff. Die Farbe war überall abgeplatzt. Die Ursache war schnell gefunden. Für den Verkauf des Bootes musste es gut aussehen. Man hatte einfach den ganzen Rost ohne Behandlung mit Farbe überstrichen, die natürlich nicht hielt. In den Bilgen wurde das gleiche Verfahren angewandt. Schlimm sah der Ankerkasten aus. Die frische, dick aufgetragene Farbe lag in großen Stücken im Kasten. Das Schott zum Vorschiff war durchgerostet. Wir entfernten die Teakholzplatten an Deck, um den Stahl in diesem Bereich zu kontrollieren. Dabei fanden wir um die Ankerwinsch mehrere durchgerostete Stellen. Meistens war es einfach, die kritischen Bereiche zu finden. Wir mussten nur frische Farbflecken oder Blasen mit dem Hammer anklopfen, um Rost oder Löcher zu finden. Als Fußreling war ein ovales Rohr verwendet worden. Auch dieses war vielerorts durchgerostet, die Löcher waren mit Silikon aufgefüllt und frisch gestrichen.

Vreni rief unseren Voreigner an und bat ihn, uns zumindest zu sagen, wo wir noch mehr durchgerostete Stellen finden würden, denn uns war nun klar, dass er alle kannte. Das bestritt er vehement. Von Rost oder gar durchgerosteten Stellen wisse er nichts. Das sei alles im vergangenen Jahr passiert.

Das war natürlich Blödsinn. Aber schuld waren wir selbst. Ich hatte die Kosten gescheut, für den Bootskauf einen Experten mitzunehmen. Zudem vertraue ich immer auf die Ehrlichkeit anderer Menschen. »Wer in anderen Menschen nur das Schlechte sieht, ist selbst nicht besser.« Das war einer meiner Sprüche. Auch das ist Blödsinn.

In den kommenden vier Wochen ließen wir am Rumpf drei und auf Deck vier neue Platten einschweißen. Das Schott im Ankerkasten musste herausgetrennt und ersetzt werden. Für diese Arbeiten konnten wir an Karls GALAXY längsseits gehen und seinen Schweißer Edgar »ausmieten«. Die Fußreling haben wir abgetrennt und ein Flacheisen aufgeschweißt. Edgar hat dabei Unglaubliches geleistet. Die PURA VIDA lag ja die ganze Zeit im Wasser. Wenn es nicht anders ging, schweißte unser Edgar von seinem altersschwachen Beiboot aus. Dabei stand er auf den Seiten, weil meist viel Wasser darin herumschwappte. Ich hielt das Beiboot in möglichst ruhiger Position. Es war eine abenteuerliche Angelegenheit und entsprach keinen Sicherheitsbestimmungen der Welt. Bob holte uns mit seiner RITANA Eisenplatten und Flacheisen aus Puntarenas. Jedes Boot, das aus Puntarenas zurückkam, brachte uns Fleisch und frisches Gemüse mit, denn Einkaufsmöglichkeiten gibt es bei Isla Gitana weit und breit keine.

Vreni wurde in dieser Zeit schweigsamer und schweigsamer. Die Arbeit in der tropischen Hitze war eine Strapaze und wir haben uns nicht geschont. Bei Tagesanbruch begannen wir, und abgesehen von einer kurzen Mittagsrast arbeiteten wir bis zum Sonnenuntergang durch. Wochenlang Rost klopfen, schleifen, schmirgeln, reinigen und streichen entsprach überhaupt nicht dem, was ich ihr von einer Weltumsegelung vorgeschwärmt hatte. Das ganze Vorschiff war ausgeräumt, damit wir überhaupt im Ankerkasten und am Schott zu demselben arbeiten konnten. Das ganze Boot sah aus wie eine Werkstatt. Nur nicht so sauber. Die Schleifmaschinen verteilten den Schleifstaub gleichmäßig im ganzen Boot. Alles war mit einer Staubschicht überzogen. Geschlafen haben wir so schlecht und recht im Salon. Wir wussten nicht, ob die Rückenschmerzen vom Arbeiten oder vom Schlafen kamen.

Schwierig war die Zeit, bis eine genaue Bestandsaufnahme der versteckten Schäden vorlag. Das zerrte an den Nerven. Täglich fragten wir uns: »Was kommt noch alles zum Vorschein?« In dieser Zeit ist schon ein paar Mal ein ungerades Wort gefallen, aber andererseits hatten wir einfach eine Wut im Bauch. Eine Wut auf unsere Voreigner und auf uns selbst auch. Wie hatten wir so vertrauensselig sein können? Und diese Wut half uns viel. Sie gab uns die Kraft und die Energie, uns selbst zu helfen. Die Sache mit eigener Energie wieder einigermaßen ins Lot zu bringen. Später, als das genaue Ausmaß der Arbeiten feststand, war es einfacher. Auf die Idee, den ganzen Karren hinzuschmeißen, sind wir nie gekommen. Das stand gar nicht zur Diskussion. Wenn man etwas anfängt, muss man es auch zu Ende bringen, sonst rennt man vor jeder Schwierigkeit davon. Aber Vreni tat mir schon Leid, wenn sie dreckverschmiert und schweißüberströmt ihre Arbeit verrichtete. Manchmal sagte ich: »Setz dich in den Schatten, hol dir bei Karl ein kühles Bier und mach mal Pause! Oder geh doch einfach morgen mit Loida nach Puntarenas zum Einkaufen.« Die Antwort war immer dieselbe: »Auf keinen Fall. Je schneller wir arbeiten, desto schneller sind wir fertig.«

Einen Vorteil hatte die ganze Sache aber auch. Wir lernten unsere PURA VIDA bis in die hinterste Ecke kennen und bekamen großes Vertrauen in dieses Boot.

Wieder vor Anker, strichen wir die ganze PURA VIDA neu, und als wir unsere Arbeit betrachteten, waren wir sehr stolz. Es war der 15. August 1994.

Endlich hatten wir Zeit, die nähere Umgebung zu erkunden. Unser erster langer Fußmarsch begann in Rio Grande und endete in Punto Naranjo. Die Naturstraße führt auf der ganzen Strecke durch den Dschungel. In dieser Region ist das trockener Dschungelwald. Das Gras ist mannshoch und riecht herrlich. Wir sahen Rehe und viele Arten von Schmetterlingen. Lange verweilten wir, um einer Familie Brüllaffen zuzusehen. Voller Begeisterung kamen wir zurück und beglückwünschten Edgar zu seiner schönen Heimat. Es stellte sich heraus, dass auch er sehr gerne wanderte, und so waren wir am nächsten Samstag gemeinsam unterwegs.

Auf dem Abstieg zu seinem Elternhaus an der Bucht kam uns auf einem herrlichen Pferd sein Bruder entgegen. Ich machte ihm wegen des jungen Rappen ein Kompliment. Das freute ihn dermaßen, dass er mich fragte, ob ich ein Stück reiten wolle. Ich kann nicht reiten. Warum ich trotzdem ja sagte, weiß ich auch nicht. Ich stieg auf das tänzelnde Tier und saß kaum oben, als dieses im Galopp davonpreschte. Ich rief: »Nein – nein, das kannst du doch mit mir nicht machen!« Das Pferd verstand natürlich kein Wort und raste um eine Kurve in ein steiles Wegstück. Irgendwie bekam ich dann die Zügel zu fassen und hoffte inbrünstig, dass das junge Tier dieses irre Tempo nicht durchhielt. Es war wirklich zu steil. Wir wurden langsamer und standen dann still. Willig drehte sich das Pferd und trottete gemütlich zurück. Warum denn nicht gleich so? Unten kamen Vreni und die beiden Brüder um die Kurve gerannt. Die hatten ihr erst nicht geglaubt, dass der »Stupido« nicht reiten könne. Jedes Kind kann reiten! In Costa Rica schon, aber nicht in »Suizo«.

Wöchentlich fuhren wir die zwölf Seemeilen nach Puntarenas, um Proviant einzukaufen und Post abzuholen. Zu dieser Zeit herrschte in Puntarenas eine verheerende Dengue-Fieber-Epidemie. Die Spitäler waren überfüllt und es gab viele Todesopfer. Wir blieben aus diesem Grunde meist nie lange in der Stadt. Vorsicht war vor allem in der Abenddämmerung geboten. Zu dieser Zeit waren wir immer auf dem Boot, wohin kaum Moskitos kamen. Tagsüber oder nachts war es in der Stadt weniger gefährlich. Vreni war immer darauf bedacht, dass Luken und Niedergänge mit Moskitonetzen verschlossen waren.

In der Nähe des Marktes gab es eine Hafenspelunke, in der meist etwas dubiose Figuren verkehrten. Es hatte mich immer gereizt, dort einige Fotos zu schießen. So ganz geheuer war uns die Sache nicht, aber am helllichten Tag konnte eigentlich nicht viel passieren. Wir bestellten zwei »Cervezas« und kamen sofort ins Gespräch. Der Mann war ein Seemann, der die Hafenstädte der ganzen Welt bestens kannte. Dreißig Jahre war er auf großen Frachtern unterwegs gewesen und nun arbeitslos. »So alt wie die Gefängnisjahre der hier drinnen Anwesenden wirst du nie«, sagte er zu uns. Die Unterhaltung erfolgte in Spanisch. Ein ungemütlicher Zeitgenosse grinste uns an. »Zwanzig Jahre!«, kommentierte unser Nachbar. Der zeigte auf meinen Fotoapparat und fragte mich, ob ich von ihm und seinen Kollegen ein Foto machen könne. »Claro que si«, sagte ich hocherfreut und machte einige Aufnahmen. Ich versprach, ihnen ein paar Abzüge vorbeizubringen. Das freute sie ungemein, und der Grimmige sagte zum Seemann, wir stünden unter seinem besonderen Schutz. Die ganze Kneipe grinste und nickte uns zu. Die Abzüge brachten wir vorbei. Die Kneipe war leer. Die Wirtin sah die Fotos an und lachte: »Die sind alle wieder im Knast!«

Wenn es in Costa Rica regnet, ist das wie ein Wasserfall. Diese tropischen Gewitter sind nie von langer Dauer, aber sehr heftig. Ich war in der Stadt und auf dem Weg zurück auf das Boot, als der Regen begann. Ganz in der Nähe war ein Lokal, das wir noch nie besucht hatten. »Bar del Puerto« stand auf dem Schild über der Türe. Ich setzte mich an die Bar und bestellte ein Bier. Draußen regnete es in Strömen. Eine hübsche junge Tica setzte sich zu mir und fragte, ob ich ihr ein Bier bezahlen würde. Ich verneinte und begrüßte einen neben der dunklen Schönheit sitzenden Amerikaner. Diese Nichtbeachtung machte die Dame wütend. Blitzschnell öffnete sie ihre Bluse und drückte auf die entblößte, pralle Brust. Ein Strahl Muttermilch schoss auf mich zu und rann klebrig-warm über mein Gesicht. Ich muss ziemlich verdattert ausgesehen haben. Sie lachte schallend und drückte nochmals ab. Jetzt lachte ich ebenfalls. Das war Rache mit den Waffen einer Frau. Tica oder Tico ist übrigens kein Schimpfwort. Im Gegenteil – die Costaricaner haben gerne, wenn man sie so nennt.

Die Aufenthaltsbewilligung für die PURA VIDA in Costa Rica war nach drei Monaten kurz vor Ablauf. Wir mussten zwecks Verlängerung nach Calderas fahren. Trotz der Hitze zog ich mir lange Jeans und ein Hemd an. Für Behördengänge machen wir das immer. Die meist sehr korrekt angezogenen Beamten schwitzen in ihren Büros nicht weniger als wir. Es ist also nur eine Frage des Anstandes, sich ebenfalls korrekt anzuziehen. Wir haben damit nur gute Erfahrungen gemacht. In Calderas hatten wir allerdings keinen Erfolg. Der kürzliche Regierungswechsel hatte zur Folge, dass die meisten Chefbeamten ausgewechselt worden waren. Der alte Chef war dreißigjährig pensioniert worden, die neue Chefin hatte die Stelle noch nicht angetreten, und so war niemand kompetent. Zudem ließ sich der Computer nicht starten. Auch das dreimalige Bekreuzigen nutzte nichts. Ich schubste Vreni zur Türe hinaus, weil sie deswegen einen Lachanfall zu unterdrücken versuchte. Auch unser Bootsname stiftete wieder Verwirrung. Der Beamte fragte nach dem Bootsnamen. Ich antwortete: »PURA VIDA.« – »Pura vida«, grüßte er zurück. »Bitte sagen Sie mir den Bootsnamen.« – »PURA VIDA« – »Si, pura vida. Aber geben Sie mir jetzt den Bootsnamen.« – »PURA VIDA es el nombre del yate.« Alle Umstehenden lachten und beglückwünschten uns zu diesem schönen Namen.

Der Beamte sah Probleme auf uns zukommen. Ein Wochenende stand bevor und danach war unsere Bewilligung abgelaufen. Das war schlecht. Er schrieb in unserem Namen in Spanisch einen Brief an seine Behörde und bat schriftlich um Verlängerung der Bewilligung. Ich unterschrieb und er stempelte den Brief als eingegangen ab, gab mir eine Kopie und legte ihn dann seiner neuen Chefin auf das Pult. War das nicht nett?

Zurück auf der Isla Gitana erzählten wir die Geschichte Luis. Luis ist ein pensionierter Hochschulprofessor, Fachgebiet Motorentechnik. Um seine Pension aufzubessern, arbeitete er zeitweise bei Karl und wartete und reparierte dessen Generatoren. Wir kannten Luis schon seit Wochen. Ich fand es absolut nicht notwendig, aber Luis bestand darauf, das nächste Mal mit uns nach Calderas zu fahren. Wir vereinbarten Tag und Treffpunkt in Puntarenas.
Ich fuhr an diesem Tag allein. Vreni brachte mich mit dem Beiboot zum zehn Kilometer entfernten Fährhafen. Sie kehrte zurück zur Isla Gitana. Die Fähre war pünktlich in Puntarenas und auch Luis war da. Nur sein Auto hatte er nicht dabei. Dabei wollte er mir diesen Wagen unbedingt vorführen. Er habe starke Kopfschmerzen und könne unmöglich selbst fahren. Wir gingen zum Bus. »Nein, mit dem Bus fahre ich nicht. Das ist für arme Leute. Wir nehmen ein Taxi.« Ich protestierte: »Das ist viel zu teuer.« Das war ihm egal. »Ich bezahle das Taxi und jetzt gehen wir zum Café.« Er sah wirklich nicht gut aus. Sein Problem waren eiternde Zähne. Der Zahnarzt wolle 120 US-Dollar Anzahlung und die Rente käme erst in zehn Tagen. So lange müsse er noch warten oder ob ich das vielleicht vorschießen könne. Die Quittung hatte er schon vorbereitet in der Brieftasche. Sie war in Englisch geschrieben, aber es war nicht seine Handschrift. Egal, ich gab ihm das Geld natürlich.
Das Taxi war tatsächlich verdammt teuer und Luis so in ein Gespräch mit dem Taxifahrer vertieft, dass er einfach vergaß zu zahlen. Auf dem Amt war Luis aber Spitze. Er ließ sich nicht abwimmeln. Mit leiser Stimme ratterte er eine Liste von wohlklingenden Namen herunter. »Das sind Minister und Chefbeamte, alles Freunde von mir. Wollen Sie wirklich Ärger bekommen?« Mir war nicht

wohl bei der Sache, denn ich ahnte, dass Luis eine Schau abzog. Dann holte er ein Foto aus der Brieftasche, das ihn mit einem Bauhelm auf einem Staudamm in Brasilien zeigte. »Da war ich Ingeniere-jefe«, verkündete er stolz. Das stimmte natürlich nicht. Chefingenieur war er nie gewesen und das Foto kannte ich. Es war ein Ferienfoto. Aber bei unserem Beamten zeigte das unglaubliche Wirkung. Er setzte sich an den Computer, bekreuzigte sich dreimal, schaltete ein, der Bildschirm begann zu flimmern, er bekreuzigte sich wieder und tatsächlich gelang es ihm, das Programm zu starten. Die Daten für die neue Bewilligung wurden eingegeben. Das Problem war dann der Drucker. Der reagierte auf die Bekreuzigung nicht. Entschuldigend zuckte der Beamte mit den Schultern. »Da ist nichts zu machen.« Die Stimme von Luis war nur noch ein gefährliches Flüstern: »Schreib die Bewilligung mit der Schreibmaschine! Jetzt!«

Ich wusste nicht mehr, wohin ich schauen sollte. An diesem Luis war ein Schauspieler verloren gegangen. Sein Gesicht war von ehrlicher Empörung entstellt. Der Beamte bekreuzigte sich wieder und tippte die Bewilligung in die Schreibmaschine. Nach weniger als einer halben Stunde verabschiedeten wir uns. Wir durften weitere drei Monate in Costa Rica verweilen. Ich dankte Luis. »Kleine Fische«, meinte er verächtlich.

Wir verließen das Gebäude und ich steuerte auf den Bus los. »Nein, nein, nein – mit dem Bus fährt der Luis nicht. Ich bezahle das Taxi.« Ich winkte ein Taxi heran. Das Spiel kannte ich nun.

Luis lieferte ich gleich beim Zahnarzt ab. Ich ging zu Santos Bar zu einem Bier. Santo erzählte ich die Story vom Vormittag. Der lachte aber gar nicht. »Pass mit dem Kerl auf. Das ist ein Hochstapler.« – »Woher kennst du ihn?«, fragte ich. »Der ist manchmal mit seiner Frau hier«, bekam ich zu hören. Ich war zufrieden. Unser Luis war Witwer. Er hatte uns immer wieder von seiner verstorbenen Frau erzählt. Santo verwechselte Luis wohl mit jemand anderem.

Den Nachmittag verbrachte ich damit, frische Lebensmittel einzukaufen. Die verderblichen Waren brachte ich immer zu Santo in die Bar. Der stellte sie für mich in den Kühlschrank. No problemo! Am Abend waren der Rucksack und zwei große Taschen voll mit Lebensmitteln. An der Fähre gab es große Aufregung. Die Fahrt war aus irgendeinem Grund gestrichen worden. Das ergab für mich einen langen Umweg. Ich nahm die Fähre nach Naranjo. Dort stellte ich mich als Autostopper an die Straße und wurde gleich vom ersten Auto mitgenommen. Der größte Teil der zwanzig Kilometer langen Strecke war mehr Bachbett als Straße, und ohne Allradantrieb wäre es wohl schwierig gewesen, durchzukommen. In Punto Gigante konnte ich im Hotel den Funk benutzen und Vreni herbeirufen. Es war bereits zehn Uhr nachts.

Ein paar Tage später segelte ein kleines Boot durch die ankernden Yachten vor der Isla Gitana. Am Heck flatterte eine verblichene österreichische Nationale. Es war Peter mit seiner TEHANI. Er ankerte in unserer Nähe, und in den folgenden Tagen waren wir viel zusammen. Wir genossen es, endlich wieder einmal Deutsch sprechen zu können.

Peter war wenige Tage zuvor in Puntarenas von der Küstenwache kontrolliert worden. Seine Aufenthaltsbewilligung war längst abgelaufen, und man brummte ihm eine Buße von 650 US-Dollar auf. Das entsprach ziemlich genau seiner gesamten Barschaft, und die gedachte er nicht auf diese Weise zu verlieren. Auch wenn er die Buße bezahlt hätte, wäre seine Bewilligung nicht verlängert worden. Der Küstenwache erklärte er, dass das Geld von Wien aus überwiesen werde und er zwecks dringender Reparaturen zur Isla Gitana müsse, damit er dann das Land verlassen könne. Das erlaubte man ihm großzügig, und so war er erst einmal der direkten Kontrolle entzogen. »Ich wollte schon lange nach Tahiti. Da warten etwa dreißig Briefe auf mich. Der Honorarkonsul dort wollte 50 Dollar haben, um sie hierher zu schicken. Das ist mir zu teuer. Nun gehe ich sie eben holen. Ich haue hier bei Nacht und Nebel ab, sobald mein Boot bereit ist und der Wind passt.«

Karl verlangte für das Trockenfallen an seiner Pier fünf Dollar pro Tag. Das war Peter natürlich zu teuer. Er fand eine billigere Lösung. Er setzte die TEHANI bei Hochwasser einfach auf den Strand. Zwei Landleinen hielten das Boot auf Position. Mit dem Großfall krängte er das Boot ein wenig. Drei Stunden später lag es auf dem gewünschten Bug trocken. Bei Karl fand man immer irgendwelche

Abfalleisenteile. Das inspirierte Peter, sich zwei Flügel an den Kiel zu schweißen. Einen schweißte er an und ging damit auf Probefahrt. Er befand es als gut und schweißte auch den zweiten an. In den Rumpf seines 30-Fuß-GFK-Bootes machte er ein Loch von 20 Zentimetern Durchmesser und klebte dann mit Silikon ein Stück Glas darüber. »Ab jetzt kann ich Haifische und Delfine in aller Ruhe beobachten.« Dann gab es noch ein kleines Problem mit dem Ruder. Das ging schon lange etwas schwer. Peter baute es aus und legte den Schaft an Land. In der folgenden Nacht verschwand sowohl der Schaft wie auch alle dazu gehörenden Beschläge.

Nun sah man Peter intensiv in Karls Abfall nach geeigneten Materialien suchen. Niro gab es natürlich nicht und geeignet war nur wenig. Dadurch ließ sich Peter nicht entmutigen. Für den gelernten Schlosser war das nun eine Herausforderung, und er schaffte es. Der neue Schaft passte, das Ruder ließ sich leicht bewegen, und Peter befand seine Eigenkonstruktion als stabiler als den gestohlenen alten Schaft. Nun gab es nur noch ein kleines Problem mit dem Motor. Der lief seit Monaten nicht mehr. Deshalb hatte sich Peter auch ein altes Fahrrad gekauft, an Deck installiert und die Kette mit einem auf 12 Volt umgerüsteten Fahrraddynamo gekoppelt. Damit lud er nun seine Bordbatterie. Für die vorgesehene lange Reise wäre der Motor aber schon geeigneter gewesen. Umso mehr als der Dieseltank per Zufall noch randvoll war. Einen ganzen Tag sahen wir Peter in der Bucht kreuzen. Das heißt, gesehen haben wir ihn immer nur kurz vor den Wenden. Er versuchte die Kolben segelnd über die Schraube zu bewegen. Das misslang jedoch. »Da stand wohl zu lange Seewasser drin – die Scheißkolben bewegen sich nicht einen Millimeter. Das ist egal. Motoren stinken, machen Krach und bringen dich zum Verzweifeln. Ich brauche ihn nicht.«

Tage später kam Peter spät in der Nacht zu uns herübergerudert. »Es gibt Wind – ich haue ab. Wollte mich nur schnell verabschieden. Vollmond habe ich auch.« Vreni holte eine Flasche Wein aus der Bilge, die tranken wir zum Abschied. Wind war kaum vorhanden, ein Hauch von maximal vier Knoten. »Ich brauche ja nicht viel. Mir genügt es, wenn ich bei Tagesanbruch ein paar Meilen von der Küste weg bin. Da schnappt mich dann niemand mehr.«

Peter ging Anker auf. Lautlos schlich sich die TEHANI aus der Bucht. Noch lange danach standen wir an Deck und schauten dem langsam davonziehenden Boot nach. »Mach's gut Peter – wir wünschen eine gute Reise.«

Peter vermissten wir am Ankerplatz. Wir hatten viele Abende zusammen mit ihm verbracht und uns seine Geschichten angehört. Peter ist sein Leben lang auf Reisen gewesen und hat unendlich viel erlebt. Den Küstenabschnitt von Mexiko bis Chile kennt er wie seine Westentasche. Er spricht fließend vier Sprachen. Ich behaupte, dass mancher Meeresbiologe nicht so viel von den Tieren der Meere weiß wie Peter. Wochenlang lag er vor der Isla de Coco (Costa Rica) und beobachtete Haie und Rochen. Das ist zwar Naturschutzgebiet und normalerweise darf man auch mit einer teuren Bewilligung nur wenige Tage dort bleiben. Wir glauben Peter aufs Wort, dass er dort mit den Parkwächtern gute Freundschaft pflegte und auch ohne Bewilligung nie Probleme hatte.

Auch die Küstenwache vermisste Peter irgendwann und begann ihn zu suchen. Tagelang kontrollierten sie die Papiere der Yachten in den Ankerbuchten und erwischten noch etliche andere Überfällige. Da war Peter aber schon weit weg.

Am 3. September 1994 feierte Karl auf der Isla Gitana seinen 80. Geburtstag und lud alle Segler und seine Freunde zu einem riesigen Fest ein. 90 Personen folgten der Einladung. Am Spieß wurde ein ganzes Schwein gebraten und die Tische bogen sich unter der Last der aufgereihten Leckerbissen. Es war ein typisch amerikanisches, völlig ungezwungen improvisiertes und doch organisiertes Fest. Die Festivitäten dauerten zwei Tage und zwei Nächte. Das Stimmungsbarometer stieg ins Unermessliche und das Bier floss in Strömen. Am ersten Tag, kurz vor Mitternacht, hörten wir am in der Bar installierten Funkgerät ein »Mayday – Mayday – Mayday.« Ein Nachzügler war mit seinem Segelboot zwischen den Inseln auf ein Riff gelaufen. Der Eigner versuchte, auf dem Riff stehend das Boot frei zu bekommen. Das Problem war, dass er keine Ahnung hatte, wo er sich überhaupt befand. Inseln gibt es da einige und Riffe sind zwischen allen diesen Inseln. Man kann mit einem Segelboot nicht durchfahren. Die Rettungsaktion lief sofort an. Mit starken Scheinwerfern ausgerüstet machten sich drei Motorboote auf die Suche und fanden die Yacht auch bald. Mit den starken Motoren gelang es, das Boot ins tiefe Wasser zu ziehen. Das Fest konnte weitergehen.

Wir kannten den Eigner dieser Segelyacht. Es war der Zahnarzt von Luis mit seiner Ehefrau. Er hatte die 36-Fuß-Yacht eine Woche zuvor einem Amerikaner abgekauft. Von Segeln und Navigation hatte er keine Ahnung. Das wollte er sich selbst beibringen. Nun – die erste Lektion hatte er hiermit sicher gelernt. Es war glimpflich abgelaufen. Eine Delle im Propeller und ein paar tiefe Kratzer im Gelcoat waren die einzigen Schäden.

Mitte September 1994 waren wir wieder einmal in Puntarenas um einzukaufen, als uns jemand auf Spanisch über Funk anrief. Es waren unsere schon lange erwarteten Freunde Willi und Pia. Die beiden waren auf einer Weltreise und das Zusammentreffen war schon in der Schweiz locker geplant gewesen. Die Freude war auf beiden Seiten riesig. Nach ein paar schönen Tagen vor Anker vor der Isla Gitana mieteten wir zusammen ein Auto und unternahmen eine ausgedehnte Reise durch Costa Rica. Die PURA VIDA ließen wir an einer Boje in Puntarenas. Für 15 Franken pro Tag passte ein mit einer Machete bewaffneter Einheimischer jede Nacht auf unsere Yacht auf.

Über San José reisten wir nach Limón an der Atlantikseite. Von dort aus machten wir einen dreitägigen Ausflug nach Tortuguero. Tortuguero ist nur auf dem Wasserweg, auf Kanälen zu erreichen. Für die 85 Kilometer lange Strecke muss man ein Motorboot mit Fahrer mieten. Die fünfstündige Fahrt war ein einmaliges Erlebnis. Unser Bootsführer Roberto kannte die Kanäle offensichtlich sehr gut. Andauernd zeigte er uns Tiere, die wir allein bestimmt gar nicht gesehen hätten. Die Kanäle sind unterschiedlich breit. Manchmal sind sie so schmal, dass der Dschungel ein Dach bildet, dann wieder breit wie Seen. Gefahren wird in der Mitte des Fahrwassers, und der starke Außenbordmotor wird voll gefordert. In engen Kurven kam es einige Male zu gewagten Ausweichmanövern, wenn mit gleicher Geschwindigkeit ein anderes Boot uns entgegenschoss. Dabei wurde das Tempo nicht reduziert.

Hinter einem im Wasser treibenden Baumstamm entdeckte Roberto ein Krokodil. Langsam fuhren wir näher heran. Als wir nur noch fünf Meter entfernt waren, tauchte das Reptil weg. Es war ein jüngeres, etwa drei Meter langes Tier.

In Tortuguero bekamen wir eine »Cabina«. In diesem Falle war es ein kleines, enges Zimmer, in dem gerade ein selbst zusammengezimmertes Doppelbett Platz hatte. Der Einfachheit halber waren die Wände nicht bis zur Decke hochgezogen. Die Fensteröffnung war mit einem Moskitogitter verschlossen, ein Fenster selbst gab es nicht. Bei den dort herrschenden Temperaturen um 38 °C ist das auch nicht notwendig. »Schüttelt immer die Schuhe aus, bevor ihr sie anzieht. Es hat hier haufenweise Skorpione«, sagte der Wirt und legte sich wieder in seine Hängematte.

Es war gerade die Zeit, in der die Schildkröten in der Nacht aus dem Meer steigen und am Sandstrand ihre Eier ablegen. Das wollten wir uns auf keinen Fall entgehen lassen. Roberto bot sich an, uns zu führen. Bei Einbruch der Dunkelheit zogen wir los. Am Strand hielt uns ein Mann auf und informierte uns, dass wir ohne ihn als Führer nachts nicht an den Strand dürften. Es entstand eine heftige Diskussion zwischen Roberto und dem Führer. Der Spaß sollte 20 US-Dollar pro Person kosten. Wir stellten uns dumm. Wir sprachen nur deutsch und gaben vor, kein Wort Spanisch zu verstehen. Achselzuckend gingen wir in die andere Richtung am Strand entlang. Roberto kapierte sofort, trennte sich von uns und ging zurück. Hinter uns fluchte der Führer. Wenig später sahen wir zwei Schildkröten aus dem Meer steigen. Wir legten uns still hinter eine Sanddüne und beobachteten. Wir hatten uns kaum hingelegt, als zwei uniformierte Parkwächter aus dem Dschungel auf uns zuliefen und uns ultimativ aufforderten, den Strand sofort zu verlassen. Wer die beiden auf uns gehetzt hatte war klar. Es blieb uns nichts anderes übrig als Folge zu leisten.

Am nächsten Tag mieteten wir ein Dschungelführer. Er hieß Dama und pries sich als den besten Kenner des Dschungels. Wir bestiegen sein großes Einbaumkanu und bekamen jeder ein Paddel in die Hand gedrückt. Er steuerte und wir ruderten. Sich von zahlenden Gästen rudern zu lassen ist doch eine saubere Sache. Diese aus massivem Tropenholz gebauten Kanus sind sehr schwer und mit den klobigen Rudern nur mit viel Kraftaufwand zu bewegen. Wir waren in kurzer Zeit schweißnass, während unser Steuermann entspannt ein Liedchen pfiff. Nach einer Stunde steuerte Dama eine kleine Bucht an. Dankbar tranken wir Kokosmilch direkt aus der Nuss, die er uns mit der Machete aufschlug und trinkfertig anbot.

Der Dschungel ist in dieser Region feuchtnass. Am besten stellt man sich vier Etagen vor. Am Boden niedere Stauden und Kleingehölze, dann die niedrigen Bäume, die mittleren Bäume und die ganz hohen Bäume, die das Dach bilden. Es ist wirklich ein Dach. Vom Boden aus sieht man den Himmel nie. Tiere leben am Boden nur wenige. Die sind in den oberen Etagen. Mit der Machete schlug Dama einen dünnen, bambusähnlichen Baum in einen Meter lange Stücke. Sobald man solch ein Holzstück umdrehte, rann ein feiner Strahl Wasser heraus. Das Wasser war frisch und gut zu trinken. Viele der Bäume sind sehr dick. Alle zusammen waren wir nicht in der Lage, sie zu umspannen. In einer Astgabel entdeckte Dama eine kleine, etwa sechs Zentimeter lange, grüne Schlange. Er warnte uns: »Äußerst giftig!« Später zeigte er noch einen roten Pfeilfrosch. Mit dem Gift dieses Frosches haben Indianer ihre Pfeile und Speere vergiftet. Dama legte den Pfeilfrosch Pia auf die Handfläche. In meinem Reiseführer über Costa Rica steht, dass man diesen Frosch auf keinen Fall anrühren soll. Ich befragte Dama darüber. Trocken meinte er: »Soll sie sich eben die Hände waschen.«

Für den Abend hatten wir uns bei einem Führer für die Schildkrötentour angemeldet – teuer hin oder her. Nun waren wir hier, und dieses Schauspiel wollten wir uns auf keinen Fall entgehen lassen. Zuerst gab es ein paar Informationen über die Schildkröten und Ermahnungen, wie man sich am Strand zu verhalten habe. Im Wasser bewegen sich die Schildkröten recht schnell und mühelos. An Land ist es für diese Tiere jedoch harte Arbeit, durch den Sand zu kriechen. Trotzdem legen sie an Land große Strecken zurück, um einen sicheren Platz für ihre Eier zu finden. Wenn sie einen geeigneten Platz gefunden haben, buddeln sie ein großes Loch und legen dort ihre bis zu 80 Eier ab. Mit Sand wird das Loch wieder zugedeckt, und das nun erschöpfte Tier muss wieder zurück zum Meer watscheln. Wird eine Schildkröte dabei gestört, flieht sie ins Wasser und versucht es in der kommenden Nacht wieder. Dadurch werden sie jedoch noch mehr erschöpft und sind eine leichte Beute für ihre natürlichen Gegner.

Wir stießen auf eine andere Gruppe mit Führer. Aus der Ferne schauten sie einer großen Schildkröte zu, die dabei war, ihre Eier zu legen. Die Gruppe lag hinter einer Sanddüne, unterhielt sich nur flüsternd und verhielt sich genau so, wie man uns das auch gesagt hatte. Zwischen den beiden Führern entspann sich ein heftiger Wortwechsel. Wir bekamen nicht mit, um was es ging. Unser Führer lief in der Spur der Schildkröte zu dem arbeitenden Tier hin. Der andere Führer fluchend hinter ihm her. Mit einer Taschenlampe beleuchtete er die Schildkröte, worauf diese sofort aufhörte und sich auf die Flucht zum Meer machte. Die Benutzung von Taschenlampen hatte er uns eine Stunde zuvor strikt verboten. Das Tier machte mehrmals erschöpft Pausen und atmete schwer. Wir wussten, dass das arme Tier in derselben oder der kommenden Nacht die gleiche Strapaze nochmals auf sich nehmen musste. Wir waren wütend. Uns wäre ohne Führer so ein Blödsinn nicht passiert.

Eine Stunde später lagen wir hinter einem umgestürzten Baum in Deckung. Einige Meter hinter uns lag der Rest der Gruppe mit dem Führer hinter einer Sanddüne. Willi sah als Erster ein sehr großes Tier aus dem Wasser kommen. Langsam kroch die Schildkröte den Strand hoch und zog nur fünf Meter an uns vorbei. Erst zu diesem Zeitpunkt bemerkte unser Führer sie, war dieses Mal jedoch vernünftig genug, sich nicht zu bewegen. Hinter einer Sanddüne schaufelte das große Tier das Loch und wir hörten, dass es vor Anstrengung stoßweise keuchte. Nach langer Zeit kam es zurück. Immer wieder musste es Pausen einlegen und sich ausruhen. Die Schildkröte schien restlos erschöpft. Einmal im Wasser, entschwand sie schnell unseren Blicken. Obwohl anfangs durch das Verhalten unseres Führers getrübt, war es ein schönes Erlebnis.

Am kommenden Tag bestiegen wir mit Roberto den Cerro de Tortuguero. Das ist ein einzelner Hügel im Dschungel. Nach einer Stunde Aufstieg genossen wir einen herrlichen Rundblick auf den Atlantik, den Dschungel und die Kanäle. Bis zur Grenze zu

Nicaragua sind es von dort aus nur noch zehn Kilometer. Am Nachmittag ging die Bootsfahrt wieder zurück nach Limón. Auch auf der Rückfahrt sahen wir viele Tiere.

Die nähere Umgebung von Limón besteht fast ausschließlich aus Bananenplantagen. Limón ist der Verladehafen für Bananen nach Amerika und Europa. Wir besuchten eine dieser riesigen Plantagen und sahen den Arbeiten an der Verpackungsstation zu. Der Vorarbeiter gesellte sich zu uns und erbot sich, uns den Betrieb zu zeigen. Wir nahmen dankend an. Nach zwei Stunden wussten wir wesentlich mehr über Bananen, die Produktion, Ernte und die Arbeitsbedingungen. Lachend sahen wir zu, wie je nach Bedarf ein »Chiquita-« oder »Dole-« Kleber aufgeklebt wurde. Vorher jedoch kommen die Bananen in ein Bad. Es wird »Leche« (Milch) genannt. Diese Flüssigkeit verzögert den Reifeprozess um etwa zehn Tage. Das genügt, um mit schnellen Schiffen Amerika und Europa zu erreichen. Wir erfuhren auch, das die erste Qualität immer nach Amerika gehe und Europa ausschließlich zweite Qualität bekomme. Die dritte Qualität sei Ausschuss, gehe nach San José auf den Markt oder in den Abfall. Die Arbeiter wohnen in schmucken Häusern der Bananengesellschaft. In jeder dieser Siedlungen gibt es Sportplätze, Schwimmbad und Gemeinschaftshallen für Tanz und Festivitäten. Strom und Wasser sind gratis. Die Arbeitsplätze bei diesen Bananengesellschaften sind heute sehr beliebt. Zum Abschied schenkte uns der freundliche Vorarbeiter einen ganzen Karton (18 kg) »Chiquita«-Bananen.

Die Weiterreise führte uns ins Gebirge zu einem Dorf namens Suizo (Schweiz). Eigentlich wussten wir nichts über dieses Dorf. Wir hatten den Namen auf der Karte entdeckt und waren gespannt, weshalb das Dorf so hieß. Es lag in einer Landschaft, die unseren Voralpen sehr ähnlich ist. Nur die Vegetation ist komplett anders. Die Haupteinnahmequelle in diesem Gebiet ist Kaffee. Daneben gibt es aber auch Bananen- und Papaya-Pflanzungen. Ein Bergbach schlängelt sich durch das Tal und im Hintergrund sind hohe Berge zu sehen. Weiter unten, auf einer Hochebene, wird Zuckerrohr angepflanzt. Durch die Zuckerrohrfelder zweigt eine schmale Straße zu einem Hotel ab. Es war Zeit für ein verspätetes Frühstück. Wir bogen ab und erreichten auf einer langen Pappelallee eine grandiose Parkanlage englischen Stils. Umgeben von altem Baumbestand stand ein schlossähnliches Haus. Springbrunnen, Teiche mit Seerosen, Blumen und blühende Sträucher – es sah aus wie im Märchen. Höflich fragten wir, ob wir hier ein Frühstück bekämen. Es war kein Problem. Wir waren die einzigen Gäste. Das Vogelkonzert im Park störte die dezente klassische Gitarrenmusik gar nicht. Der Kellner bediente uns wie Könige. Nach den sehr einfachen Unterkünften der letzten Tage genossen wir diesen Luxus in vollen Zügen.

Auf Naturstraßen fuhren wir an diesem Tage weiter durch das Gebirge. Über Stunden sah die Landschaft aus wie ein Paradiesgarten. Täler, Schluchten, Bäche, Terrassen – und überall diese üppige Vegetation. Gegen Abend erreichten wir das Zentraltal, überquerten dieses und fuhren direkt zum Vulkan Irazu hoch. Auf einer Höhe von 3100 Metern über dem Meer fanden wir ein Hotel zum Übernachten. Mittlerweile regnete es in Strömen. Hier oben war es mit für uns ungewohnten 10°C sehr kalt. Trotzdem ließ der Wirt die Tür immer wieder offen, und so zog es auch noch erbärmlich durch das alte Haus. Wir baten die Wirtsleute einige Male höflich, doch den Kamin anzuzünden. Das lehnte der Wirt strikt ab. Ihm sei nicht kalt. Das Essen war lausig. Wir kauften eine Flasche Rum und erwärmten uns an dieser. Was für ein Kontrast zum Vormittag!

Das Zimmer war noch schlimmer als erwartet. Die Bettwäsche dermaßen dreckig, dass wir es vorzogen, angezogen zu schlafen. Die Dusche war lebensgefährlich. Beschädigte Elektrokabel hingen an der Decke und der Wand gegenüber der Brause. Als das Bett endlich warm war, mussten wir wieder aufstehen. Es war 3.30 Uhr. Um vier Uhr wollten wir am Tor zum Nationalpark Irazu sein. Das ist unweit vom Gipfel des Vulkans. Wir waren so früh aufgebrochen, weil wir den Sonnenaufgang beobachten wollten, falls das möglich war, und gleichzeitig uns den teuren Eintritt in den Nationalpark sparen wollten. In Costa Rica musste man damals für jeden Eintritt in einen Nationalpark 25 sFr. pro Person bezahlen. Jedes lohnende Objekt wurde einfach als Nationalpark deklariert. Abkassiert wurde vor allem bei den Ausländern. Die Einheimischen hatten nur 3 sFr. zu bezahlen. Wir wussten, dass der Park erst morgens um acht

Uhr öffnete. Zu diesem Zeitpunkt wollten wir längst wieder weg sein, und das schafften wir auch. Das Wetter hatte sich in der Nacht wieder etwas gebessert, und die Sicht war nicht schlecht. An sehr klaren Tagen kann man vom Vulkan Irazu aus sowohl den Atlantik wie auch den Pazifik sehen. Dieses Glück hatten wir zwar nicht, aber die Aussicht war trotzdem beeindruckend.

Über San José, Alajuela, San Ramon und Quesada kamen wir an diesem Tage nach Arenal. Dieser Ort liegt am Fuße des gleichnamigen, noch aktiven Vulkans. Es gibt in dieser Region heiße Quellen. Der große Arenal-Stausee passt ausgezeichnet in diese liebliche Gegend. Wir feierten an diesem Tag unseren 25. Hochzeitstag und wollten deshalb ein gutes Nachtessen genießen und ausnahmsweise auch ein etwas besseres Hotel beziehen. Hoch über dem See fanden wir ein neueres Hotel. Die Speisekarte sah gediegen aus und die angebotenen Gerichte entsprachen genau unseren Vorstellungen. Wir waren die einzigen Gäste, was uns etwas misstrauisch machte, aber der Hotelmanager versicherte lautstark und gestenreich, dass seine Küche in dieser Region zu den Besten gehöre und die Leute von weit her zum Essen kämen.

Zum Nachtessen erschien ich stark humpelnd. Ich hatte mir einen Hexenschuss eingefangen, und die Beschwerden wurden von Stunde zu Stunde schlimmer. Wir bestellten Chateaubriand und eine gute Flasche Wein. Bekommen haben wir Geschnetzeltes. Willi ist Metzgermeister und liebt gute Fleischgerichte über alles. Nun sah er rot. Wir beschwerten uns und verlangten mit dem Küchenchef oder dem Hotelmanager zu sprechen. Der Küchenchef war eine Frau. Das Chateaubriand habe sie noch immer so gemacht. Willi war weiß vor Empörung, aber es hatte keinen Sinn. Wir waren nicht zu Hause, und auf solchen Reisen muss man mit Derartigem rechnen. Nach dem Essen wollten wir noch gemütlich zusammen ein Flasche Wein trinken. Daraus wurde nichts. Wir waren immer noch die einzigen Gäste, und das Personal wollte Feierabend machen. Wir wurden richtiggehend hinauskomplimentiert.

In den letzten beiden Tagen dieser Reise erforschten wir die Provinz Guanacaste, den »Wilden Westen Costa Ricas«. An der Küste gibt es noch schöne, unverbaute Buchten. Leider sind sie alle nach

Westen offen, sodass sie sich für den Wassersport nicht sehr gut eignen. Die Badestrände sind schlichtweg fantastisch. Das Hinterland ist dünn besiedelt. Hier leben noch viele Indios. Meist wird Viehzucht betrieben. Im hügligen Gelände gibt es viele Wälder. Kleine Siedlungen liegen weit verstreut auseinander. Das Pferd hat hier als Arbeitstier noch lange nicht ausgedient. Es wird vor allem als Reittier benutzt. Einige Male konnten wir zusehen, wie die Cowboys die Viehherden mit dem Lasso zusammentrieben. Wir fühlten uns um hundert Jahre zurückversetzt.

Am 29. September 1994 waren wir wieder zurück in Puntarenas. Wir hatten in den vergangenen zwei Wochen 1600 Kilometer zurückgelegt und viel gesehen. Die letzten gemeinsamen Tage mit Willi und Pia verbrachten wir vor der Isla Gitana.

In dieser Zeit haben wir auch die PURA VIDA getauft. Es war eine schlichte, einfache Zeremonie mit unseren beiden Besuchern als Taufpaten. Willi sprach ein paar ergreifende Worte und die von Pia geworfene Sektflasche zersplitterte auf Anhieb am Bug. Ein gutes Omen!

Wir brachten unsere Besucher wieder nach Puntarenas und blieben zwei Wochen in der Stadt. Ich musste erst einmal meinen Hexenschuss auskurieren. Zwischenzeitlich hatte er sich etwas gebessert, nun konnte ich mich aber wieder kaum bewegen. Ich musste ein paar Tage das Bett hüten. Danach brachten wir die Segel zum Segelmacher, machten letzte Arbeiten am Boot und verproviantierten die PURA VIDA für zwei Monate. Da kommt eine ganze Menge zusammen. Grundnahrungsmittel sind in Costa Rica billig, weshalb wir uns mit Mehl, Zucker und natürlich Costa-Rica-Kaffee gleich für ein ganzes Jahr eindeckten. Später haben wir es bereut, nicht noch mehr Kaffee mitgenommen zu haben. Auch Rum hätten wir viel mehr einkaufen sollen. Der war in diesem Land äußerst billig und von guter Qualität. Aber Vreni meinte kategorisch, dass wir kein »Alkischiff« seien.

Luis hatten wir schon lange nicht mehr gesehen. Wir wollten uns von ihm verabschieden und natürlich auch das geliehene Geld zurückbekommen. Er blieb jedoch unauffindbar. Wo wir auch nachfragten, war er bekannt, niemand wusste jedoch genau, wo er wohnte. Irgendwie reizte uns die Aufgabe, Luis zu finden, denn wir begannen zu ahnen, dass er uns bewusst auswich. Einmal hatte er fluchtartig seinen Arbeitsplatz auf der Isla Gitana verlassen, als er erfuhr, dass wir in der Anfahrt waren. Zwei Tage investierten wir in die Suche, und schließlich fanden wir ihn. Ohne nachzufragen erfuhren wir eine Menge über unseren Luis: Hochschulprofessor war er nie gewesen und seine Frau war auch nicht vor einem Jahr gestorben. Die Villa, die er uns beschrieben hatte, entsprach keineswegs dem Haus, das wir fanden. Es war ein Drei-Zimmer-Ziegelhaus, mit Wellblech gedeckt, wie es in seinem Wohngebiet üblich ist. Ein junger Bursche hatte uns lachend dorthin geführt. »Wer den Luis sucht, will Geld, und genau das hat der Kerl nie. Ihr seid nicht die Ersten.«

Luis war sichtlich erstaunt und erschrocken, uns zu sehen. Seine Zähne waren noch immer nicht geflickt und eine Backe dick geschwollen. Wir sahen, dass er Fieber hatte, und ahnten auch weshalb. Die Zähne mussten ihn gewaltig plagen. Er lud uns zu einem Kaffee ein. Er fragte uns, wie wir ihn gefunden hätten, und wir erzählten. Luis war furchtbar nervös. Er war allein zu Hause. Wir ahnten, dass seine Frau jeden Moment zurückkommen konnte und Luis aus diesem Grunde so aufgeregt war. Bestimmt wollte er sich nicht noch mehr blamieren. Das wollten wir auch nicht. Wir verabschiedeten uns. »Das Geld bringe ich euch morgen auf die Pura Vida.« Wir bedankten uns und sagten, dass das sehr nett wäre, und wussten, dass wir den Luis nie mehr sehen würden. Auf dem Weg zur Hauptstraße begegneten wir seiner Frau und seinem Sohn. Wir kannten die beiden von Fotos, die Luis uns gezeigt hatte.

Luis war wirklich ein Hochstapler, Lügner, Schwindler oder alles zusammen – aber ein charmanter. Wir behielten ihn so in Erinnerung, wie wir ihn kennen gelernt hatten: liebenswert, freundlich, unterhaltsam und witzig. Seine Adresse haben wir niemandem verraten.

Wir fuhren ein letztes Mal zur Isla Gitana zu Karl und Loida, um uns zu verabschieden. Wir haben dort eine wunderschöne Zeit verlebt und bedankten uns herzlich.

Am 24. Oktober 1994 zogen wir den Anker aus dem exzellent haltenden Grund vor der Isla Gitana und fuhren unter Maschine in die 20 Meilen entfernte Bucht von Punta Leona. Im Golf von Nicoya stand viel Schwell, und im Wasser waren ganze Kehrichtstraßen. Baumstämme, Abfall und Äste zwangen uns, in Schlangenlinien zu fahren. So einen Dreck hatten wir im Golf noch nie gesehen, und wir waren jetzt doch schon eine ganze Weile in der Gegend. Unser Ankerplatz am Abend war sehr malerisch und friedlich. Auch am nächsten Tag stand viel Schwell in den Golf. Wir segelten in die Bahia Herradura an seinem südlichen Eingang. Wir lagen quer zur Welle vor Anker und verbrachten eine unruhige Nacht in der sonst ebenfalls sehr schönen Bucht. Ab Mitternacht wurde es bedenklich, wir mussten Ankerwache halten. Mit dem ersten Tageslicht verließen wir die ungemütliche Bucht. Eigentlich wollten wir vor Quepos nochmals ankern, verzichteten dann jedoch darauf, weil der Ankerplatz dort noch exponierter ist. Bis zum Golfo Dulce waren es 130 Seemeilen. Das bedeutete Motorsegeln auf der ganzen Strecke, denn der Wind ist in diesem Gebiet wirklich spärlich. In der zweiten Nachthälfte erlebten wir ein tropisches Gewitter. Die Sicht wurde sehr schlecht, und weil wir vorher noch viele schlecht beleuchtete Fischerboote gesehen hatten, musste Vreni am Bug Ausguck halten. Gegen Morgen ließ der Regen nach und es wurde ein wunderschöner Tag. Am Nachmittag bogen wir um das Cabo Matapolo in den Golfo Dulce ein und ankerten wenig später bei Punta Sombrero. Bis Golfito waren es nochmals 20 Meilen, und die hätten wir bei Tageslicht nicht mehr geschafft. Auch waren wir müde. Weil wir keinen Autopiloten besaßen, mussten wir unter Maschine jeden Meter selbst steuern.

Der nächste Tag begann nicht sehr glücklich. Wir waren kaum auf Kurs in Richtung Golfito, als der Motor zu überhitzen begann. Die Wasserpumpe leckte stark, und es blieb uns keine andere Wahl, als den Motor sofort abzustellen. Bald wurde klar, dass wir das auf See nicht selbst reparieren konnten. Glücklicherweise kam ein Hauch von Wind auf. Damit kamen wir bis auf sechs Meilen vor die Einfahrt von Golfito, dann war der Wind ganz weg. Im Osten wurde der Himmel schwarz und ein neuerlicher Tropenregen war absehbar. Die Küste im Süden war etwa vier Meilen entfernt, und darauf drifteten wir mit der Strömung langsam zu. Mittlerweile war es bereits später Nachmittag. Wir mussten etwas unternehmen. Über Funk bekamen wir Kontakt zum Golfito Yacht Club und schilderten unsere Situation. Gegen einen angemessenen Preis wollte man uns natürlich gern helfen. Wir vereinbarten 45 US-Dollar die Stunde. Eine knappe Stunde später hatten die Helfer uns erreicht. Nun war es schon dunkel und es regnete wieder in Strömen. Heinz, der Betreiber des Golfito Yacht Clubs, kam mit drei Seglern – den pensionierten TWA-Piloten Tom, Paul und Roger – auf Toms Boot CHERIE. Das GPS führte sie zu unserer Position. So wurden wir nach Golfito geschleppt.

Golfito ist eine relativ neue Stadt. Als die Bananengesellschaften in den 30er-Jahren auf der Atlantikseite große Probleme mit der Bananenseuche hatten, legten sie in der Gegend von Golfito neue Plantagen an. Die Gesellschaft baute eine Pier für die Schiffe, eine Bahnlinie, Werkstätten, ein Spital und vieles mehr. Ein paar hundert Arbeiter wurden eingestellt, alle unter 25 Jahre alt und ledig. Ein Dutzend Huren wurden den Arbeitern zugestanden. Die Stadt Golfito war geboren. Die Seuche brach aber auch hier aus. Als die Arbeiter für mehr Lohn streikten, gab die Gesellschaft auf und zog sich zurück. Geblieben sind ein paar unbedeutende Plantagen. Die Stadt lebt heute vom Grenzverkehr zu Panama und dem »Centro«. Das ist ein Einkaufszentrum mit etwa hundert Ladengeschäften, wo jedermann alle sechs Monate einmal zollfrei einkaufen kann. Golfito ist keine große Stadt. Es ist auch keine besonders schöne Stadt. Wir haben sie erst auf den zweiten Blick zu schätzen gelernt. Die Kriminalität in Golfito ist höher als in jeder anderen Stadt Costa Ricas. Warum das so ist, weiß eigentlich niemand so genau. Golfito liegt, zu hundert Prozent von Dschungel umgeben, ziemlich isoliert. Tatsächlich erschien sie uns immer wie eine »Wildwest-Stadt«. Die Kriminalität ist nicht gewalttätig. Vor allem wird geklaut. Was nicht niet- und nagelfest ist wird gestohlen.

Der Golfito Yacht Club ist eigentlich gar kein Yachtklub. Es gibt einen Steg in T-Form, an dem maximal vier bis fünf Boote festmachen können. Einen dieser Plätze belegt Heinz, der Besitzer. Er ist

Münchener und wird von der Golfito-Ausländergemeinde »Waffen-SS-Heinz« genannt – nicht zu Unrecht. Täglich schoss er mit seinem Gewehr in die Luft oder auch mal vor den Bug eines Kanus, das zu nahe an den Steg kam. Auf dem Steg war Tag und Nacht ein bewaffneter Wächter.

An unserem zweiten Tag im Golfito Yacht Club sahen wir, wie Heinz vier Holländer mit Waffengewalt vom Steg vertrieb. Heinz kassiert für die Liegeplätze grundsätzlich im Voraus. Die Crew der LADY ROSE aus Amsterdam wollte für einige Tage nach San José und das Boot im Golfito Yacht Club liegen lassen. Der Platz wurde im Voraus bezahlt. Als die Holländer sich anders entschlossen und das Geld – es ging um 50 US-Dollar – wieder zurückhaben wollten, vertrieb sie Heinz mit vorgehaltener Waffe. Heinz sagte wörtlich zu mir: »Was ich kassiert habe, gebe ich niemals zurück.« Die Holländer gingen zur Polizei. Die war einige Minuten später auf dem Steg und befragte Heinz. Der zeigte einen Waffenschein und bestritt, die Waffe auf die Holländer gerichtet zu haben. Die Polizei konnte nichts tun, zumal die Holländer die Klage zurückzogen, weil sie nicht lange genug in Golfito bleiben konnten.

Uns gefiel dieses Gehabe überhaupt nicht. Sobald unser Motor repariert war, verlegten wir uns zum vier Meilen entfernten Golfito Jungle Club. Die beiden Amerikaner Whitey und Barbara betreiben dieses wunderschön gelegene Restaurant im Dschungel. Alle Segler sind dort herzlich willkommen. Duschen stehen zur Verfügung und sogar die Waschmaschine durften wir benutzen. Nur vier Segelboote ankerten in dieser herrlichen Bucht.

Obwohl es uns ausgezeichnet gefiel, blieben wir nur drei Tage dort. Die Zeit drängte. Wir wollten Ende des Jahres in Ecuador sein und auf dem Wege dorthin noch genügend Zeit für den Norden Panamas haben. Am 16. November 1994 gingen wir Anker auf. Wir hatten gerade den Kanal passiert und Kurs auf Cabo Blanco genommen, als der Öldruck zusammenfiel. Schon wieder Motorschaden! Der ganze Motorraum war mit Öl bespritzt. Alle Befestigungsschrauben der Ölpumpe waren locker und eine gebrochen. Die abgebrochene Schraube steckte noch im Gewinde und war nicht zu entfernen. Wir hofften, die Ölpumpe trotzdem einigermaßen dicht zu bekommen. Wir füllten Öl nach und fuhren mit niedriger Tourenzahl wieder zum Kanal zurück. Über Funk informierten wir den Hafenkapitän und Whitey im Jungle Club Golfito. Die Ölpumpe leckte viel zu stark und wir verloren zu viel Öl. Der Druck fiel wieder ab. Wir mussten die Maschine stoppen, wenn wir nicht riskieren wollten, sie zu ruinieren. Seitlich an der PURA VIDA banden wir mit mehreren Leinen das Beiboot fest und schoben die Yacht mit dem Außenborder in den Kanal. Ich weiß nicht, wieso wir nicht zwei Wochen früher schon auf diese Idee gekommen sind. Im Kanal kam uns Whitey im Beiboot entgegen. »Nice to see you again. Hab mir doch gedacht, dass es euch im Jungle Club gut gefällt.« Whitey lachte über das ganze Gesicht. Er vertäute sein Beiboot auf der anderen Seite der PURA VIDA und half schieben. Am späten Nachmittag lagen wir wieder am alten Platz vor dem Jungle Club Golfito vor Anker.

Am nächsten Tag mussten wir erst einmal wieder einklarieren. Barbara und Whitey warnten uns vor »Rambo«. »Rambo« war Beamter der Fremdenpolizei und hatte einen denkbar schlechten Ruf. Man hatte uns schon in Puntarenas vor diesem Rüpel gewarnt. In Costa Rica darf man nicht das Land verlassen und am gleichen Tage wieder einreisen. Man muss mindestens drei Tage draußen bleiben. Das war ein gefundenes Fressen für »Rambo«. Er wollte uns überhaupt nicht mehr einklarieren. Die Pässe wollte er nicht abstempeln und er verbot uns, die Stadt zu verlassen. Ratlos standen wir da, während »Rambo« in rüdem Ton auf uns einredete. Da stand eine junge Frau von ihrem Schreibtisch auf. Höflich, aber sehr bestimmt wies sie »Rambo« an zu verschwinden und stempelte unsere Pässe ab. Offensichtlich hatte »Rambo« eine Chefin bekommen, und dazu noch eine sehr nette.

Unser Motor machte uns Sorgen. Es war für uns unverständlich, dass ein frisch überholter Motor so viele Probleme machte. Wir begannen zu ahnen, dass unser OM 615 nie und nimmer in San José durch Mercedes generalrevidiert worden war. Eine entsprechende Anfrage in San José bestätigte unsere Vermutung. Withey vermittelte uns einen Mechaniker. Dominique war ein guter Dieselmechaniker und lag zudem mit seiner HAYLEY ELIZABETH direkt neben uns vor Anker. Für mich war er ein guter und geduldiger Lehrer. Durch ihn lernte ich unsere Maschine genau kennen, sie zu warten und zu pflegen. Wir wechselten marode Schläuche und Schellen, ersetzten alle Filter, stellten das Ventilspiel neu ein und kontrollierten jede einzelne Schraube im Motorraum. Nach einer Woche Arbeit war mein Vertrauen in unseren Motor wieder hergestellt. Bei Bedarf kam Dominique vorbei, zeigte mir, wie was geht, und kontrollierte das Gemachte. Das war absolut ideal und zudem sehr kostengünstig.

Zum Schluss kam noch das Getriebe an die Reihe. Eine Dichtung war spröde und wir verloren immer ein bisschen Getriebeöl. Dominique riet uns dringend, das Getriebe auszubauen und von einem Fachmann überholen zu lassen. Das sei kein »big deal«. Er schätzte den Arbeitsaufwand auf zwei Tage. Gedauert hat die ganze Sache schlussendlich acht Wochen.

Auf Empfehlung von Dominique und Withey waren wir an einen in Golfito ansässigen Polen gelangt. Das Getriebe war schnell ausgebaut. Das Urteil unseres polnischen Fachmanns war vernichtend. Wir brauchten ein paar teure Ersatzteile. Wir telefonierten und faxten mehrmals nach England, aber geliefert wurde nicht. Es war zum Verzweifeln. Täglich fuhr ich mit dem Beiboot nach Golfito zur Post, um nach Antwort zu fragen. Das waren jeden Tag drei Stunden Aufwand – für die Katz. Unser Fachmann riet uns, ein revidiertes »Hurth«-Getriebe einzubauen. In Puntarenas sei ein solches zufällig vorhanden. Widerstrebend willigte ich vor Weihnachten schließlich entnervt ein. Den Preis von 1000 US-Dollar mussten wir im Voraus bezahlen. Das Getriebe war nach drei Tagen in Golfito. Es war ein 1:1-Getriebe, und wir hatten 3:1. Sogar mir als Laien war klar, dass das nicht gehen konnte. Das sei kein Problem, wir müssten uns lediglich einen neuen Propeller besorgen. Natürlich hatte er »per Zufall« einen auf Lager. Ich war absolut sauer. War es möglich, dass unser Getriebe gar nicht defekt war? In einem heftig geführten Streitgespräch verlangte ich unser Getriebe und unser Geld zurück. Ich glaube, wir hatten viel Glück, dass wir beides bekamen. Nur die Transportkosten mussten wir übernehmen. Withey hat diesen Polen nie mehr jemandem empfohlen.

Dominique besah sich das Getriebe. »Dieses Getriebe ist noch alte englische Ingenieurarbeit. Ein absolutes Spitzenprodukt. Von Defekt keine Rede. Wenn ihr alle Lager und Dichtungen wechselt, habt ihr ein neuwertiges Getriebe«, sagte Dominique und versprach zu helfen. Die Lager bekamen wir aus San José. Aber die Dichtungen waren nicht zu beschaffen. Die in Costa Rica üblichen Weihnachts-/Neujahrsferien hatten begonnen und die entsprechenden Fachgeschäfte waren für zwei Wochen geschlossen.

Am 1. Januar 1995 holten wir meinen Vater am Flugplatz ab. Er besuchte uns für fünf Wochen. Bei dieser Gelegenheit suchte ich in San José einen ganzen Tag selbst nach den Dichtungen. Wir fanden drei Fachgeschäfte, alle waren ferienhalber geschlossen. Weil wir dabei kreuz und quer durch die Stadt fahren mussten, war das für meinen Vater gleichzeitig eine Stadtbesichtigung.

Mitte Januar waren die Dichtungen endlich auf der PURA VIDA. Wir bauten das Getriebe wieder ein und es funktionierte sogar. Beim Einbau beschädigten wir die Manschette der Stopfbuchse. Das war ärgerlich, denn die kann man nur ersetzen, wenn man trocken liegt. Wir mussten trockenfallen oder aus dem Wasser. Zu Barbara und Withey sagte ich: »Wenn das so weitergeht, sind wir auch nächste Weihnachten noch bei euch.«

Wir entschlossen uns, an einer abenteuerlichen Withey-Konstruktion trockenzufallen. Es sah nicht gerade vertrauenerweckend aus, aber Withey beruhigte uns. Die Vorbereitungsarbeiten gestalteten sich schwierig und zeitraubend. Die Kupplung ließ sich nicht vom Schaft abziehen. Einen Abzieher konnten wir nicht einsetzen, weil dafür zu wenig Platz vorhanden war. Wir mussten ein eigenes Werkzeug basteln. Eine 12-Millimeter-Stahlscheibe versahen wir mit sechs Lochungen, bestellten in San José passende 12er-Niroschrauben, setzten die Scheibe am Ende der Welle an und verbanden Scheibe und Kupplung mit diesen Schrauben. Wir hatten immer noch zu wenig Platz. Das Getriebe musste nochmals raus. Wir brauchten zwei Tage, bis die Kupplung endlich frei war. Ein Ende war in Sicht. In einer nächtlichen Aktion ließen wir uns trockenfallen und brachten die Stopfbuchse in Ordnung. Zurück am Ankerplatz waren sowohl Kupplung wie auch Getriebe in Rekordzeit wieder eingebaut. Vreni reinigte abschließend den Motorenraum, und dabei fand sie unter dem Motor versteckt eine mir wohl bekannte Unterlegscheibe. Die gehörte zum Getriebe-Inputschaft. Uns konnte nun nichts mehr erschüttern. Kupplung weg, Getriebe weg, Scheibe rein, Getriebe und Kupplung wieder einbauen – es dauerte nur gerade drei Stunden. Wir hatten ja Übung genug.

Dann unternahmen wir eine ausgiebige Probefahrt. Alles war in Ordnung und arbeitete einwandfrei. Es war der 20. Januar 1995. Drei Monate waren wir nun bereits in Golfito. Die meiste Zeit haben wir auf irgendwelche Kleinteile gewartet. Man kann in Golfito mehr oder weniger alles beschaffen. Es muss aber immer in der Hauptstadt San José bestellt werden, und die liegt acht Autostunden entfernt. Das dauert dann eben entsprechend.

Wir hatten also genügend Zeit, die Umgebung von Golfito zu besichtigen. Besonders gut haben uns die Kanäle im hinteren Bereich der Bucht gefallen. Man kann diese Kanäle mit dem Beiboot befahren, und sie erinnerten uns an diejenigen bei Tortuguero. Diese Fahrt haben wir mehrmals gemacht und waren sehr beeindruckt. Zu Weihnachten waren alle Segler bei einem englischen Ehepaar in ihrem Haus im Dschungel eingeladen. Das war sehr nett. Hinter dem Haus stürzt ein Wasserfall in einen kleinen See. Wir badeten im erfrischend kühlen Wasser.

Nach der Probefahrt klarierten wir noch am gleichen Tag aus. Ein neuer Hafenkapitän war im Amt und verlangte 50 US-Dollar Gebühren. Vorher hatte das 50 Rappen gekostet. Ich tat so, als ob ich das anstandslos bezahlen würde, und bat ihn, mir die Papiere auszustellen. Als ich alle Papiere in den Händen hatte, gab ich ihm 50 Rappen und sagte: »So viel hat das bisher gekostet und mehr zahle ich nicht.« Mit diesen Worten war ich schon aus der Tür und rannte die Treppe hinunter. Er schrie mir nach: »Wenn ich dich in zwölf Stunden noch in Golfito sehe, jage ich dir die Küstenwache auf den Hals.« Es war vier Uhr nachmittags. Ich war keineswegs gewillt, um Mitternacht Anker auf zu gehen.

Gangster und Gastfreundschaft: Panama

Boca Chica – Panama City – Bahia Honda

Nach einem rührenden Abschied von Barbara und Withey verließen wir die Bucht am kommenden Tag um zehn Uhr. Es gab keine Probleme mit dem Hafenkapitän. Vermutlich sah er uns gar nicht. Um Mitternacht lag die Grenze zu Panama querab und morgens um sechs Uhr standen wir vor der Einfahrt zu den Islas Paridas. Wir fanden einen wunderschönen Ankerplatz vor der Isla Paridita. Endlich waren wir wieder unterwegs.

Die Inselgruppe ist nur spärlich bewohnt. Man lebt vom Fischfang und baut etwas Mais und Korn an. Das Wasser ist nicht ganz klar, aber sauber. Nach drei Tagen verlegten wir zur zehn Meilen entfernten Insel Gamez. Der Ankerplatz ist nicht sehr gut geschützt, aber es war beinahe windstill und deshalb kein Problem. Nach Wind sah es auch nicht aus. Wir packten ein Picknick ein und fuhren zum Schwimmen an den Strand. Gegen Mittag kam etwas Wind auf. Nicht viel, gerade genug, um die Hitze erträglicher zu machen. Wir waren eben dabei, ins Beiboot zu klettern, als der Wind von einer Sekunde auf die andere kräftig zulegte. Wir sahen, dass die PURA VIDA auf Drift ging. »Der Anker hält nicht!«, schrie ich. Wir ließen meinen Vater an Land und ruderten so schnell wie möglich der PURA VIDA entgegen, die zügig auf uns zu driftete. Ich sprang an Bord. Wir müssen den Diesel vorglühen, und jede Sekunde war kostbar. Eins, zwei, drei, vier, fünf, sechs – starten. Die Maschine kam. Gang einlegen, volle Kraft voraus, ich schaute zurück. Wir waren nur noch zwei Meter vor den Felsen. Das war keine Sekunde zu früh. Dem Ruder wäre das gar nicht gut bekommen. Vreni war schon dabei, den Anker einzuholen. Es blies immer noch kräftig. Das vorher glatte

Wasser war nun weiß. Wir mussten versuchen, in Lee zu ankern. Am Strand stand mein Vater und winkte. Wir fuhren um die Insel ins Lee und warfen viermal den Anker, aber er hielt einfach nicht. Irgendwie mussten wir unseren Robinson von der Insel bekommen. Gegen den kräftigen Wind zu rudern ist aber nicht einfach. Ich fuhr die PURA VIDA so nahe wie gerade noch vertretbar an die Insel heran, Vreni sprang ins Beiboot und ruderte mit kräftigen Schlägen zur Insel, während ich wieder tieferes Wasser suchte. Mein Vater war nicht mehr zu sehen. Er hätte durch die Mitte der Insel in einer Minute auf die Leeseite laufen können, versuchte es jedoch um die Insel herum über die Felsen und verstieg sich dort. Vreni musste ihn erst suchen. Die Rückfahrt mit dem Beiboot zur PURA VIDA war dann leicht. Rudern mussten sie nicht. Es blies sie einfach heraus. Mein Vater lachte herzlich. Das war ein Spaß genau nach seinem Geschmack. Da hatte er zu Hause am Stammtisch etwas zu erzählen. In rauschender Fahrt ging es zurück zu unserem Ankerplatz vor der Isla Paridita.

Wir waren nicht mehr allein am Ankerplatz. Vom Panamakanal kommend, waren Frank und Isabelle von der SOULMASSAGE eingetroffen und ankerten direkt neben uns. Nach langer Zeit konnten wir wieder einmal Deutsch sprechen und taten das auch ausgiebig. Am 27. Januar 1995 fuhren wir zur zehn Meilen entfernten Küste. Der Küste vorgelagert sind mehrere kleine Inseln. Der Fluss Horconcito mündet in vielen Verästelungen ins Meer. Einen großen Teil dieser Flüsse kann man bei Hochwasser befahren. Karten gibt es keine. Wir hatten jedoch eine Handzeichnung und fuhren damit drei Meilen flussaufwärts bis zum Dorf Boca Chica. Die Handzeichnung war sehr ungenau. Es war nicht einfach, zwischen den Inseln die eigentliche Flussmündung zu finden. Da wo das Dorf sein sollte, waren nur zwei Häuser zu sehen. Am Ufer lagen einige Kanus. Zwei Männer winkten lachend.

»Donde es el pueblo Boca Chica? (Wo ist das Dorf Boca Chica?)«, rief ich den beiden Männern zu.

»Aqui – Aqui! (Hier – hier!)«

Sie zeigten hinter sich. Einer schob ein Kanu ins Wasser und ruderte zu uns. Wir erfuhren, dass nur ganz selten Segelboote hierher kämen. Er zeigte uns, wo diese geankert hatten. Der Platz schien uns nicht schlecht. Wir warfen den Anker und steckten wegen der Strömung reichlich Kette.

Boca Chica entpuppte sich als schmuckes kleines Dorf. Es liegt in einem lichten Laubwald. Die Häuser sind weit verstreut und noch nicht sehr alt. Die Hauptstraße ist betoniert. Im Zentrum des Dorfes steht ein offenes Langhaus mit Schilfdach, das für Tanzveranstaltungen benutzt wird. Drumherum standen Bänke zum Verweilen und Plaudern. Der eigentliche Mittelpunkt des Dorfes aber ist die »Bodechica«. Gemeint ist wohl »bodega chica« (= kleines Gasthaus). Gasthaus war es aber keines, eher ein Kiosk. Unter einem riesigen Mangobaum waren Bretter als Sitzgelegenheit aufgebaut. Das war die rege genutzte Gaststube. Hier fanden auch spontane Gemeindeversammlungen statt. Es gibt eine kleine Schule in Boca Chica, jedoch keine Post, keine Bank, kein Telefon und kein Lebensmittelgeschäft. Auch keine Elektrizität. Jeden Abend ließ man den Dorfgenerator für zwei Stunden laufen. Eine Busverbindung zum nächsten Dorf gibt es auch nicht. Schweine, Hühner, Hunde und Pferde laufen im Dorf frei herum. Die Leute in Boca Chica leben vom Fischfang, Auf- und Verkäufer ist der Dorfvorsteher. Offensichtlich ein recht einträgliches Geschäft, denn man lebt sehr gut in Boca Chica. Armut gibt es dort nicht.

Mit Einkaufen war es also schlecht bestellt. Die frischen Sachen waren ausgegangen. Wir lebten von Konserven. Ich fragte nach einer Fahrgelegenheit in die nächste größere Ortschaft. Die gab es. Der Dorfvorsteher fuhr jeden Morgen nach David und nahm jeden mit, der dorthin wollte. Die Abfahrtszeit zu erfahren war jedoch schwierig.

»Wenn er früh ins Bett geht, fährt er um vier Uhr los, sonst eben später«, erklärte uns sein Sohn, der Wirt der Bodechica. Ein anderes Auto gab es in Boca Chica nicht. Um fünf Uhr morgens saß ich mit meinem Vater vor der kleinen Kapelle und wartete. Das Dorf schlief noch. Eine junge Dame setzte sich zu uns.

»Er schläft noch. Hört ihr?« Tatsächlich. Aus dem offenen Fenster gegenüber waren leise Schnarchgeräusche zu hören. Nach einer Stunde schnarchte der Dorfvorsteher noch immer friedlich. Inzwischen waren wir eine ganze Gruppe Wartender. Wir entschlossen uns, schon einmal loszulaufen. Die Betonstraße war hinter dem Dorf zu Ende. Mein Vater ist ein schlechter Wanderer. Schon auf dem ersten Hügel jammerte er. Die Sonne ging auf. Wir hatten eine herrliche Aussicht über das Flusssystem. Rosa leuchtete das Wasser. Es war sehr schön und sehr friedlich. Zügig gingen wir weiter, hügelauf und hügelab. Einige Cowboys trieben auf ihren Pferden ein Herde Rinder in Richtung Dorf. Von einem Auto war weit und breit nichts zu sehen. Nach zwei Stunden begann mein Vater zu streiken. Wegen einer Blase lief er barfuß auf dem Reitweg neben der Straße. Da sahen wir eine große Staubwolke aus der Richtung des Dorfes schnell auf uns zukommen. Es war der Dorfvorsteher. Er lachte herzlich und wollte sich nicht mehr erholen.

»Wo wollt ihr denn hin? Hier läuft doch niemand. Entweder man reitet oder fährt, aber laufen tut hier niemand. Ist alles viel zu weit. Steigt auf!«

Wir kletterten auf die Brücke und klammerten uns fest. So einfach war das gar nicht. Der Kerl fuhr wie der Teufel.

»Das Laufen war bequemer!«, schrie ich meinem Vater zu.

»Nein, nein, nein – das ist schon in Ordnung. Mir gefällt das«, schrie er zurück.

Das war offensichtlich. Die Blase war vergessen. Er strahlte über das ganze Gesicht. Da gab es am Stammtisch zu Hause noch etwas zu erzählen.

Ich schätze, dass wir etwa 30 Kilometer gefahren sind, als vor uns das Dorf Horconsito auftauchte. Etwas größer als Boca Chica, aber ebenfalls ohne Lebensmittelgeschäft – also weiter. Mittlerweile waren wir acht Personen auf der Brücke. Ein paar Indios waren noch zugestiegen. Die Fahrerkabine war mit sechs Personen voll. Hinter Horconsito ging es auf die Autostraße. Nach weiteren 50 Kilometern kamen wir in David an. Hüte und Brillen hielten wir bei der rasenden Fahrt in der Hand. Tränen rannen über das Gesicht. Die jungen Frauen hielten ihre Röcke. Die Burschen schrieen begeistert, wenn der Fahrtwind trotzdem viel zu viel entblößte. Wir schrieen mit.

Vor einer kleinen Cafeteria war die wilde Fahrt zu Ende. Der Dorfvorsteher wurde von einer jüngeren Frau mit schmachtenden Küssen begrüsst. Zwei Kleinkinder rupften und zupften an seinen Hosen. Offensichtlich eine glückliche Familie und seine Kinder. Wir verabredeten die Rückfahrt für sechs Uhr abends und gingen in die Stadt.

David ist die Provinzhauptstadt. Es ist eine große, schöne Stadt und wir sahen, dass hier alles zu bekommen war. Wir nutzten die Gelegenheit und kauften großzügig ein. Den voll gepackten Rucksack und zwei ebenfalls volle Einkaufstaschen deponierten wir in der Cafeteria. In einer Bodega tranken wir ein verdientes Bier. Zwei vollbusige Damen in Miniröcken bedienten. Es ging hoch her. Betrunkene und andere griffen unter die Röcke. Die Damen ließen sie gewähren. Es war keineswegs ein einschlägiges Lokal. Die Toilette war in das Lokal integriert. Vom Lokal aus waren die Füsse und die Köpfe der ihre Geschäfte erledigenden Männer zu sehen. Es roch dementsprechend. Kontakt war schnell hergestellt. Bezahlen mussten wir nichts. Als bekannt wurde, dass wir keine »Gringos« (Amerikaner) seien, wurde Runde um Runde aufgefahren. Mein Vater steckte einer der Damen eine Dollarnote in den riesigen Ausschnitt, worauf sie ihn auf die Glatze küsste. Den Lippenstiftabdruck haben wir vorerst einmal als Andenken dort belassen.

Die Rückfahrt war genauso lustig. Wir hatten dieses Mal in der Fahrerkabine Platz gefunden. Mit dabei war der Bruder des Dorfvorstehers. Bei jeder Frau, der wir begegneten, wurde gehupt und gewinkt. Die beiden hatten einen Mordsspaß. Es war bereits dunkel, als wir in Boca Chica ankamen. Seine Frau begrüsste unseren Fahrer herzlich und führte ihn an der Hand zum gedeckten Tisch vor dem Haus. Offensichtlich war auch hier eine glückliche Familie.

Vreni war sauer. Sie hatte den ganzen Tag auf der PURA VIDA auf uns gewartet und konnte kaum glauben, dass wir in David waren. Ihre Laune wurde erst besser, als sie die vielen frischen Köstlichkeiten auspackte.

Zwei Tage später ankerte auch SOULMASSAGE vor Boca Chica. Abends saßen wir mit den Einheimischen unter dem Mangobaum vor der Bodechica, als der Dorfvorsteher aus David zurückkam. Auf

der Brücke hatte er eine Kühltruhe geladen. Er war wieder schnell gefahren und dabei hatte sich der Deckel geöffnet. Scharniere und ein paar andere Teile waren verbogen und der Deckel schloss nicht mehr richtig.
»Könnt ihr das reparieren?«, fragte er Frank und mich.
»Das sollte eigentlich kein Problem sein«, antworteten wir.
»Dann mal los!«
»Si – mañana. (Ja – morgen.)«
Verdutzt schaute er uns an und als er begriff, lachte er.
Man kann in Zentralamerika alles haben. Immer aber »mañana«. Nun hatten wir einmal Gelegenheit, »mañana« anzuwenden, und taten es mit Hochgenuss. Unser Dorfvorsteher war keineswegs böse. Niemand kannte »mañana« besser als er. Schließlich ist das in diesem Teil der Welt eine Art Lebensphilosophie.

Wir reparierten die Truhe am nächsten Tag. Es war wirklich kein großes Problem. Der Dorfvorsteher, seine Familie, seine Bodechica-Gäste, das ganze Dorf war glücklich. Endlich gab es immer kühle Getränke. Die eine Truhe hatte das schon lange nicht mehr geschafft. Zum Dank bekamen wir eine ganze Kiste Bier geschenkt. Wir tranken sie zusammen mit den Dorfbewohnern gleich unter dem Mangobaum leer.

Am nächsten Wochenende war Dorffest. Hinter dem Langhaus wurde eine riesige Bar aufgestellt. Drumherum kleine Hütten, in denen Frauen Spezialitäten kochten. Im Langhaus installierte sich eine Musikgruppe. Das eigentliche Fest wurde durch eine Prozession eingeleitet. Der Pfarrer schritt mit einem Marienbild voran. Hinter ihm folgten fünf Männer und dann alle Frauen und Kinder des Dorfes. Der Rest der Männer saß an der Bar und schaute zu. Das Fest dauerte drei Tage und zwei Nächte. Nach Hause ging nie jemand. Wer müde war, legte sich ins Gras oder auf die Bar und schlief ein wenig. Die Stimmung war grandios. Es wurde viel getanzt und viel getrunken. Uns Segler hatte man auch eingeladen. Manchmal standen vor jedem von uns bis zu sechs Flaschen Bier. Wir revanchierten uns. Irgendwann gaben wir es auf. Je mehr wir uns revanchierten, desto mehr Bier wurde uns hingestellt. Wir konnten unmöglich trinken, was uns alles offeriert wurde. Ablehnen ist aber auch so eine Sache. Da muss man aufpassen. Die Panamaer sind sehr stolze Leute und lassen sich nicht gern beleidigen. Wir lernten schnell. Wir machten es wie die Einheimischen. Bier, das nicht mehr kalt ist, schüttet man einfach auf die Erde. So kamen wir gut über die Runden.

Für meinen Vater war die Zeit auf der PURA VIDA zu Ende, und wir wollten ihn nach Panama City begleiten. Um das Schiff brauchten wir uns keine Sorge zu machen. Frank und Isabelle versprachen uns aufzupassen. Meinem Vater hatten wir in David einen Einreisestempel in seinem Reisepass besorgt. Uns selber haben wir nicht einklariert. Mit dem sogenannten »Zarpe Nacional« durften wir uns drei Monate im Norden des Landes aufhalten, ohne einzuklarieren. Zudem wussten wir, dass die Einklarierung mit Kosten in der Höhe von 250 US-Dollar verbunden war. Das war uns zu teuer.

Am 3. Februar 1995 verließen wir morgens um fünf Uhr Boca Chica, wieder im Auto des Dorfvorstehers. Mein Vater wollte unbedingt mit dem Flugzeug in die Hauptstadt. Als er sich erbot, die Kosten für uns zu übernehmen, willigten wir gern ein. Das einzige Problem waren unsere Pässe. Mit dem Bus hätte es keine Schwierigkeiten gegeben, aber am Flugzeug wollten sie sicher unsere Pässe sehen. Wir machten Fotokopien von unseren Pässen und ließen die Originale auf der PURA VIDA. Am Flughafen war wie vermutet Passkontrolle. Ich schob meinen Vater vor mir her. Kein Problem! Sein Pass war ja in Ordnung. Ich zeigte meine Fotokopie. Der Zöllner runzelte die Stirn.

»Wo ist das Original?«, fragte er.

»Auf unserem Boot. Die Originale nehmen wir nicht gern nach Panama City mit«, sagte ich sehr freundlich. Hinter mir standen noch etwa zwanzig Leute. Gemurmel und vereinzelt Gelächter war zu hören.

»Das habe ich noch nie gehabt. Ich rufe den Chef.«

Es dauerte ein Weile.

»Ich sehe keinen Einreisestempel«, sagte dieser dann.

»Daran habe ich nicht gedacht. Entschuldigung. Das ist wie bei meinem Vater. Gleiches Datum und ebenfalls David. Wir reisen zusammen.«

»Dann ist ja alles in Ordnung. Gehen Sie bitte weiter.« Großzügig winkte er uns durch.
Gemeinsam besichtigten wir drei Tage lang die Stadt und den Panamakanal und brachten dann unseren Besuch zum Flughafen. Wir blieben noch zwei Tage länger in der Stadt. Wir wollten die Gelegenheit nutzen und uns mit nötigem Ersatzmaterial eindecken. Es gab einige Geschäfte mit Zubehör für Yachten. Der Portier unseres Hotels staunte nicht schlecht, als wir mit einer Nähmaschine, zweimal zwanzig Metern 10-Millimeter-Kette, Leinen und vielem anderen Kleinkram zwei Tage später das Hotel verließen. Zurück reisten wir mit dem Bus. Die Fahrt dauerte sechs Stunden und war sehr abwechslungsreich.

Zurück in Boca Chica machten wir noch einige Fahrten nach David. Frank und Isabelle waren mit der SOULMASSAGE nach Golfito weitergesegelt. Wegen der starken Strömung im Fluss blieb immer einer von uns auf der PURA VIDA. Bei Springtide hatten wir vier bis fünf Knoten Strom im Fluss. In David deckten wir uns großzügig mit Konserven, Grundnahrungsmitteln und Getränken ein. Sogar 200 Liter Diesel organisierten wir. Nun waren wir eingedeckt für die große Reise über den Pazifik. Bei einer dieser Einkaufsfahrten donnerte unser Dorfvorsteher einem Lastwagen von hinten in den Anhänger. Es gab viel Blechschaden, aber glücklicherweise keine Verletzten.
An einem Sonntag kam ein Kanu zu uns gerudert. Im Kanu lag ein Lastwagenpneu. Er war platt und der Lastwagen lag in Boca Chica fest. Die Dorfbewohner glaubten, dass wir helfen könnten, und hatten den Fahrer zu uns geschickt. Wir hatten einen kleinen 12-Volt-Kompressor dabei, und damit versuchten wir das Unmögliche. Es gelang sogar. Der Pneu hatte genügend Luft, um zur nächsten Tankstelle zu kommen. Den Anblick des glücklichen Lastwagenfahrers im Kanu werden wir nie vergessen.
Am 19. Februar 1995 saßen wir morgens früh wie immer am Radio und hörten auf der Frequenz 7083 MHz dem American Breakfast Club zu. Das ist ein Amateurnetz mit guten Informationen für diese Region. Wir hörten Schreckliches. Eine Stunde zuvor war auf

UKW der Notruf einer Amerikanerin auf der Yacht LAMBDA NUI aufgefangen worden. Vicky und Bob waren um Mitternacht an ihrem Ankerplatz, eine Meile nördlich der Insel Coiba, von drei Männern überfallen worden. Es gelang dem kräftigen Bob, an seine Handfeuerwaffe zu kommen. Die Verbrecher waren jedoch schnell und skrupellos. Sie entwanden Bob die Waffe. Im Handgemenge bekam er einen Schuss in die Schulter. Die auf der Gefangeneninsel Coiba entflohenen Flüchtlinge zwangen Vicky, das Segelboot an die Küste zu fahren. Bob sah eine günstige Gelegenheit und versuchte, über UKW seine neben ihnen ankernden Freunde Bob und Dolores von der SUMMERWIND um Hilfe zu bitten. Als die Verbrecher das sahen, erschossen sie ihn kaltblütig mit einem Kopfschuss. Auch Vicky war verletzt worden. Sie hatte einen Kieferbruch und eine tiefe Fleischwunde an der Augenbraue. Unter schwerem Schock fuhr sie das Boot mit den Verbrechern an die Küste. Vicky weigerte sich jedoch, die LAMBDA NUI auf den Strand zu setzen. Die Verbrecher flohen mit dem Beiboot.

Nun konnte sie endlich über Funk Hilfe rufen. Es war mittlerweile sechs Uhr morgens. Bob und Dolores auf der SUMMERWIND hörten den Hilferuf und gingen sofort Anker auf. Vicky hatte keine Ahnung, wo sie war, aber Bob fand sie schnell.

Als wir den Funk einschalteten, war es kurz vor sieben Uhr. Die beiden Segelboote waren in der Bahia Honda eingetroffen. Vicky rannte in ihrem Schock am Strand hin und her und Dolores versuchte sie zu beruhigen. Ärztliche Hilfe musste nun schnellstens in die Bahia Honda organisiert werden. Dahin gibt es jedoch keine Straßen und auch keine Telefonverbindungen. Es kam nur ein Helikopter in Frage.

Die Amateurfunker hatten schnell Kontakt zur amerikanischen Botschaft in Panama City. Bereits eine Stunde später war ein Helikopter der US-Streitkräfte mit Arzt und Polizei an Bord unterwegs in die Bahia Honda. Um zehn Uhr morgens landete das Flugzeug am Strand. Die verletzte Vicky und ihr ermordeter Ehemann wurden unverzüglich nach Panama City geflogen. Die Polizei blieb dort und ging an die Spurensicherung. Das Amateurfunknetz wurde aufrecht erhalten, bis Vicky sicher im Spital angekommen war.

Die Amateurfunker hatten wirklich an alles gedacht. Per Telefon wurde die Polizei in David informiert und die Gefängnisleitung auf Coiba wurde ebenfalls angerufen. Auch die US-Streitkräfte in Panama City haben sich als schnell, unkompliziert und kompetent erwiesen. Sowohl Militärpolizei wie auch panamaische Kriminalisten wurden an die Bahia Honda geflogen.

Boca Chica liegt nicht weit vom Tatort entfernt. Wir erachteten es als notwendig, den Dorfvorsteher zu warnen. Das Dorf lag ja als Fluchtort ideal. Er starrte uns nur ungläubig an. Wir merkten, dass er uns nicht glaubte. Erst als er am Abend aus David zurückkam, wusste er es besser. Er entschuldigte sich und sagte:

»Die haben hier bei uns keine Chance. Wenn wir sie sehen, überleben sie das nicht. Erschießen, an die Flussmündung mit ihnen, und dort erledigen die Haie den Rest. No problemo!«

Wir glaubten ihm aufs Wort, aber gut geschlafen haben wir trotzdem nicht. Zwei Tage später mussten die Amateurfunker nochmals eine Riesenaktion starten. Die panamaische Küstenwache wollte die LAMBDA NUI nach Puerto Muerto schleppen. Dort ist das Wasser für ein Segelboot aber zu seicht. Die Segler in der Bahia Honda verhinderten das, indem sie sich rund um die LAMBDA NUI verankerten. An Bord der LAMBDA NUI waren nur noch Panamaer. Wieder wurde der amerikanische Botschafter in Panama City alarmiert. Als dieser auf den üblichen Wegen keinen Erfolg hatte, sprach er persönlich beim Präsidenten der Republik Panama vor. Daraufhin begab sich ein hoher Kriminalbeamter an Bord einer Segelyacht eines der Funkamateure in Balboa und sprach mit dem Kapitän des Küstenwachschiffes. Dieser weigerte sich, über Funk einen Befehl eines Unbekannten entgegenzunehmen. Er akzeptiere nur Befehle seines direkten Vorgesetzten. Ganz leise kam die Stimme des hohen Beamten aus Panama aus dem Äther:

»Ich wiederhole: Ich bin Kommissar Sowieso, Sonderberater des Präsidenten unserer Republik. Wenn Sie mit ihrem Schiff nicht in fünf Minuten die Bahia Honda verlassen haben, sind Sie die längste Zeit Kapitän gewesen. Sie melden sich morgen um diese Zeit bei mir im Büro an der Avenida Sowieso. Comprende?«

Der Dialog wurde sehr einseitig, und vom Kapitän hörten wir nur noch mehrmals: »Si, Señor.« Als der ebenfalls beorderte Helikopter der amerikanischen Militärpolizei an der Bahia Honda landete, war das Schiff der Küstenwache bereits auf dem Weg zum Ausgang der Bucht. Die LAMBDA NUI wurde von Bob nach Panama City überführt und kam in die Marina bei der Schleuse Mirafiori.

Am 2. März 1995 verließen wir Boca Chica. Es gab einen ergreifenden Abschied. Wir brachten Geschenke an Land und kamen reich beschenkt wieder zurück auf die PURA VIDA. Das ganze Dorf stand am Ufer, als wir langsam flussabwärts fuhren. Von überall auf der Welt haben wir Postkarten nach Boca Chica gesandt und hoffen, dass sich die Leute dort freuen und sich an uns erinnern.

Abends ankerten wir in einer schönen Bucht im Norden der Insel Brincanco. Es war ein langer Segeltag gewesen und wir waren müde. Es war kurz von 19 Uhr und die Dämmerung bereits im Übergang zur Nacht. Die Insel ist komplett bewaldet und der Dschungel reicht bis zum Wasser. Wegen der Wassertiefe ankerten wir nahe am Ufer.

Der Tag war schwach windig gewesen. Die letzten drei Stunden mussten wir motoren. Umso mehr genossen wir die Ruhe an diesem schönen Ort. Wortlos wurde die PURA VIDA aufgeklart. Dann saßen wir im Cockpit, tranken einen verdienten Anlegeschluck und ließen die Eindrücke des vergangenen Tages auf uns einwirken.

Wie in den Tropen üblich, war es innerhalb von Minuten stockdunkel und die ersten Sterne funkelten in die Nacht. Auf dem höchsten Punkt der Insel blitzte kurz etwas auf. Sofort war ich hellwach und alarmiert, denn die Insel Brincanco ist unbewohnt, jedoch nahe der Gefangeneninsel Coiba und auch nahe am Festland. Die drei Mörder von Bob waren noch nicht gefasst und die Insel Brincanco wäre ein gutes Versteck gewesen. Wir waren sensibilisiert und schauten immer wieder zum nahen Gipfel hin. Da war es wieder – ein kurzes Aufblitzen etwas tiefer als vorhin. Als ob eine Taschenlampe ganz kurz eingeschaltet würde.

»Da steigt jemand zu uns in die Bucht runter!«, schoss es mir durch den Kopf. Ich versuchte mir die Topografie des Hügels und der Bucht in Erinnerung zu rufen und kam zu dem Schluss, dass ein

Abstieg zu uns bestenfalls in der Falllinie möglich ist. Dahin starrten wir nun wie gebannt. Wir sahen jedoch nichts mehr. Etwas später begann an der Hügelflanke ein schwaches Licht zu glimmen. War es ein schwaches Feuer? Wir wussten es nicht. Es konnte sein. Minuten später verschwand das Licht wieder und entpuppte sich später als aufsteigender Stern. Er war vorher nur durch Bäume oder Strauchwerk verdeckt gewesen. Das beruhigte uns einigermaßen, erklärte jedoch nicht die zuerst gesehenen Lichter.

Vreni hatte in der Zwischenzeit ein verspätetes Nachtessen gekocht. Hungrig aßen wir und beobachteten das Ufer und den Hügel. Es war etwas Wind aufgekommen, und die PURA VIDA drehte sich um 180 Grad in den Wind. Vreni versuchte mir bzw. uns einzureden, dass auch die ersten Lichter Sterne gewesen waren.

»Hätten es die Verbrecher mit dem gestohlenen Beiboot bis hierher geschafft?«, fragte ich. Vreni antwortete mit Achselzucken. Sie sah müde aus. Ich konsultierte die Seekarte und befand, dass es mit vollem Benzintank durchaus möglich war.

»Hör mal«, sagte sie, »wenn wir uns durch solche Sachen verrückt machen lassen, dürfen wir hier in Panama überhaupt nicht mehr ankern.« Sie stand auf und ging schlafen. Es war eine Stunde vor Mitternacht.

Um Mitternacht legte auch ich mich hin. Den Revolver nahm ich unter das Kopfkissen. Der Anker schabte auf Steinen und verursachte ein lästiges Geräusch, bis er sich irgendwie verklemmte. Nun war die Kette zu kurz. Der Bug ruckte kurz und heftig ein.

»Scheiße!«, sagte ich.

»Scheiße!«, antwortete sie.

»Ich dachte, du schläfst.«

»Nein. Was machen wir? Neu ankern oder abhauen?«

»Anker auf und nichts wie weg von hier!«, sagte ich, bereits auf den Beinen.

Es dauerte dann eine Weile, bis die eingeklemmte Kette freikam. Nun waren wir froh, den Ankerplatz so gewählt zu haben, dass wir die Bucht auch nachts problemlos verlassen konnten. Wir setzten Segel und waren bei Tagesanbruch in der Bahia Honda.

Die Bahia Honda ist eine große, sehr schöne Bucht. Sie liegt einsam und ist, wie gesagt, nur auf dem Seeweg zu erreichen. Der Amerikaner John und seine panamaische Freundin Chachi betreiben dort ein Restaurant und vermieten Bungalows an Gäste. Die eher seltenen Gäste holt er mit seinem schnellen Motorboot im 90 Meilen entfernten Puerto Muerto. Auch Lebensmittel und Diesel muss er in diesem Hafenstädtchen besorgen. Mit vor der Brust gefalteten Händen empfing uns John am Strand und sagte: »Mein Haus ist euer Haus. Seid herzlich willkommen.«

Wir hatten gehofft, dass wir im nahe gelegenen Dorf etwas Frischfleisch sowie Gemüse und Früchte bekommen könnten. Es gab aber nichts. In der Bahia Honda und ihrer Umgebung leben nur Selbstversorger. Vorwiegend sind es Indios, die mit ihren Kanus bei den ankernden Yachten Tauschgeschäfte machten. Gesucht sind vor allem Babynahrung und -flaschen, Schnuller, Schokolade und T-Shirts für Kinder. Angeboten werden Früchte, Gemüse und Fisch. Das Versorgungsproblem war also bestens gelöst. Der Handel war immer lustig und unterhaltsam. Die Indios waren mit diesen Geschäften genauso zufrieden wie wir.

Seit Golfito hatten wir Probleme mit der Kupplung. Das Gewinde an der Manschette auf dem Wellenschaft war ausgeleiert. Es musste ausgebohrt, neu gedreht und mit neuen Madenschrauben versehen werden. Mit Bordmitteln war das nicht zu machen. Einen Schlosser gab es aber nur im Bezirkshauptort Santiago im Hinterland von Puerto Muerto. Um dahin zu kommen, muss man entweder acht Stunden mit einem Esel über die Berge zur Hauptstraße reiten oder mit einem Fischer nach Puerto Muerto fahren. Einen Esel zu bekommen wäre an sich kein Problem gewesen, John hatte drei davon. Aber die Vorstellung, mit so einem störrischen Vieh durch die Berge zu reiten, war mir nicht geheuer. Chachi erbot sich, im Dorf bei den Fischern nach einer Fahrgelegenheit zu fragen. Das erübrigte sich, als John eine Nachricht aus Puerto Muerto bekam. Er musste unverzüglich nach Panama City fahren, um dort Gäste abzuholen. Ich konnte mitfahren.

Die Fahrt dauerte nur zwei Stunden. Das Schnellboot ist mit zwei Außenbordmotoren mit je 200 PS ausgerüstet. Die Spitzengeschwindigkeit liegt bei 50 Meilen in der Stunde. John fuhr das Boot nicht selber. Dazu hatte er eigens einen Fischer angestellt – den »Capitano«. Wie er wirklich hieß, weiß ich nicht. Er wurde von jedermann mit »Capitano« angesprochen, und das gefiel im sichtlich. Die Küste und das seichte Flussmündungsgebiet kannte er wie seine Westentasche. Trotz einer unangenehmen Windsee fuhr er wie der Teufel. Das Wasser spritzte meterweit, und wenn das Boot in die Wellen krachte, erzitterte der ganze Rumpf. John saß ungerührt vor dem Steuerstand und trank eisgekühlten, puren Rum. Ein Gespräch war nicht möglich. Die Motoren heulten viel zu laut. Das ganze Mündungsgebiet ist dicht bewaldet. Man fährt zwischen Hunderten von kleinen Inseln hindurch und sieht nicht ein einziges Haus. Ein fantastisches Gebiet mit einem unglaublichen Fischreichtum.

In Puerto Muerto hatte John einen Minilaster. Damit fuhren wir nach Santiago. Der Capitano hatte beim Motorboot zu bleiben, um es zu reinigen und zu bewachen. John fuhr Schlangenlinien. Der Rum zeigte Wirkung. Trotzdem hielt er schon wieder ein Glas in der Hand. Irgendwie kamen wir nach Santiago. Wir verabredeten uns für den kommenden Tag für die Rückfahrt und trennten uns dann. Er flog mit der nächsten Maschine nach Panama City und ich suchte einen Schlosser. Ich fand einen guten Mann. In seinem Hinterhof standen alte, jedoch gut gepflegte Maschinen unter einem Sonnendach im Freien. Im Nu waren die drei Löcher neu gebohrt und die Gewinde neu geschnitten. Madenschrauben hatte er keine am Lager. Sein Vater fuhr mit dem Wagen zum anderen Ende der Stadt und besorgte welche. Kostenpunkt: fünf US-Dollar für die Arbeit und die Madenschrauben! Ich holte den beiden im nächsten Restaurant zwei Flaschen Bier und bedankte mich. Ich wollte wissen, wo ich einen 17er Schraubenschlüssel kaufen könne. »Steig ein«, sagte der Alte und fuhr mich zu einem Eisenwarenhändler. So freundlich und selbstverständlich sind die Panamaer.

Die Nacht verbrachte ich in einer billigen Absteige. Ich staunte nicht schlecht, als ich im Innenhof zwei BMW-Motorräder mit Schweizer Nummernschildern sah. Die dazu passenden Fahrer fand ich schnell im Restaurant. Wir verbrachten den Abend gemeinsam mit Erzählen. Die beiden Züricher waren mit ihren Motorrädern in Alaska gestartet und wollten bis ganz in den Süden Südamerikas fahren. »So weit es eben irgendwie geht!« Die Stunden vergingen wie im Fluge.

Den nächsten Tag verbrachte ich vorwiegend in den Warenhäusern. Danach gab es in Santiago keine Zigaretten meiner Marke mehr zu kaufen. Zigaretten sind in Panama sehr billig und ich kaufte, was ich bekam. Schokolade, Wein, Rum, Frischfleisch, frisches Brot und andere Leckerbissen für die weite Reise über den Pazifik ergänzte ich ebenfalls. Das war die letzte Gelegenheit und ich nutzte sie. Am späten Nachmittag waren der Rucksack und zwei Tragetaschen voll. Ich wartete am vereinbarten Ort, aber John kam nicht. Ich musste handeln. Ich nahm ein Taxi und fuhr nach Puerto Muerto. John mit seinen Gästen war schon da. Er hatte mich in Santiago an einem ganz anderen Ort erwartet. Das war knapp. Ich kam keine Minute zu früh.

Vreni hatte nicht erwartet, dass ich mit so vielen Köstlichkeiten zurückkäme. Zum Nachtessen gab es Schweinsfilet im Blätterteig, dazu drei verschiedene Gemüse und eine Flasche Wein aus Chile. Es wurde ein richtiges Festessen.

Die Kupplung war schnell wieder eingebaut und funktionierte ab diesem Zeitpunkt auch immer tadellos. Die Reise hatte sich gelohnt. Nun musste das Unterwasserschiff noch neu gestrichen werden. Wir hatten schon wieder Bewuchs. Noch in Golfito hatten wir uns ein neues Antifouling besorgt und hofften, damit besseren Erfolg zu haben. Wie konnten wir aber trockenfallen? Einen Landesteg gab es nicht in der Bahia Honda. Der Sandstrand ist allerdings ziemlich flach und hart. Wir beschlossen, die PURA VIDA bei Hochwasser an den Strand zu fahren und dann mit Pfosten abzustützen. Zusätzlich verspannten wir sie am Bug mit Leinen zu den Palmen und am Heck mit zwei Ankern. Die Pfosten schnitten wir im Dschungel. Um sie zu setzen, benötigten wir ein paar Leute. Chachi organisierte uns sechs Indios. Im Morgengrauen fuhren wir langsam an den Strand. Mit dem Beiboot brachten wir die Anker aus und machten die Leinen zu den Palmen fest. Bald saß die PURA VIDA auf und das Wasser floss zügig ab. Die Pfosten wurden von den Wellen immer wieder weggedrückt und es war nicht einfach, sie in Position zu halten. Auf jeder Seite hatten wir drei Pfosten, an denen jeweils ein Indio war. Als wir die Hölzer mit Leinen miteinander verbanden, ging es besser. Ich war sehr nervös und beschimpfte mich selbst wegen dieser Schnapsidee. Es gelang jedoch. Sobald das Wasser ganz weg war, schlugen wir seitlich einige kurze Pfosten in den Sand. An diesen Pfosten konnten wir zusätzliche Leinen befestigen. Unsere sechs Gehilfen arbeiteten fleißig und machten ihre Sache gut. Im Nu waren zwei Anstriche Antifouling aufgetragen, der Propeller gereinigt und auch der Geber des Echolots ersetzt. Nachmittags waren wir wieder auf dem Ankerplatz. Chachi verlangte für unsere sechs Helfer 20 US-Dollar. Am Strand war bereits alles aufgeräumt und die Leinen lagen aufgeschossen und sauber gewaschen für uns bereit. Wir staunten über unsere umsichtigen Helfer und spendierten einen Kasten Bier.

Am Nachmittag war die PANASEA mit Ruth und Suds in der Bucht eingelaufen und ankerte nun neben uns. Wir kannten die beiden Amerikaner von der Isla Gitana her. Es wurde ein lustiger und langer Abend in der Restauranthütte am Strand. Auch Bob und Dolores von der SUMMERWIND waren dabei. In der Nacht weckte mich Vreni auf. »Unser Anker hält nicht. Wir driften.« Tatsächlich! Wir waren schon ziemlich weit draußen in der Bucht und drifteten auf die kleine Insel zu. Wir ankerten neu und fuhren den Anker kräftig in den Sand. Nun hielt er, aber wir wollten das noch eine Weile beobachten. Es war drei Uhr morgens. Ein Schatten bewegte sich langsam auf uns zu. Was war denn das? Mit dem Feldstecher erkannten wir, dass es Johns Schnellboot war. Auch das war auf Drift gegangen. Wir versuchten es mit unserem Beiboot wegzuschleppen, aber es war einfach zu schwer. Ich blieb mit einer Taschenlampe auf dem Motorboot und Vreni fuhr an Land, um John zu wecken. An eine Palme angelehnt schlief der Wächter tief und fest. Auch das Bellen der Hunde hörte er nicht und John auch nicht. Es dauerte eine ganze Weile, bis endlich Chachi reagierte und John weckte. Der Wächter schlief selig weiter.

Am Morgen hatten wir Mühe, um sieben Uhr zur Funkrunde aufzustehen. Wir schafften es gerade noch. Am Funk war Ruth von der PANASEA. Suds war in der Nacht schwer erkrankt und sie versuchte nun einen Helikopter in die Bahia Honda zu bekommen. Schon wieder! Mit dem Beiboot raste ich zur PANASEA. Suds war blau im Gesicht und bekam kaum Luft. Ruth vermutete einen schweren Asthmaanfall, obwohl er solche Beschwerden noch nie gehabt hatte. Ich raste zurück zur PURA VIDA. Da war doch eine Atemmaske in der Bordapotheke. Ich schilderte Vreni die Situation. »Der Helikopter ist bereits unterwegs«, informierte sie mich. Wir fanden die Maske und auch ein Spray, das genau in solchen Fällen helfen sollte. Zurück auf der PANASEA versuchten wir es sofort mit dem Spray. Es half. Innerhalb weniger Minuten bekam Suds wieder eine normale Gesichtsfarbe und fühlte sich wesentlich besser. Als der Helikopter am Strand landete, fuhr ich hin, um die Leute abzuholen. Ein Arzt und zwei Sanitäter rannten mir mit einer Bahre entgegen. »Die braucht ihr vermutlich nicht. Lasst sie vorerst einmal hier.« Sie brauchten die Bahre wirklich nicht. Suds hatte sich wieder völlig erholt. Aber er hatte Angst, dass sich das wiederholen könnte. Der Arzt untersuchte ihn gewissenhaft und konnte nichts feststellen. Zu genaueren Untersuchungen nahmen sie Suds mit nach Panama City. Das Spray nahmen sie vorsichtshalber mit. Auch dort wurde nichts festgestellt. Nach drei Tagen entließ man ihn aus dem Spital und riet ihm zu ausgiebigen Untersuchungen in den Staaten, was Suds dann auch machte. Das Spray brachte Suds aus Panama City wieder zurück auf die PURA VIDA.

Die PURA VIDA war nun bereit für die lange Pazifiküberquerung. Es gab nichts mehr zu tun. Wir beschlossen, am 22. März 1995 abzusegeln. Damit hatten wir noch drei Tage Ferien, Zeit, um etwas zu lesen und die ruhige Ankerbucht zu genießen. Ein neues Segelboot lief in die Bahia Honda ein. Es war die TANAMERA mit Birte und Wolfgang aus Deutschland. Unsere Abreise wollten wir nicht verschieben, und so verblieben uns nur ein gemeinsamer Nachmittag und Abend, um uns kennen zu lernen und wieder einmal ausgiebig Deutsch zu sprechen.

Endlose Weite und kleine Inseln: Der Pazifik

*3850 Meilen »Stiller« Ozean –
Marquesas – Tuamotus – Tahiti*

Über die Strecke von Panama nach Galapagos wurde schon viel geschrieben. Wir wussten, dass dort Flauten, starke Strömungen und Gewitter mit heftigen Winden zu erwarten waren. In der einschlägigen Literatur wird empfohlen, eine so genannte »Banane« um die Felseninsel Malpelo zu fahren. Nach dem Passieren von Malpelo soll man weiter nach Süden fahren, bis man den Südostpassat erwischt, um dann mit diesem westwärts zu den Galapagos-Inseln zu segeln. Für uns hätte das einen Umweg von 150 bis 200 Meilen ergeben. Galapagos wollten wir nur im Notfall anlaufen, weil man in dieser Inselgruppe nur maximal drei Tage bleiben darf und noch viel dafür bezahlen muss. Ausgerechnet in diesem Jahr wurden dann die Bestimmungen für Yachten nicht mehr ganz so rigoros gehandhabt, und die besuchenden Segler konnten 14 Tage bleiben und mehrere Inseln besuchen. Nachträglich hat uns das geärgert; in Zukunft haben wir solchen Tipps und Warnungen nicht mehr viel Beachtung geschenkt und sind dabei gut gefahren.

Nach langen Überlegungen und Berechnungen kamen wir zu dem Schluss, dass wir die direkte, kürzeste Route zu den Galapagos-Inseln segeln wollten. Unser Dieseltank war mit 700 Litern randvoll und wir führten an Deck noch weitere 80 Liter Diesel in Kanistern mit. Unsere Devise war, den Motor in jeder Flaute einzusetzen, um die 720 Meilen bis Galapagos so schnell wie möglich hinter uns zu bringen. Nach Überqueren des Äquators war auf etwa 2 bis 5 Grad Süd mit dem Südostpassat zu rechnen, und der sollte uns gemäß Pilot Charts mit gleichmäßigen Winden über den ganzen Pazifik blasen. Windmäßig kritisch war nur die Strecke bis südlich der Galapagos-Inseln. Abschreckend war die große Distanz. Wir hatten 4000 Meilen in einem Stück vor uns.

Wie vorgesehen verließen wir am 22. März 1995 am Nachmittag die Bahia Honda. Über Funk erreichten uns die letzten Grüße der ankernden Yachten. Wir hatten schon ein komisches Gefühl im Bauch. Etwas nervös waren wir auch. Tausend Gedanken gingen uns durch den Kopf. Waren die PURA VIDA und auch wir optimal auf diese lange Reise vorbereitet?

Mit 15 Knoten Wind segelten wir nach Süden. Die See war ruhig und die PURA VIDA lief mit fünf Knoten, gesteuert durch die Windsteueranlage. Gegen Mitternacht ließ der Wind nach und schlief dann ganz ein. Bis in die frühen Morgenstunden mussten wir den Motor benutzen, aber dann war der Wind wieder da und bescherte uns einen wunderbaren Segeltag. Auch in der zweiten Nacht mussten wir den Motor wieder für ein paar Stunden einsetzen, bekamen aber bei Tagesanbruch wieder Wind. Bei der morgendlichen Funkrunde des Central America Breakfast Club meldeten wir unsere Position. Dadurch wusste Withey im Jungle Club Golfito, dass wir unterwegs waren. Withey ist kein Amateurfunker und meldet sich aus diesem Grunde nur in ganz speziellen Fällen persönlich am Netz, was von den HAM's immer akzeptiert wurde. An diesem Morgen loggte er sich ins Netz ein und wünschte uns alles Gute für die lange Reise. Die Netzleitung bat er: »Keep an eye on these two nice people.« Withey wusste natürlich, dass auch wir keine Amateurfunker waren und unser Rufzeichen selbst gebastelt hatten. Wir waren sehr gerührt, als seine leise Stimme verstummte.

Auch in der dritten Nacht schlief der Wind wieder ein. Weitere zehn Stunden lief der Motor, und wir steuerten wieder von Hand, Stunde um Stunde. Pünktlich mit dem Morgengrauen war der Wind aber wieder da, leider genau aus Süden. Mit 15 bis 18 Knoten Wind liefen wir jedoch hoch am Wind gute Fahrt, und den Kurs konnten wir auch beinahe halten. Vorsorglich banden wir ein Reff ins Groß – zum ersten Mal! Vor Costa Rica und Panama hatten wir solch schönen Segelwind nie erlebt.

Auf der PURA VIDA sind alle Leinen von den Masten zum Cockpit geführt. Das Cockpit selbst ist gut geschützt, aufgeräumt und ein großartiger Arbeitsplatz auch bei harten Bedingungen. Zu diesem Zeitpunkt hatten wir jedoch noch keine Winschen für die Reffleinen am Großbaum. Dass die Refferei aus diesem Grunde ein Kraftakt sein würde, war mir schon immer klar. Ich sagte deshalb:

»Ich gehe an den Mast und du lässt mir das Groß runter. Die ‚Aries' bleibt eingeklinkt. Du brauchst also nicht zu steuern und hast beide Hände frei.«

»Ooh nein – kommt überhaupt nicht in Frage. Ich gehe an den Mast und du bleibst hier.«

»Darüber wollen wir gar nicht diskutieren. Das ist doch klar. Die Arbeiten am Mast sind meine Sache. Das machen alle so. Die Frau steuert oder bedient die Leinen im Cockpit und der Mann ist am Mast oder auf dem Vorschiff. Das ist eine ganz klare Rollenverteilung. Wie zu Hause der Kochherd!«

»Dann müssen wir das ändern. Ich steuere nicht. Du weißt genau, dass ich das nicht gern tue. Ich fühle mich dabei nicht sicher. Am Mast oder auf dem Vorschiff fühle ich mich jedoch sicher. Da weiß ich, was ich zu tun habe. Ganz abgesehen davon bin ich die Turnerin in der Familie. Ich bewege mich wie eine Katze, und dir darf man gar nicht zusehen. Da hätte ich nur Angst. Ganz abgesehen davon bist du der bessere Segler. Du hast die Situationen zu beurteilen und zu sagen, was zu tun ist. Ich mache es dann. Dein Platz und deine Arbeit ist im Cockpit.«

Das war natürlich eine Frechheit. Die Diskussion dauerte noch eine ganze Weile, aber Vreni ließ sich nicht umstimmen. Stur blieb sie bei ihrer Ansicht und ließ sich mit keinem Argument umstimmen. Ich musste nachgeben. Nach 25 Jahren Ehe weiß man ja schließlich, wann es keinen Sinn mehr macht, auf etwas zu bestehen.

Diese Rollenverteilung hatte auf unserer ganzen Reise Bestand und hat sich auch schnell als gut und sinnvoll erwiesen. Vreni bewegte sich wirklich wie eine Katze auf dem Vorschiff, am liebsten ohne Sicherheitsleine. Durch die fühlte sie sich eher beengt und sah sie mehr als eine Gefahr für sich. Dies, obwohl vom Cockpit bis zur Ankerwinsch frei liegende Sicherheitsleinen zum Einpicken ausgelegt waren. Ich bestand deshalb nur bei ganz schweren Bedingungen darauf, dass sie die Lifeline anlegte.

An diesem Tage war das Reffen eher eine Vorsichtsmaßnahme. Die längere Diskussion war darum durchaus vertretbar. Das Reffen selbst war ohne Winschen wie voraussehbar ein Kraftakt. Vom Mast aus ließ sich das allein gar nicht bewerkstelligen. Ich hatte unseren Voreigner einige Male darauf angesprochen und dann jeweils die Antwort erhalten, dass er mit diesem System um die ganze Welt gesegelt sei. Das war unbestreitbar und sicher ein stichhaltiges Argument, aber an diesem Nachmittag hätte ich gern gehabt, er hätte mich fluchen hören.

Nachdem es am Wind segelnd nicht möglich war, die Reffleine dicht zu bekommen, beschlossen wir, uns in den Wind zu legen. Ohne Druck im Segel musste es doch möglich sein. Es ging nun zwar um einiges besser, aber immer noch nicht befriedigend. Wir mussten einen anderen Weg finden. Einen Weg, auf dem es möglich war, auf allen Kursen und bei allen Windstärken schnell zu reffen. Wir übergaben das Ruder wieder der »Aries«, unserer Windfahnensteuerung, und überlegten uns die Sache. Gerefft war jetzt ja – aber es sah einfach lausig aus. Die Lösung war dann relativ einfach und logisch. Die Dirk musste dermaßen dicht genommen werden, dass das Achterliek lose kam. Auf dem Achterdeck stehend konnte ich nun die Reffleine von hinten durchholen. Vreni musste nur noch am Mast die Lose durchholen und belegen. Danach das Fall dicht nehmen, Dirk lösen, Reff einbändseln und fertig war die Sache. An diesem Nachmittag haben wir das mehrmals geprobt und uns erst zufrieden gegeben, als wir das Reffen auch in einer angemessenen Zeit zustande brachten.

Anschließend saßen wir zusammen im Cockpit und erlaubten uns eine kühle Dose Bier. An sich war ich zufrieden. Wir waren in der Lage, schnell zu reffen – wenn wir das auch zu zweit tun mussten. Vreni hatte mir vorhin am Mast einige böse Vorwürfe gemacht. Das hätte man auch an einem ruhigen Ankerplatz üben können und die Winschen hätte man auch aus der Schweiz mitbringen können. Vor allem, wenn der Herr Segler das bei der Besichtigung in Costa Rica gesehen hätte und nicht einfach Knall auf Fall auf Weltreise gewollt hätte. Ich war eben dabei, die Sache zu vergessen, als sie erneut davon anfing. Da wurde ich sauer und sagte:

»Wenn du nun nicht endlich die Klappe hältst, pumpe ich das Beiboot auf, verfrachte dich da hinein und ziehe dich hinten nach, bis du mit deinem Skipper wieder anständig kommunizierst. Hast du verstanden? Du kannst dich dann ja melden, wenn es dir auf der Pura Vida wieder passt.« Bei der Vorstellung mussten wir denn doch beide lachen, und die gute Laune war wieder hergestellt.

Im Laufe der Nacht liefen wir in eine Gewitterfront. Voraus sah es beängstigend schwarz aus. Riesige Regentropfen ließen das Meer weiß werden. Es wurde böig. Den Besan hatten wir bereits weggenommen und die Genua war zur Hälfte eingerollt. Ein zweites Reff im Groß schien im Moment noch nicht notwendig zu sein. Das hätte zu viel Fahrt gekostet. Wir saßen beide im Cockpit, bereit, schnell zu reagieren, und unfähig, schlafen zu gehen. An sich hätte Vreni längst in der Koje liegen müssen. Bei diesen tropischen Gewittern weiß man nie genau, was daraus wird. Auf den Ankerplätzen hatten wir schon viele davon erlebt. Viel Regen ohne Wind und viel Regen mit viel Wind. So warteten wir denn gespannt, was diesmal kam. Voraus zuckten ununterbrochen Blitze durch die Wolken. Der Regen wurde immer heftiger, und dann fiel die erste kräftige Bö ein. Es wurde Zeit, das zweite Reff einzubinden.

»Zieh dir die Lifeline an. Ich hätte nie eine Chance, dich bei diesen Verhältnissen zu sehen, wenn du über Bord gehst.«

»Die behindert mich nur!«, murrte sie, aber sie streifte das Ding über. Für Diskussionen war jetzt keine Zeit. Je zwei Salingleuchten in beiden Masten erleuchteten das Deck hell.

Ich wiederholte nochmals die Reihenfolge der Arbeiten:

»Melde dich vom Mast, sobald du bereit bis. Sprich laut – schrei wenn nötig. Ich fiere das Groß leicht ab und hebe den Baum etwas an, während du die Dirk dicht nimmst. Ich nehme das Groß wieder dicht und lasse dir das Groß bis zur zweiten Reffkausch runter. Melde, sobald die Kausch eingehängt ist! Ich ziehe vom Achterdeck das Achterliek herunter. Du nimmst die Lose der Reffleine jeweils gleichzeitig dicht. Alles klar?«

Sie war bereits unterwegs. »Jaaa!«, schrie sie.

Es klappte dann nicht so gut. Im heruntergelassenen Segel bildete sich sofort ein wassergefüllter, schwerer Sack, den wir jeweils nur zur Hälfte leeren konnten. In Sekunden war er wieder voll. Nur gemeinsam gelang es uns nach mehreren Versuchen, den Sack zu leeren. Bis wir dann wieder unsere Plätze eingenommen hatten, füllte sich das Segel erneut mit Regenwasser. Mittlerweile blies es in Sturmstärke. Im Rigg heulte der Wind. Schmerzhaft klatschten uns die riesigen Regentropfen ins Gesicht. Die Reffleine verklemmte sich unter der Solarzelle, und bis wir das klariert hatten, war das Segel wieder voll Wasser.

Ich schrie: »Wir fallen ab – gehen vor den Wind. Das Groß bleibt dicht. Ich fiere nur die Genua etwas.«

Die Steuerleinen der Aries sind auch ins Cockpit geführt. Ich stellte die Windfahne auf einen raumen Kurs ein und steuerte mit dem Ruder auf den neuen Kurs. Das geht auch mit eingehängter Aries. Sofort wurden die Schiffsbewegungen geringer und der Wind pfiff auch nicht mehr so bedrohlich.

Der Wassersack ließ sich nun besser leeren und füllte sich kaum noch. In kurzer Zeit war das Reff perfekt. Wir mussten nur noch das Segeltuch einbändseln. In einer Bö hatte PURA VIDA wieder heftig angeluvt, weshalb ich noch ein paar Grad an der Steuerleine der Aries korrigierte. Das war dann aber etwas zu viel. Wir waren dabei, die Bändsel zu binden, Vreni auf dem Cockpitdach sitzend und ich auf dem Achterdeck, als das Segel über ging. Das Groß war noch immer knalldicht. Die Hebelbewegung war aus diesem Grund vorn bei Vreni nicht sehr groß. Sie konnte sich halten. Mich schmiss der Baum beinahe vom Deck. Ich konnte mich gerade noch am Besan festhalten. Die Genua kam natürlich auch über und stand back.

»Alles okay?«, schrie Vreni.

»Ja – mach fertig und komm zurück!«

»Muss nur noch die Leinen aufschießen.«

»Pass auf, ich fahre eine Halse.«

Ich klinkte die Aries aus und legte Ruder, fierte vorsichtig etwas das Groß, um mehr Fahrt zu bekommen, nahm wieder dicht und schon waren wir wieder auf dem alten Bug. Vreni kam ins Cockpit zurück. Wir waren beide klatschnass und froren. Auch in den Tropen kühlt Nässe auf dem nackten Körper bei so viel Wind schnell aus. Von Hand steuerte ich etwa 65 Grad zum Wind. Nachdem die

Segel sauber getrimmt waren, konnten wir die Aries wieder in Betrieb nehmen. Kurs hielten wir so natürlich nicht mehr. Das war aber egal. Auf so langen Strecken spielt das überhaupt keine Rolle.

Gerade glücklich waren wir mit diesem Manöver nicht. Es hatte viel zu lange gedauert. Es wäre besser gewesen, das zweite Reff früher einzubinden und dafür mehr Genua oder den Besan stehen zu lassen. Wir mussten aus dieser Situation unsere Lehren ziehen. Wichtig war aber auch die Erkenntnis, dass wir nicht in Panik gerieten, als nichts mehr ging. Dass ich nicht überlegen musste, was zu tun war, dass wir uns auch nicht anschrieen und dass Vreni genau das machte, was ich ihr sagte, ohne Wenn und Aber. Für schwierigere Situationen war das für beide gut zu wissen und eine Beruhigung dazu. Es war nicht alles bestens gelaufen, aber wir waren ein Team. Wortlos haben wir uns geküsst. Es gab nichts dazu zu sagen.

Um zwei Uhr nachts war der Spuk vorbei. Hell leuchteten die Sterne wieder. Nur am Horizont sahen wir das sich entfernende Zucken der Blitze in der abziehenden Front. Der Wind ging auf 15 Knoten zurück und blieb stabil. Wir konnten den Besan wieder setzen und mehr Genua geben. Das Groß haben wir erst bei Tageslicht ausgerefft und später zusätzlich die Fock gesetzt.

Es wurde ein herrlicher Tag und die Verhältnisse blieben einfach super. Bereits nach siebeneinhalb Tagen lagen die Galapagos-Inseln fünf Seemeilen querab an Backbord. Im Dunst konnten wir sie gerade noch erkennen. Erst in der Südsee haben wir festgestellt, dass wir auf dieser windmäßig schwierigen Strecke in diesem Jahr das schnellste Boot waren – ohne Bananen-Kurve.

Der Wind stand bis fast zum Äquator durch, ohne dass wir an den Segeln etwas zu tun hatten. Dann wurde die See grau und bleiern. Es wurde stark dunstig, sehr heiß und absolut windstill. Fische sprangen, Schildkröten dösten vor sich hin, Delfine spielten am Bug der PURA VIDA, ein Hai zog an uns vorbei und ein paar Seeschlangen flohen bei unserer Annäherung. Uns überkam eine ganz eigenartige Stimmung. Das sah nach einer längeren Flaute aus. Am elften Tag waren wir kurz vor dem Äquator. Wir hatten uns angewöhnt, alle zwölf Stunden das Motoröl zu kontrollieren. Es war wieder einmal so weit. Wir stoppten die Maschine, und ich kroch in den Motorraum. Die Sache war schnell erledigt. Wir gingen wieder auf Kurs. Nach zwei Minuten stank es fürchterlich. Ich hatte vergessen, den Deckel vom Motoröl wieder zuzuschrauben. Im Maschinenraum sah es fürchterlich aus. Alles war ölverspritzt. Ich ärgerte mich gewaltig, denn so etwas darf einfach nicht passieren. Erste Ermüdungserscheinungen waren wohl der Grund gewesen. Das Steuern der PURA VIDA beim Motoren war zwar nicht anstrengend, aber es brachte uns um den nötigen Schlaf, weil wir uns alle zwei Stunden abwechselten.

Am 31. März 1995 um 13.46 Uhr überquerten wir den Äquator. Nun waren es noch 2780 Meilen bis Hiva Oa. Wir feierten das Ereignis mit einer Flasche Champagner. Am gleichen Tag weckte ich Vreni gegen Mitternacht auf. Eine Schule Delfine spielte mit unserem Boot. Die Zugbahnen der Delfine waren in der dunklen Nacht als hell leuchtende Streifen zu sehen. Das Wasser phosphorizierte. Wenn die Tiere unter der PURA VIDA hindurchtauchten, sah das aus als wenn Torpedos auf uns zugeschossen kämen. Es war ein wunderbares Schauspiel. Stumm saßen wir da und staunten.

Am 2. April 1995 kam früh am Morgen endlich Wind aus Südost auf. War das der lange ersehnte Südostpassat? Mittags waren wir sicher. Erste Passatwolken kamen in Sicht, und wir rauschten bei 15 Knoten Wind mit sechseinhalb Knoten Fahrt gen Westen. Auf diesem Halbwindkurs setzten wir alle Segel. Noch 2600 Meilen bis Hiva Oa. Für den interessierten Segler hier ein Auszug aus dem Logbuch über diese »restlichen« Meilen.

2. April 1995
07.30 Endlich Wind. Hoffentlich steht er durch. Ich habe die Schnauze voll vom Motoren. Wir bekommen zu wenig Schlaf, weil wir dauernd Ruder gehen müssen.
12.00 Etmal 122 sm. Noch 2607 sm bis Hiva Oa. Ich glaube nun immer mehr, dass wir den Südostpassat erwischt haben. Es sieht wirklich gut aus.
17.30 2,5 Knoten Fahrt durchs Wasser, 3,5-4 Knoten über Grund. Die Segel schlagen wild. Es nervt mich seit Stunden.

3. April 1995

07.30 *Segeln mit Groß, Genua und Besan. Wind aus SE. Können Kurs 250 Grad nicht halten. Setzen nun beide Genuas mit Spibäumen. Sind etwas nervös, weil wir die Spibäume noch nie gesetzt haben. Viel falsch machen kann man aber nicht. Alle Leinen haben Fixlängen*

12.00 *Etmal 102 sm. Da hat etwas beträchtlich geschoben. Wind 3 Bft aus SE. See ist sehr grob, Kreuzsee. Viel Schwell genau aus Süd. Es beutelt uns unwahrscheinlich hin und her. Vor allem kostet es Fahrt. Haben versucht, mit dem Besan mehr Stabilität ins Boot zu bekommen. Geht nicht. Soll das der Stille Ozean sein?*

17.00 *Wind jetzt aus SSE. Haben die beiden Genuas und Spibäume weggenommen. Laufen jetzt wieder mit Groß, Genua und Besan. Wir sind so schneller und besser auf Kurs.*

21.00 *Vreni kann im Vorschiff nicht schlafen. Sie ist jetzt in der Doppelkoje mittschiffs. Damit ich nicht alleine schlafen muss, hat sie mir die alte Genua ins Vorschiff geschmissen.*

4. April 1995

12.00 *Etmal 115 sm. Noch 2426 sm bis Hiva Oa. Wenig! Aber gestern Nachmittag haben wir in 5 Std. nur 11 sm gemacht. Das wirkt sich dann auf das Etmal aus.*

17.00 *Noch genau 2400 sm. Das läuft ja ganz schön.*

22.15 *Es läuft nun wie geschmiert. Seit Mittag 58 sm gesegelt. Das sind 5,8 Knoten im Schnitt. Immer noch ca. 1 Knoten Strom mitlaufend.*

5. April 1995

12.00 *Etmal 131 sm. Heute steht es mit dem Wind nicht so gut. Hatten um 9 Uhr kurz Regen mit Flaute. Dann wieder Wind aus Süd, aber sehr leicht. Konfuse See, wenig Fahrt und wild schlagende Segel.*

19.00 *Funkkontakt mit Adi in Belize und Henry auf Galapagos. Es war gut, wieder einmal mit jemandem Funkkontakt zu haben. Haben uns riesig gefreut.*

20.00   Wind 6-7 Bft aus Süd. Groß und Genua gerefft, Besan oben. Es beutelt uns gewaltig. Vreni kann deshalb nicht schlafen. Der Wind macht uns nicht zu schaffen, aber die See.

6. April 1995
08.00   Wind 4-5 Bft aus Süd. Haben alles ausgerefft. Sind hoch am Wind. Eklige See.
12.00   Etmal 125 sm. Hatten mehr erwartet. Noch 2170 sm bis Hiva Oa. Fahren seit bald 2 Tagen 262 Grad statt 250 Grad. Abweichung vom Idealkurs in dieser Zeit 60 sm. Dabei fahren wir so hoch es die Wellen erlauben am Wind. Nichts zu machen. Irgendwann wird der Wind drehen.
22.00   Wind 2-3 Bft aus Süd. Sind genau auf 05°00,00' Süd.

7. April 1995
03.30   Wind 6 Bft aus Süd. Grobe See. Böig.
06.00   Unmöglich zu schlafen. Hohe grobe See. Wir sind in einer Waschmaschine. Müssen laufend den Kurs korrigieren. Passatwind??? Ich scheiß drauf.
12.00   Etmal 133 sm. Wind 6 Bft aus Süd. See grob.
17.00   Wind 5 Bft aus Süd. See unverändert.
20.00   Bordzeit um 1 Std. zurückgestellt.

8. April 1995
01.15   Wind 6-7 Bft aus Süd. Haben 1 Reff ins Groß gemacht, Genua gekürzt. Dabei ist die Umlenkrolle der Reffleine am Baum gebrochen. War viel Arbeit, eine behelfsmäßige Reffeinrichtung zu basteln. Sieht nun gut und kräftig aus. Das Groß steht gut. Nun kommt Ruhe ins Boot. Wir hatten zu viel Tuch oben. Vreni hat heute Nacht wieder bewiesen, dass sie ihr Handwerk versteht. Super!

9. April 1995
12.00   Etmal 133 sm. Wind 6 Bft aus SSE. Kurs nun gut.
22.00   Bereits 54 sm gemacht. See wird länger und ist deshalb angenehmer.

10. April 1995
10.00 Wind aus SE. Schwell aus Süd. Sind wie ein Schüttelbecher. Noch sind wir unschlüssig, was wir tun sollen. Mehr Süd oder mehr West machen??? Wir müssen Ruhe in unseren Kurs bringen, damit wir mehr Schlaf bekommen. Die Schlaferei ist ein Kraftakt.
12.00 Etmal 127 sm. Wind 5 Bft aus SE. See beschissen.
23.00 Laufen 6 Knoten genau auf Kurs. Hoffentlich hält das an. Wir brauchen gute Etmale.

11. April 1995
08.15 Hinter uns kommt rasch eine andere Yacht auf. Unglaub-lich!
10.00 Fototermin. Name der Yacht TACIT*/GB, Kurs Hiva Oa. Position: 07°07,24'S, 112°46,80'W.*
12.00 Etmal 122 sm. Immer weniger. Noch 1544 sm! Wind 3 Bft aus SE, Tendenz abflauend.
13.00 Wir schiften die Genua und baumen sie aus. Ein echtes Kabarett! Ich hasse diese Spibäume. Nun knallt es abwechselnd im Groß und in der Genua. Wie lange hält das Material das aus? Wind ist auch weg, noch mickrige 1-2 Bft.
18.30 Wind 2-3 Bft aus SE. Haben wieder die beiden Genuas mit Spibäumen gesetzt. Können sonst den Kurs nicht halten. Die Knallerei in den Segeln ist nun weniger geworden.
23.00 Ein stark beleuchtetes Motorboot kommt nahe an uns heran. Fischer? Keine Ahnung. Gibt keine Antwort am Funk. Legen die Waffen bereit.

12. April 1995
00.15 Boot ist nun sehr nahe bei uns. Gibt keine Antwort über Funk. Waffen liegen geladen im Cockpit.
00.25 Boot dreht ab und entfernt sich. Wir löschen alle Positionslichter.
12.00 Etmal 101 sm. Wind 3 Bft aus SE.
23.30 Haben kräftigen Strom mit uns. Seit Mittag 55 sm weggeputzt. Wind 3 Bft aus SE.

13. April 1995
06.00 Wir bekommen wieder Besuch.
06.25 Hat bei Dämmerung abgedreht und war bei Tagesanbruch am Horizont verschwunden.
12.00 Etmal 108 sm. Wind seit 30 Min. 5 Bft aus SE.
19.30 Wind 2-3 Bft SE. Haben die beiden Genuas weggenommen. Laufen jetzt wieder mit Groß, Genua und Besan. Kurs 220 Grad, Sollkurs 250 Grad.
22.30 Wind 5-6 Bft aus SE. Regen. Haben 1 Reff ins Groß gemacht und ein Drittel Genua weggerollt.
23.30 Wind 3 Bft aus SE. Groß und Genua ausgerefft.

14. April 1995
03.30 Wind 5-6 Bft aus SE. Ein Reff ins Groß gebunden. Genua gerefft. Besan bleibt. Bedeckter Himmel.
10.30 Wind 6-7 Bft aus SE.
12.00 Etmal 122 sm. Noch 1213 sm bis Hiva Oa. Bordzeit um 1 Std. zurückgestellt.
16.00 Wind 4 Bft aus SE. Haben alles ausgerefft. Superwetter.
21.00 Schnitt 5,5 Knoten seit Mittag. Das freut das Herz des Skippers. Wind nun 5 Bft aus SE.

15. April 1995
04.00 Wind wird weniger. Noch 2-3 Bft aus SE. Machen immer noch 5 Knoten Fahrt.
12.00 Etmal 120 sm. Wind 3 Bft aus SE. Superwetter.
23.30 Wind unregelmäßig zwischen 1-3 Bft. Seit Mittag 48 sm gemacht. Herrliche Nacht.

16. April 1995
03.00 Wind 2 Bft aus SE. Strom drückt nach Süd. Mussten beide Genuas setzen, Groß und Besan weg. In 30 Min. erledigt.
08.00 Totale Flaute. Herrlichstes Wetter. Tiefblaue See.
12.00 Etmal 86 sm. Wind 2 Bft aus SE. Noch 1007 sm.
23.20 Wind 3 Bft aus SE. Seit Mittag nur gerade 35 sm gemacht. Kurs ist gut. Immer noch 1 Knoten Strom.

17. April 1995
03.30   Wind 2 Bft aus SE. Herrliche Nacht. Speed schlecht. Zum Glück schiebt der Strom prächtig mit.
12.00   Etmal 65 sm. Wind 2 Bft aus SE.
19.40   Etwas besser als gestern läuft es. Schnitt bis jetzt 3,75 Knoten. Die Passatsegel brauchen einfach mehr Wind. Heute bin ich zum ersten Mal ungeduldig. Die Meilen gehen wie Bienenhonig runter. Überlege mir 100 Mal am Tag, was wir besser machen könnten. Sehen am Rumpf viele Entenmuscheln. Ob die so stark bremsen??? Wir sind zu langsam. Andererseits sind wir unbeschadet bis hierher gekommen und 2-3 Tage mehr oder weniger spielen auch keine Rolle mehr.
24.00   Wind beinahe weg. Die 1. Nachtwache ist vorbei. Vielleicht gibt's die Meilen nun im Schlaf. An sich ist es ja herrlich. Es ist noch fast voller Mond. Die Passatwolken sind hell beleuchtet. Leise gurgelt das Wasser an der Bordwand. Eine schöne warme Nacht. Hinter uns die silberne Straße des Mondlichts im Kielwasser. Ein wunderschönes Bild. Man muss es einfach genießen.

18. April 1995
12.00   Etmal 83 sm. Wind 2 Bft aus SE. Haben wieder einmal versucht, mit dem Besan mehr Fahrt zu machen. Geht nicht. Er stört die Symmetrie der Genuas. Auch das Besanstagsegel deckt die Genuas ab.
15.00   Haben die Passatsegel weggenommen. Segeln nun wieder mit Groß, Genua und Besan auf raumem Kurs 230 Grad (statt 250). Sind aber etwas schneller. Wind nur noch ein Hauch. Wetter super.
24.00   Wind 2-3 Bft aus SE. Habe wieder mit dem Besan gespielt. Brachte aber nicht viel.

19. April 1995
03.30   Wind 2-3 Bft aus SE. Herrliches Wetter.
07.30   Wind 3 Bft aus SE. Haben wieder Passatsegel gesetzt. Beide Spibäume setzten, Rollgenua ausrollen, 2. Genua setzen, Groß

        und Besan wegnehmen in 25 Minuten. Übung macht den Meister. Läuft nun nicht schlecht. Kurs gut.
12.00   *Etmal 73 sm. Wind 2-3 Bft aus SE. Noch 786 sm.*
24.00   *Im Osten viele Wolken. Gibt es Schlechtwetter? Mache mir Sorgen wegen dem Reffen der Passatsegel. Man kann das nicht auf die Schnelle machen.*

20. April 1995
05.00   *Wind 3 Bft aus SE seit Mitternacht.*
12.00   *Etmal 95 sm. Wind 4-5 Bft aus SE. Bewölkung nimmt zu. See ist auch höher. Bordzeit um 1 Std. zurückgestellt. Eigentlich wären es zwei. Passt uns aber besser so. Hoffentlich hält der Wind.*
17.00   *Wind 3-4 Bft aus SE*
24.00   *Wind 3 Bft aus ESE. Wir kommen erstaunlich gut voran. Vermutlich Strom wieder stärker mit uns.*

21. April 1995
03.00   *Wind 3 Bft aus ESE.*
12.00   *Etmal 111 sm. Noch 580 sm bis Hiva Oa.*
20.00   *Wind nur noch 2 Bft aus ESE.*

22. April 1995
03.00   *Wind 2 Bft aus ESE.*
09.00   *Wind 2-3 Bft aus ESE.*
09.30   *Wind 5-6 Bft aus ESE.*
12.00   *Etmal 92 sm. Wind 4-5 Bft aus ESE.*
15.00   *Wind 2-3 Bft aus ESE.*
22.00   *Wind 2 Bft aus ESE. Stagreiter an der alten Genua gebrochen. Direkt repariert.*

23. April 1995
11.00   *Sind nun 32 Tage auf See. Das Ziel rückt näher. Nur viel zu langsam. Heute ersehnen wir beide den Landfall. So richtig! Es wird Zeit anzukommen. Noch genau 400 Meilen. Ein Klacks, wenn man vorwärts käme.*

12.00 Etmal 92 sm. Wind 2-3 Bft aus ESE. Wieder ein Stagreiter gebrochen. Durch Schäkel ersetzt.

24. April 1995
03.00 Wind 3 Bft aus ESE. Traumwetter.
10.00 Wind 3-4 Bft aus ESE.
12.00 Etmal 101 sm. Wind 5 Bft aus ESE. Noch 295 sm.
14.00 Wind 5 Bft. Machten 2 schnelle Stunden. Ein richtiger Endspurt ist das. Super, wie es läuft.
22.00 Wind 4-5 Bft. Es holpert wieder einmal gewaltig. Aber – so hoffen wir – es ist die zweitletzte Nacht. Bei Schnitt 4 Knoten sind es nur noch 62,5 Stunden!

25. April 1995
03.15 Wind 5-6 Bft aus ESE. Hatte kurzfristig mehr Wind. Speed ging bis auf 8 Knoten hoch. PURA VIDA lief wie an einer Schnur. An Reffen dachte ich nicht. Nur vorwärts.
12.00 Etmal 109 sm. Habe mehr erwartet. Die Entenmuscheln bremsen gewaltig. Sind um 5 cm lang!
22.00 Wind 2-3 Bft aus SE. Segel schlagen und Spibäume knallen.

26. April 1995
03.00 Wind 2-3 Bft aus ESE.
12.00 Etmal 98 sm. Bordzeit um 1 Std. zurückgestellt. Ruhige See, schönes Wetter, gemütliches Bummeln. Morgen werden wir es geschafft haben.
23.00 Wind 1-2 Bft aus E.

27. April 1995
00.20 Wind ganz weg. Totale Flaute. Wenn wir bei Tageslicht ankommen wollen, müssen wir vorwärts machen. Noch genau 52,5 sm bis Hiva Oa. Haben die Maschine gestartet, zum ersten Mal seit Galapagos. Kam sofort. Bauen nun die Passatsegel und Spibäume ab. Setzen zwecks Stabilität das Groß. Hiva Oa, wir kommen!
06.55 Land in Sicht! Es ist Fatu Hiva. Wahnsinn! Wir jubeln und

freuen uns wie Kinder. Vreni hat in der Bilge noch ein paar Dosen Guinness gefunden. Die gibt's jetzt zum Frühstück. Was für ein Tag! Dachte, wir sind trocken getrunken. Seit einer Woche schon. Sie tut, als wenn ihr das erst jetzt in den Sinn gekommen wäre. Schlitzohr!
15.00 Wind 2-3 Bft aus Nord. Motorsegeln mit halbem Wind. Noch 15 sm. Die Insel ist wahnsinnig intensiv grün.
18.15 Anker fällt. Bug- und 2 Heckanker. Dauer der Reise: 36 Tage, 6 Stunden, 30 Minuten. Es waren genau 3809 sm.

Aus diesen Logbucheinträgen ist ersichtlich, dass wir in den letzten 26 Tagen dieser Überfahrt nur gerade 18-mal irgendwelche Arbeiten mit den Segeln zu erledigen hatten. Es ist auch ersichtlich, dass wir tagelang mit der gleichen Segelstellung gefahren sind. Bei Wind ab drei Beaufort ziehen die beiden Passatsegel gut und die Aries steuert auch vernünftig. Bei weniger Wind sind die Steuerausschläge relativ groß. Das Ruder reagiert zu träge und es resultiert eine Schlangenlinie, welche sich dann direkt auf das Etmal auswirkte. Wenn wir bei wenig Wind vor dem Wind kreuzten, waren wir schneller und die Segel schlugen wesentlich weniger. Das Bordleben war ebenfalls angenehmer als mit den Doppelgenuas bei zu wenig Fahrt. Alle Versuche, mit dem Besan die Schiffsbewegungen zu verringern, schlugen fehl. Vor dem Wind kann man den Besan vergessen.

Während der Zeit mit dem sechs Meter hohen Südschwell kamen wir zwar mit gutem Wind schnell voran, aber es war äußerst ungemütlich. In diesen drei Tagen haben wir kaum geschlafen. Das nimmt man aber gern auf sich, wenn der Kurs stimmt und die Meilen so zügig herunterlaufen.

Die Begegnung mit der TACIT aus England war stundenlang Gesprächsstoff – vermutlich auf beiden Segelbooten! Immerhin war es ziemlich auf halber Strecke zwischen Galapagos und den Marquesas. Morgens um drei Uhr sah ich erstmals ganz schwach und mit Unterbrechungen ein Licht hinter uns im Kielwasser. Bei Tagesanbruch war ganz klar zu erkennen, dass ein anderes Segelboot auf unserem Kurs näher kam. Um zehn Uhr war die Segelyacht nur noch 200 Meter hinter uns. An Bord war niemand zu sehen, und über Funk bekamen wir auch keine Antwort. Eine Kollisionsgefahr bestand nicht. Wir passten ja auf. Dann tauchte doch noch jemand auf. Mit einer Kaffeetasse in der Hand staunte uns ein Mann mit offenem Mund an. Dann verschwand er hastig unter Deck, und schnell kam sein Anruf über Funk. Auch eine Frau erschien verschlafen an Deck. Die TACIT hatte das gleiche Ziel wie wir. Wir machten gegenseitig Fotos und verabredeten uns in Hiva Oa. Die Crew der TACIT war bis zu diesem Zeitpunkt nie Nachtwache gegangen. Sie glaubten, so ein Treffen sei unmöglich. Die beiden erzählten uns in Hiva Oa, dass sie einen gewaltigen Schreck bekamen, als sie uns sahen, und von da an immer Nachtwache gegangen sind. Das schien uns so auch besser zu sein.

Unsere nächtlichen Besucher konnten wir nie richtig einschätzen. Der erste war vom Typ her eine Motoryacht. Sie führte keine Nationale, ein Schiffsname war nicht zu erkennen, und auf unseren Funkruf hat sie nicht reagiert. Obwohl sie hell beleuchtet war, sahen wir niemanden an Bord. Das war alles recht ungewöhnlich. Etwa 15 Minuten fuhr sie mit gleicher Geschwindigkeit neben uns her und verringerte dabei sukzessive den seitlichen Abstand. Erst zu diesem Zeitpunkt wurde ich nervös. Ich weckte Vreni und wir legten die Waffen geladen bereit. Vreni versuchte vergebens, Funkkontakt zu bekommen, während ich weiter beobachtete. An einen friedlichen Besuch dachten wir eigentlich nicht mehr. Das Verhalten war zu ungewöhnlich. Wir waren sehr erleichtert, als die Yacht nach langen Minuten beschleunigte und davonzog.

Das zweite Boot konnten wir nie genau erkennen. Drei Nächte besuchte es uns. Immer in der zweiten Nachthälfte kam es aus Südosten auf und blieb bis zur Dämmerung in einer Distanz von etwa einer Seemeile bei uns. Bei Anbruch der Dämmerung fuhr es jeweils mit hoher Geschwindigkeit nach Norden und war bei Tagesanbruch nicht mehr zu sehen. Wir vermuten, dass es sich dabei um ein Fischerboot aus einer illegalen Fangflotte handelte. Koreaner und Japaner unterhalten einige illegale Fangflotten in diesem Gebiet, und die wollen natürlich nicht gesehen werden.

Die Ankunft auf Hiva Oa nach 36 Tagen auf See war ein besonderes Erlebnis. Bei Tagesanbruch sahen wir Land. Es war Fatu Hiva im Südwesten von uns. Bald darauf kam Hiva Oa in Sicht. Die Inseln erschienen uns unglaublich grün. Es war eine Wohltat für die Augen. Wir saßen zusammen im Cockpit, waren total aufgekratzt, übermütig und voller Vorfreude auf dieses unbekannte Land.

Ich rief: »Schau dir diesen Grat an! Einfach herrlich! Der bietet sich direkt für eine Wanderung an. Das machen wir, sobald wir einklariert sind. Einverstanden?«

»Das ist mit völlig egal. Wenn's nur Laufen ist. Ich will endlich wieder laufen. Boden unter den Füßen spüren und den Duft von Land atmen. Schau mal die Felsen an. Hier sind sogar die Felsen grün. Diese Vegetation ist unglaublich.«

Die Stunden zogen wie Minuten an uns vorbei, und mit dem letzten Tageslicht liefen wir in die Ankerbucht von Atuona ein. Bereits am Nachmittag hatten wir Funkkontakt mit Frank und Isabelle von der SOULMASSAGE gehabt. Frank lotste uns nun in den Hafen und Isabelle rief uns zu: »Das Nachtessen ist gleich fertig. Sobald ihr geankert habt, kommt ihr rüber zu uns an Bord.« Wir mussten nicht überlegen. Es wurde eine lange Nacht mit vielen Erzählungen.

Am nächsten Morgen staunten wir erneut über das intensive Grün auf dieser Insel. Die Berge sind steil und schroff. Im oberen Teil ist meist nur Fels. Trotzdem finden überall Pflanzen noch Nahrung und so sind die Berge, auch wenn sie felsig sind, bis zum Gipfel grün. In den Tälern ist Dschungel. Schmale Bächlein murmeln Richtung Meer. Wir packten unseren Rucksack und liefen los. Unser Nachholbedarf an Laufen war beträchtlich.

Zuerst mussten wir noch auf dem Polizeiposten einklarieren. Etwas Sorge machte uns der den Yachten abverlangte »Bond«. Das ist eine Barhinterlegung in der Höhe des Preises für ein Flugticket in den Heimatstaat. Ein alter Zopf, mit dem der Staat viel Geld verdient, weil der Bond nur in CPF hinterlegt werden kann. Reist man aus Polynesien aus, bekommt man auch CPF zurück und muss das Geld in Dollar umwechseln, was wieder viel Verlust mit sich bringt. In Atuona gibt es keine Bank, die Kreditkarten akzeptiert. Der freundliche Polizist riet uns, die Angelegenheit mit dem Bond in Tahiti zu erledigen. Das war ganz nach unseren Vorstellungen.

1. Sonnenuntergang am Ankerplatz Isla Gitana in Costa Rica.

2. Ein Vorteil beim Stahlschiff: Herausbrennen – neu einschweißen.

3. Edgar schweißt in allen Lagen.

4. Ein Bad in der »Leche« verzögert den Reifeprozess der Banane.

5. »Die waren länger im Knast als ihr alt werdet!«

6. Flinke Hände entfernen die verdorrte Blüte – bleibt sie dran, wird die Banane bitter.

7. Panama, Bahia Honda: Unkonventionelles Trockenfallen.

8. PURA VIDA auf dem Pazifik.

7

8

9. Tuamotus: Lagune im Atoll von Rangiroa.

10. Marquesas: Tiki in Puamau auf der Insel Hiva Oa.

11. Vorbereitungen für ein polynesisches Erdofenessen.

12. Hibiskus: Unkraut der Südsee.

13. Cook Islands: Windzerzauste Palmen an der Ostküste.

14. Tonga: Ankerplatz in Neiafu/Vava'u-Gruppe.

15. Cook Islands: Moderne Kirche.

16. Polynesische Tänzerinnen.

17. Tonga: Insel ohne Anlegestelle in der Ha'apai-Gruppe. Alle Güter und auch die Boote werden mit diesem Kran an Land gehievt.

18. Tonga: Typisches Haus in der Vava'u-Gruppe.

19. Tonga: Bazar der Kirche mit Fisch, Fleisch und Gemüse aus dem Erdofen.

20. Tonga: Vielfältiges Angebot und geschäftiges Treiben auf dem Markt von Nuku'alofa.

21. Friedhof in der Ha'apai-Gruppe.

22. Ha'amonga'a Maui, das »Sonnentor«, vor 800 Jahren aus Korallenstein erbaut.

Die Besichtigung des Hauptortes Atuona verschoben wir auf später. Zuerst wollten wir ausgiebig marschieren und die weichen Beine bewegen. Wir fanden einen schmalen, halb zugewachsenen Fußweg entlang einem Bächlein. Orangen, Zitronen, Bananen, Mandarinen, Pampelmusen und viele andere Früchte, die wir gar nicht kannten, wachsen dort wild. Früher waren die Marquesas viel dichter besiedelt als heute. Auf Hiva Oa lebten 25 000 Einwohner, heute gerade noch 1700. »Wild« wachsen ist deshalb das falsche Wort. Früher wurde das sicher angepflanzt und beerntet, jetzt wächst es »wild« und sät sich weiter aus. Kein Marquesianer kümmert sich darum. Nur die wenigen Yachties bedienen sich. Die Einheimischen haben diese Früchte im eigenen Garten oder kaufen sie als Konserve im Supermarkt. Ein Insulaner sagte uns: »Nehmt so viel ihr essen könnt, sonst verfault es hier.« Wir aßen Früchte, bis es nicht mehr ging. Wir waren in einem kleinen Paradies gelandet.

Der Weg führte durch dichten Dschungel an dem munter dahinfließenden Bächlein entlang in ein langes, schmales Tal. Ganz hinten im Tal fanden wir, von Buschwerk halb zugewachsen, einen großen Felsblock mit sehr alten Zeichnungen. Wir ließen die nackten Füße ins Bächlein baumeln und genossen das Vogelkonzert. Was für ein Kontrast zu den vergangenen Wochen!

In den kommenden Tagen besuchten wir Atuona, den Hauptort. Auf dem Friedhof kann man die Gräber von Jacques Brel und Paul Gaugin besichtigen. Die beiden Künstler haben viele Jahre hier gelebt. Atuona ist eine eher kleine Ortschaft. Im Zentrum des Dorfes gibt es ein Verwaltungszentrum mit Bank, Post, Gemeindebehörde, Sozialamt und Gesundheitsamt. Es sind mehrere kleine Häuser inmitten von schattenspendenden Bäumen und blütenbehangenen Sträuchern. Ein kleines Spital grenzt an dieses Zentrum. An der Hauptstraße stehen drei Mini-Supermärkte, die Dorfschule, eine Klosterschule und die Häuser der Einwohner. Im Dorf laufen Pferde, Schweine, Hühner und Ziegen frei herum. Selten sieht man Marquesianer bei der Arbeit. Die machen die Franzosen. Achtzig Prozent der Arbeitsplätze werden durch den Staat gestellt.

Die Marquesianer sind ein recht ruhiges Volk. Zumindest heute. Die Zeit des Kannibalismus ist ja noch nicht so lange her. »Ruhig«

ist nur eine Umschreibung, »phlegmatisch« oder gar »faul« wäre auch nicht richtig. Was ist denn verkehrt, wenn diese Polynesier im Schatten einer Palme singen und auf ihren Ukulelen spielen? Für Nahrung muss man nicht arbeiten. Die wächst von allein, und der Fischreichtum ist groß. Die Inseln sind nicht übervölkert. Diese passive Art des Lebens kann auch Klugheit sein, die nur von uns nicht verstanden wird. Diese Insulaner lachen über die Hektik der Weißen, lehnen sich zurück und können sich kaum satt sehen an der Arbeit anderer. So erstaunt es auch nicht, dass die in Atuona stationierte militärische Einheit eher ein Gesangsverein ist. Gemeindebehörde, Lehrer, Polizei, Ärzte und militärischer Kader bestehen durchweg aus Franzosen. Diese werden nicht als Eindringlinge betrachtet. Man weiß sehr wohl, dass es ohne die Franzosen nicht so gediegen wäre. Es fließen dort reichliche Millionen, um das Gewissen zu beruhigen und die Polynesier schweigen zu lassen. Stimmen gegen die Atomtests sind sehr selten bis gar nicht vorhanden.

In der Schule wird Französisch gelernt. Das Radioprogramm ist zweisprachig. Die Verständigung war für uns kein Problem. Wir sprachen genauso holprig französisch wie die Einheimischen. Das gefiel diesen und wir fühlten uns sehr wohl. Gern hätten wir mehr über die Geschichte dieses Volkes gewusst. Da stießen wir jedoch auf taube Ohren. Missionare haben versucht, diesen Menschen die Fröhlichkeit und die freie Lebenslust zu nehmen. Man taufte sie, zog ihnen Kleider an, lehrte sie beten und verbot ihnen die freie Liebe. Heute sind sie getauft, leicht gekleidet und leben genauso lebensfroh und lebenslustig wie früher. Manchmal beten sie auch. Die Missionare haben dort ihr Ziel nicht erreicht.

Täglich liefen neue Segelboote in die Bucht von Atuona ein. Vorwiegend waren es Amerikaner. Hier lernten wir die Österreicher Michaela und Gerhard von der QUE SERA und Lore und Peter von der TIBURON II kennen. Etwas später lief noch eine ganze Gruppe mit Deutschen und Österreichern ein.

In Puamau im Norden der Insel gibt es eine noch recht gut intakte Kultstätte mit großen »Tikis«. Tiki ist ein Gott. In Stein gehauen oder in Holz geschnitzt findet man an wenigen Orten noch schöne Exemplare. Zusammen mit Michaela und Gerhard mieteten wir uns einen geländegängigen Jeep und fuhren stundenlang auf einer abenteuerlichen Straße zu dieser Kultstätte. Mehrere rechteckige Steinplattformen in unterschiedlichen Höhen lagen in einer Waldlichtung. Vielleicht waren es Tribünen. In der Mitte liegt ein großer Stein mit einer ovalen Vertiefung, ähnlich einer flachen Pfanne. Eine Art Altar? Der größte Tiki ist beinahe zwei Meter hoch. Wir rätselten, zu was wohl dieses oder jenes gedient haben könnte. Wir konnten es nur ahnen. Dort lebende Einheimische wussten es nicht oder schämten sich vielleicht zu sagen, dass dort ihre Großväter noch die Feinde verspeist haben. Was wir in Büchern darüber lasen, half uns auch nicht weiter. Auch das schienen uns nur Vermutungen zu sein.

Auf der Rückfahrt stellte ich fest, dass unser Benzinvorrat bedenklich zur Neige ging. Der Vermieter hatte uns zwar versichert, dass wir vollgetankt spielend nach Puamau und zurück fahren könnten. Dem schien uns nicht so zu sein. Wir hielten in einer kleinen Bucht, wo sich ein paar Häuser zu einer Siedlung gruppierten. Ein Fischer verkaufte uns zehn Liter Benzin. Das musste reichen. Ein kleines Haus entpuppte sich als kombinierte Post- und Sanitätsstation. Zwei Frauen betreuten die beiden Ämter. Die eine hatte einen dick geschwollenen Fuß. Vreni fragte nach der Ursache. »Ich bin vor drei Tagen in einen rostigen Nagel getreten und der Fuß begann zu eitern. Nun behandle ich die Wunde mit Limonensaft und schau mal, die Entzündung geht schon zurück.«

Wir waren skeptisch. Die Wunde sah aber tatsächlich gut aus.

»Das ist hier ein altes Rezept. Wunden muss man mit Limonensaft reinigen. Auch bei Entzündungen durch Insektenstiche kann man Limonensaft verwenden. Wir lernen von den Weißen immer neue Sachen. Ihr müsst auch von uns lernen.«

Wir bedankten uns herzlich bei den lieben Leuten und machten uns wieder auf den Weg nach Hause. Über eine Bergflanke kamen wir in ein nächstes Tal, auch mit einer kleinen Siedlung, und von da aus stieg die Straße steil und in vielen Kurven in die Berge hoch. Mitten auf der schmalen Straße lag eine verletzte junge Ziege. Sie war offensichtlich abgestürzt und hatte schwere Verletzungen am Kopf. Sie floh nicht. Wir hatten keine Möglichkeit, das Tier human von seinen Schmerzen zu erlösen. Keiner von uns war bereit, es mit einem Stein zu erschlagen. Das Fleisch wäre zwar eine willkommene Ergänzung auf dem Speisezettel gewesen. Umso mehr als Fleisch in den Marquesas, wenn überhaupt, nur sehr teuer zu bekommen ist. Wir fuhren zurück in die Siedlung und informierten die Bewohner. Unter einem großen Baum spielten die paar Männer Boule. Die Frauen lagen auf der Wiese und schauten zu. Alle lachten fröhlich.

»Die Ziege holen wir natürlich gern. Sobald das Spiel hier fertig ist. Davonlaufen kann sie ja nicht. Vielen Dank.«

Ich fragte den alten Mann: »Da oben am Berg gibt es viele Bananen. Dürfen wir eine Staude mitnehmen?«

»Selbstverständlich. Pas de problème.«

So waren alle glücklich und wir machten uns wieder auf den Weg. Nachdem die geeignete Staude gefunden war – noch grün, nicht zu groß, süße Sorte und nahe an der Straße –, stellten wir den Motor ab und wollten uns ans Ernten machen. Aber unter unserem Jeep stank es ganz gewaltig nach Benzin. Die Ursache war bald gefunden. Ein Loch im Tank, und die Zivilisation noch drei Stunden entfernt! Die Bananen ließen wir sausen und fuhren in halsbrecherischem Tempo zurück. Der nachmittägliche Regenguss machte aus der Strasse einen schlüpfrigen Brei, auf dem sich unser Jeep wie auf einer Eispiste bewegte. Schlamm spritzte meterhoch zu beiden Seiten. Schon ein Kaugummi hätte genügt, um das Loch zu dichten, aber das gehört eben nicht zur Ausrüstung von Mietwagen auf Hiva Oa. So fuhren wir denn wie die Räuber gegen die Zeit respektive den verbleibenden Benzinvorrat. Schnell wurde es dunkel und ich stellte das Licht an. Wollte es anstellen, aber das Licht funktionierte nicht. Nur wenn ich dauernd den Aufblendhebel drückte, hatten wir Licht. So ging es auch. Buchstäblich mit dem letzten Tropfen Benzin erreichten wir Atuona und lachten ausgiebig über unser Erlebnis.

Von amerikanischen Seglern erfuhren wir von einem imposanten Wasserfall in einem der Täler. Sie waren mit einem Führer dort. Pro Person hatten sie 15 US-Dollar bezahlt und fanden das billig. Wir waren anderer Ansicht. Ein Wasserfall ist ja einfach zu finden. Man muss lediglich dem richtigen Bach folgen. Wir unternahmen die Wanderung zusammen mit den Österreichern von QUE SERA und TIBURON. Ganz so einfach war es dann doch nicht, den Wasserfall zu finden. Für uns Bergler war es eine Herausforderung, die allen Spaß machte. Dieser Ausflug gehörte zu den schönsten in den Marquesas. Der Wasserfall stürzt über eine hohe Felswand in einen kleinen See, der von dichtem Dschungel umgeben ist. Das Wasser ist erfrischend kühl. Lore und Michaela zeigten uns Früchte, die sie von der Karibik her kannten und die wir noch nie gesehen hatten. Peter und ich markierten auf dem Heimweg die Route mit »Steinmannli«.

Ein besonderes Erlebnis war die Einladung bei Einheimischen zu einem Erdofenessen. Am Vormittag bauten wir den Ofen. »Ofen« ist vielleicht etwas übertrieben. Man gräbt ein Loch von etwa einem halben Meter Tiefe und legt dieses Loch mit Lavasteinen aus. Das ist der Ofen. Schritt zwei besteht darin, dass die Steine erhitzt werden. Dazu wird auf den Steinen ein Feuer entfacht und ein paar Stunden unterhalten. In der Zwischenzeit haben wir die Speisen vorbereitet. Wir hatten Fisch, Rindfleisch, Schweinefleisch, Kochbananen und Brotfrüchte. Die Lebensmittel wurden in Bananenblättern zu handlichen Paketen verpackt. Am Boden des Erdloches lag mittlerweile eine dicke Schicht Glut und die Steine waren glühend heiß. Auf die Glut wurde eine Lage grünes Astholz mit Blättern gelegt. Diese Lage deckten wir mit Erde zu. Auf die Erde kam dann eine dicke Lage Bananenblätter und darauf die Pakete mit den Esswaren. Das wurde nun wieder mit Bananenblättern zugedeckt und diese mit Erde, bis nur noch ein großer Erdhügel zu sehen war. Eine Rauchentwicklung gab es nicht mehr.

Nach zwei Stunden konnten wir den Ofen abdecken und die Leckerbissen entnehmen. Keines der Pakete war durch die Glut angebrannt worden. Alle Lebensmittel waren gar und schmeckten vorzüglich. Im Lichtschein eines zweiten Feuers saßen wir bis spät in die Nacht zusammen.

Von ganz anderer Art war das Erlebnis bei der Einladung eines Holzschnitzers zu sich nach Hause. Schnell bekamen wir den Grund dieser Einladung heraus. Er wollte uns seine Kunstwerke verkaufen.

Die waren unglaublich teuer, wir konnten nur abwinken. Hier sahen wir aber unsere ersten polynesischen Tänze. Vorgetragen haben sie seine beiden Töchter im Alter von acht und zwölf Jahren. Die Musik kam vom Tonband. Wir waren fasziniert. Was die beiden Mädchen vorführten, war hohe Schule der Tanzkunst. Als ich tags darauf einem Amerikaner davon erzählte, war der schockiert.

»Das ist ja pervers. Wie kannst du Freude daran haben, wenn so junge Mädchen Liebestänze vorführen? Bist du pervers veranlagt?«

Natürlich nicht. Ich wäre gar nicht auf die Idee gekommen, in den anmutigen Tänzen dieser beiden Mädchen etwas Sexuelles zu sehen. Das sagte ich dem guten Mann und meinte, vielleicht sei er etwas pervers.

Ein paar Tage später trafen wir denselben Amerikaner mit einer ganzen Gruppe Landsleute bei »Chez Bruno«. Die ganze Truppe war etwas angetrunken und tanzte zu heißen Rhythmen. Ich begrüßte ihn im Vorbeigehen. Er schaute einfach weg. Er war offensichtlich beleidigt und wir in seinen Augen Lüstlinge. Das konnte er gern haben. Ich ging zu Bruno und flüsterte ihm zu:

»Kannst du mal die Musik mit dem Liebesgestöhn laufen lassen? Die Platte von gestern Abend. Weißt du welche? Ich bin sicher, wir lachen uns krumm.«

»Aber sicher – aber sicher.«

Das war genau nach Brunos Geschmack. Das Spiel hatte er tags zuvor schon gemacht. Die Musik fängt ganz normal an. Langsame Tanzmusik für engen Hautkontakt! Dann hört man leises Liebesgestöhn. Die Musik geht weiter. Wieder Gestöhn – die Musik tritt in den Hintergrund. Das Gestöhn endet im Finale.

Die Tänzer ahnten gar nichts. Hingebungsvoll tanzten sie, bis es unüberhörbar eindeutig wurde. Abrupt blieb ein Paar nach dem anderen stehen. Die Frauen flohen entrüstet zu den Tischen und die Männer schauten vorwurfsvoll Bruno an. Der stand mit einer Gruppe Einheimischer nahe an unserem Tisch bei der Bar und lachte, bis ihm die Tränen über das Gesicht liefen. Den Polynesiern und uns ging es auch nicht anders. Die Amerikaner tranken hastig aus und verließen das Lokal fluchtartig. Es hätten auch Europäer sein können. Intoleranz und Besserwisserei gibt es auch bei uns.

Sieben Wochen blieben wir in Hiva Oa und rutschten dann eine Insel weiter nach Tahuata in die schöne Bucht von Hana Moe Noe. Auch die TIBURON II und die QUE SERA lagen hier vor Anker. Das Wasser war glasklar und wir nutzten die Gelegenheit zum Schnorcheln. Den höchsten Berg der Insel bestieg ich zusammen mit Peter früh am Morgen, um der Hitze, den Moskitos und den Nonos auszuweichen. Den Durst löschten wir mit Kokosmilch, der wir Zitronensaft beimischten, und den Hunger stillten wir mit Bananen und Kokosnüssen. Auf dem Abstieg wählten wir einen anderen Weg. Über ein enges Tal gelangten wir wieder in die Bucht. Das Tal ist mittlerweile wieder Dschungel. Man sah jedoch überall eingewachsene Kaffeestauden. Wir vermuten, dass auch dieses Gebiet früher stark besiedelt war. Heute lebt niemand mehr in Hana Moe Noe. Das einzige Wohnhaus ist verlassen.

Der schneeweiße Sandstrand war dann die große Gefahrenzone. Dort lauerten Tausende von Nonos (Sandfliegen). Im Dschungel starteten wir zu einem Sprint, packten unser Beiboot am Strand und rannten damit ins Wasser. Sie erwischten uns trotzdem. Etwa hundert Stiche plagten uns danach, und wir hatten für eine Weile genug vom Landgang.

Die Ankerbucht lag gegen Westen offen. Das war eine gute Möglichkeit, mit dem Sextanten ohne Seegang zu arbeiten und zu üben. Peter war auf die Idee gekommen und ich war begeistert dabei. Der Mond stand auch günstig. In den kommenden Tagen perfektionierten wir uns in der Handhabung und Berechnung und bekamen Resultate, die mit unserer Position genau übereinstimmten. Es war gut, vor den Tuamotus nochmals geübt zu haben.

In diesen Tagen wurden wir auch vom französischen Zoll kontrolliert. Das schnelle Schiff der Zöllner war in der Bucht gleich nebenan vor Anker gegangen. Mit Schlauchbooten wurden alle Segler kontrolliert. Die Beamten waren freundlich und die Kontrollen verliefen problemlos. Bei uns! In der Nachbarbucht gab es Schwierigkeiten. Dort lagen drei Yachten aus Deutschland. Einer der Skipper hatte 200 Flaschen Wein aus dem billigen Venezuela an Bord. Beim Zoll deklarierte er vierzig Flaschen. Die wollte der Beamte sehen. Das ging ins Auge. Unter den vierzig Flaschen war der Rest des

Weines versteckt, und der Zöllner fand ihn prompt. Fast der gesamt Weinbestand wurde konfisziert. Dann fanden die Durchsucher noch viel zu viele Zigaretten und beschlagnahmten auch diesen Bestand fast gänzlich. Die aufgebrummte Buße belief sich auf 2000 US-Dollar. Hätte der liebe Mann das Zeug von Anfang an richtig angegeben, wäre es nur unter Zollverschluss gekommen.

Eine Woche später, am 8. Juni 1995, segelten wir weiter nach Ua Pou. Mit dem wirklich letzten Krümel Tabak kamen wir am nächsten Tag dort an. Wir liefen in den Hafen von Hakehau ein und hatten hinter uns eine Bergkulisse wie in den Dolomiten. Die 1200 Meter hohen Zinnen waren allerdings nur selten zu sehen. Meistens waren sie von Wolken umhüllt. Bei unserer Ankunft waren sie frei.

Wir machten uns unverzüglich auf den Weg ins Dorf. Es war Freitagnachmittag, und wir waren nach der langen Zeit in Tahuata auf Frischwaren angewiesen – und Zigaretten. Mit dem letzten Tabak hatten wir vor Stunden die letzte Zigarette gedreht und geteilt. Vorher mussten wir jedoch bei einer Bank Geld wechseln. Die einzige Bank war eben dabei, die Türen zu schließen. Es gelang Vreni gerade noch, hineinzuhuschen. Die junge Dame am Schalter war sauer. Das eben noch perfekte Wochenende schien sich zu verzögern.

»Wir haben geschlossen. Kommen sie am Montag wieder. Heute laufen hier keine Geschäfte mehr.«

Geduldig erklärte Vreni ihr, dass wir eben erst angekommen seien, kein Geld mehr hätten und dringend einige Dinge einkaufen müssten. Das Mädchen blieb stur.

»Tut mir leid – heute nicht mehr. Die Verbindung nach Papeete ist bereits unterbrochen.«

Enttäuscht kam Vreni vor die Bank, wo ich bereits ungeduldig wartete.

»Das gibt es doch nicht«, sagte ich, »lass mich mal.«

So freundlich wie möglich bat ich die junge Dame um dasselbe wie Vreni vorhin. Anstandslos ging sie an die Arbeit. Ich bekam das Geld und von Vreni einen Kick in die Waden, weil ich mich bei der jungen Dame überschwänglich für die Freundlichkeit, uns so kurz vor dem Feierabend noch zu bedienen, bedankte.

»Keine Ursache. Das machen wir gerne.« Süffisant lächelte sie Vreni an.

Bei einem in Ua Pou hängen gebliebenen Fremdenlegionär, der jetzt eine Konditorei mit Café betreibt, bekamen wir Zigaretten, einen ausgezeichneten Kaffee und Croissants. Wir setzten uns auf die Terrasse und schauten durch die Palmen auf das Meer und den Hafen. An eine Palme gelehnt saß ein junger Polynesier, spielte auf seiner Ukulele und sang dazu. Wie schön ist doch das Seglerleben!

Am nächsten Tag lernten wir Marceline kennen. Die Polynesierin betreibt an der Hauptstraße des Dorfes ein kleines Lebensmittelgeschäft. Die aufgeschlossene, resolute Dame gefiel uns auf Anhieb. Stundenlang saßen wir vor dem Laden auf der Terrasse und lauschten den Geschichten, die sie uns erzählte. Als Mädchen war sie in der Klosterschule in Atuona. Wenn das Meer für die Fischerboote zu rau war, flog Jacques Brel die Mädchen mit seinem Privatflugzeug nach Ua Pou. Kein Wunder, dass sie noch heute von diesem Chansonnier schwärmt. Sie ist die Anlaufstelle bei Familienproblemen in der Dorfgemeinschaft. Junge Leute pumpten sich bei ihr auch gern ein paar Franc, woraufhin sie jeweils schmunzelnd sagte: »Das Geld sehe ich nie wieder, aber das ist ein lieber Junge. Muss er mir eben nächste Woche den Rasen mähen.«

Unsere Aufenthaltsbewilligung für Polynesien belief sich auf drei Monate. Eine Verlängerung muss mindestens einen Monat im Voraus in Tahiti schriftlich beantragt werden. Bei der Gendarmerie wollten wir die Adresse des entsprechenden Amtes erfahren. Die hatten jedoch keine Ahnung. Marceline wusste Rat.

»Mein Mann ist Kriminalbeamter bei der Polizei in Papeete. Schreibt das Gesuch und bringt es mir vorbei. Ich sende es mit der wöchentlichen Post an meinen Mann. Der erledigt das dann für euch. Kein Problem.«

So haben wir es gemacht. Als wir in Papeete ankamen, war alles erledigt. Die neue Bewilligung lief bereits.

Eigentlich wollten wir nur zwei bis drei Tage in Hakehau bleiben. Es gefiel uns jedoch wieder einmal ausgezeichnet. Das Wetter war auch nicht gerade ermunternd für die 500 Meilen zu den Tuamotus. Seit Tagen blies es mit 25 Knoten, in den häufigen Regenschauern bis 35 Knoten. Das Meer sah recht aufgewühlt aus und der Wetterbericht versprach noch keine schnelle Besserung. So blieben wir schlussendlich 14 Tage auf Ua Pou und haben es nie bereut.

Am 18. Juni 1995 passte das Wetter endlich. Der Wind war noch steif und der Seegang beträchtlich, aber vertretbar. Trotzdem zerriss es uns in dieser Nacht in einer Regenbö die Genua. Das war natürlich ärgerlich, denn an eine Reparatur auf See war nicht zu denken. Wir setzten eine Fock am Kutterstag und das ungereffte Großegel. Irgendwann ging auch diese nasse und windige Nacht zu Ende. Bei Tageslicht sieht alles immer schon sehr viel freundlicher aus. Das Wetter besserte sich, und bereits fünf Tage später lagen wir vor unserem ersten Atoll, Rangiroa in den Tuamotus.

Die Tuamotus sind die größte Gruppe von Korallenatollen in der Welt. Die ganze Gruppe von 78 Atollen ist 600 Kilometer breit und 1200 Kilometer lang. Die meisten Atolle haben überhaupt keine Einfahrt. Heute leben 12 500 Menschen auf insgesamt 45 bewohnten Inseln. In den Tuamotus ist Trinkwasser rar. Die Inseln sind nur gerade 20 bis 25 Meter hoch und meist mit Palmen bewachsen. Hier kommen die weltbekannten schwarzen Perlen vor, die mittlerweile ziemlich rar geworden sind. Auf einigen Atollen gibt es Farmen, wo diese beliebten Perlen gezüchtet werden. Außer dem Tourismus sind Zucht und Verkauf von Perlen die einzige Verdienstmöglichkeit in den Tuamotus. Bekannt wurden die Tuamotus durch die Atombombentests der Franzosen im Moruroa-Atoll. Dieser Teil der Atoll-Gruppe ist noch heute Sperrgebiet.

In den Lagunen und an den Außenriffen herrscht großer Fischreichtum, aber viele Fischarten kann man wegen der Ciguantera-Vergiftung nicht essen. Nur die Einheimischen wissen, welche Fische essbar sind und welche nicht. Das Gift stammt von vergifteten Korallen, von denen sich die Fische ernähren. Durch den Verzehr vergifteter Kleinfische nehmen auch große Fische das Gift auf. Bei den Menschen kann das Gift tödlich wirken. Stark umstritten ist die Ursache der Vergiftung der Korallen. Ciguantera gibt es im gesamten Südpazifik und auch in der Karibik.

Die Einfahrt in die Lagune sah rau aus. Große Brecher und Kabbelsee wiesen auf starke Strömung hin. Dabei sollte nach meinen Berechnungen Stillwasser sein. Wir fuhren etwas näher heran, um einen besseren Eindruck zu bekommen. Wir sahen einen Bereich mit Kabbelwasser, dahinter hohe, steile Wellen und dann glattes Wasser. Die Genua nahmen wir weg. Das Groß ließen wir sicherheitshalber stehen.

Mit klopfendem Herzen gingen wir die Sache an. Das Kabbelwasser war überhaupt kein Problem. Die PURA VIDA ließ sich gut steuern. Dann erfasste uns die erste der großen Wellen und schob uns mit hoher Geschwindigkeit vorwärts. Der Ruderdruck war beinahe weg. Ich gab mehr Gas. Der Diesel heulte wie noch nie. Der Druck auf dem Ruder wurde stärker.

»Elf Knoten Fahrt!«, schrie Vreni aus dem Niedergang.

Riesige Delfine sprangen beidseitig der PURA VIDA und spielten mit dem Bug. Ich hatte alle Hände voll zu tun, das Boot auf einem geraden Kurs zu behalten. Nur aus den Augenwinkeln sah ich die Tiere. Denen machte die rasante Fahrt wohl mehr Freude als uns. Dann waren wir mit ausgetrockneten Kehlen durch.

»Geschafft!«, rief Vreni und reichte eine Flasche Rum ins Cockpit. Ich genehmigte mir gleich zwei kräftige Schlucke. Die Tourenzahl war wieder auf Marschfahrt, und wir konzentrierten uns auf die Einfahrt in den Pass. Wir waren nahe daran, aber irgendwie schien sie einfach nicht näher zu kommen.

»Verflucht. Schau mal auf dem GPS nach, wie viel Fahrt wir machen.«

Vreni verschwand im Niedergang.

»0,5 Knoten.«

»Nach wohin?«

»Du glaubst es nicht, aber wir fahren rückwärts.«

Das hatte ich geahnt und den Gashebel auf volle Fahrt geschoben. Langsam, ganz langsam kamen wir aus der Rückwärtsfahrt in eine Vorwärtsfahrt von 0,5 Knoten. Ich steuerte mehr zum linken Ufer, um aus der stärksten Strömung herauszukommen. Die Fahrt ging auf 1,5 Knoten hoch. Es dauerte 15 Minuten, bis wir durch den Pass waren, 15 bange Minuten, denn wir wussten, dass bei einem Motorschaden die PURA VIDA verloren gewesen wäre. Bei 3,5 Knoten Fahrt konnte ich endlich den Gashebel etwas zurücknehmen. Das Heulen des Diesel ging wieder in ein normales Geräusch über. Die Kehle fühlte sich wieder fürchterlich trocken an und auch die Knie waren etwas weich. Vreni wusste, was half, und wir bedienten uns beide großzügig.

Wir hatten uns in der Berechnung des Stillwassers auf keinen Fall geirrt. Der Starkwind der vergangenen Tage hatte jedoch die Lagune gefüllt. Das Wasser floss nun rund um die Uhr über die beiden Pässe ab. Es gab zurzeit kein Stillwasser.

Die Lagune ist so groß wie der Bodensee. Das Wasser hat von dunkelblau bis hellgrün alle Farben und ist glasklar. Am Strand weißer Sand, wiegende Palmen und Musik. Wir rieben uns die müden Augen und glaubten zu träumen.

Wir fanden einen sehr schönen Ankerplatz in der Nähe des Ferienclubs Kia Ora. Auf acht Metern Wassertiefe fiel der Anker in den weißen Sand. Uns überkam eine stolze Befriedigung.

Erst drei Tage später nahm die Strömung im Pass ab. Um uns bei der Gendarmerie zu melden, mussten wir mit dem Beiboot über den Pass zur Ortschaft Tiputa. Einen Fährbetrieb gab es nicht. Wir wurden von einem netten Elsässer abgefertigt. Er sprach perfekt Deutsch und war schon zwei Jahre in Rangiroa stationiert. Von ihm erfuhren wir dann, dass allein in den letzten zwölf Monaten sieben Segelboote in diesem Pass verloren gingen.

»Manchmal gibt es hier tagelang kein Stillwasser. Es ist mir unverständlich, warum ihr Segler alle den Tiputa-Pass benutzt und nicht den Avatoru-Pass. Der hat grundsätzlich weniger Strömung und ist ungefährlicher. Die Marine und die Berufsschifffahrt benutzen nur den Avatoru-Pass.«

Wir erklärten ihm, dass alle Segler »Charlys Südsee-Handbuch« verwenden und darin der Tiputa-Pass als Haupteinfahrt beschrieben sei. Darauf war dem guten Mann alles klar.

Seine Aussage können wir bestätigen. Während unseres Aufenthaltes in Rangiroa trafen ein Kriegsschiff, das Versorgungsschiff ARANUI, das Kreuzfahrtschiff CLUB MED II sowie zwei Frachter dort ein. Alle benutzten den Avatoru-Pass. Wir verließen Rangiroa durch diesen Pass und befanden ihn als breiter und einfacher.

Auf dem kleinen Postamt wollten wir ein Fax an unsere Söhne übermitteln. Weil die Taste mit der »4« am Faxgerät klemmte, konnte die Landeskennzahl für die Schweiz nicht gewählt werden. Die Dame lächelte und meinte: »Warum müssen Sie ausgerechnet in die Schweiz faxen. Frankreich geht. Senden Sie das Fax doch nach Frankreich.«

Nach und nach trafen noch andere Segler ein. Ulla und Karl mit Sohn Florian von der PHOENIX (A), Werner und Sohn Sascha mit der HIGH LIFE (D), Klaus und Sammy mit der GEMINI CONTENDER (RSA), Christine, Erich und Sohn Ruben mit der RUBINSKY (A) sowie Helga und Rudolf mit der OSIRIS (D). Bei den abendlichen Tanzvorführungen im Kia Ora Hotel traf sich das ganze Yachtvolk. Wir waren dort herzlich willkommen und nicht nur einfach geduldet.

Wir erlebten auf Rangiroa die schönsten Tänze in Polynesien. Ungekünstelt und mit viel Begeisterung trugen die Akteure die Tänze vor, und wir konnten uns kaum satt sehen. Kriegstänze, Liebestänze, Animierungstänze – schweißnasse Körper im Bastrock, den Busen mit halben Kokosschalen verdeckt, die Hüften in einem irren Tempo bewegend, Blumen im Haar, Lachen im Gesicht – die reine Lebensfreude. Unweit weg rauschte die Brandung, die PURA VIDA lag ruhig im Schein des Mondes. Der Wunsch, einfach zu bleiben und zu genießen, kam an diesem Ort des öfteren.

Wir mussten jedoch weiter. Unser Zeitplan sah vor, bis zum Beginn der Hurrikan-Zeit in Neuseeland zu sein. Das war noch ein weiter Weg. Zusammen mit PHOENIX, HIGH LIFE und GEMINI CONTENDER verließen wir am 2. Juli 1995 Rangiroa in Richtung Tahiti. Die zweitägige Überfahrt war schwachwindig bei ruhiger See und völlig problemlos. Wir erreichten Papeete am frühen Nachmittag und ankerten an der Promenade mit Buganker und zwei Heckleinen. Auf so kurzen Strecken haben wir immer Mühe, unseren Rhythmus für den Schlaf zu finden. Dementsprechend müde waren wir. Wir unternahmen nur einen kurzen Rundgang durch die Innenstadt. Auf dem Weg zurück zur PURA VIDA kamen wir an der PHOENIX vorbei.

Ulla rief: »Ihr könnt doch nicht einfach nur ›Hallo‹ rufen und wieder verschwinden. Das geht nicht. Kommt auf ein Glas Wein an Bord.«

So spät war es nun wirklich noch nicht und ein Glas Wein tönte verlockend. Es wurde dann vier Uhr morgens und eine Freundschaft begann sich zu entwickeln.

Mit der Einklarierung am nächsten Tag wurde auch der »Bond« fällig. Es gab keinen Weg mehr herum. Wir zahlten den Betrag in US-Dollar bar bei einer Bank in Papeete ein. Eine speziell für diesen Bond zuständige Sachbearbeiterin bestätigte uns die Bezahlung in US-Dollars schriftlich. Ich hätte lieber eine Bestätigung für die Auszahlung in US-Dollars gehabt. Man versicherte uns jedoch glaubhaft, dass mit diesem Papier in Bora Bora einer Auszahlung in Dollars nichts im Wege stünde.

In Papeete war zu dieser Zeit der Teufel los. Die Vorbereitungsarbeiten für die Festivitäten des französischen Nationalfeiertages waren in vollem Gange. An der Wasserfront wurde ein Stadion aufgestellt und dort übten jeden Abend mehrere Tanzgruppen. Jede Gruppe bestand aus 80 bis 120 Tänzern. Die Vorführungen waren schlichtweg traumhaft. Fast jeden Abend gingen wir zu diesen Proben und Ausscheidungswettkämpfen. Zu keiner Jahreszeit kann man so viele Tanzvorführungen sehen wie vor dem Nationalfeiertag und an demselben. Wir waren begeistert. Das waren absolut professionelle Darbietungen, sowohl tänzerisch, choreografisch wie auch musikalisch.

Bei den Festspielen selbst hatten wir auf der Pura Vida einen Logenplatz. Im Hafenbecken wurden Wettkämpfe in allen Wassersportarten ausgetragen. Mannschaften von allen Inseln Polynesiens waren vertreten und boten Spitzenleistungen.

Die Stadt Papeete gefiel uns auf Anhieb. Sie ist nicht sehr groß, aber zu jeder Tageszeit unglaublich lebendig. Im Zentrum der Stadt, wo auch der Hafen liegt, ist es auch nachts sehr lärmig. Aus diesem Grunde verlegten wir uns ein paar Tage später in den Vorort Taaa. Jedes der drei »a« wird einzeln ausgesprochen!

Wir fanden eine sehr schöne, leider aber auch sehr teure Marina, wo wir notwendige Arbeiten an der Pura Vida ausführen konnten. Am Motor mussten die Ventile neu eingestellt werden, der Rohrkrümmer musste ersetzt werden und auch der Außenborder hatte eine Revision nötig. Die meisten Arbeiten konnten wir selbst erledigen. Sonst wäre das in Papeete kaum zu bezahlen gewesen. In dieser Zeit kamen Karl und Ulla mit Florian bei uns vorbei. Sie hatten einen Wagen gemietet.

»Kommt ihr mit? Wir machen eine Rundfahrt um Tahiti.«

Da sagten wir natürlich nicht nein. Tahiti hat hohe Berge. Nur am Meer ist ein schmaler Streifen ebenes Land. Die Insel ist äußerst fruchtbar. Außer Papeete gibt es keine großen Ortschaften. Die Einheimischen sind sehr fröhlich und freundlich. Für Touristen gibt es viele hübsche Hotels mit Traumstränden zum Baden. In einer Bucht mit kleinen Inseln hinter dem nahen Außenriff fanden wir ein schönes Lokal, wo wir ein verspätetes Mittagessen einnehmen konnten. Man genießt dort eine Aussicht wie aus dem Bilderbuch. Das Essen war ebenfalls klasse. Wir genossen es in vollen Zügen. Ein Leben wie Gott in Frankreich!

Am 24. Juli 1995 kam unser jüngster Sohn Reto mit seinem Freund Dominique in Papeete an. Um Mitternacht waren wir am Flughafen Taaa. Das Flugzeug sollte um ein Uhr morgens landen. An der Flughafenbar tranken wir ein Glas Bier. Neben uns saßen zwei Schweizer mit roten Augen und Blumenkränzen um den Hals. Offensichtlich waren sie schon eine Weile hier.

Ich fragte: »Seid ihr auf dem Heimweg?«

»Nein! Wir sind Segler. Einhandsegler auf Weltumsegelung.«

»Wir auch. Wir sind von der PURA VIDA.«

»Ich bin der Otti von der HASTA MAÑANA und das ist der Peter von der PAROS. PAROS-Peter.«

Das war ja wieder ein Zufall. Die beiden warteten wie wir auf Gäste, die mit dem gleichen Flugzeug wie unser Sohn nach Tahiti kamen. Als Einhandsegler genossen sie das Nachtleben in Papeete in vollen Zügen. In den verbleibenden 30 Minuten bis zur Landung lachten wir Tränen bei den Erzählungen der lustigen Nachtschwärmer.

Nachdem unsere Besucher auf der PURA VIDA genug von Tahiti gesehen hatten, verlegten wir uns zur Nachbarinsel Moorea. Wir fuhren durch den Pass Matanau und bogen nach der Durchfahrt gleich nach rechts in die Bae Nuaeri ab. Anfangs sieht man die Wassertiefe ganz gut an der Wasserfärbung. Nachher mussten wir uns zwischen den Korallenblöcken hindurchschlängeln. Durch einen ausgesteckten Kanal kommt man dann zum Ankerplatz vor dem Hotel Ressort Ia Ora. Die Wassertiefe im Kanal beträgt nur gerade knapp zwei Meter.

Der Ankerplatz ist traumhaft. Stundenlang sind wir in der näheren Umgebung im glasklaren Wasser geschnorchelt. Am Abend vergnügten wir uns im Hotel bei Tänzen und anderen Vorführungen für die Hotelgäste. Den Hotelgästen standen Surfbretter und Tretboote zur Verfügung. Wir waren eben von einem Tauchausflug zurück auf die PURA VIDA gekommen, als ich sah, dass ein Paar auf einem der Tretboote Schwierigkeiten bekam. Sie hatten mit dem Gefährt eine Koralle gerammt, und nun machten beide Schwimmer Wasser. Sie versuchten mit voller Kraft trampelnd den Strand zu erreichen. Das Boot sank jedoch wie ein Stein. Der Mann schwamm neben dem Boot und hielt eine Kamera in die Luft. Die Frau schien nicht schwimmen zu können. Vreni und ich sprangen in unser Beiboot und rasten den beiden zu Hilfe.

»Die Kamera. Bitte. Sehr teuer«, japste der arme Kerl. Die Kamera hielt er in ein Badetuch gewickelt immer noch über dem Kopf.

Wir halfen erst der Frau aus ihrer misslichen Lage. Sie bekam kaum mehr Luft. Wir mussten zu zweit schieben und ziehen, um sie in unser Beiboot zu bekommen. Sie war zu erschöpft, um mitzuhelfen. Wir legten sie erst einmal hin. Dem Mann ging es nun auch nicht mehr viel besser. Ich schnappte die Kamera und warf sie Vreni zu. Mit dem Schwergewicht hatten wir etwas mehr Mühe als mit seiner zierlichen Begleiterin, aber wir bekamen auch ihn an Bord. Da lagen die beiden nun wie Sardinen in unserem Dingi und schnappten nach Luft. Die Frau wollte uns unbedingt etwas sagen. Sie brachte aber keinen verständlichen Satz heraus. Irgend etwas mit »Bikini«. Vreni begriff schnell. Die Frau hatte bei diesem Ausflug ihr Bikini-Oberteil abgezogen, und das schwamm wohl irgendwo in der Nähe des inzwischen abgesoffenen Tretbootes. Mich hätte es nicht gestört. Was ich sah, war am richtigen Platz und auch ordentlich proportioniert. Wir fanden das vermisste Stück und brachten die beiden zum Steg vor dem Hotel. Dort hatte niemand den Vorfall beobachtet.

Fünf Tage genossen wir diesen herrlichen Ankerplatz und verlegten uns dann in die weltberühmte Cook Bay. Hoch am Wind segelten wir mit Vollzeug am Riff entlang nach Norden. Es machte richtig Spaß, wieder einmal mit gutem Wind zu segeln und das Wasser meterhoch wegspritzen zu sehen. Von Tahiti her sahen wir die PHOENIX mit hoher Fahrt ebenfalls nach Moorea segeln. Zwei Stunden später lagen wir nebeneinander vor Anker in der Cook Bay mit ihrer herrlichen Kulisse. Auch die PHOENIX hatte neue Crew. Karls Sohn Philipp war für ein paar Wochen zu Besuch an Bord. Wir genossen ein gemeinsames Abendessen, feierten das Wiedersehen und plauderten bis spät in die Nacht.

Unser Besucher Dominique verließ uns am kommenden Tag und reiste zurück in die Schweiz. Wir hatten gerade noch Zeit, eine gemeinsame Inselrundfahrt zu machen, bevor die Fähre nach Tahiti auslief. In den folgenden Tagen unternahmen wir zusammen mit der PHOENIX-Crew einige Wanderungen. Beeindruckend war die Tour auf den Sattel zwischen Mt. Tearai und Mt. Mouputa und dann hinunter nach Valare. Auf dem fünfstündigen Fußmarsch zum Aussichtspunkt Belevdere sahen wir wieder einige alte Kultstätten. Die Hitze machte uns manchmal zu schaffen, die schönen Ausblicke entlohnten uns jedoch für alle Strapazen.

Am 10. August 1995 verließen wir das schöne Moorea und segelten nach Huahine. Wir hatten ein paar Starkwindtage gehabt, weshalb die See unangenehm aufgewühlt war. Es war eine unbequeme Reise und wir waren froh, als der Anker am nächsten Tag in der Bucht vor Fare fiel. Wir blieben nur eine Nacht in Fare und verlegten uns am kommenden Morgen innerhalb der Lagune nach Tira, ganz im Süden der Insel. Das Fahrwasser ist gut betonnt. Hier wollten wir ein paar Tage bleiben, denn was wir auf der Fahrt hierher gesehen hatten, gefiel uns ausgezeichnet.

Wir mieteten uns einen offenen Kleinwagen und unternahmen eine Inselrundfahrt. Huahine ist eine sehr schöne Insel, von tiefgrünem Dschungel überwachsen und hat kaum 5000 polynesische Bewohner. Die wenigen kleinen Ortschaften der Insel liegen an der

Küste. Die rund um die Insel führende Naturstraße ist nur wenig befahren. Außerhalb der Ortschaften trafen wir kaum auf Leute. In der Lagune waren einige Fischer mit ihren Kanus an der Arbeit. Eher selten sahen wir Kleinbauern in ihren Gärten arbeiten.

An den absolut schönsten Orten der Insel stehen natürlich Hotelanlagen. Es sind aber nicht sehr viele und durch ihre traditionelle Bauweise wirken sie nicht störend. Besonders schön fanden wir das Bali Hai Hotel in der Nähe von Fare. Die Bucht dort ist schlichtweg traumhaft. Die strohgedeckten Bungalows stehen auf Pfählen im seichten Wasser der Lagune. Ganz in der Nähe liegt das historische Dorf Maeva mit vielen Kultstätten und einem 1972 renovierten Langhaus, das als Versammlungsraum benutzt wird. Interessant sind die am Strand liegenden Grabstätten mit Sicht auf die offene Lagune. Am schmalen Ende der Lagune (Lake Fauna Nui) gibt es fest installierte Fischreusen. Die Fische kommen mit der Strömung rein und können dann nicht mehr zurück. Die Dorfbewohner entnehmen den großen Reusen nur gerade so viel Fisch, wie sie benötigen. Der Rest bleibt als Vorrat drin.

Der Sänger Julio Iglesias kaufte sich auf Huahine ein Grundstück, verkaufte es dann aber wieder an den Amerikaner Thomas C. Kurth. Dieser baute in den steilen Hang am Strand einige Bungalows für Gäste der absoluten Oberklasse. Eine einzige Übernachtung kostet 1500 US-Dollar. Man soll dort regelmäßig Hollywood-Größen antreffen. Wir hatten die Gelegenheit, diese Hotelanlage zu besichtigen. Die Rezeption liegt oben an der Straße. Von dort wurden wir mit einem Kleinbus zum Restaurant am Strand gefahren und durften uns umsehen. Die Bungalows haben alle große Terrassen und eine wunderbare Sicht auf das Meer. Sie liegen sehr weit auseinander, damit die Ruhe der Bewohner nie gestört ist.

Wir blieben bis zum 17. August 1995 auf Huahine und verbrachten die Tage mit Schnorcheln in der Lagune und am Riff. Karl hielt die Jungmannschaft mit Wassersport auf Trab. Fleißig übten die jungen Burschen das Wasserskifahren und Surfen und machten bald eine gute Figur. Die Abende verbrachten wir abwechselnd an Bord der PHOENIX und der PURA VIDA.

Auf der Überfahrt nach Raiatea erwischte uns vor dem Pass Uturoa eine Gewitterfront. Wir hatten frühzeitig gerefft, waren dann aber doch von der Heftigkeit der Böen überrascht. Über Funk warnten wir die vor uns laufende PHOENIX.

»Schon zu spät. Waren dabei, die Genua zu reffen, als die erste Böe einfiel. Die Genuaschot knallte wie wild und der Block zerschlug dabei eine Luke. Trotzdem vielen Dank. Sind am Pass, Sicht gleich null. Bis später.« Karls Stimme klang ziemlich ärgerlich.

Als wir am Pass ankamen, war die Sicht bereits wieder etwas besser und wir kamen problemlos durch. Der Rest des Tages blieb regnerisch und der Wind ungewohnt stark. Wir waren froh, in der Marina Apooiti einen freien Platz zu bekommen.

Raiatea ist etwa doppelt so groß wie Huahine und auch stärker besiedelt. Es gibt einen großen Hafen und einen Flugplatz auf der Insel. Auch hier liegen die Ortschaften durchweg an der Küste. Der höchste Berg ist 1017 Meter hoch. Auch Raiatea ist mit üppigem Dschungel bewachsen.

Eigentlich wollten wir innerhalb der Lagune in den Süden fahren und dort einige Tage vor Anker gehen. Es blies dann aber tagelang mit 25-30 Knoten, und auch in der Lagune bildete sich Seegang. Das waren keine idealen Bedingungen für dieses Vorhaben. Nach ein paar Wanderungen in der Umgebung und einer Inselrundfahrt hieß es also schon wieder Abschied nehmen.

Das Ringriff umschließt auch die nördlich von Raiatea gelegene Insel Tahaa. Bis zur tiefen Bucht von Hurepiti ist es nur ein kurzer Sprung von acht Seemeilen. Bereits am Mittag waren wir dort und konnten eine freie Boje belegen. Die Bojen kann man kostenlos benutzen. Ankern müsste man auf 25 bis 30 Metern Wassertiefe, was nicht empfehlenswert ist. Tahaa ist dünn besiedelt und unglaublich fruchtbar. Es wird Vanille angebaut. Wir sahen auch einige kleinere Bananenplantagen. Wir zählten fünf verschiedene Anbausorten.

In der Bucht von Hurepiti gibt es keinen elektrischen Strom. Wir waren allein in dieser ruhigen Bucht. In der Nacht erleuchteten Millionen von Sternen diese Szenerie. Wir saßen bis Mitternacht im Cockpit und genossen diesen Frieden und die Ruhe.

Am nächsten Morgen gab es trotzdem früh Tagwache. Wir wollten ja nach Bora Bora weiter. Wir waren eben bereit auszulaufen, als wir am Funk bekannte Stimmen hörten. Es waren Erich von RUBINSKY und Wolfgang von der SUSI Q. Sie hatten in der Nacht vor einem kleinen Motu geankert und wurden am Morgen im friedlichen Schlaf von Tausenden von Moskitos überfallen. Beide Boote verließen darauf fluchtartig den Ankerplatz und flohen vor den Plagegeistern. Die RUBINSKY lief auf unseren Ankerplatz zu und war gar nicht mehr weit entfernt. Wenig später kam sie in zügiger Fahrt zum Ankerplatz. Erich steuerte mit grimmigem Gesicht, Christine stand am Bug und wies den Skipper ein. Anfänglich sah es so aus, als ob Erich die davor liegende Sandbank korrekt umfahren wolle, dann änderte er plötzlich den Kurs und fuhr direkt auf die Bank los. Ich rannte an den Funk und wollte ihn warnen. Meine Warnung wurde aber nicht gehört. Wir riefen, schrieen und deuteten auf die Bank. Die ganze Crew winkte ebenso heftig zurück. Man hatte uns offensichtlich missverstanden. Es kam wie es kommen musste: Bei vier Knoten Fahrt senkte die RUBINSKY kräftig den Bug und stand dann still. Zum Glück war es nur Sand und Schlick. Erich bekam das Boot sofort wieder frei und war auch bald an einer Boje fest. Er brachte sein Beiboot ins Wasser, um mit seinem Bordhund Mimi Gassi zu gehen. Als er den Außenborder starten wollte, kippte dieser über Bord und versank 20 Meter tief auf den Grund. Er hatte vergessen, ihn festzuschrauben. Erich stieg wieder an Bord und berichtete Wolfgang über Funk.

»Aller guten Dinge sind drei. Erst die Moskitos, dann donnern wir auf ein Riff und jetzt versenke ich noch den Außenborder. Ich mache heute keinen Schritt mehr. Ich lege mich jetzt ins Bett.«

»Bin erst bei Nummer zwei. Motorschaden! Liege vor Anker in der Lagune und mache mich an die Reparatur. Es scheint der Thermostat zu sein.« Wolfgang konnte vor Lachen kaum sprechen. Erichs Geschichte war einfach zu köstlich.

Südseeparadiese

Bora Bora – Cook Islands – Tonga

Wir verließen Tahaa eine Stunde später durch den Pass von Tiamanhana und fuhren gegen Abend durch den Te Ava Nui Pass in die Lagune von Bora Bora ein. Vor dem Yachtklub in Marae fanden wir eine freie Boje. Der Ankergrund ist dort etwas problematisch. Wir waren froh, nicht ankern zu müssen.

Tags darauf fuhren wir zusammen mit der PHOENIX und HASTA MAÑANA zu einem Motu in der Lagune und fanden einen gut geschützten Ankerplatz weit ab vom Tourismus. Die Insel ist unbewohnt und heißt Toopua. Mit dem Beiboot waren wir in wenigen Minuten am Außenriff. Dort fanden wir herrlichste Schnorchelgründe im glasklaren Wasser.

Wenn wir zu Hause von der Südsee träumten, dann schwebte uns genau das vor, was wir hier in den kommenden Tagen erlebten. Tagsüber machten wir Ausflüge, schnorchelten zwischen den Korallenköpfen, fuhren Wasserski oder saßen auf einem der Boote zusammen und genossen die Geselligkeit. Gegen Abend startete dann auf einem der Boote eine Party, die meist bis spät in die Nacht dauerte. Eines Abends schlug ich vor, auf der Insel einen Erdofen zu bauen. An das Gelingen eines Erdofenessens hat niemand so recht geglaubt, aber trotzdem machten alle begeistert mit. Die Frauen fuhren mit dem großen Beiboot der PHOENIX in den Hauptort Marae zum Einkaufen, während wir Männer mit dem Bau des Ofens begannen. Otto meinte: »Bevor wir uns an die Arbeit machen, müssen wir uns stärken. Ich hab ein paar Dosen Bier im Beiboot.«

Der Vorschlag war nicht schlecht. Wir setzten uns in den schneeweißen Sand und hörten uns ein paar lustige Geschichten aus Ottos Fliegerzeit als Linienpilot der Swissair an. Die Zeit tröpfelte so dahin. Warm schien die Sonne vom tiefblauen Himmel und der stete Passatwind brachte angenehme Kühlung.

Nach der Stärkung gingen wir an die Arbeit. Wegen der Moskitos und der Sandfliegen bauten wir uns zuerst eine Feuerstelle, auf der wir den ganzen Tag Kokosnussschalen verbrannten. Diesen Rauch oder diesen Geschmack mögen die Plagegeister nämlich gar nicht. Danach machten wir uns an den Bau des Erdofens. Ohne Schaufel war ein vernünftiges Loch jedoch nicht zu graben. Das war aber noch lange kein Grund zum Aufgeben.

»Dann bauen wir eben einen Erdhügel. Das funktioniert auch«, schlug ich vor.

Otto meinte: »Davon habe ich noch nie gehört, aber ich lass mich überraschen. Spaß macht es alleweil.«

Lavasteine lagen genug herum. Damit bauten wir uns einen halbmeter hohen Ring. Der Boden des Rings wurde ebenfalls mit Lavastein dick ausgelegt. Den äusseren Ringrand isolierten wir mit Sand. Nach zwei Stunden Arbeit loderte in unserem Ofen ein kräftiges Feuer. Zwei Stunden heizten wir die Lavasteine. Holz gab es genug. Die Frauen waren mittlerweile auch vom Einkauf zurück, würzten Rindfleisch, Schweinefleisch und Fisch und richteten prächtige Salate her. In einer Kühlbox brachten sie Weißwein und Bier an Land.

Das Fleisch, den Fisch und die vielen Gemüse wickelten wir in Bananenblätter ein. Es gab mehrere handliche Pakete. Wenn man die Bananenblätter vorher über die Glut zieht, werden sie weich und elastisch. So präpariert lassen sie sich wie Papier verarbeiten. Als die Lavasteine genügend heiß waren, räumten wir die restliche Glut aus der Feuerstelle und machten aus dünnem Astwerk einen Boden, der dann mit Bananenblättern abgedeckt wurde. Darauf kamen die Fresspakete, wieder Bananenblätter und wieder Astwerk. Mittlerweile war das schon ein ganz schöner Hügel geworden. Über diesen Hügel legten wir ein altes Tuch aus den Beständen der Pura Vida. Es sollte verhindern, dass unsere Pakete sandig wurden. Nun mussten wir nur noch alles dick mit Sand überdecken und warten.

Klaus und Sammy von der Gemini Contender hatten von unserem Erdofen gehört und wollten sich das schnell anschauen. Natürlich brachten sie ein paar Dosen kühles Bier mit und wurden dafür gleich zum Essen eingeladen.

Gegen Abend, nachdem das Fleisch und Gemüse so um die vier Stunden im Ofen gewesen waren, beschloss ich, diesen nun zu öffnen. Kameras surrten, Fotoapparate klickten, und alle waren sehr gespannt, was da nun zum Vorschein kam – ich am meisten.

Der Otto sprach aus, was wohl alle dachten: »Ein lustiger Tag war das auf jeden Fall, aber gleich gehen wir alle an Bord und kochen uns eine Suppe. Das Zeug ist doch alles verkohlt oder verbrannt.«

Das war es nicht, im Gegenteil. Wir hatten den Zeitpunkt genau erwischt. Fleisch, Fisch und Gemüse waren gar und es roch köstlich. Die Brotfrüchte und Kochbananen waren richtig. Nur die Kartoffeln waren noch etwas hart. Die müsste man leicht vorgekocht beilegen. Auf einem Brett, das wir am Strand gefunden hatten, richteten wir ein Büfett her, und nun konnte sich jeder bedienen. War das ein Schmaus! Ich wurde mit Lob überschüttet und sogar Otto meinte: »Mir verschlägt's die Sprache. Das hätte ich nie erwartet.«

Wir saßen bis spät in die Nacht am flackernden Feuer und genossen das Seglerleben in vollen Zügen. Tags darauf brachte mir Karl eine kleine Kinderschaufel, die zu besorgen er extra in den Hauptort gefahren war.

»Das ist die Trophäe für den schönsten Erdofen, der je in der Südsee gebaut wurde.«

Ein ausgiebige Wanderung machten wir über den Berg Matapupu an die Westküste von Bora Bora. Mit dabei war Ottos Crew Doris aus der Schweiz. Otto litt an einer kräftigen Infektion am Fuss und konnte sich nur humpelnd bewegen. Vom Gipfel aus hat man eine herrliche Aussicht über die Lagune auf dieser Seite der Insel. Wir saßen lange an dem Aussichtspunkt. Vor uns lag das, was man sonst nur in Ferienprospekten sieht. Das Wasser hat alle Farben zwischen blau und grün und ist so klar, dass die Korallen sogar aus dieser Höhe gut zu erkennen sind.

Es wurde Ende August und für uns Zeit, die Gesellschaftsinseln zu verlassen und weiterzusegeln. Das bedeutete auch Abschied nehmen, denn PHOENIX und GEMINI CONTENDER wollten zurück nach

Raiatea und die Hurrikan-Saison dort an Land verbringen, während ihre Crews in dieser Zeit zurück in die Heimat flogen.

Bei der Gendarmerie meldeten wir uns ab und erhielten die Ausklarierungspapiere. Damit konnten wir bei der Bank unseren Bond zurückfordern. Dort erlebten wir eine gewaltige Enttäuschung. Man wollte uns unser Geld auf keinen Fall in US-Dollars zurückzahlen. Ich war wütend. In Papeete hatte man uns hoch und heilig versichert, dass wir unser Geld in Dollars zurückerhalten würden. Nun erklärte man uns in Bora Bora, dass das nicht möglich sei. Zudem hätten wir das bereits vor Tagen beantragen müssen, weil man nicht so viel US-Dollar am Lager hätte. Die beiden Bankangestellten waren unfreundlich und arrogant. Ich weigerte mich, das Geld in Polynesischen Franc anzunehmen. Hinter uns bildete sich eine ungeduldige Menschenschlange. Ich verlangte, dass ich mit der Bankangestellten in Papeete sprechen könne. Ihr Name war aus unseren Papieren ersichtlich. Das wurde uns schlichtweg verweigert. Ich raste vor Wut, aber es nützte nichts. Zähneknirschend mussten wir das Geld annehmen und am nächsten Schalter in US-Dollar umwechseln. Da hatte man plötzlich wieder genügend. Der ganze Spaß kostete uns 400 US-Dollar Verlust.

Es gibt zwei Möglichkeiten, diesen Verlust zu vermeiden. Beide Varianten werden praktiziert und funktionieren. Erstens ist es möglich, den Bond überhaupt nicht zu hinterlegen. Das geht, wenn man Tahiti nicht anläuft. Tahiti kann man trotzdem besuchen, wenn man in Moorea ankert und dann mit der Fähre nach Papeete übersetzt. Allerdings ist es möglich, dass man von der Küstenwache oder dem Zollboot kontrolliert wird und eventuell Schwierigkeiten bekommt. Die Behörden können einen Segler aber nicht zwingen, nach Tahiti zurückzugehen, und auf den anderen Inseln gibt es keine Bank, die in der Lage wäre, die Bondangelegenheit zu regeln. Auch interessiert sich die Behörde normalerweise nicht für Boote, die bereits an Tahiti vorbei sind, weil die das Land auf jeden Fall demnächst verlassen werden.

Die zweite Möglichkeit ist die ausdrückliche schriftliche Bestätigung der Bank, dass der Bond nur in US-Dollar zurückgezahlt wird. Der Betrag muss dann allerdings auch in US-Dollar eingezahlt werden. Das haben wir zwar gemacht, aber aus unserer Bestätigung war nur ersichtlich, dass wir in Dollar eingezahlt hatten. Für die Auszahlung in US-Dollar hatten wir nur die mündliche Zusicherung, und die nutzte natürlich nichts.

Möglich ist, dass der Bond in naher Zukunft ganz abgeschafft wird. Französisch-Polynesien bemüht sich um EU-Gelder. An die kommt es jedoch nur, wenn solche Schikanen aufgegeben werden.

Am 31. August 1995 verließen wir Bora Bora. Nur ungern, denn es gefiel uns in diesem Teil der Südsee ausgezeichnet. Reto hatte alle Blumenkränze, die er von hübschen Tänzerinnen bekommen hatte, aufbewahrt und warf sie nun ins Kielwasser. Eine Legende sagt, dass jeder wieder nach Polynesien kommt, dessen Blumenkranz an Land geschwemmt wird.

Der Pazifik empfing uns friedlich. Die See war ruhig und nur wenig Wind kräuselte das Wasser. Wir liefen unter Maschine, Kurs Rarotonga in den 500 Seemeilen entfernten südlichen Cook Islands. In der Nacht kam Wind auf und wir kamen gut vorwärts. Für unseren Sohn war das die erste große Seestrecke.

Nach drei Tagen auf See erwischte uns gegen Mitternacht eine Gewitterbö in Sturmstärke. Der Regen kam waagrecht und im Rigg heulte der Wind. Wir liefen bis dahin bei Windstärke vier unter Schmetterling mit vollem Tuch. Gesteuert hat die Aries. Nun gab es viel zu tun und alles sollte gleichzeitig sein. Vreni rannte aufs Achterdeck, um die Aries auszuhängen. Ich schaltete die Hydraulik der Steuerung ein und übernahm das Ruder selbst. Die Pura Vida hatte stark angeluvt und musste wieder vor den Wind gebracht werden. Vreni kam zurück – viel zu schnell. Sie rutschte aus und fiel der Länge nach ins Cockpit. Außer einigen blauen Flecken ist ihr aber nichts passiert. Nun mussten die ausgebaumte Genua und das Groß gerefft werden. Wir waren viel zu schnell und ich hatte Mühe, die Pura Vida zu steuern. Reto war kalkweiß geworden. Ich sah sein verängstigtes Gesicht kurz im Niedergang.

In solchen Situationen hatten wir uns angewöhnt, bei Arbeiten an Deck laut zu sprechen, um auch verstanden zu werden.

»Genua wegreffen!«, schrie ich.

Mit einer Hand half ich mit und habe mich dabei wohl mehr auf das konzentriert, was im Cockpit vor sich ging, als auf den Kurs zu achten. Auf jeden Fall kam das mit dem Bullenstander gesicherte Groß back – auch das noch. Die Genua war endlich eingerollt. Nur die Schot wirbelte irgendwo in der Luft herum. Sie hatte sich selbstständig gemacht. Mit einer Hand nahm ich die Großschot knalldicht. Mit der anderen Hand kurbelte ich am Ruder, um das Groß wieder über gehen zu lassen. Vreni versuchte auf dem Vorschiff die wild schlagende Genuaschot zu bändigen und zu sichern. Es blies immer noch auf Teufel komm raus.

»Zwei Reffs ins Groß!«, brüllte ich nach vorn.
»Okay!«
»Bullenstander fieren!«
»Okay!«
»Langsam!«
»Okay!«

Es war bei dem Wind nicht einfach, die Reffs einzubinden, aber wir bekamen es hin, und die PURA VIDA bewegte sich wieder vernünftig. In der Bö hatte der Wind um etwa 60 Grad gedreht. Wir konnten die Genua nun auch ohne Baum fahren. Wir hängten die Aries wieder ein und überließen ihr das Steuern. Dann turnten wir zum Mast und nahmen den Spibaum weg. Jetzt mussten wir nur noch etwas Genua geben. Ganz wenig. Nur ein paar Quadratmeter für Stabilität und Geschwindigkeit. PURA VIDA lief nun wieder vernünftig und die Aries steuerte zufriedenstellend.

»Wie war das möglich?«, fragte Vreni.
»Keine Ahnung. Es nieselte vorher ein wenig, sah jedoch nicht nach viel Wind aus. Mach uns einen Kaffee. Der wird uns jetzt gut tun.« Reto sah uns ganz entsetzt an. »Hier geht es ums Überleben und er will Kaffee. Ich glaub's nicht!«

Wir mussten herzlich lachen. So schlimm war es nun wirklich nicht gewesen.

»Warum brüllst du denn Mami an, wenn alles ganz normal ist?«

Wir erklärten es ihm und offensichtlich beruhigte ihn das ein wenig. Er kroch wieder in seine Koje und wurde bis zum Morgengrauen nicht mehr gesehen. Segler wird er wohl nie werden.

Der Wind ließ bald nach, blieb aber die ganze Nacht kräftig. Der Regen hörte gegen Morgen auf. Wir kamen gut voran, aber es erforderte viel Arbeit. Der Wind drehte immer wieder. Laufend mussten wir die Segelstellung ändern und Kurskorrekturen vornehmen. Gegen Mittag kam er direkt auf die Nase. Ungemütlich, hoch am Wind preschten wir gen Westen. Wir waren unzweifelhaft im Gebiet der wechselnden Winde und nicht mehr im Passat.

Am 5. September 1995 hatten wir Funkkontakt mit der HASTA MAÑANA, die zwei Tage zuvor in Rarotonga angekommen war. Ottos Stimme kam klar und deutlich herein.

»Wo seid ihr? Der Schampus steht schon kalt. Eine Flasche haben wir bereits getrunken. Der Geburtstag von Doris ist bereits in vollem Gange. Beeilt euch.«

Wir waren noch 15 Meilen vor Rarotonga und liefen mit rund sieben Knoten dem Ziel entgegen. Otto war beruhigt.

»Ich habe euch schon beim Hafenmeister angemeldet. Ihr habt einen Platz an der Pier gleich vor der HASTA MAÑANA. Ich nehme euch die Leinen an, wenn ihr reinkommt. Bis bald.«

Das Wasser spritzte meterweit. Die PURA VIDA rannte dem Ziel entgegen, als ob sie den Hafen spüren würde. Um zehn Uhr morgens waren wir drinnen. Otti und Doris standen an der Pier, und wenig später knallten die Sektkorken im Cockpit der PURA VIDA. Als die Behörden an Bord kamen, waren die ziemlich erstaunt. Normalerweise darf niemand an Bord einer Yacht, bevor sie nicht ordnungsgemäß einklariert ist. Die Dame von der Gesundheitsbehörde wollte uns deshalb auch tadeln. Dazu ließ Otto sie jedoch gar nicht kommen.

»So eine schöne Beamtin habe ich noch nie gesehen. Nehmen Sie doch Platz und trinken Sie ein Glas Sekt mit uns. Wissen Sie, die Doris hat heute Geburtstag. Das muss man doch feiern. Junge Damen lieben Feiern. Feiern Sie auch gern? Sind Sie schon verheiratet? Nein? Dann gehen wir morgen zusammen tanzen.«

Bevor sie antworten konnte, drückte ich ihr ein Glas in die Hand und Otto stimmte wieder »Happy Birthday« an.

Danach waren die Formalitäten schnell erledigt. Mit einem

Spray aus dem Warenhaus »desinfizierte« sie die PURA VIDA und floh dann von diesem »crazy« Boot. Der Zoll und die Immigration kamen schon vorgewarnt an Bord. Sie hatten volles Verständnis.

Die Cook-Inseln liegen etwa 4500 Kilometer südlich von Hawaii. Sie sind eine Gruppe von 15 Inseln, die in einem Oval von Norden nach Süden liegen. Das Oval ist 1,83 Millionen Quadratkilometer groß, alle Inseln zusammen bilden eine Landmasse von 240 Quadratkilometern. Die bekanntesten sind Aitutaki, Suvorov, Manihiki und Rarotonga. Die Inseln haben insgesamt 24 000 Einwohner, wovon 11 000 auf Rarotonga leben.

Rarotonga ist vergleichbar mit Tahiti oder Moorea. Es ist vulkanischen Ursprungs. Der höchste Berg Te Atakura ist knapp 700 Meter hoch. Bekannter ist aber der Te Rua Manga (»Nadel«) mit 413 Metern Höhe. Die Vegetation ist tropisch und tiefgrün. Man lebt hier von Landwirtschaft, Fischfang und neuerdings Tourismus. Weltbekannt sind die Briefmarken und die dreieckigen Münzen dieses Landes.

Als wir in Rarotonga ankamen, waren die weltweiten Proteste gegen die Atombombentests der Franzosen im Mururoa-Atoll in vollem Gange. In Tahiti wurde der Flughafen in Brand gesteckt und musste geschlossen werden. Im Hafen von Avarua auf Rarotonga lagen mit uns 16 Segelboote, die mit Gästen zum Mururoa-Atoll auslaufen wollten. Die Rümpfe der Boote waren mit großen Buchstaben beschriftet. Zum Beispiel: »Für eine nuklearfreie Zone Pazifik – Greenpeace« oder »Die Neuseeländer Rechtsanwälte protestieren«. Einen Rechtsanwalt sahen wir nie auf diesem Boot. Die Crew bestand aus zahlenden Gästen. Der Skipper kassierte pro Woche 1500 NZ-Dollar pro Person und erzählte uns, dass das das Geschäft seines Lebens sei. Auf der halben Strecke von Rarotonga zum Mururoa-Atoll lag die FIDSCHI mit Motorschaden auf offener See. An Bord des dürftig für diesen Zweck umgebauten Fischerbootes aus Fidschi waren 80 Personen aller Nationen. Die Zeitungen berichteten täglich ausführlich von diesem Schiff, und als es dann Tage darauf von der Küstenwache der Cook Islands in den Hafen von Avarua geschleppt wurde, war die gesamte Weltpresse anwesend.

Die überglücklichen jungen Passagiere taumelten an Land und küssten die Erde. Die Festivitäten für die geglückte Rettung dauerten viele Tage und vor allem Nächte.

Zwei Tage darauf lief das neuseeländische Kriegsschiff NUI von Mururoa kommend in Avarua ein. An Bord waren als Gäste prominente Politiker aus aller Welt, begleitet von Presse, Radio und TV. Avarua war nun der »Mururoa-Bahnhof«.

Es gab auch wirklich engagierte Protestler. Zwei junge Dänen starteten mit ihrem alten Holzsegler im neuseeländischen Winter zum Mururo-Atoll und trieben dort zwei Monate. Sie wurden in diesen zwei Monaten täglich von den Franzosen mit Helikoptern überflogen und durch Schnellboote kontrolliert. Sobald die Luftwaffe oder Marine nahe genug bei den beiden Dänen war, zogen diese die Hosen runter und zeigten ihnen die nackten Hintern. Für die beiden Dänen war es sicherlich zu dieser Jahreszeit ein harter Trip, und zwei volle Monate sich da unten treiben zu lassen ist auch nicht jedermanns Sache. Sie liefen nach zwei Wochen Aufenthalt in Rarotonga wieder zum Mururoa-Atoll aus. Dieses Mal jedoch mit zahlenden, ausschließlich weiblichen Gästen.

Der Hafen war bis zum letzten Platz voll. Neben all diesen Seglern mit Ziel Mururoa waren noch mindestens 15 Fahrtenyachten im Hafen. Abends traf man sich in »Therese's« Hafenbar. Das war auch der Treffpunkt der Einheimischen, und dementsprechend ging hier jeweils die Post ab. Dreimal die Woche war Lifemusik und an den Freitagen jeweils etwas ganz Besonderes. Einmal zum Beispiel die Wahl des »Mister Cook Islands«. Es war dermaßen voll, dass niemand mehr umfallen konnte. Allen die Show gestohlen hat ein junger Schwuler, der zusammen mit acht bildhübschen jungen Tänzerinnen auftrat und eine perfekte Darbietung zeigte. Den zweiten Platz belegte ein 70-Jähriger aus Aitutaki. Sein Alter sah man diesem gut gebauten Athleten nicht an. Sein Platz war verdient und der Applaus wollte nicht enden.

Schwule und Transvestiten gibt es auf den Cook Islands, genau wie in Französisch-Polynesien, haufenweise. Man sagt, dass in Polynesien Knaben zu Mädchen erzogen würden, wenn es in einer Familie schon ein paar Kinder gibt, aber keine Mädchen darunter sind.

Man braucht sie als Hilfe für die Mutter und den Haushalt. Deshalb gäbe es in diesem Gebiet mehr Schwule und Transvestiten als sonst irgendwo auf der Welt. Ich glaube nicht an diese Version der Einheimischen. Auf jeden Fall werden sie von der Gesellschaft voll akzeptiert, nie diskriminiert und können ihre Neigungen voll und unbeschränkt ausleben. Eines Tages saßen wir mit Freunden in »Therese's Bar«. An der Bar saß eine gut gewachsene Dame. Sie schlief – den Kopf zwischen den Armen und das Gesicht vom langen, seidigen Haar verdeckt. Als sie aufwachte, war nur am beginnenden Bartwuchs zu erkennen, dass sie ein »Er« war. Wir trafen sie noch öfter – mit hohen Stöckelschuhen, immer perfekt geschminkt, immer nur die Damentoilette benutzend.

Zusammen mit der Crew der HASTA MAÑANA unternahmen wir eine sehr schöne Wanderung. Vom Hafen aus stiegen wir zur »Needle« auf und benutzten für den Abstieg die Südseite. Damit hatten wir die Insel genau von Nord nach Süd durchquert. Wir erlebten eine traumhafte, abwechslungsreiche Vegetation und auf dem Gipfel eine imposante Aussicht. Wir wanderten meistens entlang von munter dahinfließenden Bächlein im tropisch dichten Dschungelwald.

Für die obligate Inselrundfahrt haben wir uns ein Motorrad gemietet. Das war gar nicht so einfach. Auf den Cook Islands herrscht Linksverkehr und wenn man dort fahren will, muss man sich einen Führerschein der Inseln ausstellen lassen. Den konnten wir uns auf der Polizeistation besorgen. Ich glaube nicht, dass dieser Ausweis irgendwo auf der Welt anerkannt wird, als Andenken ist er das Geld aber auf jeden Fall wert.

Die Küstenstraße rund um die Insel ist 32 Kilometer lang. Das kann man also gut am Morgen einmal rechts herum und am Nachmittag einmal links herum machen, oder wenn das Fahrzeug schnell genug ist auch schon vor dem Frühstück. Ich habe diese Fahrt zuerst mit Reto und dann mit Vreni gemacht. Wir haben dabei nicht nur die Küstenstraße benutzt. Wir sind auch in die Täler hineingefahren. In diesen zwei Tagen stellten wir fest, dass es auf Rarotonga viele sehr schöne kleine landwirtschaftliche Betriebe gibt, die alle ausgesprochen gepflegt sind. Offensichtlich sind die Cook-Insulaner wesentlich fleißiger als ihre Brüder im restlichen

Polynesien. Möglicherweise hängt das damit zusammen, dass hier weniger staatliches Geld fließt als in Französisch-Polynesien.

Auf dieser Rundreise ist uns aufgefallen, dass es sehr viele unterschiedliche Kirchen auf dieser Insel gibt. Wir haben sieben verschiedene Glaubensgruppen gezählt, welche fast alle in jedem Ort vertreten sind. Die Einheimischen sind sehr gläubig und es ist undenkbar, dass man am Sonntag irgendeiner Beschäftigung nachgeht, außer dem Kirchgang natürlich. Zu Problemen führte das bei der staatlichen Fluggesellschaft. Diese richtete einen Linienflugdienst nach Aitutaki ein, täglich ein Flug mit einem Kleinflugzeug. Vorher gab es den nur zweimal wöchentlich in der Touristensaison. Einem der Priester ist das sehr sauer aufgestoßen. Am Sonntag keine Flüge nach Aitutaki! Es gab mehrere Protestaktionen auf der Insel Aitutaki und als das alles nichts nützte auch einen Streik. Darauf wurden zwei einheimische Flughafenangestellte in Aitutaki von der Gesellschaft entlassen. Peinlich dabei war, dass die beiden Angestellten kurz vor ihrer Pensionierung standen. Der Flugbetrieb ging natürlich weiter. Erreicht hatte der eifrige Priester nichts – außer der Entlassung zweier seiner Gläubigen.

Eine schillernde Persönlichkeit lernten wir in der Person des Hafenmeisters Don Silk kennen. Der Neuseeländer Don war vor vielen Jahren als Segler mit seiner Familie hier hängen geblieben. Die Insel und die Leute gefielen ihm – er hatte sein Paradies gefunden. Zu dieser Zeit gab es nur wenige und zudem unregelmäßige Verkehrsmöglichkeiten zwischen den einzelnen Inseln. Da sah er für sich eine Möglichkeit. Er hob ein gesunkenes Holzschiff von zwanzig Metern Länge und richtete dieses in monatelanger Arbeit wieder her. Danach unternahm er damit Waren- und Personentransporte zu den näheren Inseln. Das Geschäft florierte bestens und bald war klar, dass er ein größeres Schiff brauchte. In Hongkong ließ er sich einen kleinen Frachter bauen. Das Geld dazu bekam er von Geschäftsleuten und der Regierung. Der Handel mit dem Frachter TAGUA ließ sich gut an. Mit der AKATERE kam ein zweiter Küstenfrachter dazu. Die Passagiere wurden an Deck befördert. Beide Frachter konnten auch gesegelt werden. Dann lief die

TAGUA auf ein Riff und ging verloren. Für Don war das die Gelegenheit, sich ein größeres Schiff anzuschaffen und sich damit am internationalen Handel zu beteiligen. Auch die AKATERE ging in diesen schwierigen Gewässern verloren. Dafür wurde endlich der Hafen von Avarua erweitert, und nun konnten auch größere Schiffe hier anlegen. Er reiste nach Europa und kam mit einem wirklich seegängigen Schiff zurück. Damit pendelte er zwischen Neuseeland, Fidschi und den Cook Islands hin und her. Die Flotte wurde auf vier Schiffe erweitert, aber auch immer wieder durch Stürme, Hurrikans, Riffe und betrunkene Kapitäne dezimiert. Sein letztes großes Schiff kaufte er in Norwegen. Es war die MATHILDA, ein geradezu ideales Schiff mit 100 Tonnen Ladekapazität. Er suchte Fracht für die Fahrt in den Pazifik und fand eine Ladung von 101 Tonnen Raketen nach Taiwan. Die Fahrt ging durchs Mittelmeer und durch den Suezkanal nach Colombo, wo er Diesel und Wasser bunkern wollte.

Sri Lanka befand sich im Bürgerkrieg und die Behörden verhielten sich chaotisch. Er deklarierte seine Fracht als Munition, und als das Schiff von den Zollbehörden kontrolliert wurde, beschlagnahmte man seine MATHILDA wegen illegaler Waffentransporte. Monatelang blieb er in Colombo und kämpfte gegen Gerichte und Willkür. Das Gericht entschied gegen ihn. Don Silk reiste nach Hause auf die Cook Islands. Er hatte noch nicht aufgegeben. Auf den Cook Islands war der gesamte Transport zwischen den Inseln lahm gelegt. In Erwartung der MATHILDA waren die noch verbliebenen Schiffe verkauft worden. Es gab keine Transportmöglichkeit mehr zwischen den Cook-Inseln. Das war seine Chance. Die Regierung war gewillt zu helfen. Der Außenminister flog nach Colombo und begann mit Verhandlungen. Die Regierung von Neuseeland wurde eingeschaltet, und langsam zeigten sich bei der Regierung in Sri Lanka Zeichen des Einlenkens. Man wollte das Schiff freigeben, aber ohne Ladung und mit einer reduzierten Buße von 10 000 US-Dollar.

Darauf einigte man sich dann. Don Silk flog wieder nach Sri Lanka, um den Rest des Papierkrams zu erledigen. Die Mannschaft sollte eine Woche später nachkommen. Das Drama war aber noch nicht zu Ende. Sri Lanka wollte plötzlich die Ladung auch übergeben. Allerdings nur 85% davon. Ein paar der Raketen hatte man wohl zum Eigenverbrauch benutzt. Von dem Rest wollten sie aber unter dem internationalen Druck nichts mehr wissen. Don Silk telefonierte umgehend mit Taiwan. Die wollten die Ladung jetzt jedoch auch nicht mehr. Man hatte eine großzügige Versicherungsabfindung kassiert und war nicht mehr interessiert. Was aber tun mit dieser Ladung Raketen? Wenn er die Ladung einfach im Meer versenkte und ohne diese in Rarotonga ankam, gab es Probleme wegen Waffenschmuggels nach irgendwo. Er telefonierte mit dem Hersteller in Belgien und der Versicherung in London und erreichte, dass die Ladung in Sri Lanka bleiben konnte.

Nach neun Monaten Aufenthalt in Colombo konnte die MATHILDA endlich Anker auf gehen. Sie war noch keine 90 Meilen von Colombo weg, als mit einem Riesenknall die ganze Bordelektrik zusammenbrach. Man hielt Kriegsrat. Zurück nach Colombo ging allen gegen den Strich. Aber ein Schiff dieser Größe ohne Elektrik zu führen ist nicht einfach. Von Hand steuern, keinen Kompass und keine Beleuchtung und das auf einer Strecke von 3850 Meilen! Das war nicht zu vertreten. Per Funk wurden die benötigten Ersatzteile in Colombo bestellt und man kehrte zurück. Sie ankerten außerhalb des Hafens und baten um die bestellten Teile. Die wurden auch gleich angeliefert. Sie waren kaum an Bord, als man die MATHILDA über Funk warnte.

»Behörden unterwegs zu euch. Haut ab so schnell ihr könnt.«

Mit voller Geschwindigkeit verließen sie den Ankerplatz und gingen auf die offene See. Die Reparatur war kein Problem. Die MATHILDA stoppte erst in Darwin/Australien wieder. Genau ein Jahr nach ihrer Abreise in Europa kam die MATHILDA in Rarotonga an. Eine Woche vorher war der Hurrikan »Val« über die Insel gefegt. Don Silk meinte: »Es war Zeit, zu Hause aufzuräumen. Viel war vom Haus nicht mehr übrig.«

Don Silk saß mit verträumten Augen in seinem Büro, als er mit seiner Erzählung endete.

»Habe ein Buch darüber geschrieben. Willst du es kaufen?«

Natürlich wollte ich.

Unsere Zeit in Rarotonga ging langsam zu Ende. Reto wollte von hier aus direkt nach Neuseeland fliegen, um den Anfang seines Sprachunterrichtes in der Schule in Auckland nicht zu verpassen.

Ich verbrachte noch drei Tage im Maschinenraum, um alles in Ordnung zu wissen. Es gab einige Kleinigkeiten zu reparieren. Der Wärmetauscher leckte und die Wasserpumpe musste gewartet werden. Öl- und Filterwechsel waren fällig, und auch der Kühlkompressor brauchte eine Überholung.

Dann war noch ein Besuch beim Funkamateur Arnold fällig. Seit den Marquesas empfingen wir seine Wetterkarten und waren immer sehr zufrieden gewesen. Dafür wollten wir ihm persönlich danken. Wir trafen ihn in seiner Funkbude an und waren erstaunt zu hören, dass sein Schwiegersohn ebenfalls Schweizer ist und zudem aus unserer Heimatstadt Chur stammt. Sein aktueller Wetterbericht für die nächsten Tage sah ausgezeichnet aus: 15 bis 20 Knoten Wind aus Südost. Einer Abreise stand nichts mehr im Wege.

Die Trennung von unserem jüngsten Sohn machte uns zu schaffen. Wir zögerten den Abschied bis ins Unerträgliche hinaus. Am frühen Nachmittag des 20. September 1995 legten wir dann aber doch ab und machten uns auf den Weg nach Niue. Reto stand auf der Pier und winkte. Er hatte noch ein paar Tage Zeit.

Die Reise begann nicht gerade gut. Schon in der Hafenausfahrt gab der frisch revidierte Kühlkompressor seinen Geist auf. Auf den Kühlschrank mussten wir auf diesem Trip verzichten. Das war aber noch nicht alles. Als ich die Maschine auf Leerlauf stellte, bemerkten wir, dass das Getriebe gar nicht ausgekuppelt hatte. Umkehren wollten wir nicht. Das musste sich auch auf See reparieren lassen.

Den ganzen Nachmittag verbrachte ich im Maschinenraum und suchte nach möglichen Fehlerquellen. In der Restdünung der vergangenen Starkwindtage waren die Schiffsbewegungen recht heftig und die Arbeit am Getriebe gestaltete sich nicht sehr einfach. Erstmals kämpfte ich mit der Seekrankheit und musste sogar drei längere Pausen einlegen. Einen offensichtlichen Fehler haben wir aber nicht gefunden. Zu guter Letzt machten wir einen Getriebeölwechsel. Danach funktionierte das Getriebe wieder einwandfrei.

Abends war der schon am Nachmittag eher dürftige Wind ganz weg. Die Maschine lief die ganze Nacht. Der unangenehme Seegang ließ mehr und mehr nach. Das Bordleben wurde angenehmer. Der Wind ließ uns auch am zweiten Tag im Stich. Gemäß neuester Wetterkarte war in den nächsten 24 Stunden auch kein Wind zu erwarten. Wir hatten uns einen Autohelm 800 angeschafft, und damit steuerten wir über die Windfahne der Aries das Boot. Bei ruhiger See funktionierte das bestens und wir mussten nicht jeden Meter von Hand steuern. Das war für uns eine riesige Erleichterung.

Alle sechs Stunden stoppten wir die Maschine, um Ölstand und Wasser zu kontrollieren. Dabei stellten wir fest, dass das Getriebeproblem noch nicht behoben war. Manchmal kuppelte es korrekt aus – manchmal nicht. Ließen wir die Maschine ein paar Minuten im Standgas laufen, ging es dann plötzlich. Es musste etwas mit der Getriebeöltemperatur zu tun haben. Gefunden haben wir aber auch in dieser Richtung nichts Fehlerhaftes.

In der zweiten Nacht, es war gerade Mitternacht vorbei und Vreni hatte die Wache übernommen, stieg die Motortemperatur auf 100 Grad. Vreni stoppte sofort die Maschine. Was war denn jetzt wieder los? Ein Blick in den Maschinenraum zeigte die Bescherung. Aus der Abdeckung des Thermostatgehäuses schoss ein dünner Strahl Wasser. Das schien zum Glück kein ernsthaftes Problem zu sein. Durch Korrosion war ein kleines Loch entstanden. Um es sauber abzudichten, erweiterten wir das Loch ein wenig, gerade so, dass eine ganz dünne, kurze Schraube mit flachem Kopf rein passte. Diese schraubten wir dann mit Zweikomponenten-Epoxykleber in das Gehäuse und deckten sie innen und außen mit Epoxy ab. Nun musste das Epoxy sechs Stunden aushärten, wenn wir die Gewähr haben wollten, dass das auch hielt. Es war drei Uhr morgens. Wir gingen schlafen.

Arnolds Wetterbericht um acht Uhr war nicht erfreulich. In den nächsten 24 Stunden waren nur sehr schwache Winde zu erwarten. Wir hatten alle Segel oben und dümpelten mit eineinhalb Knoten dahin. Kurz nach Mittag war das Epoxy genügend ausgehärtet – wir konnten das Gehäuse wieder installieren. Es war auch dicht. Inzwischen war es absolut windstill geworden. Von Süden her lief aber seit ein paar Stunden eine relativ kurze, sehr hohe Dünung. Wir schätzten die Höhe auf etwa vier Meter. Der Motor lief wieder einwandfrei. Steuern mussten wir allerdings von Hand. Diese Dünung schaffte unser Autohelm-Aries-System nicht. Tagsüber wechselten wir uns jede Stunde am Ruder ab, in der Nacht alle drei Stunden.

Gegen Abend dieses dritten Tages auf See erschienen am Himmel erste Zirren. Das Barometer war stark gefallen. Die Dünung aus Süd war immer noch hoch, nun aber etwas länger und deshalb angenehmer. Auch die kommende Nacht war absolut windstill. Um fünf Uhr am Morgen des vierten Tages kam eine ganz leichte Brise auf. Damit konnten wir segeln. Langsam zwar, aber segeln und nicht mehr steuern! Nachdem die Maschine gestoppt war, kam uns die Ruhe und das leise Gurgeln an der Bordwand unwirklich vor. Wir waren müde. Die Augen fielen uns im Stehen zu. Wir hatten uns in der vergangenen Nacht jede Stunde abwechseln müssen, weil wir einfach zu müde waren, um länger am Ruder zu stehen.

Arnolds Wetterbericht am frühen Morgen war für unser Gebiet denkbar schlecht. Ein kräftiges, sich vertiefendes Tief kam auf uns zu. Arnold sprach von einer starken Front und einer Troglage hinter dem Tief. Problem war das an sich keines. Niue war noch 300 Meilen voraus und wir hatten genügend freien Seeraum um uns. Für den angekündigten Starkwind mussten wir aber ausgeruht sein. Als gegen Mittag der Wind wieder ganz einschlief, machten wir deshalb die Maschine nicht mehr an und gingen einfach schlafen.

Erst um drei Uhr morgens am fünften Tag kam wieder etwas Wind auf. Aus West – also genau auf die Nase. Wir waren wieder bestens ausgeschlafen und nahmen es gelassen. Bis Mittag blieb der Wind noch unkonstant und schwach, aber im Laufe des Nachmittags wurde er stärker und blies dann mit schönen fünf Windstärken aus Südwest. Hoch am Wind preschten wir nun nach Westen.

Nördlich von uns segelten die beiden Yachten RUBINSKY und SUSI Q. Zweimal täglich hatten wir Funkkontakt. SUSI Q war nach Westsamoa unterwegs und RUBINSKY wollte wie wir nach Niue. Am Morgen dieses sechsten Tages schepperte es gewaltig aus dem Lautsprecher und Erich von der RUBINSKY fluchte fürchterlich: »Das war mein Frühstück! Speck und Eier rutschen nun auf dem Boden herum. Mich nimmt wunder, was am Segeln denn so schön sein soll. Überall hat man blaue Flecken und zudem kann ich mir nichts Unbequemeres vorstellen.«

Als Erich aufgrund unserer Positionsvergleiche sah, dass die PURA VIDA in der vergangenen Nacht zwanzig Meilen schneller war, fiel seine Stimmung ganz in den Keller.

Der Wind blieb konstant, drehte jedoch über Süd und Südost nach Ost. Unsere Etmale am sechsten und siebten Tag lagen bei 120 Seemeilen. Kurz vor Mitternacht des siebten Tages sahen wir ein Licht voraus. Das war Niue, wo es sein musste. Anlaufen konnten wir es aber nicht. Im Wetterbericht vom Nachmittag war für Niue Südwestwind Stärke sechs bis sieben angesagt worden. Der einzige Ankerplatz in Niue ist jedoch bei Südwest ungeschützt. Arnold warnte die dort ankernden Yachten speziell. Für uns war damit klar, dass wir direkt nach Tonga in die Vava'u-Gruppe zu segeln hatten. Nochmal 300 Meilen! Knapp 600 Meilen lagen seit Rarotonga in unserem Kielwasser.

Wir ließen Niue an Backbord liegen. Das einzelne Licht verschwand. Dafür kamen auf der Westseite der Insel die Lichter einer Ortschaft in Sicht. Stundenlang starrten wir zu diesen Lichtern. Keiner von uns ging schlafen. Wir hätten Niue so gerne angelaufen. Nun waren die Insel und der Ankerplatz so nahe und wir mussten weiter, durften die Insel aus Vernunftgründen nicht anlaufen. Wir waren enttäuscht, aber keiner wollte sich das anmerken lassen.

Am achten und neunten Tag gab es keine Probleme. Der Wind blies stetig und kräftig aus Ost und wir kamen gut voran. Am 10. Tag, einem Samstag, erwischte uns kurz nach Mitternacht eine starke Front in Sturmstärke. Die erste kräftige Böe fiel völlig unerwartet und ungemein kräftig ein. Ich schätze, dass wir in den Böen elf Windstärken hatten. In der stockdunklen Nacht war nicht viel zu sehen. Das Wenige, was wir sahen, war weiß. Wegfliegende Gischt ließ die See weiß erscheinen. Im Rigg pfiff der Wind, wie wir das bis dahin noch nie gehört hatten. Die Wanten vibrierten. Die Tonlage war ohne Änderung, immer gleichbleibend. Ein langes, hohes Pfeifen, das wir nicht so schnell wieder hörten.

Bis zu diesem Zeitpunkt segelten wir Schmetterling, hatten nur ein Reff im Groß und die ausgebaumte Genua war etwa zu einem Drittel weggerefft. Das war viel zu viel Tuch! Wir hatten Mühe, uns schreiend zu verständigen.

»Zuerst die Genua!«, schrie ich.

Das Wegrollen der Genua war ein gewaltiger Kraftakt. Für die ersten Meter musste ich die Winsch zu Hilfe nehmen. Von Hand hatte ich keine Chance. Dabei hatte ich mich weiß Gott eingesetzt. Der rechte Handballen sah aus wie gehacktes Rindfleisch. Das sah und spürte ich aber erst viel später. Wir ließen nur noch etwa drei Quadratmeter Genua stehen. Damit stimmte das Verhältnis der beiden Segel nicht mehr. Die Aries war immer noch aktiv, schaffte es aber nicht. Ich musste von Hand ausgleichen und korrigieren.

»Nun das Groß! Ich kann vermutlich nicht viel helfen. Mach schnell!«

»Ich schaff das schon!«, schrie Vreni.

Für unsere eingeübte Praxis mit dichtgeholtem Groß und dichtgeholter Dirk hatten wir in dieser Situation weder Zeit noch genügend Hände. Ich ließ das Groß herunter, rannte wieder zum Ruder und korrigierte den Kurs. Vreni hatte Probleme mit der Sicherung der Mastrutscher. Sie ließ sich nicht öffnen.

»Eine Zange! Ich brauche eine Zange!«, brüllte sie da vorn gegen den Wind. Heftiger Regen hatte eingesetzt. Wir waren beide klatschnass. Eine Verständigung war fast nicht mehr möglich. Das Heulen des Windes war schlimm. Das ging richtig an die Nerven.

Ich brachte die Zange an den Mast und raste wieder zurück. Endlich! Die Sicherung war nun offen. Die Rutscher kamen aus der Mastnut.

»Fall dicht nehmen!«, glaubte ich zu hören und ging an die Winsch. Es ließ sich aber nichts dicht nehmen, irgendwo klemmte etwas. Ein Blick nach oben in den Mast zeigte das Problem. Wir hatten das Groß ein klein wenig zu weit nach unten gelassen und nun hatte der Wind die oberste Segellatte zwischen Unterwant und unterer Saling eingeklemmt. Die Segelfläche war nun zwar verringert und die Aries hatte im Moment keine Probleme zu steuern, aber das konnte sich sehr schnell wieder ändern. Ich zeigte nach oben.

»Bullenstander lösen. Achtung, nur wenig!«

Sie zeigte, dass sie verstanden hatte, und turnte zum Bug. Sie gab Lose in den Bullenstander und ich versuchte nun mit der Großschot die verklemmte Segellatte zu lösen. Es ging nicht.

»Noch mehr!« Ich schrie so laut ich konnte und Vreni verstand offensichtlich.

Ich hatte das Groß nun beinahe dicht und die verdammte Latte war noch immer verklemmt. Es ging nicht. Wir versuchten alle Möglichkeiten vergeblich. Das Ding kam nicht frei und der Wind war eher noch stärker geworden. Vreni war wieder zurück im Cockpit.

»Was nun?«

»Wir haben nur eine Chance. Wir müssen die Genua ganz wegnehmen, dann das Groß knalldicht holen und eine Halse fahren. Das Groß kommt dann mit einem enormen Ruck über. Vermutlich kommt die Latte damit frei. Vielleicht bricht sie dadurch. Möglicherweise reißt auch die Lattentasche ein – ziemlich sicher sogar, aber das Groß muss runter. Hoch bringen wir es nie in diesen Bedingungen. Wir müssten in den Wind fahren, und das schaffen wir nicht einmal mit Maschine. Wenn das Groß unten ist, können wir vor Top und Takel beidrehen und abwarten. Wichtig ist nur: Es muss runter, bevor es kaputt ist.«

So machten wir es und die Latte kam wirklich frei. Weder Latte noch Segel wurde beschädigt. Nun war es kein Problem mehr, das Segel zu bergen und aufzutuchen. Wir drehten bei. Jetzt hatten wir endlich Zeit, trockene Sachen und unsere Segelanzüge anzuziehen. Unsere Zungen lagen trocken in einem noch trockeneren Mund. Ein kräftiger Schluck aus der Rumbuddel tat uns gut.

Beidrehen ist ja eine wunderbare Sache. PURA VIDA lag auch schön quer zur Welle und die Bewegungen im Boot waren angenehm. Nur knallten die Wellen heftig gegen den Rumpf. Wir empfanden es wie einen körperlichen Schmerz. Jeder Schlag tat uns weh. So sagte ich denn bald: »Ich glaube, Beidrehen ist nichts für unsere PURA VIDA. Das liebt sie irgendwie nicht. Lass uns etwas Genua setzen und segeln. Notfalls muss ich Ruder gehen, aber ich leide unter diesen Schlägen. Du nicht auch?«

Vreni sagte nichts. Sie sah müde aus, bleich unter der braungebrannten Haut. Sie zuckte nur die Schultern und stieg hoch ins

Cockpit. Da oben heulte es unvermindert weiter. Unten im Boot war es vergleichsweise ruhig gewesen. Willig reagierte PURA VIDA und ging vor den Wind. Vreni saß auf dem Achterdeck und hängte die Kette der Aries-Steuerung wieder an die Pinne. Sie kam zurück:

»Da hinten sieht es aus, als wenn wir mit Vollzeug und vollem Speed segeln würden. Ich glaube, wir sind ohne einen Fetzen Tuch sehr schnell.«

Tatsächlich: Wir liefen vor Topp und Takel genau vor dem Wind 5,5 Knoten und die Aries steuerte uns perfekt auf Kurs. Im Boot war es ruhig wie in einer Kirche. Nur das Gurgeln des Wassers an der Bordwand war zu hören.

Morgens um acht Uhr ging der Wind auf acht Beaufort zurück. Nun konnten wir wieder Segel setzen. Mithilfe der Maschine fuhren wir in den Wind und setzten das Groß mit zwei Reffs. Mit zusätzlich ein paar Metern Genua rauschten wir unter Schmetterling Tonga entgegen. Die Vava'u-Gruppe musste bald in Sicht kommen. Es stand eine enorme See. Nicht unangenehm – hoch und lang gezogen, dazu ein Wetter wie im Bilderbuch. Da sieht die Welt schon wieder anders aus.

Zwei Stunden später kam die Insel in Sicht. Auf dem nun neuen Kurs ging es in rauschender Fahrt raumschots auf das Nordkap zu. Um keinen Meter zu verschenken steuerte ich von Hand. Gegen Mittag bin ich dann einfach weggekippt. Ohne Voranmeldung und von einer Sekunde auf die andere. Vreni erschrak natürlich fürchterlich. Sie dachte an eine Herzattacke oder etwas in dieser Richtung. Dabei war ich nur am Ruder eingeschlafen! Zwei schlaflose Nächte hatten ihren Tribut gefordert. Vreni übernahm, während ich mich im Cockpit hinlegte. Sie hatte zum Glück in beiden Nächten, vor Niue und vor dem Sturm, jeweils ein paar wenige Stunden Schlaf ergattern können. Sofort schlief ich ein und erwachte auch nicht, als mich die nächste Welle auf den Boden warf. Nur ein paar Minuten! Das reicht völlig aus. Ich kann mich in einem wenige Minuten dauernden Tiefschlaf erholen, als ob ich einige Stunden geschlafen hätte. So auch an diesem Tag. Ich fühlte mich danach wieder völlig fit. Nach einer Halse in der Abdeckung der Insel ging es mit Vollzeug dem Ziel entgegen.

Was für ein Bild! Zwei Stunden vorher hatten wir noch drei bis vier Meter hohe Wellen, und hier drinnen war das Meer so ruhig wie auf einem Binnensee. Die Inseln sind dicht bewaldet. Einige haben bis zu zwanzig Meter hohe Felswände, die senkrecht aus dem Wasser steigen. Sie sind rund und oben flach. Der flache Teil ist bewaldet. Die anstrengende Reise hierher hatte sich offensichtlich gelohnt. Es sah fantastisch aus.

Einklarieren wollten wir nicht am Wochenende. Wir hätten Überzeit bezahlen müssen. So ankerten wir dann nicht ganz legal bei Lotuna in absolut ruhigem Wasser.

Der Trip hierher hatte uns viel abgefordert. Lange Stunden und Tage am Ruder, Reparaturen, Niue, das wir nicht anlaufen durften, und dann zum Abschluss noch einen zum Glück nicht allzu langen Sturm. Der Anker hielt, die Spannung war weg. Zurück blieb die Müdigkeit, der knurrende Magen, das unbeschreibliche Glücksgefühl, angekommen zu sein, und die Vorfreude auf ein neues Land und eine neue Kultur. Dem Hunger wurde abgeholfen. Vreni hat uns mit den Vorräten aus Tahiti ein wunderschönes Nachtessen gekocht. Es gab Kaninchenragout, Rosenkohl, Nudeln, Fruchtsalat zum Dessert und eine Flasche Wein zum Essen. Der Tisch im Cockpit war mit einem weißen Tischtuch gedeckt. Zwei Kerzen flackerten im lauen Wind. Nach dem Essen gab es noch Kaffe mit reichlich Brandy. Ich weiß auch nicht, woher Vreni diese Energie holt, völlig übermüdet noch solche Menus zu kochen. Ich wäre auch mit knurrendem Magen schlafen gegangen. Sie aber strahlte über das ganze Gesicht, verwöhnte mich, flitzte um ihre Kochtöpfe, war glücklich, angekommen zu sein und setzte mit so einem Essen einen krönenden Abschlusspunkt.

Das Königreich Tonga liegt in einem riesigen Seegebiet zwischen Fidschi und Samoa. Die gesamte Landmasse beträgt nur gerade 691 Quadratkilometer. Tonga ist die älteste immer noch bestehende Monarchie im Pazifik und es ist auch das einzige Land, das nie unter fremder Herrschaft war. Tonga ist in drei Hauptgruppen aufgeteilt. Ganz im Süden ist die Tongatapu-Gruppe, wo auch in der Hauptstadt Nuku'alofa der Regierungssitz ist, in der Mitte liegt die

Ha'apai-Gruppe und im Norden die Vava'u-Gruppe. Zwischen den einzelnen Gruppen liegen jeweils etwa 100 Kilometer offene See. Tonga besteht aus 170 Inseln, wovon 36 bewohnt sind. Auf den bewohnten Inseln leben etwa 100 000 Tonganer, 65 000 davon allein in der Tongatapu-Gruppe. Der regierende König heißt Taufa'ahau Tupou IV.

Die Vava'u-Gruppe besteht aus 34 Inseln, von denen nur 21 bewohnt sind. Auf vielen dieser Inseln lebt nur eine Familie. Der Hauptort heißt Neiafu. Hier leben etwa 5000 Tonganer.

Am Montag, dem 2. Oktober 1995, fuhren wir die wenigen Meilen nach Neiafu und legten zum Einklarieren an der Pier an. Etwa zwölf Yachten wollten einklariert werden und das dauerte natürlich. Um vier Uhr nachmittags hatten wir erst den Zoll erledigt. Die Immigration und der Gesundheitsbeamte machten Feierabend. Wir mussten die Nacht an der Pier verbringen.

Früh am nächsten Morgen wurden wir durch ungewohnten Lärm geweckt. Auf der Pier war die ganze Polizeieinheit der Insel in Paradeuniform zum Exerzieren angetreten. Neben uns stand eine Gruppe von Fischern, und die lachten lauthals. Sie fanden das Schauspiel unheimlich lustig. Lachtränen kullerten über ihre Wangen. Sie konnten sich gar nicht mehr erholen. Verschlafen standen wir an Deck und schauten zu. Auf der einen Seite die todernst exerzierenden Polizisten und auf der anderen Seite die lachenden Fischer. Es sah wirklich köstlich komisch aus. Die Heiterkeit der Fischer steckte auch uns an. Bald lachten auch wir. Die grimmigen Blicke des Kommandanten erzeugten nur noch mehr Lachsalven.

Die Einklarierung fand dann doch noch statt. Es dauerte den ganzen Morgen. Wir waren das letzte Boot. Die Beamten konnten sich Zeit lassen und das taten sie auch. Erstmals wurden uns auch Lebensmittel weggenommen. Alle Kartoffeln, Zwiebeln und Eier von den Cook Islands wurden konfisziert. Der Beamte erklärte uns, dass er die Lebensmittel anschließend verbrennen müsse. Wir sind überzeugt, dass die Vernichtung durch seine Familie beim Nachtessen vorgenommen wurde. Somit war das für uns in Ordnung.

Am Nachmittag konnten wir endlich von der Pier ablegen und uns einen Ankerplatz suchen. Der Ankergrund in Neiafu ist schlecht. Vorwiegend ist es Korallengrund. Wir hatten Glück und fanden eine freie Muring-Boje. Für die bevorstehenden Reparaturen schien uns das sicherer zu sein. Am Ankerplatz lagen etwa 40 Fahrtenyachten aus allen Nationen.

Treffpunkt dieses Segelvolkes war die Bounty Bar am Fischerhafen. Gegen Abend trudelten wir dort ein. Der schattige Balkon war voll mit Bekannten von früheren Ankerplätzen, und es ging schon hoch her. Stühle wurden gerückt, zwei Tische zusammengeschoben, und schon war die Familie um zwei Personen größer. In einer Ecke musizierte Cora, »Cora Saxophon« genannt, mit ihren Freunden. Je länger der Abend wurde, desto höher wurden in den Erzählungen die erlebten Wellenberge. Man darf das nicht so eng sehen. Schließlich waren alle froh, heil hier angekommen zu sein.

Am nächsten Tag begannen wir umgehend mit unseren Reparaturen. Sorgen machte uns das Getriebe. Wir fanden einfach keinen Fehler. Manchmal funktionierte es – manchmal nicht. Auch eine neue Dichtung an der Hydrauliksteuerung brachte nicht den erwünschten Erfolg. Wir konnten nur hoffen, dass es nicht schlimmer wurde und bis Neuseeland hielt. Bei Anker- und Anlegemanöver war es allerdings sehr nervig, weil man nie wusste, ob man in der Lage war abzustoppen oder nicht. Blieb das Getriebe hängen, konnten wir nämlich keinen Schub rückwärts geben.

Die Versorgung mit Lebensmitteln war in Neiafu kein Problem. Man bekommt alle Grundnahrungsmittel zu vernünftigen Preisen. Im Zentrum gibt es täglich einen großen Gemüse- und Früchtemarkt. Frischfleisch ist nicht erhältlich. Man bekommt gelegentlich gefrorene Produkte, vor allem kurz nachdem das Versorgungsschiff in Neiafu war. Die Einheimischen halten sich Hühner, einige Schweine und vereinzelt auch Rinder und Kühe.

Die Bewohner der Vava'u-Gruppe machen wunderschöne Korbarbeiten. Auch die Holzschnitzereien sind bekannt. Es werden vor allem Masken und Statuen geschnitzt.

Die Tonganer sind groß gewachsen und von kräftiger Statur. Ihre Haut- und Haarfarbe ist dunkelbraun. Es sind lustige Menschen, die immer zu einem Spaß aufgelegt sind und gern singen. In unseren ersten Tagen in diesem Land hörten wir, dass sowohl Kinder wie auch Erwachsene uns immer als »Palangis« bezeichneten. Wir vermuteten ein Schimpfwort und wollten wissen, was denn »Palangi« bedeute. Eine Tonganerin erklärte uns das gern: »›Palangi‹ heißt ›weißes Segel‹ oder ›die mit dem weißen Segel kommen‹«. Die ersten Weißen kamen ja auf Segelschiffen mit weißen Segeln. Noch heute heißen die Ausländer oder Weißen auf Tonganisch deshalb »Palangi«. Ein Schimpfwort ist es auf keinen Fall.

Ein Beispiel tonganischer Lebensfreude bekamen wir an einem Freitagabend in der Bounty Bar. An einem Tisch saßen ein paar einheimische Mädchen und tranken Bier. Cora Saxophon und ihre Gruppe spielten wieder. Die Mädchen tanzten zusammen und sangen lauthals mit. Zwei Jünglinge wollten die Damen trennen, um mit ihnen tanzen zu können. Sie wurden energisch vor die Tür gesetzt. In Tonga haben die Frauen das Sagen. Und die wollten heute unter sich sein. Danach nahm eine der Tänzerinnen das Mikrofon und sang ein paar moderne Schlager mit wunderschöner Stimme. Die anderen Mädchen knieten vor ihr am Boden, feuerten die Sängerin an, klatschten und schrieen. Ein verrücktes Bild. Mit wilden Bewegungen tanzte die Sängerin zu ihrem Lied und der Schweiß lief ihr dabei in Bächen vom Körper. Die Kleider klebten wie eine durchsichtige Folie an ihrem nassen Körper. Nicht minder bei den am Boden herumtobenden Freundinnen. Sie tobten und schrieen sich richtiggehend in eine Ekstase. Die Show war absolut Spitze – spontan, ungeplant, echt!

Am Sonntag machten wir eine Wanderung zu einem Hotel, das wir von unserem ersten Ankerplatz bei der Ankunft aus gesehen hatten. Wir kamen an kleinen Siedlungen vorbei, durch ein Dorf mit etwa 200 Einwohnern und vier großen Kirchen, durch Wälder und Felder und wieder durch Siedlungen und staunten immer mehr. Wo auch immer wir Leute sahen – sie saßen im Schatten und schliefen oder sie sangen in den proppevollen Kirchen. Kein Mensch war unterwegs oder ging irgendeiner Beschäftigung nach. Nach drei Stunden begegnete uns dann eine bunt gekleidete Frau.

»Seit Neiafu sind Sie die erste Person, die wir auf unserem Weg treffen«, sagte ich nach der Begrüßung.

»Oh – das ist normal. Es ist Sonntag. Am Sonntag geht man in die

Kirche, ruht sich aus, geht in die Kirche, ruht sich aus, geht wieder in die Kirche, ruht sich wieder aus, geht nochmals in die Kirche und ruht sich nochmals aus. Viermal im Tag. Ich komme von der Arbeit. Ich arbeite im Hotel da hinten. Jetzt gehe ich zur Kirche.«

»Die Kirche ist aber da hinten. Ich sehe sie von hier aus.«

»Oh ja – das ist die falsche.«

Sie lacht über das ganze Gesicht, scherzte mit uns und hatte überhaupt keine Eile, in die Kirche zu kommen. Für ein Foto hatte sie natürlich auch noch Zeit. Sie war schließlich noch nie mit einer Palangi auf einem Foto.

Weil am Sonntag kein Bus, kein Taxi und auch kein Fährboot verkehrt, war man in dem Hotel über unser Erscheinen ziemlich erstaunt.

»Von wo kommt ihr?«, fragte die tonganische Bedienung.

Wir erklärten es ihr, aber das glaubte sie uns nicht.

»Nein – doch nicht von Neiafu! Das ist nicht möglich. Von dort ist noch nie jemand bis hierher gelaufen. Das ist viel zu weit.«

Eine halbe Stunde später kam sie wieder zu uns und wollte es nochmals wissen. Mit dabei hatte sie ihre drei Kolleginnen. Nun – sie glaubten uns schlussendlich, aber es blieb ihnen unverständlich, dass man so weit laufen konnte. Als wir den drei Hübschen eröffneten, dass wir nun zurück nach Neiafu laufen würden, stand ihnen das nackte Entsetzen im Gesicht.

»Das hat noch nie jemand in Tonga gemacht. Bestimmt nicht! Wir laufen genau von hier bis zum Strand und zurück. Nicht mehr! Schau mal!«

Sie sagte etwas auf Tonganisch zu ihren Kameradinnen, worauf alle loslachten und zur kleinen Holzpier rannten. Sie sprangen bis zum Ende der Pier und von dort aus in ihren Kleidern direkt ins Wasser. Wir hofften für die lebenslustigen Tonganerinnen, dass der Pfarrer oben auf dem Hügel von der falschen Seite war. Wir winkten und machten uns auf den Rückweg.

In dem kleinen Ort mit den vier Kirchen war nun Hochbetrieb. Die Kirchen waren bis zum letzten Platz gefüllt. Vor den Kirchen am Eingang standen in Reih und Glied die Schuhe und Schlappen der Kirchgänger. Dazu jeweils ein Bewacher der Schuhe. Offensichtlich traute man der Konkurrenz nicht so ganz. Gesungen wurde in allen Kirchen. Laut! Es war klar, dass man versuchte, den Nachbarn von nebenan zu übertönen. Im Dorf waren nur noch die Hühner, Hunde und Schweine unterwegs. Der vierfache Gesang begleitete uns bis weit hinter das Dorf.

In der kommenden Woche gab es ein für uns einmaliges Bild auf dem Ankerplatz. Sieben Schweizer Segelyachten lagen hier vor Anker. Otto und Doris mit HASTA MAÑANA waren über Samoa auch in Tonga angekommen. Dann lagen noch Peter mit PAROS, Ron mit GABINKA, Vincent, Frederike und Joseline mit SHIPIPO, Peter und Kerry mit MYRTA und Schurt mit SEA CANARY nebst uns hier. Das hatte es bisher noch nie gegeben. Die Schweiz war die am stärksten vertretene Nation am Ankerplatz.

Das Gebiet rund um Neiafu kannten wir nun schon recht gut. Es war an der Zeit, sich auch andere Ankerplätze und Inseln anzusehen. Hinter einer kleinen Insel fanden wir einen Traumplatz, wo wir einige Tage blieben. Mit uns waren RUBINSKY und HASTA MAÑANA zu dieser Insel gefahren. Ganz in der Nähe ankerte auch KULKURI. Jeff und Micah sind zwei angefressene Schnorchler und wollten mir unbedingt ihre schönsten Plätze zeigen. Daraus wurde ein unvergessliches Erlebnis. Von der Strömung ließen wir uns um eine größere, kreisrunde Insel treiben. Das Ufer der Insel ist meist felsig und steil abfallend. Unter Wasser gibt es rund um die Insel eine Art Terrasse von etwa zwanzig Metern Breite, bevor der Sockel dann steil abfällt. Auf dieser Terrasse standen eng beisammen unzählige wunderschöne Korallenköpfe. Eine solche Vielfalt an bunten Fischen hatte ich vorher noch nie gesehen. Wir blieben im Wasser, bis wir erbärmlich froren. Zum Aufwärmen setzten wir uns eine Weile ins Beiboot und ließen uns von der warmen Sonne trocknen und wärmen. Dann ging es wieder weiter, rund um die Insel.

Erich kam auf die Idee, bei den Einheimischen ein kleines Schwein zu kaufen und es auf dem Grill zu braten. Wir waren begeistert dabei. Nur vom Schlachten wollte ich nichts wissen. Für Erich schien das aber kein Problem zu sein. So fuhren wir denn zurück nach Neiafu, um ein Schwein zu kaufen. Natürlich hätte Erich das auch allein gekonnt, aber ich wollte unbedingt sehen, wie er mit dem Schwein, mit Strick um den Hals, durch Neiafu spazierte. Dieses Bild wollte ich mir nicht entgehen lassen.

Das Schwein fanden wir preisgünstig etwas außerhalb von Neiafu. Mit dem Marsch durch Neiafu wurde es aber nichts. Der Besitzer brachte uns das Spanferkel direkt zum Ankerplatz. Dort wurde es auf dem Vorschiff der RUBINSKY angebunden und kräftig gefüttert. Bordhund Mimi war mit dem neuen Vierbeiner nicht einverstanden und bellte, bis das arme Schwein total verängstigt war. Bordfrau Christine fluchte, weil innerhalb kurzer Zeit das ganze Vorschiff verschissen war. Es war klar – das Tier musste so schnell wie möglich geschlachtet werden. Alles andere war Tierquälerei.

Früh am nächsten Morgen fuhren wir zur Insel Nuku und ankerten dort in der großen, aber gut geschützten Bucht. Ein Österreicher vermietet dort einige Bungalows an Gäste und betreibt auch ein kleines Restaurant, wo er Kuchen und Gebäck anbietet. Wir trafen ihn am Strand. Das Schwein hatte er bereits gesehen. Da er selbst auch manchmal Schweine hielt, hatte er einen kleinen Zwinger und der stand im Moment leer. Er bot uns an, diesen zu benutzen, und das nahmen wir gern an. Dort war unser Spanferkel besser aufgehoben als auf dem Vorschiff der RUBINSKY.

Der nächste Tag war als Schlachttag vorgesehen. Es kam aber anders. Als wir am Morgen unser Schwein holen wollten, war der Zwinger leer. Unsere Gesichter wurden lang und länger. Einheimische wollten es bei Tagesanbruch am Strand gesehen haben. Ich glaubte nicht so recht daran. Mehr vermutete ich das Spanferkel in den Pfannen des Österreichers. Trotzdem machten wir uns auf die Suche. Erich nahm Bordhund Mimi als Suchhund mit. Dazu war sie nun wirklich nicht geeignet, aber an der Herumtollerei hatte sie sichtlich Spaß. Nur von unserem Schwein sahen wir nichts. Am Nachmittag gaben wir auf. Den Schweinebraten schrieben wir unter Verlust ab. Erich fuhr mit verbissenem Gesicht mit einem Einheimischen in dessen Motorboot nach Neiafu, organisierte uns dort einen Lammbraten, brachte ihn zum Ankerplatz, und diesen Lammbraten genossen wir dann anstelle des Schweins – gebraten über offenem Feuer am Strand.

Zwei Tage später saß ich im Cockpit und las ein Buch. Vreni war mit der RUBINSKY-Crew an Land, als am Strand Einheimische schrieen und winkten. Das gab es ja nicht! Einer hielt an einer Leine unser Schwein. Unser Beiboot war an Land. Über Funk informierte ich PAROS-Peter, der neben uns ankerte. Mit seinem Beiboot holten wir das Tier wieder an Bord der RUBINSKY und bedankten uns herzlich bei den Tonganern. Den Österreicher auf der Insel hatten wir zu Unrecht verdächtigt.

Unser Schwein wurde wieder gefüttert, verschiss wieder das Vorschiff und freundete sich zusehends mit Mimi und Ruben an.

»So geht das nicht! Wenn wir das Schwein nicht morgen in aller Herrgottsfrühe schlachten, hat es spätestens am Mittag einen Namen und bleibt als Crew an Bord der RUBINSKY.« Damit war es Erich sichtlich ernst.

Somit war das Todesurteil gesprochen und wurde am nächsten Tag auch vollstreckt. Mit brennenden Ästen brannten wir die Borsten ab, bis es ganz glatt war. Mit von der Partie war auch PAROS-Peter mit seiner tonganischen Crew. Ich baute einen riesigen Grill. Das Spanferkel banden wir auf einen langen Ast. Die Beine spreizten wir mit kurzen Stöcken ab und schmierten es mit einer von Peter gemachten Marinade ein. Es sah gut aus!

Über der Glut brieten wir das Spanferkel, bis es rundum knusprig braun war. Die Frauen hatten ganze Töpfe voller Zutaten bereitet. Das Schwein war viel zu groß für uns alle. Am Ankerplatz lag auch noch Schurt von SEA CANARY mit zwei hübschen Mädchen aus Deutschland als Crew. Diese Einhandsegler! Selten sind sie »einhand«. Kurzum luden wir die drei auch ein. Schurt und Peter beteiligten sich großzügig an den Kosten für das Schwein, sodass es uns schließlich überhaupt nichts kostete. Als sich auch noch eine ganze Crew von sechs Personen einer Charteryacht aus Neuseeland beteiligen wollte, mussten wir abwinken. Es wurde wieder einmal ein wunderbarer, geselliger Abend, der allen immer in Erinnerung bleiben wird.

Wir besuchten anschließend noch einige andere Inseln und Ankerplätze. Das Segeln innerhalb dieser Inselgruppe ist ein Genuss. Es ist kaum Seegang vorhanden und die Navigation ist völlig problemlos. Der von »Moorings« herausgegebene Führer für dieses Gebiet ist ausgezeichnet und unbedingt zu empfehlen. Schnorcheln und Tauchen kann man überall. Auf einigen Ankerplätzen sahen wir Wale in der Bucht.

Am 2. November 1995 segelten wir schließlich in einem Nachttörn die 70 Meilen hinunter in die Ha'apai-Gruppe nach Lifuka. Wir wären gern noch länger geblieben, aber die Zeit drängte. Die Saison der Hurrikans rückte näher und näher.

Lifuka hat einen kleinen Hafen, in dem wir gut geschützt ankern konnten. Der Hauptort Pangai ist nicht sehr groß. Die einfachen Häuser liegen weit auseinander. Die Leute sind sehr freundlich und man spürt, dass sich hierher nur selten Touristen verirren.

Aneinander gereiht liegen die Inseln Ha'ano, Fao, Lifuka, Uoleva und Uhia im Zentrum der Ha'apai-Gruppe. Alle diese Inseln sind flach und mit Palmen bewaldet. Kilometerlange, schneeweiße Sandstrände umgeben die Inseln an der Westseite. Auf der Ostseite geht das Riff bis an die Küste. Westlich dieser Hauptgruppe von Inseln sind noch viele kleinere, meist unbewohnte Inseln.

Wir mussten uns erst einmal mit frischen Lebensmitteln eindecken. Brot, Eier und Gemüse standen auf dem Einkaufszettel. Wir fanden einige kleine Verkaufsbuden mit einem sehr spärlichen Angebot. Für zwölf Eier wollte eine Dame 30 Rappen. Sie hatte den Preis mit einem Taschenrechner ausgerechnet. Ich sagte ihr, dass das nicht stimmen könne. Das konnte ja nur der Preis für ein einzelnes Ei sein. Sie war darauf richtig beleidigt: »Wenn mein Computer sagt, dass das soviel kostet, dann stimmt das auch.« – »Nun, dann vielen Dank.«

Eine ausgedehnte Inselwanderung unternahmen wir am kommenden Tag. Direkt an der Straße in den Norden kamen wir an einem großen Friedhof vorbei. Jedes Grab besteht aus einem gewaltigen Sandhügel. Die besseren Gräber sind komplett mit Muscheln zugedeckt, die einfacheren Grabstätten zumindest mit Bierflaschen oder Bierbüchsen umrahmt. Zu sehen ist nur der Flaschenboden. Viele Flaggen und Fahnen geben dem Ganzen einen farbenfrohen Anstrich. Auf den Gräbern sitzen oder liegen Angehörige, mit der »ta'ovala«, der traditionellen Bastmatte, bekleidet, und unterhalten sich fröhlich. Von Trauer ist nicht viel zu sehen. Man ist sich auf diese Weise immer noch nahe und eng beisammen.

Durch Tarofelder, Papajaplantagen, Kokoswälder und Ananaspflanzungen kamen wir zum Dorf Holopeka. Außer Hunden und Schweinen sahen wir niemanden. Das Dorf war wie ausgestorben. Am Ende des Dorfes war ein Versammlungshaus, und dort war dann die gesamte Einwohnerschaft anwesend. Aus vier riesigen Erdöfen wurden eben fertig gekochte Leckerbissen ins Versammlungshaus getragen. Ganze Schweine, Gemüse aller Art, Geflügel, Fisch und Fleisch wurden auf Bananenblättern aufgereiht. Organisator war der Pfarrer. Wir fragten ihn, ob wir ein paar Fotos machen dürften.

»Selbstverständlich. Gegen eine kleine Spende könnt ihr auch mit uns essen.«

Im Versammlungshaus lagen Unmengen von dampfenden Lebensmitteln, zu viel für ein ganzes Dorf. Zwischen den Bananenblättern hervor rann das Fett und bildete große Lachen. Barfuß watschelten Frauen mitten hindurch, schoben auch mal mit dem Fuß ein Schwein in eine bessere Position oder eine Brotfrucht an die richtige Stelle. Dementsprechend sahen die Füße aus. Kinder tollten herum und stibitzten sich von den guten Dingen ein wenig. Dazwischen der Pfarrer in voller, bis zu den nackten Füßen reichenden Robe. Den Grund für dieses Fest erfuhren wir eine Stunde später von einem dort lebenden Deutschen. Zweimal jährlich sammelt die Kirche für sich. Die Lebensmittel werden von den Dorfbewohnern gespendet und zubereitet. Die Kirche verkauft sie ihnen dann. An diesem Nachmittag konnte der Pfarrer 20 000 Tonga-Dollar (20 000 sFr.) an Spenden einnehmen. Eine unglaubliche Summe für ein Dorf von dieser Größe, und wir bezweifelten den Betrag zunächst. Die Summe wurde dann aber auch von Tonganern bestätigt.

Wofür die Kirchen solche Sammlungen machen, blieb unklar. Keiner der Einheimischen wusste es, auch der Sohn des Pfarrers nicht. Als solcher entpuppte sich nämlich der Taxifahrer auf dem Rückweg. Auf jeden Fall nicht für Schulen oder Krankenhäuser, denn diese werden vom Staat errichtet und bezahlt.

Genau im Westen von Lifuka liegt die Vulkaninsel Tofua. Die Distanz dahin beträgt 50 Seemeilen. Leider kann man da nicht ankern. Die Insel fällt steil ins Wasser ab und wo man ankern könnte, ist der Ankergrund so beschaffen, dass sich der Anker unweigerlich in den Steinen verklemmen würde. Besuchen wollten wir diese Insel jedoch auf jeden Fall. Wir sahen uns zusammen mit der RUBINSKY-Crew nach einer Transportmöglichkeit um und fanden diese auch. Ein Katamaran-Arbeitsboot, bestückt mit zwei 200-PS-Motoren, brachte uns in gut zwei Stunden zur Vulkaninsel Tofua.

Obwohl die See ruhig war, bereitete das Anlanden einige Schwierigkeiten, denn eine Landestelle im eigentlichen Sinn existiert dort nicht. Auf einem Felsen standen aber helfende Hände bereit und drückten das Boot ab, sodass jeder einzeln mit einem Sprung vom Boot auf den Felsen übersetzen konnte.

Auf Tofua lebt nur eine Familie. Auf einer einigermaßen ebenen Lichtung stehen drei Häuser. Wir sahen ein paar Schweine, Bananenstauden, Orangenbäume und einen kleinen Gemüsegarten. Da, wo die Häuser stehen, schien uns der Boden recht fruchtbar zu sein. Weiter oben ist die Insel sehr steil und steinig. Die dort lebende Familie war sichtlich froh über die Abwechslung auf dieser einsamen Insel. Zwei junge Burschen wanderten mit uns zum 600 Meter hohen Krater. Damit hatten wir ungefragt zwei Führer.

Der Aufstieg war beschwerlich. Der Weg ist steil, und im Geröll rutschten wir immer wieder abwärts. Zwei Schritte vorwärts – einen zurück! Die Sonne brannte unbarmherzig in den steilen Hang. Fels und Steine reflektierten die Hitze. Der Schweiß rann uns in Bächen über den Körper. Die Anstrengung wurde aber mit einer großartigen Aussicht belohnt. Tief unten im Krater liegt ein tiefblauer See. Der Innenrand ist zum Teil nackte erstarrte Lava und zum Teil mit Stauden und jungen Bäumen bewachsen. An einer Stelle ragt eine recht große, bewaldete Landzunge weit in den See hinaus. Die Zeit war zu knapp, um hinunterzusteigen und ein Bad zu nehmen. 500 Meter entfernt gab es einen wesentlich kleineren Krater, der noch aktiv war. Alle zwölf Minuten wummerte es gewaltig, und dann stieg eine dicke, grauschwarze Wolke aus dem Krater. Mit dem Wind zog diese Rauchwolke gen Westen. Meilenweit war das Rauchband zu sehen. 1992 war der Vulkan letztmals gefährlich aktiv, und die Familie musste für acht Monate nach Lifuka evakuiert werden. Die Häuser wurden nicht zerstört.

Nach zwei Stunden machten wir uns an den Abstieg und waren eine knappe Stunden später wieder bei den Häusern der Familie. Es wurde auch Zeit. Es war absolut nicht ratsam, bei Dunkelheit die Riffe vor dem Hafen Lifuka zu passieren. Zwei der Inselbewohner kamen mit uns. Sie wollten die Gelegenheit nutzen und eine am Weg liegende andere Insel besuchen. Nach einer Stunde waren wir dort und staunten wieder einmal. Die Insel ragt senkrecht aus dem Wasser, ist rund und oben flach wie eine Pfanne. In den Fels wurde eine Treppe gehauen, um ans Meer zu kommen. Güter werden mit einem oben montierten Kran hochgezogen. Das Boot mit den Gütern liegt beim Entladen direkt unter dem Kran und ist nirgends festgemacht. Nach dem Entladen wird auch das leere Boot nach oben gezogen. Der Bootsführer schwimmt an Land und geht über die Treppe nach oben. Ganz Mutige bleiben einfach im Boot und lassen sich darin hochziehen. Als wir dort ankamen, wurde gerade ein Fischerboot entladen, und wir konnten zusehen und staunen. Oben auf dem Felsrand standen Dorfbewohner und winkten uns zu. Anscheinend sind Besucher eher selten.

Mit dem letzten Tageslicht erreichten wir Lifuka. Dann gab es Diskussionen über den Preis. Man wollte 80 Tonga-Dollar mehr als vereinbart waren. Begründet wurde das mit einem viel höheren Benzinverbrauch als ursprünglich gedacht und berechnet, obwohl der Bootsführer gar nicht wissen konnte, wie viel Benzin er überhaupt verbraucht hatte, weil noch gar nicht aufgetankt war. Schlussendlich einigten wir uns auf 40 Dollar. Wir wollten mit dem kompetenten und netten Bootsführer keinen Streit haben.

Am Tag darauf fuhren wir zusammen mit RUBINSKY zur südlich gelegenen Nachbarinsel Uolefa. Sie ist nur gelegentlich von einer Familie bewohnt. Kilometerweite, blendend weiße Sandstrände gehörten uns ganz allein. In der Lagune lagen in sechs Metern Wassertiefe riesige Korallenstöcke. So etwas Schönes hatten wir bisher noch nie gesehen. Erich schoss mit der Harpune vier Fische und fing einen riesigen, hellgrünen Hummer. Daraus kochte uns Christine eine hervorragende Fischsuppe. Nach dem Essen saßen wir zusammen im Cockpit. Es war Vollmond und ungemein friedlich.

»Bei dieser Beleuchtung könnte man sogar nachts mit dem Sextanten arbeiten. Du hast das doch gelernt. Zeigst du mir, wie das geht? Einen Sextant haben wir, aber ich habe ihn noch nie benutzt.« Erich sah mich fragend an.

Selbstverständlich wollte ich ihm das zeigen. Aber bei Tageslicht! Ich erklärte ihm, dass man nachts mit dem Sextanten nicht zuverlässig arbeiten kann.

»Du siehst zwar eine Kimm, aber sie täuscht. Wahrscheinlich ist sie wesentlich weiter weg. Auf jeden Fall gibt es nachts keine zuverlässigen Resultate.«

Das sah Erich überhaupt nicht ein. Er wollte jetzt Astronavigation lernen und nicht am nächsten Tag. Nun gut – ich zeigte ihm, wie man den Mond auf die Kimm holt und wie man die Zeit nimmt. Er begriff das recht schnell und bekam auch brauchbare Resultate, wenn man von der diffusen Kimm einmal absieht. Nun wollte ich ihm die Berechnung der Standlinie demonstrieren.

»Das brauche ich nicht. Wozu auch? Wenn ich je in die Situation kommen sollte, den Sextant zu brauchen, weiß ich jetzt, wie man die Messung macht. Über Funk suche ich dann jemanden, der mir das ausrechnen kann. Das genügt. Nun beherrsche ich also auch Astronavigation. Mich nimmt wunder, was daran so kompliziert sein soll. Da gibt es Leute, die besuchen zwei Monate lang Kurse, um das zu lernen. Ich hab's in 15 Minuten begriffen.«

Wir blieben fünf Tage auf diesem Ankerplatz in Uolefa. Jeden Tag war ich mehrmals am Schnorcheln und konnte mich kaum satt sehen an dieser traumhaften Unterwasserwelt. Einen schöneren Platz zum Tauchen hatten wir bisher nie erlebt.

Am 12. November 1995 zogen wir den Anker aus dem weißen Sand und nahmen Kurs nach Nuku'alofa in der Tongatapu-Gruppe. Wir waren keine zwei Stunden unterwegs, als sich das Wetter verschlechterte und es bald darauf zu regnen begann. Es wurde eine ungemütliche Reise. Im Morgengrauen waren wir in der Nähe der Ansteuerungstonne. Zu sehen war sie nicht. Wir lagen in einer Gewitterfront, es regnete wie aus Kübeln und der Wind blies mit acht Windstärken. Die Sicht war auf drei Schiffslängen reduziert. Mit Hilfe des GPS tasteten wir uns mit zweifach gerefftem Groß an die Tonne heran und mogelten uns dann von Tonne zu Tonne bis zu einer kleinen Insel in der Nähe des Hafens von Nuku'alofa. Von den Riffen haben wir nie etwas gesehen. Die waren irgendwo hinter der Regenwand. Zum Glück hatten wir eine neue Detailkarte und konnten sie anhand der Position der Ansteuerungstonne prüfen. Sie stimmte genau. Bei der geringsten Abweichung hätten wir draußen im offenen Wasser auf besseres Wetter gewartet. Die letzten zwei Meilen fuhren wir unter Maschine genau gegen den Wind. Das Beiboot hatten wir auf diesem kurzen Trip von 100 Meilen an einer langen Leine hinterhergezogen. Am Ankerplatz sahen wir, dass es sich auf diesen letzten Metern randvoll mit Wasser gefüllt hatte. Wir hatten vergessen, die Leine kürzer zu nehmen, als es gegenan ging.

Tags darauf schien die Sonne wieder, und sogleich sah die Welt freundlich aus. Im Innenhafen fanden wir einen Platz inmitten vieler anderer Segelyachten. Wir lagen vor Buganker mit zwei Heckleinen zur Mole. Neben uns lagen die deutschen Yachten GUSTE und TAURUS.

Alfons von der TAURUS war sehr beschäftigt. Er bemühte sich beim König von Tonga um den Posten eines Honorarkonsuls in Deutschland. Täglich trafen wir den Berliner Koch in langen schwarzen Hosen und weißem Hemd mit Krawatte unterwegs zu irgendwelchen Regierungsstellen. Nach einigen Tagen erklärte er uns freudestrahlend, dass er es geschafft hätte und seiner Ernennung nichts mehr im Wege stünde. Die Urkunde würde ihm vom König persönlich überreicht. Natürlich waren alle Yachties orientiert. Alfons wurde nur noch mit »Herr Honorarkonsul« oder »Herr Konsul« angesprochen. Die Urkunde bekam niemand zu Gesicht.

Nuku'alofa ist die Hauptstadt des Königreiches Tonga. Die Stadt ist klein, übersichtlich und sauber. Frauen und Männer kleiden sich auch hier traditionell mit der »ta'ovala«, der um den Körper gewickelten und mit einem aus Kokosfasern gedrehten Strick zusammengehaltenen Bastmatte. Besser situierte Tonganer tragen darunter Hemd und lange Hosen. Die Hemden der Männer sind weiß, die

Blusen der Frauen sind schwarz. Die »ta'ovala« der Frauen ist lang. Oben wird sie weit und offen. Das gestattet den Frauen, die verschränkten Arme in der »ta'ovala« zu platzieren. Das ist eine beliebte Haltung bei ihren langen Plaudereien. Die der Männer ist kürzer, reicht nur bis Mitte der Oberschenkel und scheint bequemer zu tragen sein. Es geht gemächlich zu in dieser Hauptstadt. Übertriebene Geschäftigkeit oder gar Hektik kennt der Tonganer nicht.

In Nuku'alofa leben viele Deutsche. Tonga unterhält zu Deutschland sehr gute Beziehungen. Der König selbst war mehrmals in Deutschland zu Besuch. Wir lernten einige dieser Auswanderer bei einer Restauranteröffnung kennen. Die königliche Polizeiblaskapelle spielte zu diesem Anlass deutsche Märsche. Die Musikanten trugen ihre Uniform – und darüber die »ta'ovala«. Wir waren überrascht, auf welch hohem Niveau diese Polizeikapelle spielte.

Eine ganz andere Art von Musik erlebten wir in der »Waterfront«. Das ist der Treffpunkt der Segler am Hafen. Jeden Abend trafen sich dort einheimische Musikanten und spielten bis gegen Morgen. Das Lokal und die Gartenwirtschaft waren jeweils gerammelt voll und die Stimmung hervorragend. Eines Abend wurde die »Waterfront« von etwa 100 Australiern der Marine gestürmt. Sie hatten kurz vor Mitternacht mit drei Schnellbooten Tonga erreicht und feierten nun dieses Ereignis, als ob sie eben die Welt umrundet hätten. Das Bier floss in Strömen. An unserem Tisch saßen die Leute aus dem Maschinenraum. Der Chefingenieur lud uns bierselig für den anderen Tag zu einer Besichtigung auf »sein« Schiff ein. Wir zweifelten, ob der Mann sich anderntags noch an diese Verabredung erinnern würde, aber wir taten ihm Unrecht. Genau um zwölf Uhr mittags erschien er im weißen Overall auf der Pier und führte uns durch das Schnellboot. Sein ganzer Stolz waren natürlich die Motoren. Zwei MTU mit je 1500 PS sowie ein Hilfsmotor von 600 PS, ebenfalls MTU, ermöglichen diesem Typ von Schnellboot eine Spitzengeschwindigkeit von 50 Knoten. Wirtschaftlich wird aber mit etwa 22 Knoten gefahren. Uns erstaunte die selbstverständliche Offenheit, mit der uns alle Einrichtungen in diesem Kriegsschiff gezeigt wurden. Zum Abschluss der Demonstration wurden wir mit Tee und Mineralwasser bewirtet.

»Wenn ihr ein Problem mit eurer Maschine habt, sagt es bitte, ich komm dann vorbei und richte es.«

Das bezweifelten wir keinen Augenblick. Der Mann war wirklich die Freundlichkeit und Hilfsbereitschaft selbst.

Auch die russische Armee war zu diesem Zeitpunkt mit einem kleinen Kontingent von Ausbildern in Tonga stationiert. Russland schenkte den Tonganern zwei große Transporthelikopter. Sie wurden mit einem dieser riesigen »Tupolev«-Transportflugzeuge nach Tonga gebracht. Um in Tonga über die Runden zu kommen, arbeiteten die Frauen der russischen Fluglehrer und Mechaniker in den deutschen Gaststätten als Serviererinnen. Als die Tupolev für den Rückflug nach Russland um Starterlaubnis bat, wurde diese verweigert. Die Russen hatten »vergessen«, die Rechnung für das Auftanken der Maschine mit Kerosin zu bezahlen. Ordnung muss sein. Die Tupolev blieb lange Zeit in Tonga am Boden. Die Russen konnten nicht verstehen, dass man wegen einer Kleinigkeit von ein paar Litern Kerosin so ein Drama machte. Man war doch als Überbringer eines großen Geschenkes nach Tonga gekommen.

Eines Tages war ich unterwegs in die Stadt, als ich in einer Seitenstraße Gesang hörte. Es klang sehr schön. So schön, dass ich unbedingt die Sänger sehen wollte. Der Gesang kam aus einem Schulhaus. Etwa 100 Kinder waren mit vier Lehrern in einem Raum versammelt und sangen tonganische Lieder. An einer Wandtafel waren die Worte aufgeschrieben. Mit dem Stock zeigte ein Lehrer den Text an. Fenster und Türen waren weit offen. Ich setzte mich ganz hinten in eine leere Schulbank und blieb dort sitzen, bis der Gesangsunterricht zu Ende war. Die Lieder waren fantastisch und die Kinder sangen mit einer solchen herzerfrischenden Inbrunst und Freude – ich vergaß einfach die Zeit.

In einem Hotel wurden einmal in der Woche einheimische Tänze vorgeführt. Wir besuchten diese Vorführung und waren enttäuscht. Man darf diese Tänze nicht mit den temperamentvollen Darbietungen der Polynesier vergleichen. Die Tonganer bewegen den Körper kaum. Sie machen nur kleine, langsame Schrittchen und bewegen dazu die Arme in wellenartigen Bewegungen zur Melodie. Mit den Händen und Armen wird der gesungene Text verdeutlicht.

Dieser Tanz entspricht aber wohl sehr gut der langsamen, bedächtigen Art der Tonganer.

In Tongatapu werden überall sehr schöne Holzschnitzereien angeboten. Wir waren an einer großen Holzmaske interessiert, aber der Preis war viel zu hoch und so verzichteten wir. Das war beschlossene Sache, bis eines Nachmittags ein Schnitzer in der »Waterfront« seine Kunstwerke ausstellte. Eine große Maske, schwer wie Eisen, gefiel mir auf Anhieb. Der Preis war 100 Tonga-Dollar. Ich tat desinteressiert und sagte gleichgültig: »Viel zu teuer.«

»Was willst du bezahlen?«

»Nichts. Ich bin nicht interessiert.«

»Okay! Aber was würdest du dafür geben?«

»Ich weiß nicht. Ich bin wirklich nicht interessiert. 30 Tonga-Dollar.«

Der Mann lachte schallend und lief davon. Aber nur für kurze Zeit.

»Ich gebe sie dir für 80.«

»Ich will sie nicht.«

»Gut, machen wir das so. Wir spielen mit den Wurfpfeilen. Wenn ich gewinne, zahlst du 80, und wenn du gewinnst, zahlst du nur 30. Okay?«

Darauf wollte ich keineswegs eingehen. Ich ahnte, dass er mit den Pfeilen meisterhaft umzugehen verstand. Ich hatte die Sache schon beinahe vergessen, als er eine Stunde später wieder ein neues Angebot machte.

»50 TD. Das ist mein letzter Preis.«

»Nein. Bin nicht interessiert. 30 TD oder du sitzt auf dieser Maske bis zum nächsten Jahr. Yachten kommen dieses Jahr keine mehr, und die von diesem Jahr sind schon bald alle weg.«

»Gib mir die 30 Dollar!«

So viel hatte ich nicht einmal bei mir. Ich musste erst auf die PURA VIDA düsen und das Geld holen. Die Maske ist mein schönstes Stück. Sie gefällt mir noch immer sehr gut. Besonders wegen des Handels, der sich schließlich über zwei Stunden hingezogen hatte.

Downunder: Neuseeland und Australien

Südwärts nach Neuseeland – Opua und Bay of Islands – Seglerstadt Whangarei – Ferien in Kaledonien – Australische Metropolen – Ins Outback – Great Barrier Reef – Torresstraße und Arafurasee – Darwin

In der Tat hatten viele Yachten Tonga schon verlassen und waren auf dem Weg nach Neuseeland. Es wurde auch für uns Zeit. Die Wirbelstürme war nicht mehr fern. Offiziell beginnt die Zyklonsaison Anfang November. Zu dieser Zeit können im Süden bei Neuseeland starke Winterstürme toben. Das Risiko früher Hurrikans in Tonga ist eher gering, sodass wir uns entschlossen, erst Ende November abzusegeln. Wir erhofften uns dadurch gemäßigte Frühjahrsstürme bei der Ankunft in Neuseeland. Die Gesamtdistanz von Tonga nach Opua im Norden Neuseelands beträgt 1025 Seemeilen. Man kann auf dieser Strecke mit guten Wetterkarten von Wellington (NZ) und Arnold (Cook Isl.) rechnen. Wir haben lange Zeit mit beiden Wetterstationen gearbeitet und fanden deren Prognosen und Wetterkarten sehr gut. Der MET-Service in Wellington arbeitet eng mit Australien zusammen, während Arnold seine Informationen aus Fidschi bezieht. So hat man zwei unabhängige Quellen, was manchmal sehr von Vorteil ist. Auf den Wetterkarten vom MET-Service Wellington sind die Wettersystem zwei bis drei Tage vor Ankunft in Neuseeland zu erkennen. Das ist zu wenig, um eine gute Planung für die gesamte Strecke zu machen. Genaue Informationen möchte man ja für den letzten Teil dieser Strecke, für die Ankunft in Neuseeland, haben, und genau das hat man nicht. Die Wahrscheinlichkeit, dass zwei ganz kräftige Tiefdrucksysteme direkt hintereinander über Neuseeland hinwegziehen, ist nach meinen Beobachtungen gering. Diese Systeme benötigen von Australien bis über Neuseeland in der Regel zweieinhalb bis drei Tage. Danach gibt es eine kurze Pause, bis das nächste Tief südlich von Australien zu erkennen ist. Ich habe mir deshalb überlegt, dass ein guter Zeitpunkt, in Tonga loszusegeln, dann gegeben ist, wenn ein starkes Tief gerade eben Neuseeland erreicht hat. Es benötigt einen Tag, bis es Neuseeland hinter sich hat, dann gibt es etwa drei Tage Ruhe. Das nächste Tief braucht wieder zweieinhalb Tage bis Neuseeland, einen Tag über Neuseeland, und dann ist wieder mit drei Tagen Ruhe zu rechnen. In diesen letzten drei Tagen wollten wir ankommen.

Die Fronten der über Neuseeland ziehenden Tiefdrucksysteme wird man auf dem Weg dahin auf jeden Fall erwischen. Je nördlicher man sie erwischt, desto gemäßigter sind sie, denn das Zentrum des Tiefs passiert Neuseeland südlich der Südinsel oder geht direkt über diese hinweg.

Bei einigermaßen ruhigen Bedingungen könnte man durchaus im Minerva-Riff ankern und von dort aus die Ankunftszeit in Neuseeland mit den dortigen Wetterbedingungen zeitlich abpassen. Das Minerva-Riff liegt etwa auf halber Strecke und ungefähr auf der Kurslinie zwischen Tonga und Nord-Neuseeland.

Wir verließen Nuku'alofa am 22. November 1995 bei schönem Wetter und angenehmem Segelwind. In Neuseeland ging eben ein kräftiges Tief durch. An der Westküste der Nordinsel wurden 50 Knoten Wind gemessen.

Die Bedingungen für uns blieben fünf Tage gut. Der Wind war allerdings unregelmäßig und drehte zwischen Südost und Ost hin und her. Wir machten jedoch gute Etmale und waren zufrieden.

Am 26. November 1998 erhielten wir über Funk die Mitteilung, dass die amerikanische Yacht MELINDA LEE, ein 48-Fuß-Kutter, von einem Frachter bei schwerem Wetter und starkem Regen gerammt wurde und sank. An Bord der MELINDA LEE waren ein Ehepaar und zwei Kinder, ein Junge und ein Mädchen. Die MELINDA LEE hatte sich am 23. November 1995 zum letzten Mal bei Kerikeri Radio gemeldet und war zu diesem Zeitpunkt noch 30 Meilen von Opua/NZ entfernt. Seitdem galt sie als vermisst.

Die MELINDA LEE brach bei der Kollision in zwei Teile und sank innerhalb kürzester Zeit. Der im Vorschiff schlafende Knabe versank mit dem Boot. Das Ehepaar konnte sich mit dem Mädchen in das Beiboot retten. Im Beiboot ereignete sich dann ein fürchterliches Drama: In der schweren See fiel das Mädchen über Bord. Der Vater ging sofort ins Wasser und wollte seiner Tochter helfen. Das Beiboot mit der Mutter trieb ab. Vater und Tochter ertranken. Der Frachter hatte nicht einmal gestoppt. Es gab keine Hilfe.

Strömung und Wind trieben die Mutter im Beiboot nach Neuseeland. Unweit von Opua wurde sie an die felsige Küste getrieben und an Land geworfen. Dabei erlitt sie Rückenverletzungen, konnte jedoch von zwei Fischern geborgen werden. Sie befand sich nun in Spitalbehandlung. Die Suche nach weiteren Überlebenden war erfolglos.

Diese schreckliche Nachricht hat uns tief erschüttert. Wie konnte das geschehen? Wir ermahnten uns gegenseitig, bei den Nachtwachen noch aufmerksamer zu sein. Wie groß sind aber die Chancen, wenn bei schwerer See, schlechter Sicht im starken Regen und bei 50 Knoten Wind ein Frachter vor dem Bug in Sicht kommt? Die Sichtverhältnisse sind in solchen Situationen schon bei Tage sehr eingeschränkt. In der Nacht sind die Positionslichter erst im letzten Moment zu sehen. Radar arbeitet bekanntlich bei starkem Regen auch nicht mehr zuverlässig. Die Chancen, rechtzeitig noch ausweichen zu können, sind nicht sehr groß.

Auch wir liefen schwerem Wetter entgegen. Gemäß Wetterkarte war mit dem Durchzug einer kräftigen Front in den nächsten Stunden zu rechnen. Gegen Mitternacht liefen wir in ein heftiges Gewitter hinein. Der Wind kam mit 30 bis 35 Knoten böig aus Südwest. Trotzdem weckte ich Vreni standesgemäß mit Seemannsliedern. Wir überquerten eben die Datumsgrenze auf 180 Grad. Wir begossen dieses Ereignis mit einem kräftigen Schluck aus der Rumbuddel und Vreni meinte: »In diese Scheißgegend komme ich bestimmt nie mehr. Das muss man schon begießen.«

Dabei kaute sie an einem Stück fürchterlich stinkendem Käse. Gut, dass es kräftig blies.

Nach dem Durchzug der Front wurde das Wetter wieder schön, aber der Wind schlief ein. Für 48 Stunden dümpelten wir in einer

Flaute und kamen nur 30 Meilen vorwärts. Erst am 30. November 1995 gab es wieder Wind. Gerade richtig zu meinem 50. Geburtstag. Nun lief es wieder. Sechs Knoten Fahrt bei 25 Knoten Wind aus Südost und schon wieder einen Grund zum Feiern. Mit 50 darf der Wind schließlich schon ein bisschen um die Ohren pfeifen.

Am 2. Dezember 1995 waren wir noch genau 300 Meilen von Opua entfernt, als der Wind erneut einschlief. Gänzlich! Die See wurde spiegelglatt und so blieb es auch. Unter Maschine tuckerten wir den Rest der Strecke bis nach Opua. Mangels Autopilot mussten wir jeden Meter von Hand steuern. Eine ermüdende Angelegenheit. Alle zwei Stunden wechselten wir uns ab, Tag und Nacht.

Am 5. Dezember 1995 kam bei Tagesanbruch Neuseeland in Sicht. Die Müdigkeit war verflogen. Gespannt schauten wir zu der sich schnell nähernden Küste. Ich schnupperte in die Luft und sagte: »Hier riecht es nach Schafmist.«

Und tatsächlich roch es noch einige Meilen von der Küste weg nach Schafdung – wie sich das für Neuseeland gehört!

Unsere geschätzte Ankunft war wunschgemäß per Funk an Kerikeri Radio gemeldet worden, und als wir an der Einklarierungspier ankamen, waren die Beamten vom Zoll und der Gesundheitsbehörde bereits dort und nahmen unsere Leinen an. Die Beamten kamen an Bord und einer sagte: »Also – nun setzt euch mal ruhig hin. Verschnauft und erholt euch ein wenig. Wir haben Zeit.«

Anscheinend waren wir in einem Land mit lieben, freundlichen Leuten angekommen. Die Einklarierung dauerte seine Zeit. Es gab viele Formulare auszufüllen und tausend Fragen zu beantworten. Eier aus Tonga wurden konfisziert, Milch aus Neuseeland, die über Tonga wieder nach Neuseeland kommt, war auch nicht erwünscht und verschwand ebenfalls in einer großen Plastiktasche.

»Habt ihr Holzschnitzereien aus Tonga an Bord?«

»Aber nicht, dass ihr die uns auch noch konfisziert«, sagte ich entrüstet.

»Nein, das nicht – aber wir müssen kontrollieren, ob keine Insekten daran sind.«

Ich zeigte dem Beamten die erstandene Maske und eine tonganische Holzkeule.

»So eine Keule musst du mir unbedingt das nächste Mal mitbringen. Für meine Schwiegermutter – weißt du.«

Dabei bekam er einen Lachkrampf, von dem er sich fünfzehn Minuten lang nicht mehr erholte. Er war nicht mehr im Stande, die Papiere auszufüllen. Lachtränen liefen ihm über das Gesicht.

»Habt ihr Waffen an Bord?«

Ich kam nicht dazu, etwas zu sagen. Wieder prustete er los: »Ja, haben sie – Keulen für Schwiegermütter!«

Nun konnten wir uns auch nicht mehr zurückhalten. Wir lachten, bis uns der Bauch schmerzte.

Alle weiteren Fragen beantwortete er sich dann gleich selber im Selbstgespräch. »Nein – das haben die nicht. Das auch nicht. Morphium? Nein – so sehen die nicht aus. Muscheln? Haben die doch nicht. Nein. Nein. Nein.« Dabei flitzte der Kugelschreiber flink über die Formulare.

»Zigaretten? Ihr raucht ja. Wie sieht das mit Zigaretten aus?«

»Wir haben zwei Fabrikkartons mit je 50 Stangen an Bord und möchten die hier verzollen«, antwortete ich wahrheitsgemäß.

»Das ist teuer. Zigaretten sind in Neuseeland sehr teuer. Aber ihr raucht die ja selber. Ist das richtig so? Ihr wollt die nicht verkaufen? Nein? Okay – ich setze hier im Formular eine ›2‹ ein. Ob das dann Schachteln, Stangen oder Kartons sind, weiß so niemand. Damit haben wir nicht einmal gelogen. Verzollen ist viel zu teuer.«

Nach zwei Stunden war die Einklarierung beendet. Freunde kamen an Bord und es gab wieder einmal viel zu erzählen. Erst gegen Abend verlegten wir uns an den Ankerplatz in der weiten Bucht von Opua. Rundum Hügel und Wiesen mit Kühen und Schafen. Wir glaubten uns auf einem Schweizer See im Mittelland.

Tags darauf luden uns die beiden Einhandsegler Wilfried von EOWYN (BRD) und Schurt von SEA CANARY (CH) zum Mittagessen auf die EOWYN ein. Wilfried kochte ein Huhn an Weißweinsauce und Schurt lieferte Vor- und Nachspeise dazu. Auf der ganzen Strecke von Tonga nach Neuseeland hatte ich zweimal täglich alle unsere Bekannten und Freunde mit Wetterberichten versorgt. Dank der guten Qualität der Wetterkarten waren die Prognosen für die einzelnen Positionen erstaunlich zutreffend, und diese beiden Einhandsegler haben das dermaßen geschätzt, dass sie uns zum Dank dieses Essen bereiteten. Das war eine sehr liebe Geste und wir verbrachten einen harmonischen Nachmittag auf der EOWYN.

Die Berechnungen der Pausen zwischen den Tiefs und der durchschnittlichen Anmarschzeit der neuen Tiefs haben für Wilfried und Schurt genau gestimmt. Bei uns war die Pause viel länger. Die Flaute dauerte noch einige Tage an. Die nach uns in Tonga gestartete RUBINSKY mit Erich, Christine und Ruben musste mangels Wind insgesamt sechs Tage unter Maschine laufen.

Der Ankerplatz in Opua war stark belegt. Wir zählten fünfzig Yachten aus allen Nationen. Es gab viele gesellige Zusammenkünfte auf den Booten. Alle waren emsig dabei, sich für ein paar Monate in Neuseeland einzurichten. Billige Autos wurden auf Auktionen erstanden, Liegeplätze gesucht, Werften inspiziert und ausgedehnte Landreisen geplant.

Auch wir kauften uns auf einer Auktion ein billiges Fahrzeug. Unser lustiger Einklarierungsbeamter hatte uns ein Auktionshaus in Whangarei empfohlen. So eine Auktion ist eine interessante Sache. Die Auktion selbst findet nachmittags um 16 Uhr statt. Vorher hat man mehrere Stunden Zeit, sich die zur Versteigerung stehenden Wagen anzusehen, zu prüfen und auch Probefahrten zu unternehmen. Wir setzten uns ein Preislimit und legten uns auf zwei Autos fest. Wagen um Wagen wurde vorgefahren und als das beste Stück des Hauses gepriesen. Ein Auto mit vier unterschiedlichen Reifen wurde als ein Wagen mit originellen Schuhsohlen angepriesen. Ein anderes Auto hatte faustgroße Rostlöcher in den Türen und war dann das ideale Gefährt für heiße Tage mit garantiert guter Durchlüftung. Es wurde viel gescherzt und herzlich gelacht. Auf die ausländischen Yachties wurde der Sprache wegen speziell Rücksicht genommen.

Nun kam unser Wunschfahrzeug an die Reihe: ein roter »Mazda«-Zweisitzer. Ein schnittiges Sportfahrzeug, bestimmt ein hergerichteter Unfallwagen. Ein junges Ehepaar überbot uns. Über unser selbst gesetztes Preislimit gingen wir jedoch nicht. Bald danach kam unsere Zweitwahl an die Reihe. Eine silbergraue »Hyundai«-Familienkutsche. Die erstanden wir uns noch etwas unter unserem Limit. Mitgeboten hatte ein anderer Interessent, ein älterer Herr. Monate später fanden wir per Zufall heraus, dass er der Besitzer des Wagens war und nur mitgeboten hatte, um den Preis hochzutreiben. Das ist in Neuseeland durchaus normal und legal. Die Umschreibung wird im Auktionshaus vorgenommen. Sobald der Kaufpreis bezahlt ist, kann man sich in den Wagen setzen und davonfahren. Das alles dauert nicht länger als 15 Minuten.

Mobil zu sein ist in Neuseeland fast zwingend. Die öffentlichen Verkehrsmittel sind äußerst bescheiden und wenn vorhanden auch sehr teuer. Zudem ist Neuseeland ein exzellentes Reiseland. Die Distanzen sind nicht so gewaltig wie in Australien oder Amerika. In Neuseeland ist alles überschaubar.

Der Motor unserer Ankerwinsch hatte sich entschieden, den Geist aufzugeben. Wir brachten ihn in eine Elektrowerkstatt in Opua zur Reparatur.

»Kein Problem. Das können wir richten. Ist auch nicht teuer. Aber ein paar Tage dauert es schon«, sagte der Mechaniker.

So war das auch. Beinahe! Die Reparatur gelang, sie war auch nicht teuer, aber aus den paar Tagen wurden ein paar Wochen. Meistens war der Einmannbetrieb geschlossen, wenn wir nachfragten. Dann waren die Festtage dazwischen, die Ferien begannen, dringende andere Arbeiten waren zu erledigen, das Ersatzteil war falsch geliefert worden – es ging einfach nicht vorwärts. Ähnliches hörten wir von anderen Yachten auf den Werften. Wir begannen zu ahnen, dass unsere Arbeiten an der PURA VIDA unter Umständen wesentlich länger dauern könnten als vorgesehen.

Wir nutzten die Zeit für Ausflüge. Zum Kap Reinga ganz im Norden, nach Auckland, in die Flusslandschaft bei Kaikohe, in die herrliche Umgebung von Kerikeri und vieles mehr. Dazwischen erledigten wir Unterhaltsarbeiten auf dem Boot und holten bei diversen Werften Offerten ein. Insgesamt eine friedliche Zeit in der ländlichen Umgebung der Bay of Islands.

Ende Januar war die Winsch endlich repariert, wieder installiert und funktionierte auch. Über Urupukapuka, Mimiwhangata und Tutukaka segelten wir in den ersten Tagen des Februar 1996 nach

Whangarei im Whangarei River. Dieser Küstenteil ist ein herrliches Segelrevier mit ausgezeichneten Ankermöglichkeiten. Wenige kleine Dörfer liegen in tiefen Buchten. Manchmal sind kilometerlange Sandstrände zu sehen. Die Namen der Buchten und Ortschaften stammen aus der Maorisprache, die eng mit dem Polynesischen verwandt ist. Die Maoris sind die Ureinwohner Neuseelands. Ursprünglich waren es Polynesier, die diese Inseln im Südpazifik entdeckten und besiedelten. In Waitangi, in der Bay of Islands, gibt es ein sehr schönes Museum, das einen Einblick in die Maorikultur und die Geschichte Neuseelands vermittelt. Die Maoris sprechen immer noch ihre eigene Sprache und pflegen ihre Kultur und Bräuche erstaunlich intensiv.

Den Whangarei River erreichten wir etwas zu früh und hatten Strom gegenan. Obwohl unser Motor mit voller Leistung lief und zur Unterstützung noch Segel standen, kamen wir kaum vom Fleck. Erst als der Strom kenterte, ging es weiter. Dann holte uns die Dunkelheit ein, und gegen die Lichter der Stadt war die Fahrwasser-Befeuerung fast nicht mehr zu sehen. Prompt fuhr ich auf eine Sandbank und wir saßen fest. Mit »volle Fahrt zurück« und in den Wanten hängend schaukelten wir uns wieder frei. Um zehn Uhr nachts liefen wir in den Stadthafen von Whangarei ein und erlebten eine herzliche Begrüßung durch unsere Freunde, die uns schon längst erwartet hatten. Das Ankommen ist doch immer das Schönste.

In Whangarei war schnell klar, dass für unsere Arbeiten nur Dockland 5 in Frage kam. Vorgesehen war, die PURA VIDA zu sandstrahlen und neu zu spritzen, den Motor zu revidieren und den Salon umzubauen. Da war nämlich eine Koje, die wir nie benutzten. Die wollten wir herausnehmen, dafür die Sitzgruppe vergrößern und die Navigation vom Durchgang in den Salon verlegen. Eine Kleinigkeit!

Es wurden Monate daraus. Um vernünftig arbeiten zu können, mieteten wir einen kleinen Wohnwagen und räumten die PURA VIDA aus, soweit es eben ging. Der Motor wurde ausgebaut und kam zur Überholung in die Firma »River Motors«. Dort wurde er in seine Bestandteile zerlegt. Als ich all die Teile in der Werkstatt sah, schwante mir Böses. Vorsorglich ließ ich ein Handbuch in Englisch aus Deutschland kommen. Gebraucht wurde es nie. Der Besitzer der »River Motors« brachte eines Tages den Berg Teile zu einer anderen Werkstatt und meinte lakonisch: »Die können das besser.«

Vielleicht. Nur stimmte nun der Preis nicht mehr. Ersatzteile und Arbeit wären bei der neuen Firma gleich teuer wie ein neuer Motor gekommen. Da ergab sich, dass wir durch unseren TO-Stützpunktleiter Uwe den Österreicher Fritz kennen lernten. Der hatte einen brandneuen, gleichen Motor Mercedes OM 615 zu verkaufen. Lange mussten wir nicht überlegen. Der neue Motor war billiger als die Revision des alten.

Für die Schweißerarbeiten am neuen Salon im Achterschiff konnten wir den tschechischen Maschinenbauingenieur und Segler Ivan verpflichten. Mehrere Wochen arbeitete er für uns. Wir hatten eine gute Zeit miteinander, auch wenn wir uns manchmal stritten. Zum Beispiel, wenn eine Verstrebung ganz und gar nicht in der Waage angeschweißt wurde. Ich sagte dann:

»Ivan – das muss raus. Nimm die Wasserwaage und schau dir das an. Ich sehe mit bloßem Auge, dass das um mindestens drei Zentimeter nicht stimmt.«

»Das kann man richten, wenn das Holz montiert wird.«

»Kommt nicht in Frage. Das ist nur Mehrarbeit.«

»Ich weiß nicht, was dich daran stört. Als ich mein Boot baute, sind mir jeden Abend die Tränen gekommen, weil nichts stimmte. Das Boot schwimmt trotzdem. Schau in den Spiegel – dein Gesicht ist auch nicht in der Waage. Da ist nichts von Symmetrie!«

Einer seiner Lieblingssprüche war: »Wenn Gott mich in die Welt gesetzt hat, soll der Scheißkerl auch für mich sorgen. Wozu muss ich arbeiten?«

Wie gesagt: Insgesamt hatten wir eine gute Zeit zusammen und der Salon wurde irgendwann auch fertig.

Niemals werde ich sein Gesicht vergessen, als der Schlosser ihm vier bestellte Stahlplatten anlieferte. Ivan hatte die Maße auf vier Pappstücke geschrieben, die er irgendwo mit dem Messer rausgeschnitten hatte. Die Platten stimmten nun ganz genau mit den Pappen überein, mit seinen Maßen für die neuen Motorfundamente

hatte das aber gar nichts zu tun. Es sah eher wie moderne Kunst aus. Sein Kommentar: »Das würde ich nicht einmal auf meinem Boot installieren.«
Zum Sandstrahlen mussten wir vom Dockland-5-Gelände weg, verständlicherweise. Das gibt ja unheimlich viel Staub und Dreck. Diese Arbeiten durften nur bei einer gewissen Windrichtung durchgeführt werden, wenn der Wind den Dreck über den Fluss davonblies. Sieben Wochen blieb die PURA VIDA auf diesem Platz. Entweder es blies aus der falschen Richtung oder zu stark, oder es regnete, und wenn es nicht regnete, war die Luftfeuchtigkeit zu hoch. Neuseeland ist wirklich nicht der geeignete Platz für Malerarbeiten im Freien. Maler Mike ließ sich nicht hetzen. Nur bei idealen Verhältnissen war er an der Arbeit und das Resultat konnte sich dann auch sehen lassen. Aber eben – sieben Wochen später!

Mit dem Motor dauerte das auch so seine Zeit. Fritz stand uns ja nicht täglich zur Verfügung. Er war noch mit anderen Projekten beschäftigt und kam nur stundenweise vorbei. Was er machte, war jedoch perfekt. Jede Halterung am Motor wurde neu und speziell angefertigt, alle Schläuche und alle Leitungen ersetzt und jedes Kabel neu verlegt. Stolz durften wir in den frisch gestrichen, weißen Motorraum sehen, mit einem neuen Motor, einem revidierten Getriebe, einer neuen Stopfbuchse und einem neuen Wärmetauscher.

Auch die Masten und das Rigg unterzogen wir einer Generalüberholung. Die Masten wurden neu gestrichen, jede Niete ersetzt, alle Elektrokabel erneuert, alle Lampen ausgetauscht und auch die marode Windmessanlage durch eine neue ersetzt. Die Wanten und Stagen wurden in einer Spezialfirma geröntgt und daraufhin einige davon ebenfalls ersetzt.

Trotz der vielen Arbeit im Dockland 5 gab es zahlreiche unvergessliche gesellige Zusammenkünfte, die meistens durch das Besitzerehepaar Gay und Dave organisiert waren. Weihnachtsessen mitten im Sommer, Geburtstagsfeiern manchmal dreimal in der Woche, jede Einwasserung wurde gefeiert und wenn es wirklich mal gar nichts zu feiern gab, ersannen sich die beiden einen Grund. Im Hafen traf man sich einmal in der Woche mit allen anderen Seglern, und Elke und Uwe, die Stützpunktleiter des TO, organisierten ebenfalls mehrere Treffen in ihrem schönen Heim. Der Herbst war längst vorbei. Der Winter kam und ging vorüber. Der Frühling zog langsam in Neuseeland ein, als wir endlich wieder ins Wasser kamen. Mittlerweile war es Ende August geworden. Unsere Abfahrt hatten wir ursprünglich für den Mai vorgesehen gehabt.

Zu der Einwasserung waren viele Freunde und Bekannte ins Dockland 5 gekommen, um zu gratulieren. Vreni hatte gar nicht genug Sekt eingekauft. Langsam schwebte die PURA VIDA auf das Wasser und schwamm sogar. Die Gläser klirrten. Endlich wieder im Wasser!

Draußen auf dem Meer wüteten schlimme Stürme. Das gab uns die Gelegenheit, in den USA eine elektrische Selbststeueranlage zu bestellen und diese einzubauen. Nun galt es nur noch das richtige Wetter abzuwarten, um dann mit einem abziehenden Tief nach Norden zu segeln.

Neuseeland reizte uns sehr. Leider hatten wir wegen unserer Arbeiten keine Zeit für die Südinsel. Als uns im Mai mein Vater besuchte, bereisten wir jedoch mit ihm zusammen drei Wochen die Nordinsel. Wir haben unendliche Wälder, schöne Ufergebiete, Savannen, Vulkane, heiße Quellen und selbstverständlich Millionen von Schafen gesehen. Erstaunt hat uns auch die Vielzahl der Hirschfarmen. Eine Farm mit 600 Hirschen konnten wir besichtigen. Dabei haben wir erfahren, dass nur fünfzig Prozent der Einnahmen vom Fleisch und Fell stammen und der Rest mit dem Geweih erzielt wird. Das Geweih wird im Bast abgeschnitten und dann vorwiegend in Asien zu einem Potenzmittel verarbeitet.

Als wir auf dieser Reise eines Abend in einem kleinen Bergdorf am Vulkan Mt. Ruapeu unser Motel bezogen, sagte die Wirtin: »Heute Nacht gibt es viel Schnee.«

Wir lachten und konnten es nicht glauben. Wir waren beim Kochen, als es an die Türe klopfte. Es war die Wirtin.

»Schaut, es schneit!«

Tatsächlich schneite es heftig in großen Flocken. Wir freuten uns wie Kinder. Seit zwei Jahren hatten wir keinen Schnee mehr gesehen. Am Morgen lagen zwanzig Zentimeter Neuschnee.

Als die Wirtin gegangen war, stellten wir den Fernseher ein. Es war Zeit für die Nachrichten und den Wetterbericht. Am Bildschirm waren Alfons und Marianne zu sehen.

»Ich werde verrückt! Das sind der Honorarkonsul und Marianne«, rief ich.

Tatsächlich! Was war hier los? Wir erfuhren es schnell. Die beiden hatten in einem Sturm 70 Meilen vor dem Nordkap Neuseelands ihre TAURUS aufgeben müssen. Sie waren an diesem Tag von einem Frachter abgeborgen worden und wurden nun interviewt. Alfons erzählte:

»Die Segel waren zerrissen, der Motor lief nicht mehr, die Navigationsinstrumente funktionierten nicht, wir sind mehrmals gekentert – wir sahen keine Möglichkeiten mehr. Wir wussten nicht, wo wir waren. Wir aktivierten den EPIRP und sahen unsere letzte Stunde gekommen. Wir holten eine Flasche Wein Jahrgang 1972 aus der Bilge und tranken diese auf unsere Tochter. Dann wurden wir gerettet. Wir hoffen, dass die TAURUS geborgen werden kann, denn wir haben noch ein paar andere gute Flaschen Wein an Bord. Und natürlich auch Erinnerungen an unsere zweijährige Reise.«

Alfons wie er leibt und lebt!

Am nächsten Tag stand in der Zeitung: »Sailing couple's last drink of wine interrupted by rescue.«

Am 3. Oktober 1996 stimmte dann die Großwetterlage. Seit unserer Ankunft in Neuseeland waren zehn Monate vergangen. Wir lösten die Leinen und auf den Booten von Freunden und Bekannten ertönten die Nebelhörner. Einige sangen das Lied »Muss i denn zum Städtele hinaus«. Wir erhielten nie erwartete Geschenke, als Notproviant getarnt und im letzten Moment herübergereicht. Vreni rannen die Tränen, und vor Aufregung ist uns beinahe noch eine Leine in die Schraube geraten. Langsam fuhren wir aus dem Hafen heraus und den Fluss hinunter. Die Werft, wo wir so lange an Land gestanden hatten, kam in Sicht. Auf der Pier standen viele Leute. Das Besitzerehepaar, die Arbeiter und Segler mehrerer Nationen standen dort und winkten. Auch über Funk wurden letzte Grüße übermittelt. Mit so einem Abschied hatten wir nicht gerechnet, und wir waren beide tief gerührt.

Das Meer empfing uns mit einer ungewohnt hohen Welle und der Wind blies draußen mit dreißig Knoten, zumindest aber aus der richtigen Richtung. Die PURA VIDA fühlte sich sichtlich wohl. Elegant durchschnitt sie die Wellen und machte schnelle Fahrt nach Norden. Bei Einbruch der Dunkelheit war Tutukaka, um Mitternacht die Bay of Islands und im Morgengrauen das Nordkap Neuseelands querab.

Wie waren flott unterwegs und mussten es auch sein. Das Gebiet ist bekannt und gefürchtet wegen seiner raschen Wetterwechsel und schweren Stürme. Unsere Devise war, so schnell wie möglich von Neuseeland frei zu kommen und möglichst zügig Nord zu machen. Eine weitere Gefahr war die Berufsschifffahrt. Als Stahlschiff geben wir zwar ein gutes Radarsignal ab, die Erfahrung zeigt jedoch, dass das Radar auf den Frachtern vielfach nicht eingeschaltet ist, nicht beachtet wird oder schlicht defekt ist. In den ersten beiden Nächten mussten wir zweimal Ausweichmanöver fahren, weil Frachter bedenklich auf unserem Kurs lagen und auf unsere Funksprüche überhaupt nicht reagierten.

Am Mittag des dritten Tages hatten wir bereits 250 Meilen zurückgelegt. Bis zu diesem Zeitpunkt war der Wind aus Südwest gekommen. Nun drehte er über Süd auf Südost, Ostsüdost und Nordost auf Nordnordost. Der Winddreher war begleitet von einem starken Druckabfall. Zirren kündigten eine Front an. Mittags hatten wir noch zehn Knoten Wind gemessen, um 22 Uhr waren es bereits 28 Knoten. Nun lagen wir allerdings hoch am Wind, während wir mittags noch Schmetterling gefahren waren. Zuerst musste der Spibaum weg, dann konnten wir den Besan setzen, später auch noch die Fock bei halbem Wind. Dann frischt der Wind auf und wir verkleinerten zuerst die Genua, später musste die Fock wieder weg, ein Reff ins Groß, der Besan weg, die Genua wurde noch mehr verkleinert und schlussendlich banden wir auch das zweite Reff ins Groß. Innerhalb von zehn Stunden ist das jedoch wahrlich kein Stress. Mit den beiden neuen Winschen am Baum ließ sich das Groß viel einfacher reffen. Zudem hatten wir nun einen leistungsstarken Autopiloten zur Verfügung. Der hielt unsere PURA VIDA bei jedem Wind genau auf Kurs. Bedenkenlos konnten wir zu zweit an den Segeln arbeiten. Auch auf die neue Windmessanlage hätten wir nicht mehr verzichten wollen, besonders in der Nacht! Speziell interessiert hat uns dabei jedoch nicht die Windstärke – das war ein willkommenes Abfallprodukt – sondern vor allem der Windeinfall. Der kleinste Winddreher war nun sowohl im Cockpit wie auch am neuen Navigationsplatz im Salon sofort zu erkennen. Diese drei Neuerungen vereinfachten uns die Segelmanöver und brachten uns zudem wesentlich mehr Sicherheit. Der Autopilot ist schließlich wie ein Mann mehr an Bord!

Sorge machte uns das Rigg. Schon im Hafen von Whangarei hatten wir bemerkt, dass bei vorlichen Winden in den Wanten eine unerklärliche Vibration auftrat. Ich war deswegen mehrmals im Mast und habe stundenlang am Masttrimm gearbeitet, ohne die Vibration ganz eliminieren zu können. Ratlos habe ich schlussendlich einen Riggspezialisten hinzugezogen. Der besah sich die Sache, stieg in den Mast und fand genauso viel wie ich – nichts!

Bei knapp dreißig Knoten Wind war die Vibration nun ziemlich stark. Alle vier Unterwanten zitterten, an Steuerbord mehr als an Backbord. Die Vibration war sogar an der Antenne im Masttopp zu sehen. Bis spät in die Nacht versuchten wir, das Problem zu finden. Der Mast stand gerade, machte keine Banane, die Wanten und Stagen waren gleichmäßig angezogen – alles schien perfekt zu sein. Wir nahmen die Wantenspanner der Ober- und Unterwanten an Steuerbord noch dichter, worauf sich die Vibration verringerte, aber ganz beheben konnten wir sie nicht. Es beunruhigte mich ernsthaft. Vibrationen belasten das Material. Daraus resultieren Materialermüdungen, und dann ist es bis zum Bruch nicht mehr weit.

Im Laufe der Nacht drehte der Wind bei konstanten 25 Knoten weiter auf Nordnordost. Unser Sollkurs von 310 Grad war nicht mehr zu halten. Wir mussten kreuzen. Dabei stellten wir fest, dass auf Steuerbordbug keine Vibration mehr auftrat. Nach dieser Erkenntnis haben wir den Zeitpunkt der Wenden von der Vibration abhängig gemacht. Sobald sie zu heftig erschienen, gingen wir auf den anderen Bug, und sofort wieder zurück, wenn der Wind kurzfristig nachließ. Am Nachmittag sahen wir von Osten die breite, wuchtige Wolkenmasse der Front nahen. Vor Einsetzen der Nacht tauschten wir die Genua gegen die Fock aus. Letztere ist eine Selbstwendefock und für einen Kreuzkurs praktischer. Das Barometer war von 1028 auf 1019 hPa gefallen und fiel während der Nacht weiter bis auf 1006 hPa. Morgens um drei Uhr maßen wir 38 Knoten Wind immer noch aus Nordnordost. Wir konnten nicht mehr daran denken, Höhe zu gewinnen. Seit Mitternacht segelten wir mit halbem Wind hin und her und versuchten, wenigstens unsere Position einigermaßen zu halten. Dadurch hatten wir auch keine Vibration mehr im Rigg.

Um die Mittagszeit sahen wir die Regenfront nahen. Sie sah tatsächlich aus wie im Lehrbuch. Zuerst der Winddreher von Südwest auf Nordnordost, der auffrischende Wind, Starkwind, Sturmböen in der Kaltfront, eine Regenwalze in der Warmfront mit abflauendem Wind, eine kurze Flaute bei aufklarendem Himmel und dann 20 bis 25 Knoten Wind aus Süd. Am Nachmittag kam dann die Sonne durch und wir segelten auf raumem Kurs wieder Richtung Kaledonien.

Die Ursache für die Vibrationen im Rigg habe ich schließlich in Kaledonien gefunden. Auf der oberen Saling stehend konnte ich sehen, dass das eine Oberwant an Steuerbord von der unteren Saling aus mit einer ganz minimalen Abwinkelung zur Pütting an Deck lief. Ein Knick! Nachdem ich den Wantenspanner um ein Loch nach vorn gesetzt hatte, war die Vibration weg. Kleine Ursache – große Wirkung!

Nach dem Frontdurchzug kam der Wind wieder aus Südost und das Wetter wurde wolkenlos, wenn auch recht kalt. 500 Meilen waren wir nun von Neuseeland entfernt und trugen immer noch Winterkleidung. Zu tun gab es nichts mehr. Der Kurs passte, auf der Wetterkarte war keine neue Front zu sehen, und zu lesen hatten wir auch genug. Was will der Segler mehr?

Am 12. Oktober 1996 lagen wir nach neun Tagen und zwölf Stunden nur noch wenige Meilen vor der Riffeinfahrt beim Pass Amédée in Neukaledonien. Der Seegang wurde durch das Riff bereits gebremst und die PURA VIDA lief unter vollen Segeln bei 25 Knoten Südostwind acht Knoten Fahrt. Diese Fahrt brauchten wir auch, wenn wir bei Stillwasser am späten Nachmittag durch den Pass wollten. Wir schafften es und lagen zur richtigen Zeit nur noch drei Meilen vor der Einfahrt. Mittlerweile blies es mit 35 Knoten und ein kurzer, steiler Seegang stand uns entgegen. Auf dem Kurs zur Einfahrt war ein Vorwärtskommen bei diesen Bedingungen unmöglich. Die PURA VIDA stampfte sich fest, das Rigg zitterte, das Wasser spritzte meterhoch und wir standen praktisch still. Radio Nouméa bestätigte die Konditionen und versprach Besserung für die frühen Morgenstunden des kommenden Tages. Stillschweigend und enttäuscht drehten wir bei. Wir hatten uns nach der langen und anstrengenden Reise so auf ein gutes Essen und das Wiedersehen mit unseren Freunden in Nouméa gefreut.

Ab Mitternacht ließ der Wind nach, und um drei Uhr morgens machten wir uns wieder auf den Weg. Bei Sonnenaufgang waren wir in der Einfahrt, und allein das war es schon wert gewesen, eine Nacht mehr auf See zu bleiben. Es war ein sagenhaftes Bild und wir werden es, wie so viele andere Dinge auch, wohl nie vergessen. Schon bei der Anfahrt auf Nouméa erreichten uns über Funk Tipps, Begrüßungen und Einladungen und wir ahnten, dass eine weitere schlaflose Nacht auf uns zukommen würde. Von Neuseeland nach Kaledonien hatten wir 933 Seemeilen zurückgelegt.

Obwohl es Sonntag war, bereitete das Einklarieren keine Probleme. Wir mussten keine Überzeit bezahlen. In den meisten Ländern ist das am Wochenende der Normalfall. Hier nicht. Die Beamten kamen schnell mal vorbei, wünschten einen guten Tag, und Minuten später war alles erledigt. Ich steckte mir zwanzig französische Francs ein und wollte uns zwei frische Baguettes besorgen. Die fand ich bei einem Chinesen gegenüber dem Markt. Chinesen haben auch am Sonntag ihre Läden offen. Das Geld war der Kassiererin nicht bekannt. Der Besitzer sah es sich an.

»Oh – das ist französisches Geld. Wir haben hier den Polynesischen Franc.«

Daran hatte ich nicht gedacht. Ich wollte die Baguettes wieder ins Regal zurückbringen, aber Chinesen lassen sich kein Geschäft entgehen. Aus der Zeitung entnahm er den Wechselkurs und rechnete einen großzügigen Gewinn hinzu: »Nun sind wir beide glücklich.«

Die ersten drei Tage sind in der Marina von Port Moselle gratis, dann wird es sehr teuer. Zum Einklarierung muss man dahin. Wir verlegten uns aus diesem Grunde in den Yachtklub. Dort lagen wir mit Buganker und zwei Heckleinen am Besuchersteg.

Nach der arbeitsreichen Zeit in Neuseeland genossen wir nun die angenehme tropische Wärme und wanderten viel in der Umgebung der Hauptstadt Nouméa. Von den Bergen kann man eine unglaublich schöne Aussicht über die Lagune genießen. Man sieht bis zum Außenriff. Trotz der ungewohnten Hitze haben wir einige dieser Berge im Süden bestiegen. Mit dem öffentlichen Bus sind alle Dörfer, die wir als Ausgangspunkt wählten, gut zu erreichen. Besonders gefallen hat uns der Aussichtspunkt auf dem Mont Koghi.

Zusammen mit den anderen Seglern mieteten wir einen Bus und fuhren zur Ostküste. Die Überquerung der Insel war nicht besonders eindrucksvoll. Die Vegetation im Landesinneren ist eher eintönig. An der Ostküste fanden wir aber eine reiche, vielfältige Fauna vor. Am besten gefallen hat uns die Küste zwischen Yaté und Xere. Auch dort gibt es einige ausgezeichnete Ankerplätze, die aber sehr einsam sind.

Wir versuchen, die Nickelfabrik zu besichtigen. Zweimal pro Monat bietet das Werk eine Führung an. Nach mehreren Anrufen gelang es uns, einen Termin zu bekommen. Als wir dann mit unserer Gruppe dort vorsprachen, wurden wir nicht eingelassen. Wir waren in kurzen Hosen erschienen, und das ist verboten. Verständlich – aber niemand hatte etwas davon gewusst. Ein neuer Termin wurde vereinbart. Wieder erschienen wir in einer großen Gruppe, dieses Mal in langen Hosen. Es wurde wieder nichts aus der Führung. Der Werksbus war defekt, und zu Fuß darf man nicht über das Gelände gehen. Wir waren ein bisschen sauer, aber genutzt hat uns das nichts. Um einen dritten Termin haben wir uns nicht mehr bemüht.

Neukaledonien ist wegen der immensen Nickelvorkommen eine reiche Insel. Man könnte meinen, an der französischen Riviera zu sein. Auch preismäßig wird dieses Niveau spielend erreicht. Die Probleme der Kanaken – die korrekte Bezeichnung der kaledonischen Ureinwohner und keineswegs ein Schimpfwort – mit den Franzosen (oder ist es umgekehrt?) scheinen im Moment friedlich gelöst zu werden. Die Präsenz von Polizei und Militär ist allerdings unverhältnismäßig hoch. Die Kanaken kritisieren vor allem die große Zahl der französischen Einwanderer und die ihrer Meinung nach dadurch verschärfte hohe Arbeitslosigkeit bei den Einheimischen. Tatsächlich ist der Einfluss der Franzosen sehr stark. Handel und Industrie liegen vorwiegend in französischer Hand. Die enormen Investitionen für die Infrastruktur, Krankenversorgung, Schulen und Universitäten darf man dabei nicht übersehen. Ohne diese Einrichtungen und die Franzosen wäre Kaledonien trotz des Nickels eine arme Insel. Es bleibt zu hoffen, dass die Schwierigkeiten friedlich und gemeinsam gelöst werden können.

An Naturschönheiten hat Kaledonien viel zu bieten. Die Insel wird von einem der größten Ringriffe der Welt umschlossen und die Lagune ist traumhaft. Hunderte von Inseln und Buchten liegen im glasklaren Wasser und die Strände sind aus weißem Sand.

Der Beginn der Hurrikan-Saison rückte näher. Täglich zeichneten wir Wetterkarten und beobachteten die Großwetterlage. Am 17. November 1996 sah sie sehr gut aus, und wir verließen Kaledonien in Richtung Australien. Am zweiten Tag erwischte uns ein Trog mit viel Wind und Regen. Einen Tag später lief eine kräftige Front über uns hinweg, und wir hatten in der Nacht viel Arbeit. Was war denn mit dem Wetter los? Jede Wetterkarte zeigte eine neue Situation. Am 22. November 1996 hatten wir wieder Bilderbuchwetter und ideale Segelbedingungen. Zehn Knoten Wind, kaum Seegang, keine Wolke am Himmel – die PURA VIDA lief Höchstgeschwindigkeit mit acht Knoten und vollen Segeln. Wir lagen an Deck, lasen und hörten polynesische Musik. So könnte es immer sein. Die Sonne ging unter und färbte das Meer rosa.

Um 21 Uhr empfing ich die letzte Wetterkarte des Tages. Am äußeren, oberen Rand der Karte waren gleich zwei »tropical depressions« zu sehen, Zugrichtung Südsüdwest! Das war genau auf uns zu. Viel zu früh für die Jahreszeit, aber sie waren da und Brisbane in Australien noch 350 Seemeilen entfernt. Die nächsten beiden Tage segelten wir auf Teufel komm raus und bewältigten dabei 300 Seemeilen. Wenn der Wind weniger wurde, nahmen wir den Motor zu Hilfe, um nie unter fünf Knoten Fahrt zu kommen. Am 23. November 1996 stellte ich nachts um 22 Uhr das UKW-Radio an. Wir waren noch 85 Meilen von Moreton Island entfernt. Wir hatten Glück, klar und deutlich empfingen wir den Wetterbericht von Brisbane Radio: Starkwindwarnung für die Moreton Bay und die Küstengebiete, Wind 30 bis 35 Knoten, verstärkend auf 40 Knoten für die Dauer von 12 bis 24 Stunden, schwere Regenfälle.

Wir refften sofort die Segel, um langsamer zu werden. Wir wollten den Sturm auf offener See und nicht in Küstennähe abwettern. In den frühen Morgenstunden sahen wir ein schwarzes Wolkenband am Horizont und immer wieder Blitze. Bei Tagesanbruch fegten niedrige Wolken über uns hinweg, und voraus waren Blitz und Donner nun deutlich zu sehen und zu hören. Die PURA VIDA war mittlerweile auf Sturm vorbereitet. Zu tun gab es nichts mehr. Nun hieß es warten. Um zehn Uhr heulte der Wind mit 35 Knoten, in den Böen 40 Knoten, und eine Meile voraus kam eine riesige Gewitterwalze auf uns zu. Wir haben noch nie solch einen Regen erlebt. Er peitschte die Wellen nieder und die Sicht war auf wenige Meter reduziert. Ununterbrochen zuckten Blitze ins Wasser. Der Donner folgte direkt.

Man braucht solche Erlebnisse nicht unbedingt jeden Tag, aber wenn es vorbei ist und die Sonne wieder scheint, sind die Strapazen schnell vergessen. Am späten Nachmittag erreichten wir die schwierige Einfahrt in die Moreton Bay, und da erwischte uns noch einmal ein heftiges Gewitter. Das konnte uns nun aber nicht mehr erschüttern. Wir sahen die Fahrwassertonne nicht, also kreuzten wir hin und her, bis die Sicht wieder besser wurde. Dann waren wir endlich drinnen und ankerten hinter Moreton Island. Es war zwar nicht ganz legal, weil wir ja noch nicht einklariert hatten, aber das störte uns in dem Moment nicht. Wir waren hundemüde. Eine der »tropical depressions« war jetzt in der Coral Sea, aber auch das beunruhigte uns nun nicht mehr.

Die Distanz von Neukaledonien nach Brisbane/Australien betrug 835 Seemeilen.

Während wir tief und fest schliefen, verfing sich unsere Kette in einem Wrack und war am Morgen mit keinen Mitteln frei zu bekommen. Nach langen, aber vergeblichen Bemühungen markierten wir die Kette mit einer Leine und einem Fender. Später beauftragen wir einen Taucher, uns Anker und Kette zu bergen. Da hatte aber beides bereits einen neuen Besitzer gefunden. So teuer hatten wir noch nie geankert.

Die Weiterfahrt nach Brisbane war ruppig und ungemütlich. Starker Wind stand gegen die Strömung. Es war schwierig, das Boot auf Kurs zu halten. Wir machten nur geringe Fahrt durchs Wasser, aber über Grund liefen wir doch immer um fünf Knoten. Besser wurde das erst bei der Ansteuerungstonne. Hier beginnt ein gut betonnter Kanal, der an der Flussmündung endet. Über Funk riefen wir die Einklarierungsbeamten und wurden angewiesen, in den Fluss einzufahren und eine bestimmte Pier anzusteuern. Man gab uns die genaue GPS-Position. Die ersten Fragen waren: »Sind alle Personen an Bord gesund? Haben Sie Tiere an Bord?«

»An Bord der PURA VIDA alle gesund. Tiere haben wir keine an Bord.«

»Das macht die Sache schon wesentlich einfacher. Fahren sie zu dieser Pier. Die Beamten werden bei ihrer Ankunft dort sein – hoffentlich! Die müssen ja erst von Brisbane da runter fahren. Es ist verboten, an einem anderen Ort anzulegen oder zu ankern. Falls noch niemand dort ist, fahren Sie Kreise und warten Sie, bis Sie die Beamten sehen.«

Man schien das hier sehr genau zu nehmen. Wir grinsten. Wenn die wüssten, wo wir die Nacht verbracht hatten!

Die Beamten waren da. In hellblauen Uniformhemden, dunkelblauen kurzen Hosen und Kniesocken gekleidet. Freundlich nahmen sie unsere Leinen an und kamen an Bord. Gleich fünf Mann und eine Frau. Ganze Stapel von Papieren hatten wir auszufüllen und tausend Fragen zu beantworten. Großzügig hatte man uns in Neuseeland alle Konserven gelassen. Hier wurde jede Dose kontrolliert. Etwa zwanzig Konservendosen mit Schweinefleisch wurden konfisziert. Damit waren wir unseren guten dänischen Schinken los. Die Milch aus Frankreich wurde in den Brisbane River geschüttet. Da hätten wir sie auch trinken können! Butter und Eier aus Kaledonien wurden zur Vernichtung eingezogen. Den pflichtbewussten Beamten entging nichts. Nachdem sicher war, dass Australien von uns keine neuen Seuchen zu erwarten hatte, durften wir die Fahrt fortsetzen.

Die Weiterfahrt durch den Fluss war sehr interessant. Die Betonnung ist ausgezeichnet. Jeder Meter ist durch Richt- und Sektorenfeuer abgedeckt – auch bei Tage! Auf dem Brisbane River herrscht bei Tag und Nacht reger Verkehr. Ständig sind Fähren, Schubverbände, Schlepper, Frachter und Vergnügungsboote unterwegs. Am Ufer kommen zuerst die Docks für die Großschifffahrt in Sicht, dann die Villen der Superreichen und plötzlich ist man mitten im Zentrum der Stadt. Hier fanden wir am Fluss in einer Marina einen freien Steg. Zwischen den Pfählen war leider kein Platz mehr frei.

An einem Außensteg warteten wir auf das Stillwasser. Bei den dortigen starken Strömungen kann man in der engen Marina nur bei Stillwasser manövrieren. Am späten Nachmittag gab uns der Marinamanager dann grünes Licht.

»Du hast nun etwa 15 Minuten Stillwasser. Das reicht völlig aus. Es sind überall genügend Leute zum Helfen da. Fahr los. Du hast gleich die zweite Box links, wenn du vom Fluss reinkommst.«

Die an sich schon enge Einfahrt wurde durch die Beiboote an den Davits der beiden ersten Boote links und rechts nochmals um jeweils einen Meter verringert. Vorsichtig mogelten wir uns hinein. Ruder hart backbord – Schub weg. Es reichte nicht. Die Strömung war noch nicht ganz weg oder bereits wieder da. Machtlos trieben wir an der Box vorbei. PURA VIDA reagierte nicht auf meine Bemühungen, mit Gegenruder und Schub doch noch die Einfahrt zu erwischen. Ich versuchte zu wenden, zuerst vorwärts. Es ging nicht! Die Strömung war weiter innen noch stärker als in der Einfahrt. Quer trieb ich auf die Felsbrocken am Ufer zu, viel zu schnell. Rückwärts sah ich überhaupt keine Chance, weil unser Langkieler dazu viel Platz braucht, und genau den hatte ich hier nicht. Ich hatte nur noch eine einzige Möglichkeit. Mit Fahrt voraus auf die Steinblöcke zu stellte ich das Boot einigermaßen gerade. Der Bugspriet war der Ufermauer nun bedenklich nahe, und die Strömung drückte auch noch von hinten. Fahrt zurück! Langsam kamen wir von den Steinen frei. Den Stein, der mir vom Herzen fiel, hat man wohl in der ganzen Stadt plumpsen hören. Was mit Vorwärtsfahrt nicht ging, funktionierte rückwärts wie im Bilderbuch. Schön in der Mitte der Gasse kamen wir wieder zurück zur Einfahrt, und weil das so gut ging, gleich rückwärts in die Box hinein. Zwei Amerikaner und der Marinamanager klatschten Beifall und nahmen die Leinen an. Einer meinte: »Absolute Spitze, wie du das geschafft hast. Wir sahen dich schon auf den Steinen. Mit meinem Boot hätte ich das rückwärts nie geschafft.«

Die Strömung muss den Schraubeneffekt aufgehoben haben. Deshalb ging es. Normalerweise lässt sich ein Langkieler nicht aus dem Stand heraus in eine gerade Rückwärtsfahrt bringen. Und eine Portion Glück gehört dann auch noch dazu…

Brisbane ist eine ausgesprochen moderne Stadt. Hochhäuser mit viel Glas und Beton fügen sich harmonisch zusammen mit den alten Bauten aus rotem Ziegelstein. Grünanlagen und riesige Parks sind überall anzutreffen. Am Fluss liegen der Botanische Garten und der noch auf die Weltausstellung zurückgehende Southpark mit seinen Schwimmbädern, Grillplätzen, tropischen Anlagen, Konzerthallen und vielen kleinen Restaurants. Der Verkehr in der Stadt läuft erstaunlich flüssig. Als öffentliche Verkehrsmittel stehen eine effiziente Schnellbahn, die Busse und die Flussfähren zur Verfügung. Das Gewerbe ist übersichtlich angesiedelt. In einem Stadtviertel befinden sich alle Betriebe eines Gewerbes. So sind in einem Quartier alle Autohändler, in einem anderen alle Elektronikfirmen und in einem weiteren alle Baubetriebe. Für den Kunden ist das sehr praktisch. Man braucht nicht kreuz und quer durch die ganze riesige Stadt zu fahren; was man sucht, ist in nahem Umkreis in großer Auswahl zu finden.

Die Temperaturen sind tropisch, jedoch nicht so heiß wie weiter im Norden. Die Schwankungen sind nur gering. Sogar im Winter liegt die durchschnittliche Tagestemperatur bei zwanzig Grad. Hurrikans kommen nicht nach Brisbane.

Anfang Dezember 1996 besuchte uns mein Vater zum dritten Mal und blieb gleich für mehrere Wochen. Nach seiner Ankunft verlegten wir die PURA VIDA in Brisbanes Vorort Cleveland, eine Kleinstadt im Grünen. Die neue Marina ist nur fünf Minuten von der Bahnstation, dem Postamt, den Banken und dem Supermarkt entfernt. Dort lagen auch Günter und Dagmar mit ihrer GUSTE. Der TO-Stützpunktleiter Elmar wohnt ebenfalls in Cleveland.

Eigentlich wollten wir hier in Australien nicht wieder ein Auto kaufen. Bei der Planung unserer Reise stellte sich jedoch relativ schnell heraus, dass ein eigener Billigwagen die kostengünstigste Art ist, hier zu reisen. Zudem war mein Vater nicht mehr so gut auf den Beinen. Immerhin war er damals 77 Jahre alt. Wir kauften einen alten Honda Civic für weniger als 2000 Dollar und konnten ihn vier Monate später für 1700 Dollar wieder verkaufen.

Mit diesem Kleinwagen ohne Klimaanlage haben wir mehrere Reisen unternommen und viel erlebt. Im Januar bereisten wir die Darling Downs. Das ist ein riesiges Getreide- und Gemüseanbaugebiet. Die ganze Region wird über ein mehrere hundert Kilometer langes System von Stauseen bewässert. Dadurch ist es möglich, bis zu vier Mal im Jahr zu ernten. Die Äcker sind an die zehn Kilometer lang und in der Breite verlieren sie sich irgendwo am Horizont. Dementsprechend groß sind auch die landwirtschaftlichen Maschinen, mit denen dort gearbeitet wird. Die kleinen, verschlafen wirkenden Ortschaften liegen etwa achtzig Kilometer auseinander und sind Versorgungsbasen für die umliegende Landwirtschaft. Die einzige größere Stadt Toowoomba liegt im Zentrum der Darling Downs und ist ebenfalls völlig auf die Landwirtschaft ausgerichtet. Riesig sind auch die Menu-Portionen, die in diesem Gebiet serviert werden. Wir haben noch nie so gewaltige Steaks gesehen. Sie hingen auf beiden Seiten über den Tellerrand hinaus. Die Steaks waren zugedeckt mit gebratenem Speck und mehreren Spiegeleiern. Dazu gab es Unmengen von unterschiedlichen Gemüsen und Kartoffeln. Uns war es nicht möglich, alles aufzuessen. Ich fragte die Wirtin, ob es überhaupt Gäste gäbe, die diese Portionen bewältigen könnten. Sie sagte nur: »Hier jeder!«

Ende Januar 1997 erkrankte mein Vater ernsthaft. Starke

23. Neuseeland: Dünen bei Kap Reinga, der Nordspitze der Nordinsel.

24. Weidelandschaft im nördlichen Teil der Nordinsel.

Neuseeland:

25. Einklarierungshafen Opua in der Bay of Islands.

26. + 29. Fumarolen bei Rotorua.

27. Mount Egmont.

28. Am Vulkan Ruapou eine Überraschung: Schnee!

30. Vorboten einer Front auf halber Strecke nach Kaledonien.

31. Schaffarm in Neuseeland.

32. Australien: Pinguine auf Phillip Island.

33. Neuseeland: Hafen im Whangarei River.

34. Vreni in Sydney.

35. Seepferdchen in Kaledonien.

33

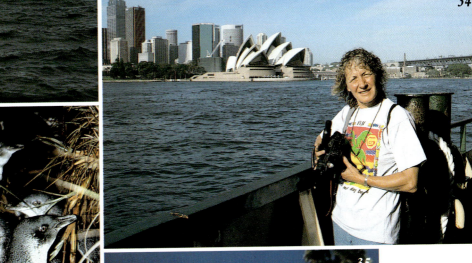

34

35

36. Australien: Wallabie mit Nachwuchs.

37. Unendliche Straßen im Outback.

38. Australien: An der Great Ocean Road.

39. Nichts geht mehr – ein Umweg von 800 Kilometern ist angesagt.

40. Lizard Island im Great Barrier Reef.

41. So ruhig waren die Ankerplätze im Barrier Reef selten.

Schmerzen in den Beinen erforderten eine sofortige Einlieferung in ein Spital. Die Ärzte diagnostizierten einen Venenverschluss. Wir brachten meinen Vater in das Holy Spirit Hospital in Brisbane, wo wir in Dr. F. John Blackford einen ausgezeichneten Spezialisten für diese Art von Erkrankungen antrafen. Alle Untersuchung wurden mit modernsten Geräten vorgenommen. Schon einen Tag später war klar, dass eine Operation nicht zu umgehen war. Es fragte sich nun nur noch wo – in Australien oder in der Schweiz? Nach mehreren Telefongesprächen mit Ärzten zu Hause und mit der Versicherung zeichnete sich ab, dass ein Heimtransport zu verantworten war und vor allem der lange Spitalaufenthalt nach der Operation in der Schweiz nur Vorteile mit sich brachte. Dr. F. John Blackford unterstützte dieses Vorhaben voll und ganz. Mehrmals sprach er mit den Ärzten in der Schweiz. Nachdem der Entschluss noch am gleichen Tag gefällt war, ging alles sehr schnell. Die Versicherung in der Schweiz ließ aus Perth im Westen Australiens eine Schweizer Krankenschwester als Begleitung einfliegen. Sie traf noch am Abend in Brisbane ein. Den Transport organisierte ebenfalls die Versicherung. Bei Singapur Airlines wurden mehrere Sitze in der ersten Klasse reserviert, sodass der Patient liegen konnte. Bei der Auswahl der Fluggesellschaft war lediglich wichtig, wer die schnellste Verbindung von Brisbane nach Zürich anbieten konnte.

Der Aufbruch aus Brisbane war hart für meinen Vater. Die PURA VIDA war im ans Herz gewachsen. Es war schwer für ihn, sie nun nicht einmal mehr zu sehen, vielleicht für lange Zeit. Schwester Ursula erlaubte uns, kurz vor der Abfahrt zum Flughafen bei einem Glas Wein Abschied zu nehmen. Mein Vater kam nach 26 Stunden in der Schweiz an, wurde dort kurz darauf operiert und war bald wieder auf dem Weg der Besserung. Unkraut vergeht nicht!

Schwester Ursula brachte uns bei ihrer Rückkehr Gewürze und Bratensaucen aus der Schweiz mit. Einfach so! Von Bezahlung wollte sie gar nichts wissen. Viel Hilfe bekamen wir auch von Elmar. Er kannte alle Spitäler in Brisbane und wusste, welche Spezialisten wo zu finden waren. Mitten in der Nacht nahm er Telefongespräche an und holte uns aus der Marina zur Beantwortung zu sich nach Hause. Nochmals vielen Dank, Elmar!

Als wir wussten, dass die Operation gelungen war und keine Komplikationen mehr zu erwarten waren, entschlossen wir uns, meine frühere Mitarbeiterin Helen Hartmann in Melbourne zu besuchen. Inzwischen war es Anfang Februar.

Über Coffs Harbour, Sydney und dann auf dem Princess Highway fuhren wir entlang der Küste nach Melbourne. Für die 2250 Kilometer benötigten wir vier Tage – einen Tag davon nahmen wir uns in Sydney. Ein besonderes Erlebnis waren die riesigen Wälder an der Grenze zwischen New South Wales und Victoria. Das Durchqueren dauerte mehrere Stunden. In Melbourne durften wir einige Tage bei Helen und Detlef wohnen und fühlten uns wie zu Hause.

Als wir in Melbourne ankamen, herrschten dort 42 Grad Hitze. Bereits zwei Tage später fiel die Temperatur innerhalb von Stunden auf 16 Grad. Das ist typisch in dieser Gegend Australiens. Ursache sind die kräftigen Tiefdrucksysteme, die südlich an Australien vorbei und dann über die Tasmansee nach Neuseeland ziehen. Auf ihrer Vorderseite schaufeln diese Systeme heiße Luft aus dem Landesinneren heran und auf der Rückseite folgt kalte Polarluft.

Mit Helen als Reiseführerin bekamen wir viel von Melbourne zu sehen. Besonders sehenswert sind der Botanische Garten und der Markt. Von Melbourne aus fuhren wir in das Yarra Valley und nach Phillip Island. Auf dem Weg nach Phillip Island kamen wir an einer Wurmfarm vorbei. So etwas gibt es nur in Australien! In der Region kommen Würmer vor, die bis zu zweieinhalb Meter lang werden. Das sind die größten Würmer der Welt. Ein cleverer Australier baute sich ein Haus in Wurmform. Drinnen sind diese Würmer zu besichtigen – gegen einen hohen Eintritt natürlich. Von den Würmern sieht man allerdings nichts. Die sind naturgemäß in der Erde. Besichtigen kann man nur die bloße Erde in Glasvitrinen. Ob überhaupt Würmer darin sind, bezweifle ich noch heute. Auf einem Fünf-Minuten-Video sieht man, dass es die Würmer tatsächlich gibt. Das Geschäft läuft gut. Alle Touristen, die Phillip Island besuchen wollen, fahren hier vorbei und zahlen Geld, um einen Haufen Erde anzusehen.

Auf Phillip Island beobachteten wir in der Abenddämmerung kleine Pinguine, die alle gleichzeitig und zu Hunderten aus dem

Meer stiegen und über den Sandstrand zu ihren Höhlen watschelten. Während des Tages sind die Pinguine im Meer auf Nahrungssuche. Die Nacht verbringen sie in ihren Höhlen. Auf ihrem Weg zu den Höhlen streiten und zanken die kleinen Tiere lautstark. Es wird geschubst und gestoßen. Nach zwei Stunden haben dann alle ihre Höhlen gefunden und es kehrt wieder Ruhe ein.

Für die Rückreise nach Brisbane ließen wir uns etwas mehr Zeit. Am Meer entlang fuhren wir auf der Great Ocean Road nach Westen bis zur Grenze von South Australia. Diese Straße hat uns begeistert. Nach Cape Otway wird die Küste felsig. Sie ist aus Sandstein und fällt senkrecht bis zu einhundert Meter ins Meer ab. Die andonnernde Brandung hat im Laufe der Zeit wundervolle Formationen geschaffen. Alle paar Kilometer bestaunt man eine neue Skulptur. Zum Beispiel »Die zwölf Apostel«, »Die Arche«, »London Bridge« und »Basker's Oven Rock«.

Von Portland fuhren wir nordwärts zum Grampians-Nationalpark und weiter nach Warracknabeal. Die Grampians sind 600 bis 800 Meter hohe, bewaldete Berge. Ansonsten ist das Gebiet sehr flach und eintönig. Anfangs faszinierten noch die riesigen Getreidefelder, aber nach einigen hundert Kilometern war es eher langweilig. Die Straße verläuft schnurgerade nordwärts. Manchmal gibt es fünfzig Kilometer lang nicht eine einzige auch nur angedeutete Kurve. Am Horizont verliert sich die Straße im Flimmern der Hitze. Ungefähr alle Stunde begegnete uns ein anderes Auto. Die kleinen Ortschaften liegen um die hundert Kilometer auseinander. Die Temperatur lag bei 42°C.

Wir wandten uns wieder nach Osten und besuchten die Goldgräberstädte Wedderburn und Bendigo. Vereinzelt wird in der Region auch heute noch nach Gold gegraben. Die Funde sind jedoch gering. In Wedderburn wurde um die Jahrhundertwende ein Goldklumpen gefunden, der damals einen Wert von über einer Million Dollar hatte. Die größere Stadt Bendigo ist heute eine reine Touristenattraktion.

Bei Echuca kamen wir an den Murray River und damit in eine Region mit Obst- und Rebbau. Orangen, Grapefruits, Pfirsiche und

Trauben werden dort angebaut. Die Plantagen sind kilometerlang. Vor den Farmhäusern stehen Flugzeuge zum Besprühen der Bäume und mehrere Lastzüge für den Abtransport der Ernte. Dem Zufall wird nichts überlassen.

Die Reise führte uns durch die Snowy Mountains zum Kosciusko-Nationalpark. Die Landschaft ähnelt unseren Voralpen. Riesige Wälder mit schönen Stauseen bieten viel Abwechslung. Die Landwirtschaft beschränkt sich auf Rinder- und Schafzucht. Wir benutzten vorwiegend Nebenstraßen und nahmen es in Kauf, auch Naturstraßen zu befahren. Ortschaften gibt es dort kaum mehr. Meist sind es nur ganz kleine, sehr weit auseinander liegende Siedlungen. Von Tumut aus benutzten wir eine Naturstraße quer durch den Wald nach Canberra. Für die 120 Kilometer benötigten wir drei Stunden. In dieser Zeit begegneten wir nur einem Auto. Dafür sahen wir mehrere große Kängurus. Am Ende des Waldes vermuteten wir stark besiedeltes Gebiet, denn die Hauptstadt Canberra war ja nur wenige Kilometer entfernt. Dem war aber nicht so. Rinderweiden erstreckten sich bis an den Stadtrand und von da aus waren wir in fünf Minuten im Zentrum. Typischer könnte es für die Hauptstadt Australiens nicht sein. Die Stadt ist jung und sehr modern. Wir besuchten die Schweizer Botschaft und konnten wieder einmal die Schweizer Illustrierte und den Tagesanzeiger lesen.

Von Canberra aus fuhren wir über Crookwell, Orange und Dubbo nach Gilgandra. Wir benutzten meist Naturstraßen. In der Region wurde Gold, Kristall und Quarz gefunden. Besonders schön ist das Gebiet um die Abercrombie Caves. Um Orange gibt es wieder riesige Obstplantagen, aber auch die anderen Landwirtschaftszweige -Milchwirtschaft, Schaf- und Viehzucht sowie Getreide- und Ackerbau – sind vertreten. Verkehr war auf der Straße kaum und meistens waren wir ganz allein unterwegs.

Die nächste Etappe führte uns über Lightning Ridge nach Dirranbandi. Wir waren damit doch noch im Outback Australiens gelandet. Ab Gilgandra ist die Straße für »road trains« zugelassen. Das sind Lastzüge mit zwei Anhängern und bis zu 18 Achsen. Die Farmen liegen bis zu 30 Kilometer auseinander. Vorwiegend ist es Buschland. Den Ort Lightning Ridge haben wir besucht, weil hier die bekannten schwarzen Opale gewonnen werden. Über ein riesiges Gebiet verstreut stehen Wohnwagen, Blechhütten, Zelte und andere abenteuerliche Behausungen. Opale werden unter Tag abgebaut und die Sache ist keineswegs ungefährlich. Die Minenarbeiter tragen vorwiegend sehr lange Haare und Bärte. Jeans und Hemden sind zerrissen. Im örtlichen Pub werden die Funde gemeinsam begutachtet. Interessant sind auch die Begleiterinnen dieser Glücksritter. Über allem steht die glühende, alles verbrennende Sonne. Das Glänzen in den Augen dieser Abenteurer und die Atmosphäre in der kleinen Stadt waren die Reise wert. Wir sahen schwarze Opale im Wert von 40 000 Australischen Dollar.

Auf den letzten 250 Kilometern bis Dirranbandi sahen wir nur noch unbewohntes Buschland. Keine Ortschaft, kein Haus, keine Farm – einfach nichts. Wieder erlebten wir endlose Geraden bis achtzig Kilometer Länge ohne auch nur den geringsten Verkehr! Diese grandiose Einsamkeit war für uns ein ganz besonderes Erlebnis. Anscheinend hatte es kürzlich heftig geregnet, Gras und Busch waren tiefgrün.

Es hatte wirklich heftig geregnet. Ein Gebiet von 1000 Quadratkilometern stand mehr oder weniger unter Wasser. Uns erstaunte nichts mehr. In Australien ist eben alles etwas anders dimensioniert – auch die Regenfälle. Am nächsten Tag mussten wir einen Umweg von 450 Kilometern fahren, um nach Goondiwindi zu gelangen. An diesem Tag legten wir eine Gesamtstrecke von 700 Kilometern zurück. Wir kamen durch vier Ortschaften, und keine hatte mehr als zehn Häuser. Gesehen haben wir an diesem Tag vor allem Baumwollfelder von immensem Ausmaß. Für ihre Bewässerung wurden riesige Seen ausgebaggert. Die Straße sahen wir manchmal über einige Kilometer gar nicht mehr, weil sie unter Wasser stand – zum Glück nicht sehr tief.

Über Warwick und Beaudesert erreichten wir dann wieder Brisbane. Der Rückweg von Melbourne nach Brisbane war 5000 Kilometer lang. Wir haben auf dieser Reise einen der schönsten Teile Australiens gesehen. Mit unserem Kleinwagen hatten wir nie Probleme. Eine Klimaanlage wäre in dieser Jahreszeit allerdings eine enorme Erleichterung gewesen.

Nun wurde es Zeit, die PURA VIDA wieder zu bewegen. Es war Mitte April 1997, die Hurrikan-Zeit vorbei und wir konnten nordwärts segeln. An den Glas Mountains vorbei segelten wir nach Mooloolaba. Weiter ging es in die Great Sandy Strait. Das ist eine Wasserstraße zwischen Festland und Fraser Island. Hier mussten wir erstmals eine Sandbarre überqueren. Bei ruhigen Verhältnissen kamen wir dort an, aber die Barre fanden wir nicht. Erst als wir endlich die schlecht auszumachenden Richtbaken erkannten, merkten wir, dass wir in der Zwischenzeit bei unserer Suche die Barre schon dreimal überquert hatten. So einfach haben es nicht alle getroffen.

Fraser Island ist eine bewaldete Sandinsel mit einigen Süßwasserseen. Es gibt dort frei lebende Pferde und Dingos. Wir blieben ein paar Tage an einem Platz, der »Garry's Anchorage« heißt, und zogen anschließend weiter zur Kingfisher Bay. Von dort aus wanderten wir quer über Fraser Island. Auf diesem ausgedehnten Marsch zusammen mit Günter und Dagmar von der GUSTE sahen wir einige freilebende Dingos, aber keine Pferde.

Am 27. April 1997 ging es weiter Richtung Great Barrier Reef. In der Hervey Bay erwischte uns böiges Gewitterwetter mit viel Wind. In den Regenschauern blies es mit 42 Knoten, und der Seegang war unangenehm. Unser Beiboot sahen wir einige Male bereits verloren. Wir beschlossen deshalb, nach Bundaberg abzulaufen, und erreichten diese Zuckerrohr-Metropole in der Nacht. Der Wind hatte kein bisschen nachgelassen. Im Kanal zum Bundaberg River mussten wir 30 Grad vorhalten, um in der Mitte zu bleiben. Der Hafenkapitän hatte uns am Funk gesagt, dass er auf uns warten würde. Als wir den dunklen Hafen erreichten, stand tatsächlich ein Mann auf dem Bug eines Fischerbootes und winkte uns heran.

»Schön, dass ihr hier seid. Ich war dreißig Jahre Fischer. Ich weiß, wie es im Moment da draußen aussieht. Ruht euch aus. Wir sehen uns morgen.«

Bundaberg ist eine alte, schöne Stadt inmitten von Zuckerrohrfeldern, ein paar Kilometer vom Meer entfernt am Fluss gelegen. Per Autostopp fuhren wir dorthin. Die Frau, die uns mitnahm, hat uns am Abend auch wieder mit zurück genommen. In Australien ist das völlig problemlos.

Nördlich der Hervey Bay beginnt das eigentliche Great Barrier Reef. Es wird als das »Achte Weltwunder« bezeichnet. Das Ganze ist eine Riffkette von 2000 Kilometern Länge. Die Riffe sind nicht miteinander verbunden. Im Norden, etwa ab Cairns, wird es schmaler und schmaler und endet am Cape York. Auf der ganzen Strecke verstreut sind unzählige kleinere und größere Inseln, Untiefen und Felsblöcke. Für uns Segler ist dieses Great Barrier Reef eine große Herausforderung. Auch mit den heutigen Navigationsmitteln darf man sich in diesem Revier nicht den geringsten Fehler erlauben, besonders wenn man auch des Nachts segelt.

Zunächst segelten wir von Bundaberg drei Tage und drei Nächte lang nach Norden, dann in Tagesetappen weiter bis zu den Whitsunday Islands. Die Strecken zwischen geeigneten Ankerplätzen sind relativ weit. Der Wind blies regelmäßig mit zwanzig bis dreißig Knoten und erlaubte schnelle Fahrten. Trotzdem mussten wir öfter in der Nacht segeln, um im Laufe des Tages anzukommen. Nur ganz wenige Buchten kann man auch nachts anlaufen.

In Townsville nahmen wir die PURA VIDA noch einmal aus dem Wasser, um das Antifouling zu erneuern. Vor der Passage über den Indischen Ozean wollten wir das auf jeden Fall machen. Damit bis Darwin zu warten barg ein Risiko. Dort kommen so viele Yachten zusammen, dass es Terminprobleme geben könnte. In Townsville waren die Bedingungen gut.

Als wir wieder ins Wasser kamen, stellten wir fest, dass in einem Bilgeabschnitt, der normalerweise trocken ist, rostiges, komisch schmeckendes Wasser war. Nicht viel – aber beunruhigend, weil es hier trocken sein musste. Wir trockneten den Boden und beobachteten den Zustand. Auch tags darauf war es wieder nass. Nur ganz wenig, aber eben nass. Ob es Salzwasser oder Süßwasser war, konnten wir nicht eindeutig sagen. Ein Leck fanden wir auch nicht. Erst drei Tage später fand sich des Rätsels Lösung. Eine Flasche Sekt – Rosé – war zerbrochen. In der Bilge war Sekt!

Am 25. Mai 1997 starteten wir wieder von Townsville. Über Magnetic Island, Orpheus Island, Richards Bay, Dunk Island, Mourilyan Harbour und Fitzroy Island segelten wir nach Cairns. Diese

Etappe dauerte eine Woche. Nun wurde das Riff schmal. Ein weiterer langer Zweitagestrip brachte uns nach Lizard Island. Nachts hatten wir einige Begegnungen mit der Großschifffahrt – natürlich immer an den engen Stellen. Es war jedoch nie gefährlich und die Befeuerung der Riffe bei Nacht ist ausgezeichnet.

Lizard Island war der Höhepunkt im Great Barrier Riff. Endlich einmal glasklares Wasser und ein schönes Riff zum Schnorcheln! Dabei sahen wir 70 Zentimeter große Mördermuscheln. Wenn sie ihre Schalen zuklappen, können sie Knochen durchhacken. Vom Mount Cook hatten wir eine herrliche Aussicht zum Außenriff und auf den Ankerplatz. Beim Abstieg vom Mount Cook sahen wir eine der giftigsten Schlangen Australiens. Im Schlangen-Führer konnten wir sie finden: »Aggressiv – beißt erst und fragt nachher!«

Ab hier wurden wir regelmäßig durch den Zoll kontrolliert. Mit einem kleinen, zweimotorigen Flugzeug flogen sie sehr tief, etwa zehn Meter über dem Wasser, an uns vorbei. Über Funk wollten sie dann unsere Ziele wissen. Verabschiedet haben wir uns immer mit: »Have a nice day. See you tomorrow.«

Ein weiterer Nachtschlag brachte uns in die Flinders Group. Hier warteten wir eine weitere Starkwindperiode ab und segelten dann nach Portland Road. Portland Road wird von den Australiern als Außenposten der Zivilisation bezeichnet. Wir hatten gehofft, hier etwas Proviant aufstocken zu können. Von Zivilisation im üblichen Sinn war dort aber nichts zu sehen. Acht Häuser an einer verschlammten Straße, und das war's! Dabei hatten wir schon seit Tagen von einem richtigen Outback-Pub geträumt. Natürlich auch von frischen Nahrungsmitteln – aber wenn ich ehrlich sein will, erst in zweiter Linie…

Eine Frau bat uns in ihr Haus. Es begann gerade zu regnen, weshalb wir die Einladung gern annahmen. Das Haus war groß und hatte eine eigenwillige Innenaufteilung. Vermutlich der Hitze wegen waren die Wände nicht bis zur Decke gezogen, es gab nur etwa einen Meter hohe Unterteilungen. Es sah aus wie ein Großstall mit Kälberboxen, und ähnlich roch es auch. Etwa fünfzehn Hunde und Katzen tummelten sich im Haus. Die Frau bat uns Platz zu nehmen. Kaum saßen wir, sprang sie auf: »Da kommt ein Patient!«

Ein Mann kam herein. Wir hatten ihn vorher vor dem Haus arbeiten sehen und geglaubt, dass er der Ehemann unserer Gastgeberin sei.

»Er hat Krebs. Ich muss ihn täglich behandeln.«

Sie legte ein Stück roten Stoff auf seinen Arm und befestigte dieses mit einem weißen Streifen Tuch.

»Noch zwei, drei Wochen und er ist gesund.«

Der Mann strahlte selig und ging wieder an die Arbeit.

Ich fragte: »Wie behandeln Sie denn Krebs?«

Sie zeigte uns verschiedenfarbige Stoffstückchen.

»Die sind ganz speziell behandelt. Die roten sind für schwere Fälle wie Krebs, Aids und solche Sachen. Die weißen für Kopfschmerzen, Darmgrippen und so. Ich gebe euch einen ganzen Satz mit. Damit könnt ihr alles heilen. Schaut mich an! Ich bin siebzig Jahre alt und hatte schweren Krebs. Die Ärzte gaben mit nur noch Wochen. Nun bin ich wieder kerngesund mit dieser Behandlung.«

Sie gab uns in einem Briefumschlag das Versprochene und eine schriftliche Anleitung dazu.

»Geht in Frieden!«

Vor dem Haus erhielten wir noch eine Überraschung. In einem Plastiktäschchen bekamen wir ein wenig Sand. Sand, wie man ihn überall am Meer finden kann. Sie sah mein fragendes Gesicht und zeigte uns dann das Spezielle an diesem Sand. Jedes Sandkorn hatte die Form eines Sternes. Da staunten wir nun wirklich. Über die Stoffrestebehandlung haben wir noch lange gelacht.

In einem letzten Nachttörn erreichten wir Adolphus Island in der Torresstraße. Das Great Barrier Reef lag hinter uns. Wir hatten von diesem Riesenriff wesentlich mehr erwartet. Auf Bildern sieht man schneeweiße Strände, glasklares Wasser und intakte Rifflandschaften. Die Wirklichkeit sieht allerdings etwas anders aus. Wo schöne Sandstrände sind, haben sich gleich mehrere Resorts eingenistet. Dort wimmelt es von Touristen aller Nationen. Das gilt besonders für die Umgebung von Townsville und Cairns. Die Riffe sind eine einzige Enttäuschung. Das Wasser ist undurchsichtig braun. Schwimmen ist nur an wenigen Orten empfehlenswert. Die Ankerplätze sind bis auf ganz wenige Ausnahmen unruhig, und das ist noch eine höfliche Umschreibung. Gut gefallen haben uns Scawfell Island, Thomas Island, Cid Harbour, Magnetic Island, der Ankerplatz bei Cape Richards in der Missionary Bay und Lizard Island, welches für uns in allen Belangen die schönste Insel im Great Barrier Reef war und als einzige einem Vergleich mit Inseln in der Südsee standhalten würde.

Der Wind blies konstant mit 25 bis 30 Knoten aus Südost, oft war es auch mehr. Mit Südostwind hat man den Wind zumindest immer von hinten. Der Seegang ist aber gerade dann beträchtlich, weil er aus dieser Richtung nie durch ein Riff gebrochen wird. Von Segeln in einem geschützten Seegebiet kann also keine Rede sein.

Wir sind etliche Male auch bei Starkwindwarnung ausgelaufen. Nicht dass wir leichtsinnig waren, nur war es auf den ungeschützten Ankerplätzen auch nicht gemütlicher. Ebenso gut konnte man auch unterwegs sein und segeln. Mit der Zeit haben wir uns an die Verhältnisse gewöhnt. Reffen, ausreffen, schiften, halsen, wenden – wir konnten es nun mit geschlossenen Augen in allen Bedingungen. Im Great Barrier Reef haben wir diese Manöver ein Vielfaches häufiger machen müssen als auf der gesamten Pazifiküberquerung inklusive Neuseeland und zurück. Der Vorteil war, dass wir uns nun für den Indischen Ozean bestens vorbereitet wussten.

In der Torresstraße gibt es sehr schwierige Strömungsverhältnisse. Der Tidenhub beträgt vier Meter und in den meist engen Passagen steht Strom von bis zu sieben Knoten. Bei Horn Island trieb es uns nach einer Kursänderung quer auf ein Riff zu und wir bemerkten es beinahe zu spät. Ich hatte die Strömung ganz einfach unterschätzt. Der Himmel war bedeckt und die Sicht nicht gerade berauschend. Der Wind kam wie immer aus Südost und war mit 25 bis 32 Knoten auch nicht ungewöhnlich stark. Wir liefen stark gerefft zwischen Scott Rock und Tuesday Island durch auf den Chapman Rock zu. Unser Wegpunkt lag zwischen Scott Rock und Chapman Rock. Beim Wegpunkt angekommen luvten wir an und gingen mit halbem Wind auf den neuen Kurs zum Ellis Channel. Ohne besondere Eile war ich dabei, den Bullenstander abzubauen, während Vreni den neuen Kurs kontrollierte und berichtigte.

»Hey!«, rief ich, »was machst du? Der Kurs kann doch so gar nicht stimmen. Wir segeln schon bald am Wind!«

»Ich muss noch mehr korrigieren – das drückt uns gewaltig weg.«

Ich drehte mich um und schaute in Richtung Chapman Rock. Du lieber Himmel! Da lag er genau querab. Der Unterwasserfelsen war bereits zu sehen und wir trieben schnell genau darauf zu.

»Komm rauf! Schnell! Es drückt uns auf das Riff. Sind schon bald drauf!«

Vreni wurde kreideweiß, als sie sah, wie nahe wir schon waren.

»Genua und Groß knalldicht. Maschine starten. Wir müssen so hoch wie möglich an den Wind. Ich steuere selbst.«

Sekunden später waren wir hoch am Wind und nach der Vorglühzeit kam auch die Maschine. Es war keine Sekunde zu früh. Die Abdrift wurde nun geringer. Ohne Maschine hätte es vermutlich nicht mehr gereicht. So schrammten wir gerade noch daran vorbei. Außer einigen heftig zitternden Nerven war nichts passiert. Die Strömung musste an dieser Stelle extrem stark gewesen sein und die Abdrift auf dem neuen Kurs hatte ich gewaltig unterschätzt. Man lernt eben nie aus.

Interessant ist, dass der Strom nicht bei Hoch- und Niedrigwasser kippt. In der Torresstraße ist das bis zu drei Stunden vor- und nachher. Für jede Passage und jeden Engpass muss man für den entsprechenden Tag Strömungsberechnungen anstellen und sowohl die Abfahrt wie die Ankunft bei diesen Stellen darauf abstimmen.

Wir ankerten vor Horn Island. Es ist dort wesentlich ruhiger als vor Thursday Island. Zudem ist der Ankergrund besser. Für Besorgungen kann man mit der Fähre nach Thursday Island fahren.

Auf den Inseln in der Torresstraße leben viele Aborigines. Die weißen Australier nannten sie zwar immer »islanders« (Insulaner), aber ein Unterschied zu den Aborigines war nicht zu erkennen. Mit den stolzen Ureinwohnern Australiens haben diese Leute bestimmt nichts mehr zu tun. Sie leben von der Fürsorge und trinken bis zur Bewusstlosigkeit. Jeder wird angebettelt.

Nach unserer Ankunft auf Horn Island saßen wir zusammen mit der GUSTE-Crew im einzigen Restaurant. Seit Cairns hatten wir schließlich keinen Pub mehr gesehen. Eine beschwipste Frau schnorrte mich um eine Zigarette an. Ich gab ihr eine. Da sagte sie freundlich: »Danke. Willst du mich bumsen?«

Ich habe mich beinahe an meinem Bier verschluckt. Tags darauf sahen wir dieselbe Lady auf Thursday Island. Wir warteten im Pub auf die Fähre. Die Lady auch. Günter zahlte ihr ein Bier. Und was sagt sie? »Danke. Willst du mich bumsen?«

Selig strahlte sie Günter an. Nun verschluckte sich Dagmar – aber gründlich.

Für die Überquerung der Arafurasee benötigten wir genau fünf Tage. Nach einem weiteren Tag erreichten wir Darwin im Norden von Australien. Die Ankunft in Darwin musste genau geplant werden. Der Tidenhub beträgt hier 6,5 Meter! Die Strömung in der Clarence Strait erreichte zeitweise 7,6 Knoten, was in Spitzen eine Fahrt über Grund von 11 Knoten ergab. Gegen diesen Strom hätte man natürlich keine Chance, überhaupt vorwärts zu kommen. Es waren 750 Seemeilen in sechs Tagen. Ungemütlich und rau, jedoch schnell. Die gesamte Strecke von Brisbane bis Darwin betrug 2300 Seemeilen. Wir waren elf Wochen unterwegs.

Darwin ist die Hauptstadt des Northern Territory. Sie liegt im tropischen Norden Australiens. In der Sommerzeit herrschen Temperaturen um 42 °C bei einer Luftfeuchtigkeit von 95%. Jetzt im Winter waren es immer noch 30 °C, allerdings mit trockener Luft. Die Stadt wurde in der Vergangenheit mehrmals von Wirbelstürmen heimgesucht und völlig zerstört, letztmals im Jahre 1974. Wir sahen Fotos von den Verwüstungen, die dieser Zyklon hinterlassen hat. Es ist beeindruckend. Die Stadt wurde komplett niedergewalzt. Nur die aus Stein gebauten Häuser blieben stehen.

Darwin ist nach diesem Hurrikan zum dritten Mal wieder aufgebaut worden, mit besseren Materialien und stabiler. Es müssen schon besondere Leute sein, die in diesen harten Bedingungen leben wollen und können. Genau das ist es vermutlich aber, was diese Stadt so reizvoll macht. Die Einwohner sind unkomplizierte, fröhliche und gesellige Menschen. Man trifft sich gern. Gelegenheiten dazu gibt es in Darwin beinahe täglich, am Wochenende aber sicher. Da ist Live-Musik im Park des Kasinos, im Segelklub, im Tennisklub und in einem Dutzend anderer Klubs. Im Kasinopark tritt jede Woche eine andere Band auf – immer Spitzenmusiker! Dann sitzen einige hundert Leute auf dem Rasen und hören zu. Jeder bringt seine eigenen Getränke mit. Bier und Sekt sind sehr beliebt. In den Pausen geht ein Conférencier durch die Menge und befragt die Leute nach ihrem Woher und Wohin und macht einen Witz nach dem anderen. Es sind ungezwungene und unkomplizierte Veranstaltungen mit Menschen, die eben genauso sind. Wir waren mehrmals dort und haben viel und herzlich gelacht.

Einmal in der Woche ist abends am Strand Markt. Hunderte von Marktständen sind aufgebaut. Vietnamesische Küche, deutsche Würstchen, Tiroler Knödel, chinesische, taiwanesische und auch lokale Speisen werden angeboten. Krokodillederwaren, Bienenhonig, Sirup, Bilder und auch viel Ramsch gibt es – überraschenderweise gar nicht so teuer. Dieser Markt wird von Tausenden besucht.

Von Darwin aus reisten wir in den Kakadu-Nationalpark. Er bietet eine grandiose Landschaft. In der Regenzeit ist der größte Teil überschwemmt. Die Aborigines haben sich in dieser Zeit schon immer in die felsigen Erhöhungen zurückgezogen. Überall in den Höhlen und an den Wänden kann man sehr alte Felszeichnungen besichtigen. Den Aborigines kann man beim Malen ihrer eigenartigen Bilder zusehen. In diesem Nationalpark sahen wir auch mehrmals frei lebende Krokodile. Vor allem die Salzwasser-Krokodile sind sehr gefährlich. Ein ausgewachsenes Tier wird bis zu sechseinhalb Meter lang und wiegt einige hundert Kilo. Das größte Reptil der Welt kann achtzig Jahre alt werden. Sie sind im Wasser kaum zu sehen, schlau und unglaublich schnell. Schwimmend erreicht es eine Geschwindigkeit von zwanzig Stundenkilometern. Ein Krokodil kann sich eine Stunde ohne zu atmen unter Wasser aufhalten. Ebenso erstaunlich ist, dass diese Tiere bis zu einem Jahr ohne Nahrung auskommen können. Ein Geschenk der Natur ist das Gebiss der Krokodile: Ausgebrochene Zähne wachsen einfach wieder nach. Sie können insgesamt bis 4500 neue Zähne bekommen. Seit 1971 sind alle Krokodil-Arten in Australien geschützt.

Auf vielen Ankerplätzen haben wir es tunlichst unterlassen, im Meer zu schwimmen. Einheimische warnten uns auch davor, mit dem Beiboot mehrmals denselben Weg zu fahren. Die Krokodile würden sich das merken und angreifen, wenn sie hungrig sind. Diese Warnung haben wir beherzigt und jeden Tag eine andere Strecke genommen. In freier Wildbahn haben wir jedoch bewusst nie ein Krokodil gesehen, obwohl wir uns viele Wochen in ihrem Lebensraum aufgehalten haben.

Ein paar Tage später wurde das traditionelle Ambon-Race gestartet. Am Start waren auch unsere Freunde Smelly, Roswita und Sascha mit ihrer HIGH LIFE. Ausgerüstet mit neuen Segeln war Smelly zuversichtlich auf einen vorderen Platz. Völlig unerwartet gewann die HIGH LIFE-Crew das Rennen in ihrer Klasse und war damit das erste deutsche Boot, dass diese Regatta gewinnen konnte.

Bei der Verproviantierung für die lange Überquerung des Indischen Ozeans bekamen wir viel Hilfe durch Sigo und Hilu von der SUNSEEKER. Diese Deutschen waren vor einigen Jahren nach Darwin ausgewandert und wohnten nun achtzig Kilometer südlich von Darwin. Mit der SUNSEEKER wollten sie in Kürze auch auf lange Fahrt gehen. Es war für uns eine enorme Erleichterung, mit ihrem Wagen den Proviant im weitläufigen Darwin zu beschaffen und auf das Boot zu transportieren. Wir wurden eingeladen, einige Tage bei ihnen in ihrem schönen Haus an der Küste zu verbringen, aber die Zeit reichte einfach nicht mehr. Der Indik rief!

Meer zwischen den Welten: Der Indik

Cocos Keeling – Rodrigues – Mauritius – La Réunion – Auf nach Südafrika!

Am 7. August 1997 verließen wir Darwin/Australien. Vor uns lag der Südindische Ozean, ein riesiges Meer mit wenigen kleinen Inseln und wenigen Anlaufmöglichkeiten für uns. Der Indik ist unter den Seglern nicht gerade beliebt. Wir wussten, dass der Passatwind manchmal tagelang in Sturmstärke blasen kann und ein permanenter Südschwell uns das Leben an Bord ungemütlich gestalten würde. Wir wussten auch von gewaltigen Stürmen auf diesem Ozean, von starken Strömungen, die so genannte »Monsterwellen« produzieren. Deshalb haben wir viel Zeit aufgewendet, um die PURA VIDA für diese Etappe nach Südafrika in Topform zu bringen. Noch nie vorher haben wir das gesamte Rigg so gewissenhaft überprüft wie vor dieser Abreise in Darwin. Die PURA VIDA war auf Stürme vorbereitet.

Vorerst liefen wir jedoch unter Maschine. Es war windstill. Die Tide schob kräftig mit und wir machten schnelle Fahrt. Darwin verschwand bald im Dunst, und bereits am späten Nachmittag bogen wir in die Timorsee ein. Wir waren eine Gruppe von vier Segelbooten. Tags zuvor waren GUSTE und FORTUNA ausgelaufen, eine Stunde hinter uns kam SAHE, und alle wollten nach Cocos Keeling. Wir hatten täglich zweimal Funkkontakt über Kurzwelle. Dabei wurden Wetterinformationen ausgetauscht, die Positionen der anderen aufgeschrieben und auch ein bisschen gequatscht. Natürlich ist es immer interessant zu wissen, wie die Bedingungen voraus sind. So ein Feld von Yachten wird allerdings schnell weit auseinander gezogen, weil jeder eine andere Geschwindigkeit segelt. Am Abend wussten wir, dass auch hundert Seemeilen voraus kein Wind war. Das sah nach einer längeren Flaute aus.

Am nächsten Tag lief die Maschine noch immer. Das Meer war spiegelglatt und nicht ein Hauch von Wind vorhanden. Die Sonne brannte. Delfine spielten mit der Pura Vida. Sie schwammen Kreise um uns und tauchten dann ganz knapp vor dem Bug oder unter dem Bug auf die andere Seite. Tunfische sprangen, fliegende Fische sausten über das Wasser, Schildkröten dösten in der Sonne und sogar eine zwei Meter lange, richtig dicke Seeschlange sahen wir. Langweilig war es keineswegs.

Auch in der Nacht wurde uns nicht langweilig. Die Marine der Australier veranstaltete in diesem Seegebiet ein Manöver. Wir wurden über Funk informiert und gebeten, einen mehr südlichen Kurs zu fahren. Das fiel mir gar nicht ein. In internationalen Gewässern auf einer offiziellen Seefahrtsstraße ändere ich wegen Kriegsspielen nicht den Kurs. Die Marine teilte uns dann mit, dass acht Kriegsschiffe, vier U-Boote und Flugzeuge an diesem Manöver beteiligt seien. Die Segelyacht Fortuna musste in der Nacht vorher einen Umweg von dreißig Seemeilen fahren. Wir hielten Kurs und fuhren auf die vielen vor uns liegenden Lichter zu. Gegen Mitternacht überflog uns dann erstmals sehr tief ein langsam fliegender Jet. Er kam so tief, dass ich dachte, er wolle zwischen unseren Masten durch. Das Flugzeug flog dann noch mindestens zwanzigmal sehr tief über uns hinweg und dann in Richtung der hinter uns liegenden Sahe. Ich glaube, die haben uns einfach in ihre Übung einbezogen. Kurz vor Morgengrauen war der Spuk zu Ende und bei Tagesanbruch war kein Schiff mehr zu sehen. Für uns war's eine kurzweilige Nachtwache.

Auch der dritte Tag brachte keinen Wind und auf der Wetterkarte war keine Änderung zu erkennen. Wir holten schnell auf die vor uns liegenden Yachten Guste und Fortuna auf. Am Nachmittag hatten wir die einen Tag vor uns ausgelaufene Guste eingeholt. Günter und Dagmar hatten sich einige Stunden zuvor entschlossen, ihre alte Maschine zu schonen und nur noch nachts zu fahren, ansonsten einfach auf Wind zu warten. Das Meer war immer noch spiegelglatt und so gingen wir bei den beiden längsseits und tranken zusammen in Ruhe ein Bier. Nach einem wunderschönen Sonnenuntergang liefen wir unter Maschine weiter. GUSTE blieb zurück und verschwand schnell am Horizont.

Die Flaute dauerte viereinhalb Tage. Am Morgen des fünften Tages auf See kräuselte sich das Wasser ein wenig, und eine Stunde später konnten wir die Maschine abstellen und segeln. 450 Seemeilen hatten wir nun mit dem Motor bewältigt. In den folgenden fünf Tagen blieb der Wind schwach. Wir konnten jedoch immer segeln und die Etmale wurden täglich größer. Wir genossen Bilderbuchwetter. Passatwolken trieben träge mit uns gen Westen und die Sonne brannte dermaßen stark auf das Deck, dass man nicht mehr barfuß darauf gehen konnte. Außer einigen Unterhaltsarbeiten gibt es bei solchen Bedingungen an Bord nicht viel zu tun. Man hat Zeit zum Lesen und Schreiben.

Am zehnten Tag auf See zogen schwarze Wolken auf. Der Wind frischte kräftig auf und wurde böig. Die Faulenzerei war zu Ende. Nun gab es Arbeit. Auf der Wetterkarte war weder eine Front noch sonst ein Störungssystem zu erkennen. Trotzdem blies es tagelang in Sturmstärke, und wir waren rund um die Uhr beschäftigt. Wir lagen zu diesem Zeitpunkt an der Spitze der Vierergruppe, und diese Position wollten wir nicht mehr abgeben. Nun lieferten wir uns ein Rennen und vor allem SAHE schenkte uns keinen Meter. Wir durchsegelten eine Regenfront nach der anderen. In den Fronten blies es mit bis zu 42 Knoten. Die See war nun sehr rau. Aus dem Süden stand eine lange Dünung von vier Metern Höhe, und die darüber gelegte Windsee aus Osten war auch drei Meter hoch. Das sieht gewaltig aus und man staunt, wie ein so kleines Boot mit diesen Elementen fertig wird. Immer wieder knallten Wellen an den Rumpf und man glaubte, das Boot werde mit einem Vorschlaghammer bearbeitet. Wasser spritzte bis in die Mitte der Masten hoch. Die PURA VIDA verhielt sich einfach wunderbar. Das waren ihre Bedingungen. Es war einfach eine Freude zuzusehen, wie sie durch diese Wellen raste, hinter sich einen breiten, weißen Schaumteppich lassend. In den Wanten heulte der Wind und der Regen kam waagerecht. Tag und Nacht holten wir das Maximum an Geschwindigkeit aus unserem Boot, indem wir unzählige Male ein- und ausrefften. Wir segelten fast ausschließlich Schmetterling. In den erwähnten Winddrehern der Fronten mussten wir, um schnell zu sein, jeweils schiften. Wir hatten beide Spibäume gesetzt und ließen den unbenutzten immer oben. Das war nie ein Problem. Wir hatten es schon im Great Barrier Reef so gehandhabt. PURA VIDA sah zwar aus wie ein Krabbenfischer, aber das sah ja niemand. Das Schiften ging deshalb sehr schnell. Wir rollten die Genua ganz weg, schifteten das Groß und rollten die Genua auf dem anderen Bug wieder aus. Das Groß haben wir immer vor dem Wind auf Kurs bleibend ein- und ausgerefft. Also nicht gerade wie im Schulbuch. Es hat sich aber gut bewährt. Dass das Groß dazu dicht genommen werden muss ist selbstverständlich. Geschlafen haben wir nur noch stundenweise. Trotzdem fühlten wir uns eigentlich nicht sehr müde. Man gewöhnt sich schnell daran, in Etappen zu schlafen. Innerhalb von Sekunden fällt man in einen Tiefschlaf und ist genauso schnell hellwach, um seine Arbeit zu tun. Einer von uns war immer im Cockpit.

Am 25. August 1997, nach 18 Tagen auf See, war im Morgengrauen Cocos Keeling zu erkennen. Wie Peitschen bogen sich die Palmen im stürmischen Wind. SAHE lag immer noch zehn Seemeilen hinter uns und es war nun klar, dass wir die Sieger in diesem Rennen sein würden. Wir waren richtig stolz. Morgens um sieben Uhr bogen wir in den Ankerplatz in Lee von Direction Island ein und warfen den Anker. Sanft schaukelte PURA VIDA auf den Wellen. Die Bewegung war aus dem Boot. Wir hatten es geschafft. Es waren genau 2000 Seemeilen.

Die SAHE kam am Nachmittag an, FORTUNA einen Tag später und GUSTE ganze fünf Tage später.

Cocos Keeling ist ein Atoll mitten im Indischen Ozean. Die Position ist 12° Süd und 097° Ost. Hufeisenförmig fügen sich insgesamt 27 Inseln aneinander. Auf der Weltkarte ist es nur ein winziger Punkt in der unendlichen Weite des Indik.

Das Atoll wurde 1609 von Kapitän William Keeling entdeckt. Die Inseln waren damals unbewohnt. Im Jahre 1826 erreichte der Engländer Alexander Hare Home Island und nahm das ganze Atoll in seinen Besitz. Ein Jahr später wollte John Clunies-Ross mit vierzig Malaien Cocos Keeling besiedeln. In den kommenden Jahren herrschte Zank und Streit. Die Geschichte berichtet auch davon, dass sich Alexander Hare ein bisschen zu sehr um die weiblichen Malaien bemüht hatte. John Clunies-Ross sah rot und verbannte seinen Rivalen auf eine ganz kleine Insel. Man kann sie in drei Minuten umwandern. Sie hieß ab dann Prison Island – Gefängnisinsel. Alexander Hare hielt es dort nicht lange aus. 1831 verließ er das Atoll und ging nach Java.

Um weiteren Rivalitäten vorzubeugen, bemühte sich John Clunies-Ross sehr darum, das Atoll unter den Schutz des Königreichs England zu stellen. Das geschah 1857. Administrativ wurde es Ceylon unterstellt. Seit 1955 ist das Atoll australisches Territorium.

John Clunies-Ross und seine Nachkommen muss man sich als selbst ernannte Könige in einem kleinen, völlig isolierten Inselreich vorstellen. Die Malaien waren die Untertanen und wurden wie Sklaven behandelt. Kontakt und Handel mit Weißen war ihnen untersagt. Entlohnt wurden sie mit einer von Clunies-Ross erfundenen Cocos-Keeling-Rupie. Diese Rupie konnte nur im Lebensmittelgeschäft auf Home Island benutzt werden. Das Geschäft gehörte natürlich der Familie Clunies-Ross. Eine Gesundheitsversorgung gab es bis 1902 nicht.

Geld verdient wurde mit der Produktion von Kopra. Die Familie Clunies-Ross muss damit viel Erfolg gehabt haben. Immerhin konnten sie sich eigene Schiffe leisten, wohnten in einer stattlichen Villa mit Möbeln aus England und Australien und investierten im ganzen asiatischen Raum in Grundstücke.

Im Jahre 1902 installierte die Telegrafen-Gesellschaft eine Relaisstation auf Direction Island. Zur Bedienung dieser Anlage kamen vierzig Personen auf die Insel, die Hälfte davon Chinesen aus Singapur. Auch ein Arzt war dabei und betreute die malaiische Gemeinde der Familie Clunies-Ross auf Home Island ebenfalls.

1914 kam Cocos Keeling in die Weltpresse. Das deutsche Kriegsschiff EMDEN beschoss die Telegrafen-Station. Es gelang jedoch dem Bedienungspersonal, das sich in der Nähe befindende Kriegsschiff SYDNEY zu alarmieren. Dieses eilte herbei und die EMDEN floh. In einem kurzen Seegefecht wurde die EMDEN schrottreif geschossen und lief vor North Keeling auf ein Riff. Die Telegrafen-Station konnte in wenigen Tagen repariert werden.

Auch zwischen den beiden Weltkriegen ging es der malaiischen Bevölkerung auf Cocos Keeling nicht viel besser. Die Sterblichkeit war immer noch erschreckend hoch. 1941 war die Bevölkerung auf 1450 Personen angewachsen und die Ernährung wurde ein ernsthaftes Problem. Auf dem Sandboden dieser Inseln ist es sehr schwierig, irgendwelches Gemüse anzubauen. Die Grundnahrungsmittel kamen schon immer mit Schiffen zu den Inseln. Auf dem Hinweg brachten sie Nahrungsmittel und auf dem Rückweg wurde die Kopra abtransportiert.

1945 bauten die Alliierten mit 8300 Mann eine Flugpiste aus Metall. Dazu mussten Tausende von Kokospalmen gefällt werden. So kam die malaiische Bevölkerung erstmals in Kontakt mit modernen Maschinen und anderen Kulturen, denn am Bau beteiligt waren Engländer, Australier und Inder. Der Bau war in wenigen Wochen beendet, und zurück blieben 3000 Mann Bedienungspersonal. Zu dieser Zeit besserte sich auch die Gesundheitsversorgung der Malaien, was sich in einer Bevölkerungsexplosion auswirkte. Die Familie Clunies-Ross gab bekannt, dass sie alle Malaien finanziell unterstützen würde, die Cocos Keeling für immer verließen. 1949 ging eine erste kleine Gruppe von 180 Personen und ließ sich auf Borneo nieder. In der Folge verließen weitere sechs Gruppen in der gleichen Größe Cocos Keeling. Ende 1951 lebten nur noch gerade 350 Malaien auf dem Atoll.

1974 besuchte eine Delegation der UNO Cocos Keeling, um die Sklaverei und die Gerüchte um das Plastikgeld zu untersuchen. Der Bericht war weder für die Familie Clunies-Ross noch für die Regierung Australiens schmeichelhaft. Es kam einiges in Bewegung, und bereits 1978 kauften die Australier der Familie Clunies-Ross das Atoll für 6,25 Millionen australische Dollar ab. Die Familie behielt nur die Villa und das dazu gehörende Grundstück. Ab diesem Zeitpunkt ging es der malaiischen Bevölkerung besser.

Die erzwungene Isolation dieser Bevölkerung hat allerdings eine unverfälschte Kultur hinterlassen. Die Bewohner von Cocos Keeling sind ausschließlich Moslems. Tänze, Kostüme und Riten sind ohne Einfluss von außen erhalten geblieben und werden intensiv weiter gelebt. Die Gemeinde besteht heute aus 700 Personen.

Die Insulaner leben in modernen, neuen Häusern auf Home Island. Strom und Fernsehen haben auch hier Einzug gehalten. Autos gibt es keine auf dieser Insel. Dafür fährt man auf vierrädrigen Motorrädern. Die traditionellen Segelboote haben ausgedient. Das Alu-Boot mit Aussenborder steht praktisch vor jedem Haus.

Kopra wird nicht mehr produziert. Eine Industrie oder andere Möglichkeiten zum Geldverdienen gibt es kaum. Der australische Staat unterstützt die Malaien massiv und es geht ihnen heute ausgezeichnet. Gearbeitet wird fast ausschließlich für die Gemeinde oder den Staat, wobei die Arbeit eher den Charakter einer Freizeitbeschäftigung hat. Modernste Maschinen und Geräte stehen ihnen zur Verfügung.

Die wenigen Weißen, ausschließlich Australier, leben auf West Island. Die jedes Jahr zur gleichen Zeit eintreffenden Yachten haben vor Direction Island zu ankern. So ist denn alles fein säuberlich getrennt.

Das Wasser in der Lagune ist glasklar und hat die Farben blau und grün. Zwischen den Inseln sind Riffe, und das sind ausgezeichnete Plätze zum Tauchen und Schnorcheln. Wir ließen uns mit der Strömung am Riff entlang treiben und genossen diese intakte Unterwasserwelt. Hinter dem Riff im tieferen Wasser gibt es große Korallenblöcke. Auf dem sandigen Grund sind Muscheln und Schnecken zu sehen. Es ist ein Paradies für Taucher.

Direction Island ist unbewohnt, wenn man von den frei lebenden Hühnern, Kaninchen und Ratten absieht. Jemand hat für die Yachties einen überdachten Grillplatz eingerichtet. Das war dann der tägliche Treffpunkt, und wir erlebten eine wunderschöne, gesellige Zeit. Zum Einkaufen musste man nach West Island fahren. Das ist eine zeitaufwändige Angelegenheit. Morgens um sechs Uhr fuhr man mit dem eigenen Beiboot nach Home Island. Bei 25 Knoten Passatwind baut sich in der Lagune eine kurze, steile See auf, und auch bei langsamer Fahrt war das eine sehr nasse Sache. Um sieben Uhr geht die Fähre nach West Island. Vom Fähranleger bis zur Ortschaft sind es nochmals zehn Kilometer. Man kann mit einem Bus fahren oder zu Fuß gehen. Wir machten jeweils einen Weg zu Fuß. Wenn man so lange auf See war, muss man die alten Knochen wieder bewegen. Um elf Uhr geht die Fähre wieder zurück nach Home Island. Mittags war man dann wieder auf dem Boot. Diesel und Trinkwasser mussten wir in Home Island beschaffen. Gemeinsam mit den anderen Yachten mieteten wir bei den Malaien ein Alu-Boot. Damit schafften wir 4000 Liter Wasser und Diesel auf den Ankerplatz.

So vergingen drei Wochen wie im Fluge. Neue Yachten kamen und andere gingen. In Cocos Keeling trennen sich die Wege der Yachten wieder einmal. Die meisten segeln von dort aus Richtung Norden nach Chagos oder zu den Malediven, um dann von dort aus durch den Suezkanal ins Mittelmeer zu gelangen. Nur etwa ein Drittel nimmt den weiten Weg über den Indik nach Südafrika. Wieder einmal hieß es Abschied nehmen von Freunden. Jedes Boot wurde mit einem Hupkonzert mit den Nebelhörnern verabschiedet.

Am 10. September 1997 zogen auch wir den Anker aus dem weißen Sand. In den kommenden fünf Tagen war das Wetter unbeständig. Immer wieder erwischten uns Regenfronten. Der Wind war extrem böig und ging teilweise bis 40 Knoten hoch. Bei diesen Verhältnissen kamen wir schnell vorwärts und machten gute Etmale. Es war aber auch harte Arbeit. Unermüdlich passten wir die Segelfläche den Bedingungen an. Es war beinahe unmöglich zu kochen. An Schlaf war nicht zu denken. Wolfgang von der FORTUNA erzählte am Funk, dass sich ein Stück Fischnetz in seinem Propeller verfangen habe. Die Welle drehte nicht mehr und der Fremdkörper bremste das Boot gewaltig ab. Bei diesen Verhältnissen war es aber unmöglich zu tauchen. Die FORTUNA war auf dem Weg nach Norden und nicht mehr weit vom Äquator.

Am sechsten Tag ließ der Wind nach und war innerhalb weniger Stunden ganz eingeschlafen. Zurück blieb eine verrückte See. Wir starteten die Maschine, um in Bewegung zu sein. Das macht es zumindest ein wenig erträglicher. Nachts um zehn Uhr wurde unser Motor heiß. Vreni stoppte sofort die Maschine. Die Temperatur war bei 100 Grad. Der Keilriemen war gerissen. Ich ging sofort an die

Arbeit. Um den neuen Keilriemen aufzuziehen, musste ich erst den Kompressor für den Kühlschrank abbauen und die Schläuche zur Seewasserpumpe demontieren. In umgekehrter Reihenfolge musste dann alles wieder montiert werden. Ohne Fahrt rollte die PURA VIDA stark in der Restdünung. Um drei Uhr morgens war es dann soweit. Wir starteten die Maschine wieder. Die Temperatur kam viel zu schnell hoch. Ich vermutete ein Problem beim Thermostaten oder an der Süßwasserpumpe. Warum, war unklar, denn beides hat mit dem Keilriemen wenig zu tun.

Total übermüdet ging ich erst einmal für zwei Stunden schlafen. Vreni bekam den Auftrag, sich in der Zwischenzeit im Handbuch über Thermostaten und Wasserpumpe schlau zu machen. Im ersten Tagesgrauen war ich erneut im Maschinenraum. Wir testeten den alten und einen neuen Thermostaten in einer Pfanne mit heißem Wasser. Beide öffneten korrekt. An der Süßwasserpumpe sah ich kein Problem. Sie leckte nicht und drehte sehr leicht. Wir starteten die Maschine aufs Neue, und nun kam die Temperatur normal hoch und blieb bei 84 Grad stehen. So muss das sein. Mittlerweile segelten wir wieder, wenn auch sehr langsam. Aber die Maschine stand zur Verfügung. Wir hatten uns selbst helfen können.

Am frühen Nachmittag schlief der Wind wieder ganz ein und wir starteten die Maschine. Nach zwanzig Minuten schreckte uns ein ungewöhnliches Geräusch aus dem Motorraum auf. Der neue Keilriemen blockierte. Im Standgas drehte er nicht mehr. Wieder verschwand ich im Motorraum. Ich fand keinen Fehler. Alle infrage kommenden Teile waren in Ordnung. Am späten Nachmittag hatten wir Funkkontakt mit Wolfgang von der FORTUNA. Die Verbindung war sehr schlecht. Ich erzählte ihm von unserem Problem. Ich verstand nur bruchstückhaft etwas von »Luftstau im System« und dass dadurch die Wasserpumpe immer schwerer dreht. Diese Information war Gold wert. Mir ging ein Licht auf. Ich hatte vermutlich den Thermostaten verkehrt herum eingesetzt. Nach fünf Minuten im Motorraum hatte ich ihn um 180 Grad gedreht. Die Entlüftung ging nun Richtung Süßwassertank. Das System konnte sich vorher gar nicht entlüften. Nun war aber alles in Ordnung. Nach zwei Stunden Testlauf unter Last waren wir beruhigt.

Tags darauf war die Verbindung zu Wolfgang wieder besser. Auch er konnte Erfolge melden. Bei leichtem Wind und relativ ruhiger See hatte er tauchen und das Netz an seinem Propeller im dritten Versuch entfernen können. »Ich hab's an Bord. Das Scheißding hänge ich zu Hause als Erinnerung an die Wand.«

Der Wind war wieder stärker geworden. Es lief fantastisch. Wir machten permanente sechs Knoten Fahrt über Grund. In den kommenden drei Tagen fuhren wir täglich Etmale zwischen 140 und 150 Seemeilen.

Am Morgen des 24. September 1997 teilte uns Sharon von der TIGGER über Funk mit, dass die mit uns in Cocos Keeling abgesegelte Yacht JAO mit Dieter und Kerry an Bord gekentert war und die beiden von einem Frachter gerettet wurden. Zum Zeitpunkt der Rettung schwamm die JAO noch und man vermutete, dass sie genau vor uns lag. Die genaue Position war nicht bekannt. Es war auch nicht bekannt, weshalb JAO kenterte. In Darwin war sie noch unser Stegnachbar gewesen. Nun trieb sie vor uns oder war bereits gesunken. Wenn sie noch schwamm, war sie eine Gefahr für uns.

Über ein HAM-Netz (Amateurfunk) bekam ich per Zufall Verbindung mit einem Griechen namens Albi, der wenige Stunden vorher mit dem Kapitän des Frachters COMANCHE gesprochen hatte, der die JAO-Crew abgeborgen hatte. Der Vorfall war bestätigt. Die Abbergung war um elf Uhr UTC erfolgt und die ungefähre Position war 19° Süd und 069° Ost. Das war viel zu ungenau. Unsere Position war 19°21,8'S und 069°08,9'E. Wenn JAO noch schwamm, war sie wirklich eine Gefahr für uns. Im herrschenden Seegang war es schon tagsüber schwierig, eine auf der Seite liegende Yacht zu erkennen, in der Nacht jedoch unmöglich. Nach einigen Berechnungen über Strom- und Windversetzung gab es nur eine Möglichkeit. Wir mussten in einem großen Bogen nach Süden ausweichen. Das machten wir, und von JAO haben wir nie etwas gesehen. Zum Glück waren Kerry und Dieter in Sicherheit. Was wirklich geschehen ist, wissen wir nicht. Dieter ist allerdings bekannt dafür, dass er immer etwas zu viel Segelfläche führt. Das ist gefährlich, und der Indische Ozean verzeiht keine Fehler.

Drei Tage später, am 27. September 1997, fuhren wir in den Hafen von Port Mathurin auf Rodrigues. Für die 2000 Seemeilen von Cocos Keeling bis hier hatten wir 16 Tage benötigt – eine gute Zeit.

Zum Einklarieren lagen wir an der Pier des Hafens. Am Abend war die Pier voll mit Einheimischen, die lachten, winkten und grüßten. Viele Yachties kamen auf die PURA VIDA zur Begrüßung, und es war lange nach Mitternacht, als wir endlich müde ins Bett krochen. Keine Nachtwache mehr, kein Segelwechsel, keine Manöver – nur noch schlafen.

Rodrigues gehört zu Mauritius. Die Bevölkerung ist zu 85% schwarz. Der Rest sind Inder und Asiaten. Die Schwarzen sind Kreolen und sprechen auch kreolisch. Die offizielle Landessprache ist Englisch, man spricht jedoch lieber und auch besser Französisch, das dem Kreol näher kommt. 66% der Bevölkerung sind beim Staat angestellt. Der Rest ist im Handel und in der Landwirtschaft beschäftigt. Zu dieser Jahreszeit erschien uns die Insel eher karg und trocken. Wo genügend Wasser ist, sieht man aber alle tropischen Früchte. Die Insel ist vulkanischen Ursprungs.

Man ist bemüht, einen sanften Tourismus zu betreiben. So viele Touristen wie auf der Hauptinsel Mauritius will man auf Rodrigues gar nicht haben. Die Kreolen sind außerordentlich lieb und freundlich. Es ist überhaupt kein Problem, Kontakt zu finden. Schon nach wenigen Stunden kannten wir zwanzig Leute mit Namen. In den Straßen der Hauptstadt herrscht geschäftiges Treiben. Die Einheimischen sind einfach, jedoch sauber und farbenfroh gekleidet. Kleine Märkte gibt es überall in der Stadt. Zweimal wöchentlich gibt es am Hafen einen großen Markt. Dann kann man auch Fleisch kaufen. Um fünf Uhr morgens werden die Tiere geschlachtet und ab sechs Uhr liegt das Fleisch bereit. Gemüse und Früchte in guter Qualität sind ebenfalls auf dem Markt zu bekommen. Alle Lebensmittel sind sehr billig.

Wir erkundeten die Insel mit dem öffentlichen Bus. Das ist billig, lustig und informativ. Man kann ein- und aussteigen, wo man will. Unsere letzte Tour auf Rodrigues bleibt uns unvergesslich. Wir waren auf dem Rückweg in die Hauptstadt. Anfangs fuhr der Fahrer nur im Schritttempo. Immer wieder stoppte er und plauderte mit irgendwelchen Leuten. Nach einem Drittel der Strecke stoppte er wieder und trank zusammen mit dem Beifahrer ein Bier. Dann wurde der Bus von etwa fünfzig Kindern geentert. Durch die Tür, durch die Fenster und sogar über den Fahrer versuchten alle einen Sitzplatz zu ergattern. Wir waren zum Schulbus geworden. Das Geschrei war unbeschreiblich. Angefeuert durch die Kinder raste unser Fahrer dem Hauptort entgegen. Das Tempo war viel zu hoch. Aber die Kinder schrieen: »Schneller – schneller!« Auf der sehr steilen und mit vielen Spitzkehren angelegten Straße überholte er einen anderen Bus und mehrere Personenwagen. Jedes Überholmanöver wurde mit Geschrei und Pfiffen belohnt. Unser Fahrer bedankte sich mit noch mehr Tempo. Bei viel zu hoher Drehzahl schaltete er vor den Kurven zurück und wir glaubten, das Getriebe fliege auseinander. In Port Mathurin stiegen wir mit zitternden Knien aus dem Bus.

Am 6. Oktober 1997 verließen wir Rodrigues und segelten in vier Tagen nach Mauritius. Wir hatten sowohl stürmische Winde wie auch Flauten. Die See war aufgewühlt und unbequem zu besegeln. So waren wir froh, als der Hafen Port Louis in Sicht kam.

Mauritius ist 18-mal so groß wie Rodrigues. Hier leben wesentlich mehr Inder, Asiaten und Araber. Port Louis ist eine große, lärmige und dreckige Stadt. Wunderschöne alte Gebäude stehen neben modernen Hochhäusern und Wellblechhütten. Die Markthalle mit dem riesigen Angebote an Früchten und Gemüse ist sehenswert. Geruchsempfindlich darf man allerdings nicht sein. Im Zentrum gibt es überall Straßenmärkte. Hier werden Textilien spottbillig angeboten. Wir waren stundenlang in der Stadt unterwegs und hatten viel Spaß. Natürlich besuchten wir auch das Postmuseum.

Nach fünf Tagen machten wir den Schlag nach La Réunion – nur 140 Seemeilen. Als wir in der Hafeneinfahrt waren, sahen wir alle unsere Freunde auf der Pier. Sie waren extra zur Begrüßung hierher gekommen. Das sind Momente, die man nie vergisst. Die Wiedersehensfeier dauerte bis in die frühen Morgenstunden, und zeitweise waren über zwanzig Personen an Bord der PURA VIDA. Auf unserem großen Achterdeck wurde sogar getanzt.

La Réunion ist Frankreich. Die Ortschaften könnten ebenso irgendwo in Frankreich sein, nur die Preise sind um etwa zehn Prozent höher. Im Vergleich zu Mauritius ist es sündhaft teuer. Dafür konnten wir im Warenhaus Schweizer Käse, gute Salami, Coppa, geräucherten Speck und sogar Blutwürste kaufen, Dinge, die wir schon lange vermissten. La Réunion war eine Zeit der Schlemmerei.

Zusammen mit unseren Freunden mieteten wir einen Kleinbus und fuhren bereits morgens um vier Uhr in die Berge. Von der Meereshöhe bis zu den Gipfeln durchfährt man vier verschiedene Klimazonen. Leider regnete es in Strömen und an den vielen Aussichtspunkten war im dichten Nebel nichts zu erkennen. Erst nach dem Mittag hoben sich die Wolken. Nun konnten wir die Schönheit dieser Insel genießen. Der höchste Berg, der Piton de Neige, ist 3200 Meter hoch. Sehr eindrucksvoll waren die gewaltigen Vulkankrater. La Réunion ist ideal zum Wandern und Bergsteigen. Es gibt viele Berghäuser und Unterkünfte für mehrtägige Touren. Leider hatten wir dazu nicht die Zeit.

Das schwierigste Teilstück nach Südafrika stand uns noch bevor. Es galt zwei Dinge zu berücksichtigen. Am 1. November begann die Hurrikan-Saison. Als vorsichtige Segler wollten wir zu diesem Zeitpunkt aus dem gefährlichen Gebiet heraus sein. Andererseits hat man südlich von Madagaskar bis Südafrika mit heftigen Frühjahrsstürmen mit Wind bis zu 50 Knoten zu rechnen. Im Abstand von zweieinhalb Tagen ziehen vom Kap her kräftige Tiefs die Küste entlang nordwärts. Diese Tiefs verursachen den gefürchteten Südwester, der dann auch noch auf den Agulhasstrom trifft. Dieser Strom kommt mit drei bis fünf Knoten aus der Straße von Madagaskar. Starke Winde aus Südwest gegen diesen Strom verursachen Monsterwellen von zwanzig Metern Höhe. Solche hohen und steilen Wellen sind sogar für große Frachter eine Gefahr. Bei der Rundung von Madagaskar und der Annäherung an Südafrika ist der Festlandsockel zu berücksichtigen. Das Meer steigt von 4000 Metern Tiefe direkt auf 100 Meter an. Auch das verursacht wieder gewaltige Wellen.

Am 25. Oktober 1997 verließen wir La Réunion. Täglich zweimal standen wir in Funkkontakt mit den befreundeten Yachten. Von Südafrika aus bekamen wir über Amateurfunk gute Wetterinfos sowohl für die offene See wie auch für die Küste.

In den ersten drei Tagen waren leichte Winde vorherrschend. Die Etmale waren nicht gerade berauschend. Am vierten Tag liefen wir in eine gewaltige Gewitterfront hinein. Es regnete heftig, aber viel Wind gab es nicht. Hinter der Front drehte der Wind auf Südwest und stand uns damit direkt auf die Nase. Unseren Kurs konnten wir somit nicht mehr halten. Nach zweieinhalb Tagen mit stürmischen Winden waren wir nur noch neunzig Meilen von der Küste Madagaskars entfernt und sehr glücklich, als der Wind endlich drehte. Wir waren bewusst langsam gesegelt, um ja nicht zu nahe an die Küste Madagaskars zu kommen. Mit Südkurs segelten wir uns in den nächsten zwei Tagen sauber frei vom Festlandsockel. Wind hatten wir genug. Es blies konstant mit 25 bis 30 Knoten und die See war grob. Am 1. November 1997 sah ich morgens um drei Uhr einen Frachter schnell von hinten auf uns zulaufen. Über Funk bat ich ihn, mit möglichst großem Abstand an uns vorbeizugehen. Der Wind war böig, und in den Böen luvten wir jedes Mal kräftig an. Der Frachter änderte seinen Kurs nicht und es sah bedrohlich aus. Ich bat ihn nochmals, sich gut von uns freizuhalten. »Keine Sorge, mein Freund – ich sehe dich gut.« Mittlerweile war er sehr nahe und wir mussten reagieren. »Vreni, komm blitzschnell raus!« Bei diesem Stichwort ist man sofort hellwach. Da zieht man sich nicht erst noch Kleider an. Innerhalb von Sekunden war sie im Cockpit. »Windsteueranlage ausklinken, Hydraulik einstellen – ich steuere selbst.« Der Frachter lag nur noch einhundert Meter hinter uns. Vreni reagierte blitzschnell und ich übernahm das Ruder. Über Funk brüllte ich nun: »Sie sind zu nahe – viel zu nahe.« Keine Antwort. Wir sahen aber, dass der Frachter zu drehen begann, viel zu schnell und zu heftig. Der Steuermann korrigierte erneut. Wieder war es viel zu viel und zu heftig. Nun zeigte sein Bug wieder genau auf uns. Ich fuhr so knapp wie möglich vor dem Wind. Mehr ging nicht. Die einzige Richtung, in die ich korrigieren konnte, war genau vor seinen Bug. Im Abstand von dreißig Metern lief er an uns vorbei. Er war so nahe, dass wir von den Aufbauten nichts sahen. Wir sahen nur noch eine schwarze Bordwand. Dann wurden wir noch durch den Schraubeneffekt seines riesigen Propellers durchgeschüttelt. »This was not very friendly and not professional, Mate.« Er gab sogar Antwort: »Sorry, my friend!«

Wir waren wirklich sauer. So etwas muss einfach nicht sein. Der hatte sich einfach die Nachtwache weniger eintönig gemacht, wollte bewusst nahe an uns vorbei und hatte sich dabei vermutlich verschätzt. Bei solchen Wind- und Seeverhältnissen kann man auch mit einen Frachter nicht wie auf Schienen fahren.

In den nächsten 24 Stunden wurde der Wind stärker, 30 bis 35 Knoten aus Ost. Die See wurde grob und die Küche war wieder geschlossen. Solche Seegangsbedingungen hatten wir noch nie erlebt. Wind aus Ost, Südschwell und Strom aus Nord. Es gab keine Ordnung mehr und alles lief durcheinander. Wir hatten überall blaue Flecken. Die Koje hatten wir mit zusätzlichen Polstern und Kissen »rollsicher« gemacht. Nur selten gelang es uns jedoch einzuschlafen. Aber schon hinlegen war eine herrliche Erholung und eine Wohltat, denn unsere Hinterteile begannen sich wund zu reiben. Es ging jedoch schnell vorwärts. Mit Riesenschritten näherten wir uns nun Südafrika. TIGGER war in Durban angekommen – 35 Knoten Wind bei der Annäherung an die Küste. Sie berichteten von Horrorbedingungen. Wir hatten noch genug offene See vor uns, für uns war es noch kein Problem. Aufmunternd oder motivierend wirkten die quietschenden Stimmen am Radio jedoch nicht auf uns.

In solchen Bedingungen und Situationen kommen Pech und Schwefel in eine Beziehung. Da bilden sich Kitt und Stahl! Im Pazifik haben uns die riesig langen Strecken zusammengeschweißt. Gemeinsam meisterten wir meine mir angeborene Ungeduld und Vrenis Angst vor der Ungewissheit in dieser unendlichen See. Dort lernten wir, dass WIR gemeinsam alles schaffen können. Hier im Indik waren es die überaus harten Bedingungen. Fast täglich galt es irgendwelche Situationen zu meistern. Dann streckten wir nachher die Daumen in die Luft und das sollte heißen: »Super! Auch das hätten wir geschafft. Was kommt als Nächstes? WIR schaffen auch das!«

Nicht ich oder du – sondern ganz klar WIR. Es gab immer wieder Momente, in denen der eine oder andere Bedenken hatte, vielleicht auch Angst, die Sache nicht so rosig sah wie der andere. (Das kann man gut vom Gesicht abzulesen – nicht nur an den negativ herunterhängenden Mundwinkeln.) Immer dann war der andere da und hat die negativen in positive Schwingungen umgewandelt. Unser Motto war und ist es auch noch heute: »Solange wir gesund sind, schaffen wir alles. Und krank sein können wir uns nicht leisten – also bleiben wir gesund.«

Die Meldungen über die schlimmen Bedingungen an der Küste ließen uns nicht kalt, aber wir sahen der Sache positiv entgegen. Deshalb sagte ich zu Vreni: »Bis wir da sind, dauert das noch eine Weile. Bis dahin ändert sich noch viel. Ich habe für unsere Ankunft an der Küste eine Flaute bestellt, also lass uns vorwärts segeln, solange wir noch Wind haben.«

Am Nachmittag des 3. November 1997 ließ der Wind nach und bereits wenige Stunden später mussten wir motoren. Der Wind war ganz weg. Tags darauf wurde das Wetter diesig bei schlechter Sicht. Der Wind kam und ging und drehte rund um die Kompassnadel. Am Abend liefen wir in eine schwere Gewitterfront. Über Stunden erlebten wir Blitz und Donner wie nie zuvor. Es war nie dunkel in dieser Nacht. Irgendwo war immer ein Blitz. Dabei arbeiteten wir ununterbrochen. Segel rauf und runter – Motor ein und aus, Kurs korrigieren, Segelstellung anpassen. An Schlaf war wieder einmal nicht zu denken. Das spielte jedoch keine Rolle mehr. Es war voraussichtlich die letzte Nacht.

Am 5. November 1997 erreichten wir am Nachmittag die Küste. Der Wind war wieder einmal ganz weg. Der Wetterbericht versprach keine Änderung für die nächsten zwölf Stunden. Das waren die absolut besten Bedingungen für diese Ankunft. Genauso hatte ich sie »bestellt«. Um Mitternacht liefen wir bei starkem Regen durch die Hafeneinfahrt und waren wenig später fest vertäut im Point Yacht Club Durban. Diese sehr schwierige Etappe war geschafft. Der Indische Ozean war überquert. Von Darwin bis hierher waren es 6000 Seemeilen.

Rund ums Kap der Stürme: Südafrika

Im Landesinneren – Zimbabwe – Nationalparks und Großwild – Der lange Weg zum Kap der Guten Hoffnung – Süd-Südafrika – Ein Fels im Ozean: St. Helena

Der Yachtklub in Durban nimmt Gäste sehr bereitwillig auf. Alle ausländischen Segelboote liegen kostenlos zusammen am so genannten »internationalen Steg«. Völlig unkompliziert wurden wir in die Klubaktivitäten einbezogen und hilfsbereit mit Tipps und Ratschlägen versorgt. Speziell für uns Gäste wurden Vortrags- und Grillabende organisiert. So freundlich wurden wir bisher noch von keinem Yachtklub empfangen.

Durban besitzt den größten Hafen Südafrikas. Die Millionenstadt ist laut und quirlig. Wir lagen mit der PURA VIDA nur fünf Minuten vom Zentrum entfernt. Wunderschöne alte Gebäude stehen direkt neben modernster Architektur und das stört keineswegs, im Gegenteil – es passt harmonisch zusammen.

Leider ist die Kriminalität sehr hoch. In unseren ersten drei Tagen in Durban wurden innerhalb des Yachtklub-Geländes zwei Männer auf brutalste Art ermordet. Gemäß Statistik werden in Durban täglich 16 Morde verübt. Das ist natürlich erschreckend und niemand wagt es, nachts zu Fuß in die Stadt zu gehen. Dabei ist erstaunlich, dass man kaum Polizei sieht. Private Sicherheitsfirmen bewachen alles und jedes, aber die offizielle Polizei lässt sich kaum blicken. Die Polizei wurde nach der Wende gesäubert und ist nun vorwiegend »schwarz«. Sie ist sehr schlecht bezahlt. Ein einfacher Polizist verdient 1500 Rand (440 sFr) im Monat. Die Korruption und die Verwicklung in Kriminalitäten ist bei der Polizei Alltag, weil kein Mensch vom regulären Polizistenlohn leben kann. Die weißen Südafrikaner bezeichnen die jetzige Regierung mit Mandela an der Spitze als unfähig und korrupt.

Vor dem Gesetz haben Schwarze und Weiße die gleichen Rechte. In der Praxis sieht es jedoch anders aus. Der Arbeitgeber ist fast immer ein Weißer. Die Dreckarbeit macht immer noch der Schwarze. Der Weiße beschäftigt mehrere schwarze Hausangestellte und bezahlt dafür noch heute um 300 Rand (90 sFr) pro Monat. Auch heute wohnen die Schwarzen fast ausschließlich in so genannten »townships«. Das sind Satellitenstädte rund um die weißen Siedlungen. Die »townships« sind fast immer drei- bis viermal so groß wie die eigentliche Ortschaft. Die Häuser sind Bretterbuden und Wellblechhütten. Fließendes Wasser und sanitäre Einrichtungen sind eher die Seltenheit.

Anfang November 1997 machte ein radikaler Schwarzer im Fernsehen wörtlich folgende Aussage: »Wenn Mandela von der Regierung weg ist, mähen wir die Weißen nieder wie die Fliegen.« Das sind nicht irgendwelche Sprüche. Diese radikalen Schwarzen meinen das im Ernst. Die Aggressionen sind gegenseitig und allgegenwärtig. Die Weißen agieren nur etwas dezenter, aber nicht minder wirkungsvoll.

Im Yachtklub fühlten wir uns sicher. Wir haben uns nie ernstlich bedroht gefühlt. Die PURA VIDA lag am internationalen Steg ebenfalls sicher. Im Klub erzählten wir von unseren Plänen, für zwei Wochen mit einem Mietauto Südafrika und Zimbabwe zu bereisen. Wir erhielten viele Ratschläge und Anregungen für die geplante Reise. Das ist typisch für die weißen Südafrikaner. Sie lieben ihr Land über alles und geben von sich aus jede Auskunft. Wir haben aufmerksam zugehört und vieles davon auch wirklich gebrauchen können.

Für unsere Landreise mieteten wir uns einen Mazda 323 mit Klimaanlage und automatischem Getriebe. Damit waren bereits zwei Ratschläge befolgt. Am 21. November 1997 fuhren wir über Pietermaritzburg und Himeville in die südlichen Drakensberge. Auf der ganzen Strecke sahen wir viele große Siedlungen der schwarzen Bevölkerung. Die Häuser sind traditionell gebaut, es sind Rundhäuser mit Strohdach. Sie liegen weit verstreut auseinander. Man hat das Gefühl, dass in diesen riesigen Siedlungen Tausende von Menschen wohnen. Männer spazieren oder palavern in Gruppen, Frauen und Kinder schleppen Wasser und Holz. Es sind alles reine Wohnsiedlungen. Dort gibt es weder Läden, Tankstellen noch sonst etwas. Als Verkehrsmittel wird rege der privat betriebene Kleinbus benutzt. Offiziell passen zehn Personen hinein, in der Praxis sieht man oft 15 und mehr Menschen in diesen Gefährten. Im ganzen Land gibt es Tausende dieser Kleinbusse. Wer irgendwohin will, steht einfach an die Straße und winkt, wenn so ein Bus auftaucht. Wir vermuten, dass die Leute aus dieser Region bis Pietermaritzburg und Durban zur Arbeit fahren.

Ab Himeville ist die Straße nicht mehr asphaltiert und die weit auseinander liegenden Ortschaften haben ein ganz anderen Charakter. In diesem dünn besiedelten Gebirge wird Landwirtschaft betrieben. Die Dörfer sind klein, meist sind es nicht mehr als zwanzig Rundhäuser. Alles sieht einfach, aber gepflegt aus. Kinder und Erwachsene winkten uns fröhlich zu. Autos trafen wir kaum noch. In diesem Gebiet liegt der höchste Punkt in Südafrika. Es ist der nur 15 Kilometer entfernte Berg Thabana-Ntlenyana in Lesotho mit 3482 Metern über Meeresspiegel.

In Bergville übernachteten wir auf einem Campingplatz und fuhren am nächsten Tag zu einem Ort, der als »Little Switzerland« in der Karte verzeichnet war. Es entpuppte sich als Ferien-Resort gehobener Preisklasse in einem Gebiet, das unseren Voralpen recht ähnlich ist. Über den Oliviershoek-Pass kamen wir auf die 2000 Meter hohe Hochebene Sterkfontein. Die Ebene ist karg und wird nur zur Viehzucht genutzt.

Über Harrismith fuhren wir anschließend auf der Autobahn nach Johannesburg. Man sieht auf der ganzen 300 Kilometer langen Strecke riesige Farmen. Es wird sowohl Ackerbau wie auch Viehzucht betrieben. Obwohl diese Ebene mit sanften Hügeln auf 1000 Metern über Meer liegt, ist sie äußerst fruchtbar. Die Farmen gehören natürlich ausschließlich Weißen. Bereits 50 Kilometer vor Johannesburg beginnen die Vororte – sprich »townships«. Der bekannteste davon ist sicherlich Soweto mit seinen über 2,5 Millionen

Einwohnern. Soweto ist die größte schwarze Siedlung südlich des Äquators. In Johannesburg und auch rund um die Stadt werden Diamanten und Gold abgebaut. Diese Minen sind heute noch sehr ergiebig. Das Aushubmaterial der Minen ist überall zu sehen. Die Siedlungen und Quartiere der Weißen gleichen Gettos. Alle sind ummauert oder umzäunt. Auf den Mauern sind Glasscherben eingelassen oder es ist Stacheldraht montiert. Man kann sich kaum vorstellen, dass es Spaß macht, so zu leben.

Wir begnügten uns damit, Johannesburg wie auch die 60 Kilometer entfernte Hauptstadt Pretoria nur zu durchfahren. Wir wollten direkt weiter zur 250 Kilometer entfernten Sun City/Lost City. Man hatte uns unbedingt empfohlen, diesen Ort zu besuchen, wobei uns allerdings niemand sagen wollte, was uns da erwarten würde. »Geht mal hin und schaut euch das an!«

Um die Mittagszeit erreichten wir den Eingang. Es war ein heißer Tag geworden. Die Temperatur war auf 42°C geklettert. Am Himmel war keine Wolke zu sehen. Auf einem riesigen Parkplatz ließen wir das Auto stehen und fuhren mit einer modernen, unbemannten Hochbahn nach Lost City.

Mit »Lost City« ist eine »verlorene« (= verlassene) Stadt gemeint, und so vermuteten wir eine verlassene Goldgräberstadt oder etwas in dieser Richtung. Aber wir täuschten uns gewaltig. Das Ganze entpuppte sich als riesiger Vergnügungspark mit Kasino, Hotelpalästen, Restaurants, künstlichen Seen für Wasserspiele, Golfplatz und vielem mehr. Der ganze Komplex war erst vor wenigen Jahren mit 6000 Arbeitern in 18 Monaten für 66 Millionen US-Dollar gebaut worden, nur mit besten Materialien. Tropenholz, Marmor und Edelmetalle sind allgegenwärtig.

Die Idee war, eine gemäß einer Sage verschwundene Stadt wieder so aufzubauen, wie sie in der Sage beschrieben wurde. Danach hatte ein Fürst aus dem Norden Afrikas vor vielen hundert Jahren sein Volk hierher geführt. Man fand viel Wasser, Flüsse und Seen und in der Umgebung genügend Nahrung für das ganze Volk. Es ging dem Volk sehr gut und als Dank baute dieses Volk seinem Fürsten einen pompösen Palast und schmückte das Gebäude mit Skulpturen aller Tiere Afrikas. Eines Tages bebte die Erde, der Fels öffnete sich und Flammen schossen aus den Spalten. In Minuten war die Stadt zerstört und von ihrer Pracht nichts mehr zu sehen.

Was die Südafrikaner hier nachgebaut haben, sieht wirklich täuschend echt aus. Wir ließen uns jedenfalls täuschen. Ich dachte mir, dass man doch von dieser Stadt gehört haben müsste. Wir suchten eine Buchhandlung und fanden dort ein Buch mit der Geschichte dieser Stadt.

An diesem Samstag war Lost City sehr gut frequentiert. Die Besucher waren sowohl Schwarze wie Weiße. Die Gäste der Hotels waren jedoch vorwiegend Weiße. Von Johannesburg oder Pretoria ist man in zwei Autostunden in Lost City. Die Leute können ihren Gettos entfliehen und sich hier vergnügen. Allen Preisklassen wird Rechnung getragen, und für die Sicherheit der Besucher und Gäste ist gesorgt. Die Rechnung geht für die Betreiber dieser Stadt sicherlich auf.

Wir verbrachten den ganzen Nachmittag in Lost City und fuhren erst gegen Abend weiter. Wir mussten zurück nach Pretoria, um dann nach Norden fahren zu können. Von der viel direkteren Naturstraße hatte man uns dringendst abgeraten. Kurz vor Pretoria sahen wir eine Schweizer Flagge und eine Tafel »Swiss Inn«. Wir stoppten und bekamen vom Walliser Wirt zum Nachtessen Fleischkäse mit Kartoffelsalat serviert. Es war ausgezeichnet. So einen Leckerbissen hatten wir schon lange nicht mehr gegessen. Billige Unterkünfte konnte er uns leider nicht empfehlen. Wir mussten notgedrungen weiterfahren. Wir fanden an diesem Tag nichts Passendes mehr. Auf einem gut beleuchteten Rastplatz schliefen wir im Auto. Von vier Uhr morgens an waren wir unterwegs gewesen und hatten an diesem Tag 950 Kilometer gefahren.

Die Nacht war kein Problem. Gut geschlafen haben wir allerdings nicht und wir hatten keine Mühe, bereits wieder um vier Uhr loszufahren. Auch der neue Tag war wolkenlos, und schon am Vormittag wurde es sehr heiß. Wir durchfuhren ein Gebiet mit schroffen Hügeln und Buschland. Ab Pietersburg war die Gegend nur noch sehr dünn besiedelt und eine landwirtschaftliche Nutzung konnten wir nicht mehr feststellen. Unser 400 Kilometer entferntes Tagesziel Messina an der Grenze zu Zimbabwe erreichten wir bereits am Mittag. Auf einem Campingplatz konnten wir billig einen alten Wohnwagen mieten. Nach zwei Stunden Mittagsschlaf waren wir wieder fit für weitere Taten.

Messina ist eine kleine Grenzstadt. Eine Kohlemine und eine neu entdeckte, sehr reiche Diamantenmine in der Umgebung bringen Arbeit und Reichtum in die Stadt – Reichtum allerdings nur für die Weißen. Ich weiß, ich wiederhole mich, aber es ist Tatsache: Die Schwarzen machen nur die billige Dreckarbeit.

In jeder Ortschaft in diesem Land gibt es einen Punkt, wo sich die Weißen treffen. Meistens ist es ein Pub oder eine Lodge. An diesen Orten kann man billig essen und trinken und die Parkplätze sind sicher. In Messina mussten wir lange suchen, bis wir im abgeschlossenen Spitalbereich eine Lodge fanden, wo ein großer Teil der weißen Gemeinde den Nachmittag am Swimmingpool und an der Bar verbrachte. Schnell bekamen wir Kontakt. Offensichtlich hatte man bereits früh mit harten Getränken begonnen. Es ging laut zu. Ein groß gebauter Mann erzählte uns von der neuen Diamantenmine. Sie soll das reichste Vorkommen im Land haben. Er stellte uns seine Kameraden vor. »Das ist Pieter, dort Karl und der da ist Jimmy der Killer. Ehemaliger Polizist. Wie viele Kaffer hast du gekillt?« – »Weiß nicht. Viele. Aber ich vergaß, dich zu killen, du Arsch.« Wir drückten jedem die Hand. Da waren wir ja wieder einmal in einem herrlichen Laden gelandet.

Die Hitze war mittlerweile unerträglich. 42°C im Schatten – die Luft schien zu stehen. Mit nacktem Oberkörper kam ein neuer Gast an die Bar. Der Wirt bat ihn höflich, etwas anzuziehen. Der neue Gast winkte ab. »Ist zu heiß. Mach doch kein Drama.« Etwas später kamen zwei neue Gäste. Beides Schwarze und sie standen direkt neben Vreni. Der Eine hatte ebenfalls einen nackten Oberkörper. Der Wirt schmiss ihn regelrecht raus. »Wir bedienen hier nur angezogene Leute.« Sein weißer Dauergast mit nacktem Oberkörper war immer noch anwesend. Vreni sagte zu dem neben ihr stehenden zweiten Schwarzen: »Mögen Sie diese Art der Weißen? Wir nämlich ganz und gar nicht.« – »Nein, ich mag sie ganz bestimmt nicht. Aber jetzt haben wir zumindest das Recht auf unserer Seite. Man kann uns nicht mehr einfach rausschmeißen. Wir haben die gleichen

Rechte. Thank you, Madam.« Er packte seine zwei bestellten Flaschen Bier und verließ das Lokal. Es war ruhig geworden an der Bar. Alle hatten dem Gespräch zugehört und wir wurden mit nicht gerade freundlichen Blicken bedacht. Es wurde Zeit abzuhauen.

Zurück auf dem Campingplatz staunten wir nicht schlecht. Der Wohnwagen neben uns war nun auch besetzt, und zwar von der Crew der Schwedenyacht KULLA, die in Durban direkt neben der PURA VIDA lag. Gunnar und Karen hatten mit ihren beiden Mädchen zwei Tage vor uns Durban verlassen. Das war ein riesiger Zufall. Wir erzählten die eben erlebte Geschichte, worauf Gunnar unbedingt dieses Lokal besuchen wollte. Ich winkte ab. »Da werden wir wohl nicht mehr bedient – vergiss es.« Schließlich überredete er mich doch. Im Pub war Gunnar schnell mit dem schwarzen Barmann in ein Gespräch über Rassenpolitik verwickelt, worauf die Gespräche der Weißen wieder verstummten. Es war wirklich Zeit abzuhauen. Auch Gunnar bemerkte nun die gespannte Stimmung und wir zogen ab.

Am nächsten Morgen waren wir wieder sehr früh unterwegs. Schon um sechs Uhr waren wir an der Grenze zu Zimbabwe, dem ehemaligen Rhodesien. Der Grenzübertritt war kompliziert. Für das Auto mussten wir eine spezielle Versicherung abschließen. Hinzu kamen Straßengebühren, Ausfüllen von Formularen, Zoll und Einwanderungsbehörde, noch mehr Formulare. Es dauerte mehr als zwei Stunden, bis wir endlich nach Zimbabwe einreisen konnten.

Unser geplantes Tagesziel waren die Victoria-Fälle im Westen des Landes, Distanz 850 Kilometer. Wir mussten also zügig vorwärts kommen. Die Straßen sind recht gut und gefahren wird in Zimbabwe recht zivilisiert. Das einzige Problem sind die direkt neben der Straße weidenden Kühe und Esel. Auf die muss man immer ein Auge haben und manchmal ist auch eine Vollbremsung nötig. Bis Bulawayo war es landschaftlich reizvoll, hinter dieser großen Stadt wird es langweilig. 400 Kilometer führt die Straße schnurgerade durch Buschland. Manchmal spielte eine Herde Affen auf der Straße und manchmal mussten wir um einige Esel herumkurven, sonst gab es keine Abwechslung. Am späten Nachmittag erreichten wir den Ort Victoria Falls und fanden auf dem Campingplatz eine günstige Bleibe für die Nacht.

Eigentlich wollten wir, wie man uns das empfohlen hatte, auf der Grenzbrücke zum Grenzposten von Sambia laufen und die Wasserfälle von der Brücke aus besichtigen. Auf dem Parkplatz vor der Grenze erklärte uns ein hilfsbereiter Einheimischer, dass das Unsinn sei. Von da aus sehe man zu dieser Jahreszeit nichts, weil der Zambesi River zu wenig Wasser führe. Diese Information war goldrichtig. Wir besichtigten die Fälle vom Victoria Falls National Park aus, und es war ein fantastisches Schauspiel. Das Wasser donnert 93 Meter tief in die Schlucht und die Gischt steht wie eine Wolke darüber. Die lange Fahrt hat sich wirklich gelohnt.

Wir zogen auf einen anderen Campingplatz in der Nähe des Ortes um und bekamen dort billig ein Rundhaus mit Strohdach direkt am Zambesi. Auf der Rückreise wollten wir es uns etwas gemütlicher machen, und vor allem wollten wir viele Tiere sehen. Direkt vor der Haustür lagen der Zambesi National Park und die Matesi Safari Area. Diese beiden nahmen wir uns am nächsten Tag vor. Elefanten hatten wir in der Nacht bereits trompeten gehört. Bei Tagesanbruch fuhren wir los und sahen wenig später im Busch drei Büffel, dann unsere ersten Giraffen und kurze Zeit später den ersten Elefanten. Es wurde noch besser. Wir fanden ein kleine Straße, die zum Zambesi führte, und dort spielten Nilpferde im träge dahinfließenden Fluss. Was für ein Erlebnis!

Der Zambesi bildet hier die Grenze zu Sambia. Wir waren jedoch auch nur noch wenige Kilometer von der Grenze zu Botswana entfernt, und so überlegten wir, über diese beiden Länder zurück nach Victoria Falls zu fahren. Es war ja erst zehn Uhr morgens. Wir entschlossen uns dazu, und so waren wir wenig später wieder damit beschäftigt, Papiere auszufüllen. Wir wurden zügig abgefertigt. Der Grenzübertritt nach Botswana dauerte nur 30 Minuten. Als Abschluss mussten wir mit dem Auto noch durch ein Desinfektionsbad fahren. Von Botswana haben wir nicht sehr viel gesehen. Es sind nur wenige Kilometer bis zur Fähre über den Zambesi.

Als ich die Fähre sah, bereute ich sofort unseren Entschluss, diese Zusatzrunde zu fahren. Nach einer Stunde Wartezeit konnten wir vor einem schweren Lastzug auf die Fähre fahren. Das altertümlich Gefährt wackelte bedenklich, als der Laster auffuhr. Im Zickzack überquerten wir den Zambesi. Vermutlich wich der Fährmann unsichtbaren Sandbänken aus. Jedenfalls kamen wir trocken in Sambia an. Zoll und Fremdenpolizei waren in einem Raum von sechs mal vier Metern untergebracht. Zusammen mit zwanzig Lastwagenfahrern erledigten wir darin die Grenzformalitäten. Eine neue Versicherung für das Auto, Visa gegen harte Devisen, Formulare, Formulare und nochmals Formulare. Es dauerte zwei Stunden, und inzwischen brannte die Sonne wieder höllisch.

Auf den einhundert Kilometern auf der anderen Seite des Zambesi nach Livingstone bekamen wir einen kleinen Eindruck von Sambia. Uns erschien dieses Land noch um einiges ärmer als Zimbabwe. Erstaunlich ist auch, dass das Land auf dieser Seite des Flusses wesentlich trockener war. Weiße sieht man überhaupt keine, auch nicht in der großen Stadt Livingstone. Kurz danach kamen wir in eine Polizeikontrolle. Man wollte nicht Führerschein oder Wagenpapiere sehen, jedoch die an der Grenze abgeschlossene Versicherung. Wir hatten noch ein Bündel Sambia-Dollar als Wechselgeld für die Visa. Damit gedachten wir ein Bier zu trinken. Die 850 Dollar reichten jedoch nicht für zwei Flaschen. Der Gegenwert ist etwa zwei Franken. Gegen Abend waren wir wieder an den Victoria-Fällen. Der Grenzaustritt in Zambia und Grenzeintritt in Zimbabwe dauerten eine weitere Stunde.

Am nächsten Tag fuhren wir bereits um vier Uhr morgens los. Die Temperatur war zu dieser Tageszeit noch erträglich, und natürlich erhofften wir uns, Tiere zu sehen. Es fing auch gut an. Eine Herde Büffel weidete am Straßenrand, und wenig später sahen wir Gnus. Wir fuhren auf einer Naturstraße quer durch den Matesi-Nationalpark zum Hwange-Nationalpark. Im Hwange leben 30 000 Elefanten nebst allen anderen Tieren Afrikas. Die Straße war ein Horror. Für die 200 Kilometer bis zum Hauptcamp brauchten wir dreizehn Stunden. Knietiefe Schlaglöcher erforderten auch bei langsamer Fahrt volle Aufmerksamkeit. Auf jeden Fall war unser Auto für dieses Bachbett nicht geeignet. Bei trockenen Verhältnissen ist zwar kein Allradantrieb notwendig, aber viel Bodenfreiheit macht die Sache wesentlich einfacher. Verkehr gibt es auf dieser Strecke kaum. Erst in der Nähe des Hauptcamps sahen wir wenige andere Parkbesucher. Gelohnt hat sich die Mühe aber auf jeden Fall. Zebras, Giraffen, Gazellen, Wildschweine, Büffel, Nilpferde und Elefanten sahen wir vom Auto aus.

Das größte Erlebnis war eine kleine Herde Elefanten an einem Wasserloch. Sie standen im Wasser und bespritzten sich gegenseitig. Zwei Elefanten waren am Ufer und erst sah es aus, als ob sie miteinander kämpfen würden. Als wir näher herankamen, stellte es sich jedoch als Liebesspiel heraus. Die junge Elefantendame drehte sich vor dem Bullen im Kreise und tänzelte dann rückwärts zwischen die gewaltigen Stosszähne des Bullen. Der Bulle war vermutlich durch uns irritiert. Obwohl sein Zeugungsorgan beinahe den Boden berührte, war er nicht gewillt, die Dame zu befriedigen. Sie wandte sich enttäuscht ab und begab sich wieder ins Wasser. Wir fühlten uns etwas schuldig und fuhren weiter. Wir wollten nicht noch mehr stören.

Tags darauf überquerten wir die Grenze nach Südafrika. Vor der Grenze deckten wir uns noch mit Kunsthandwerk ein. Geld war nicht gefragt, man wollte Kleider als Gegenwert. Vreni stand umringt von zwanzig Frauen neben unserem Auto und erhandelte Schnitzereien, Stickereien und aus Stein gehauene Elefanten und Nashörner. Unsere gebrauchten T-Shirts gingen weg wie warme Semmeln. Jede Frau, die so ein T-Shirt ergattern konnte, lief jubelnd davon. Offensichtlich waren alle glücklich.

Vor uns lag nun der Krüger-Nationalpark. Dieser Park ist in der Luftlinie 350 Kilometer lang und meist um 80 Kilometer breit. Die östliche Begrenzung ist die Staatsgrenze zu Mosambik. Im Park gibt es einige Camps mit Restaurant, Läden, Campingplatz und Bungalows. Die Preise in diesen Camps waren erstaunlich günstig. Die Hauptstraßen und Zufahrten zu den Camps sind geteert und von bester Qualität. Die Nebenstraßen sind nicht geteert, aber ebenfalls sehr gut mit normalen Personenwagen zu befahren. Die zulässige Höchstgeschwindigkeit im Park sind vierzig Stundenkilometer, aber wenn man Tiere sehen will, muss man langsamer fahren. Den Wagen verlassen darf man nur innerhalb der Camps.

Bereits am ersten Tag hatten wir Glück und sahen zwei Löwendamen, die direkt neben der Straße ein Zebra gerissen hatten. Sie hatten ihre Beute gegen unzählige Ohrengeier zu verteidigen. Wenn sich die Löwinnen nur ein wenig entfernten, stürzten sich sofort die Geier auf das erlegte Tier. In jeder Köperöffnung verschwanden ihre Köpfe bis zum Halsansatz. Im Hintergrund zuckelte ein Elefantenbulle zu einem nahen Wald. Genau so hatten wir uns Afrika vorgestellt.

Im Camp Shingwedzi besichtigten wir eine sehr interessante Ausstellung über Elefanten. Die größeren dort ausgestellten Stoßzähne haben einzeln ein Gewicht von 70 Kilogramm. Elefanten können ganz schön aggressiv sein. Ausgestellt war der Schädel eines älteren Bullen, der vom Stosszahn eines jüngeren Rivalen durchbohrt war. Ein Parkwächter hatte dem Kampf zusehen können. Der alte Bulle gab den Kampf recht schnell auf und wandte sich ab. Darauf griff ihn der junge Bulle von hinten an und stieß einen Stosszahn mit einem einzigen Stoss durch den Schädel des anderen. Das habe geknallt wie ein Gewehrschuss. Der alte Bulle war nicht sofort tot, er fiel auf die Knie und dann auf die Seite. Der junge, sehr aggressive Bulle pisste auf den Kopf des sterbenden Gegners. Der Parkwächter gab dem leidenden Tier den Gnadenschuss, und daraufhin trottete der andere Elefant davon. Er kam aber in der Nacht zurück und stieß seine Stoßzähne immer wieder in den Kadaver.

Auch Autos werden manchmal angegriffen, meist jedoch nicht grundlos. Zwei junge Burschen verließen das Auto, um eine Herde Elefanten zu filmen. Die Mutter eines frisch geborenen Jungen wurde wütend und griff das Auto der beiden an. Sie setzte einen Fuß auf das Dach des VW Polo und drückte es völlig ein. Darauf stieß sie mühelos einen Stoßzahn durch die Autotür, schob den Wagen einhundert Meter weit zu einem Wasserloch und warf es dort in den Schlamm. Die jungen Burschen kamen mit dem Schrecken davon. Im Yachtklub in Durban erzählte uns eine Bekannte folgende Geschichte: Ihr Freund war mit seinem Mercedes auf dem Heimweg. Er hatte einen Termin, war zu spät dran und sehr in Eile, als eine Herde Elefanten die Straße blockierte. Er verlor die Geduld und hupte mehrmals. Da drehte sich eine ausgewachsene Elefantenkuh um, tänzelte rückwärts auf den Mercedes zu und setzte sich auf die Motorhaube. Der Mercedes war schrottreif.

Die Camps sind mit hohen Maschendrahtzäunen gesichert. Die obersten drei Drähte stehen unter Strom. Die Lager werden abends um 18.30 Uhr geschlossen und erst morgens um 5.30 Uhr wieder geöffnet. Wecker braucht man keinen. Das Vogelgezwitscher bei Tagesanbruch ist ohrenbetäubend und bleibt uns unvergesslich. Nachts hörten wir Löwen brüllen und Elefanten trompeten.

Voller Tatendrang verließen wir das Lager bei Tagesanbruch und setzten uns an einen Fluss ganz in der Nähe. Wir sahen aber »nur« viele Vogelarten, Affen und einige Antilopen. Das war etwas enttäuschend. Im Laufe des Morgens sahen wir einen Erdwolf, einen Hyänenhund und drei Fleckenhyänen. Gegen Mittag entdeckten wir einen Schabrackenschakal, und dann trottete ein Elefantenbulle mit einem abgebrochenen Stoßzahn fünf Meter vor uns über die Straße. Wir verhielten uns ganz ruhig und dachten an die Mercedes-Geschichte. Anschließend konnten wir lange einer ganzen Herde Elefanten zuschauen. Am Nachmittag sahen wir Büffel, Streifengnus, Zebras, Giraffen, Steinböcke und Kudus.

Die Nacht verbrachten wir im Camp Letaba in einem Zelt. Der letzte Krüger-Tag begann natürlich nochmals sehr früh am Morgen. Bei einem Wasserloch entdeckten wir eine Herde Nilpferde. Diese Tiere hatten wir bisher immer nur im Wasser gesehen, und wenn sie im Wasser sind, sieht man meist nur den Kopf. Nun sahen wir diese Kolosse erstmals auch an Land. Wie Schweine lagen sie eng nebeneinander und übereinander und grunzten auch ähnlich. An Land sehen ihre Bewegungen schwerfällig aus. Im Wasser hingegen wirken sie recht elegant.

Wegen Giraffen, Zebras und Antilopen haben wir schon gar nicht mehr angehalten. Davon gibt es im Krüger Tausende. Ein Parkwächter zeigte uns einen Kampfadler, der nur einige Meter von der Straße in einer Astgabel saß. Dann sahen wir noch eine große Gruppe Kappengeier und zum Abschluss nochmals Elefanten. Der Krüger-Nationalpark hat sich wirklich gelohnt, und wir können einen Besuch dort nur empfehlen. Die Sicherheit ist in diesem Park überhaupt kein Problem.

Vom Krüger-Nationalpark aus fuhren wir weiter in das Gebirge Low Feld, und am Abend genossen wir vom Aussichtspunkt »God's Window« (Gottes Fenster) die Aussicht nach Mosambik hinein. An ganz klaren Tagen soll man die Hauptstadt Maputo sehen können. In diesem Gebiet wird Waldwirtschaft betrieben. Eine Region so groß wie der Kanton Graubünden wurde künstlich bewaldet. Schön sieht das nicht gerade aus, weil Baum neben Baum in Reih und Glied steht. Zu gleichen Teilen wird mit Pinien und Eukalyptus gearbeitet. In den Städten rund um das Gebirge wird das Holz direkt verarbeitet. Bei Pilgrim's Rest verließen wir diese Berge und fuhren nach Barberton an der Grenze zu Swasiland.

Von Barberton aus führt die Straße sehr steil zu einem Pass hinauf. Bei der ersten Passhöhe hörte unerwartet die Asphaltierung auf. Gemäß Karte hätte sie durchgehen sollen. Wir waren auf dieser Reise schon so viele hundert Kilometer auf Naturstraßen gefahren, dass es auf weitere 50 Kilometer auch nicht ankam. Hier mussten wir aber nach einer Stunde aufgeben. Wir hoppelten von Stein zu Stein und schlugen immer wieder mit dem Auspuff auf. So kehrten wir denn um. Ein Umweg von 300 Kilometern stand uns bevor. Wir blieben über Nacht in Badplaats und erreichten anderntags morgens früh bei Lochiel einen anderen Grenzübergang zum Homeland Swasiland. Wir waren zu früh da, die Grenze wurde erst um sieben Uhr geöffnet. Als die Tore wegschwangen, rannten hundert Leute gleichzeitig auf die Tür des Zollbüros zu. Dort wurden drei Kolonnen gebildet. Zwei für Brummis, eine für PKWs und eine für Fußgänger. Wir hatten Glück. Nur wenige Personenwagen wollten über die Grenze. Nach einer Stunde waren wir in Swasiland. Die Hauptstadt Mbabane liegt nur 16 Kilometer von der Grenze entfernt. Auf dem Weg dahin fährt man am Sitz des Königs vorbei. Alle Autos müssen das Tempo auf fünfzig Stundenkilometer reduzieren. Vreni meinte, dass das eine Respekterweisung für den König sei. Ich denke, dass ihn der Straßenlärm stört.

Mbabane ist überraschend groß. Die Stadt liegt zwischen steilen Hügeln. Überall wird gebaut. Man hat das Gefühl, auf einer riesigen Baustelle gelandet zu sein. Weiße sieht man natürlich kaum.

Die meisten Autos würden bei uns direkt auf dem Schrottplatz landen. Gefahren wird sehr schnell und rücksichtslos. Wir mussten zwei Vollbremsungen machen, um überholenden Kamikazefahrern auszuweichen. Erst nach der Industriestadt Manzini wurde der Verkehr weniger.

Auf dem Land wird Land- und Waldwirtschaft betrieben. Die Landwirtschaftsbetriebe sind sehr kleine Familienbetriebe, ausschließlich für die Selbstversorgung gedacht. Bei den Forstbetrieben scheint es sich um Staatsbetriebe zu handeln. Wir sahen auch zwei von China finanzierte Landwirtschaftsschulen. Auf dem Lande waren die Leute sehr freundlich. Die Kinder winkten fröhlich am Straßenrand. Die Frauen sind farbenfroh angezogen und tragen auch schwere Lasten ausschließlich auf dem Kopf.

Nach 200 Kilometern erreichten wir wieder die Grenze nach Südafrika. Der Übertritt war problemlos und zügig. Nun waren wir im Bezirk Kwazulu-Natal. Das Oberhaupt der Zulu ist Chief Buthelesi, der radikale Gegner von Ministerpräsident Mandela. Hauptstadt und Königsresidenz ist Ulundi. Hier wurde mit sehr viel Geld ein modernes, völlig überdimensioniertes Verwaltungsgebäude aufgestellt. Der riesige Komplex steht völlig deplaziert zwischen den sonst ärmlichen Häusern. Im zentralen Zululand wohnen keine Weißen. Erst nahe der Küste, wo das Land wieder sehr fruchtbar ist, sahen wir von Weißen betriebene große Farmen.

Bei Richards Bay erreichten wir am späten Nachmittag wieder die Küste. Richards Bay ist ein großer Industrieort mit Hafen. Wir besuchten Freunde im Yachthafen und fuhren noch in der gleichen Nacht zurück nach Durban auf die PURA VIDA. Auf unserer vierzehntägigen Reise haben wir genau 6000 Kilometer zurückgelegt und fünf Länder besucht.

Weihnachten und Neujahr verbrachten wir in Durban. Die Mitglieder des Point Yacht Club Durban gaben sich alle erdenkliche Mühe, uns den Jahreswechsel in der Fremde so angenehm wie nur möglich zu gestalten. Jeden Abend waren wir auf irgendeinem Boot eingeladen und die Zeit flog nur so dahin. Am 24. Dezember haben wir alle alleinstehenden Segler zum Nachtessen auf der PURA VIDA

eingeladen. Den Weihnachtstag verbrachten wir auf der amerikanischen Yacht TIGGER und genossen den traditionellen Truthahn.
Ein besonderes Erlebnis war die Neujahrsnacht im Hafen. Punkt Mitternacht ertönten die Nebelhörner der im Hafen liegenden Frachter. Es müssen um die achtzig Schiffe aus allen Nationen gewesen sein. Der Ton war überwältigend und ging durch Mark und Bein. So etwas haben wir noch nie erlebt und wir werden es bestimmt nie vergessen. Zusammen mit allen anderen Fahrtenseglern standen wir da und ließen dieses gewaltige Konzert auf uns wirken. Die Südafrikaner konnten unsere Verblüffung gar nicht verstehen.
»Das ist doch in jedem großen Hafen so!«
Schon möglich – aber wer ist schon in der Neujahrsnacht in einem großen Hafen? Für uns war es auf jeden Fall das erste Mal und für unsere Freunde ebenfalls.
Nun wurde es Zeit, sich auf die Umrundung des Kaps der Guten Hoffnung vorzubereiten. Es gibt auf unserer Erde nur zwei wirkliche Kaps: Kap Horn und Kap der Guten Hoffnung. Letzteres heißt nicht ohne Grund auch »Kap der Stürme«. Über dem Südatlantik ziehen im Abstand von zwei bis drei Tagen kräftige Tiefdrucksysteme nach Osten. Die Fronten mit starken Südwestwinden prallen ungehemmt auf die Küste Südafrikas. Der zu segelnde Kurs zum Kap ist genau Südwest. Man muss ein gutes Wetterfenster abpassen und sich dann zwischen zwei Fronten durchmogeln. Ein weiteres Problem ist der sehr starke Agulhasstrom. Er kann bis zu sechs Knoten schnell laufen und steht genau nach Südwest bis zum Kap der Guten Hoffnung. Bei starken Südweststürmen baut sich eine enorme Windsee genau gegen die Strömung auf und verursacht Wellenungetüme von bis zu zwanzig Metern Höhe. In solchen Bedingungen hat sogar die Großschifffahrt Probleme. Erst im Jahr zuvor war ein großer Frachter einfach auseinander gebrochen und in Minutenschnelle gesunken. Die gesamte Besatzung von 22 Mann kam dabei ums Leben.
Die Strecke von Durban um das Kap der Guten Hoffnung nach Kapstadt beträgt 700 Seemeilen. Diese Distanz muss man in Etappen segeln, weil die Wetterfenster nie groß genug sind, um in einem Stück durchzurutschen. Die Etappen sind allerdings lang. An dieser

Küste gibt es nicht viele Häfen, und sichere Ankermöglichkeiten gibt es eigentlich gar keine. Von Durban nach East London sind es 260 Meilen. Das ist die längste Etappe und wir brauchten unbedingt ein möglichst ausgedehntes »Fenster«.

Täglich wurde in Durban für uns Segler ein Wettertreff veranstaltet. Schnell zeigte sich, dass die Wetterkarten und Wetterinformationen sehr ungenau waren. Dementsprechend waren die Prognosen. Eines wurde aber recht schnell klar: Mit einem Südwester war nicht zu spaßen. Windstärken bis sechzig Knoten sind durchaus normal. Am 7. Januar 1998 wurde in Durban wieder einmal ein starker Südwester erwartet. An diesem Nachmittag saßen wir mit Freunden auf der PURA VIDA und sahen im Südwesten eine enorme Wolkenwalze, die sich schnell Durban näherte. Der Wind kam im Hafen immer noch mit etwa 15 Knoten aus Südost. Innerhalb von 30 Sekunden drehte der Wind auf Südwest. Bereits der erste Windstoß hatte 30 Knoten! Dann wurde es happig. 35 Knoten, 45 Knoten, 50 Knoten und dann 60 Knoten im geschützten Hafen. Die PURA VIDA legte sich 30 Grad auf die Seite. Alle unsere Leinen waren dreifach geführt und überdimensioniert. Darüber waren wir nun sehr froh. Aber es gab noch genügend zu tun. Nicht alle Yachten am internationalen Steg waren so gut gesichert. Fast alle Boote brauchten zusätzliche Leinen, und die zu legen ist bei so viel Wind nicht einfach. Der Hafenmeister kam angerannt und verlangte, dass drei am Kopf des Steges festgemachte Yachten diesen Platz sofort zu verlassen hätten, weil ansonsten der ganze Steg wegbrechen würde. Das war natürlich Unsinn. Bei so viel Wind lässt sich eine Yacht in einer engen Marina nicht mehr manövrieren. Die Skipper dieser Yachten entlasteten den Steg mithilfe ihrer Motoren. Das Ächzen der überbelasteten Ketten und Metallteile wurde dadurch ein bisschen weniger beängstigend.

Der Wind erreichte in diesem Sturm auf offener See eine Geschwindigkeit von siebzig Knoten. Das ist Windstärke zwölf nach der Beaufortskala oder mit anderen Worten: Orkan. Im Hafen wurden 65 Knoten gemessen. Wir wussten nun ganz genau, was uns an dieser Küste passieren konnte – obwohl der Januar in dieser Region als der windärmste Monat gilt!

Am 15. Januar 1998 war es so weit. Ein »Fenster« von drei Tagen wurde prognostiziert. Morgens um fünf Uhr lösten wir die Leinen. Es war eine kurze Nacht gewesen, denn das Abschiednehmen wollte kein Ende nehmen. Draußen vor dem Hafen erwartete uns eine ruppige See, die wir nach der langen Hafenzeit nicht mehr gewohnt waren. Weder der Autopilot noch die Windsteuerung schaffte diese unfreundlichen Wellen. Es blieb mir nichts anderes übrig, als von Hand zu steuern. Wir segelten direkt von der Küste weg, um vom starken mitlaufenden Strom profitieren zu können. Dreißig Seemeilen vor der Küste wurde die See angenehmer, und hier fanden wir auch den Strom. Mit acht bis neun Knoten Fahrt über Grund ging es dem 260 Meilen entfernten East London entgegen. Abends um fünf Uhr empfingen wir die Wetterprognose für die kommenden zwölf Stunden. Ungläubig hörten wir zu: »Eine Zwischenfront bringt in den frühen Morgenstunden einen kräftigen Südwester mit Winden in Sturmstärke. Sturmwarnung für das ganze Gebiet Port Elizabeth bis Durban. Windstärke 35 bis 45 Knoten. Seegang 6-8 Meter.«

Wir waren beide bleich geworden und fluchten fürchterlich auf die Wetterfrösche. Aber ändern konnten wir damit nichts. Nun waren wir draußen und mussten damit fertig werden. Die Taktik für diese Situation war klar. Unsere südafrikanischen Freunde in Durban hatten uns das immer wieder erklärt.

»Bei Südwest musst du an die Küste. Da ist weniger Seegang und kaum Strom. Versuche dort mit der Maschine gegenan zu fahren. Wenn das nicht geht, musst du zurück nach Durban.«

Wir reduzierten die Segel auf ein Minimum und fuhren Richtung Küste, um aus dem Strom herauszukommen. Wir wollten so wenig wie möglich Fahrt machen, damit die Distanz zurück nach Durban nicht größer als 100 bis 120 Seemeilen wurde. Im Morgengrauen wurde der Himmel diesig, und der Wind drehte wie vorausgesagt nach Südwest. Mittlerweile waren wir direkt unter der Küste. Der Wind erreichte aber nie mehr als 15 Knoten. Das konnten wir problemlos mit der Maschine schaffen. Der Seegang war an der Küste tatsächlich wesentlich angenehmer. Gegen Abend fuhren wir in eine schwarze Wolkenwand. Vier Stunden dauerte dieses Gewitter. Unaufhörlich zuckten Blitze. Etliche Male schlugen sie nur wenige Meter neben uns ins Wasser. Vreni schickte ich ins geschützte Schiffsinnere. Zum ersten Mal in meinem Leben empfand ich das Blitzen im Gewitter als beängstigend und bedrohlich. Um Mitternacht war der Spuk vorbei. Der Wind kam immer noch aus der falschen Richtung, war jedoch sehr schwach. Um sieben Uhr morgens lagen wir vor der Hafeneinfahrt und wenig später waren die Leinen fest. Die längste dieser schwierigen Etappen war geschafft.

Bereits am ersten Tag in East London lernten wir Otto kennen. Otto ist Schweizer und lebt seit 25 Jahren in dieser Stadt. Bis zu seiner Pensionierung arbeitete er als Direktor der »Saurer Webmaschinen« in Südafrika.

»Als Bündner müsst ihr unbedingt den Paul Stiffler kennen lernen. Der ist aus Davos und hat ein Restaurant in der Stadt. Das ist allerdings weit von hier weg. Wenn ihr wollt, fahre ich euch am Abend hin.«

Natürlich wollten wir. Mit seinem uralten, klapprigen Mercedes fuhren wir am Abend zum Restaurant »Le Petit«. Dem Restaurant angeschlossen ist eine Bar. Wir staunten nicht schlecht. Paul Stiffler ist tatsächlich ein waschechter Davoser und wir verlebten einen wunderschönen Abend bei Schweizer Leckerbissen.

Zwei Tage später hörten wir auf dem Steg jemanden »PURA VIDA!« rufen. Es war Sonntag. Am Steg stand Paul und winkte lachend. An Bord wollte er nicht kommen. Das sei ihm viel zu gefährlich. Er wolle doch nicht hier im Hafen ertrinken. Er fragte, was wir denn für den Tag vorhätten. Das Restaurant sei heute geschlossen, er habe zwar einige Gäste zu Hause, aber wenn wir Lust hätten, könnten wir doch auch kommen.

Wir fuhren erst zum Restaurant. Für den Grill wollte Paul in der Küche noch Fleisch vorbereiten. In der Zwischenzeit saßen wir im gemütlichen Lokal und warteten, als die Türe aufging und eine unverkennbare Schweizerin eintrat. Ich vermutete sofort Pauls Gemahlin und sagte: »Treten Sie bitte ein. Wir sind hier die neuen Besitzer. Paul räumt noch die Küche auf.«

Sie sah nicht sehr glücklich aus, brummelte etwas und entschwand in Richtung Küche. Wenig später war sie zurück.

»Ich bin die Ursula. Vor einer Stunde ist der Paul von zu Hause weg, um Fleisch zu holen, und ich hab mich schon geängstigt. Ich rief also hier an und niemand gab Antwort. Dann noch fremde Leute im Lokal! Wisst ihr – dem Paul wäre das schon zuzutrauen. Das mit dem Verkaufen. Das ist so ein verrückter Kerl. Herzlich willkommen. Schön, euch kennen zu lernen.«

Wir erlebten einen wunderbaren Sonntag bei Paul und Ursula, ihren Kindern und Freunden. Als Vorspeise gab es Bündnerfleisch, selbst gemacht natürlich. Dann mit Speck umwickeltes Rinderfilet, auf dem Grill zubereitet. Selbst gebackene, knusprige Brötchen, delikate Salate und Beilagen, erlesene südafrikanische Weine und zum Dessert Eiscreme und Kaffee mit Kirsch.

Diese Gastfreundschaft wildfremden Leuten gegenüber erstaunt und überrascht uns immer wieder. Wir wünschen uns wirklich, dass wir alle diese lieben Leute einmal zu Hause begrüßen dürfen, um uns dann ein wenig revanchieren zu können.

Zurück im Hafen stellten wir unter den Seglern vermehrte Hektik fest, ein untrügliches Zeichen für Aufbruch. Der Wetterbericht am Nachmittag sagte ein Wetterfenster von zwei Tagen voraus. Der Wind sollte in der kommenden Nacht drehen. Das tat er tatsächlich, und um ein Uhr nachts lösten wir die Leinen. Wir verließen East London in Richtung Port Elizabeth, Distanz 160 Seemeilen.

Es wurde eine schnelle Reise. Bereits 22 Stunden später waren wir im Hafen von Port Elizabeth. Zeitweise segelten wir Geschwindigkeiten von 11 Knoten mit einem Wind von 25 bis 30 Knoten. Der Strom hat gewaltig mitgeschoben.

Zehn Tage hingen wir in Port Elizabeth fest. Eine Front nach der anderen zog durch und brachte viel Regen, Wind aus der falschen Richtung oder Flaute. Erst am 6. Februar 1998 konnten wir um vier Uhr morgens die sechzig Seemeilen nach Port St. Francis in Angriff nehmen. Am frühen Nachmittag war auch diese Etappe geschafft. Port St. Francis liegt inmitten von Sanddünen in einer weiten, offenen Bucht. Der Hafen ist klein, aber sehr gut geschützt.

Wir richteten uns auf eine längere Aufenthaltsdauer ein. Es blies wieder einmal kräftig von der falschen Seite. Dann aber ging plötzlich alles sehr schnell. Mit Wanderschuhen und Rucksack waren wir auf dem Weg zu einer ausgedehnten Dünenwanderung, als der südafrikanische Segler Ian uns stoppte.

»Ich habe eben den neuesten Wetterbericht vom Flughafen Kapstadt bekommen. Es sieht sehr gut aus, wenn wir sofort abhauen.«

Eine Stunde später waren wir unterwegs. Hoher Seegang empfing uns draußen vor dem Hafen, und vorerst mussten wir noch gegen den Wind kreuzen. Wir stellten aber fest, dass der Wind bereits zu drehen begann. Bis nach Mossel Bay sind 150 Seemeilen zu segeln. Wir schafften sie in zwanzig Stunden. Das entspricht einem Durchschnitt von 7,5 Knoten! Zwei Stunden vor Ankunft blies es wieder einmal mit Sturmstärke. In der Hafeneinfahrt zeigte unsere Windmessanlage bereits 35 Knoten an. Wir konnten bei einem Fischerboot längsseits festmachen. Dort lagen wir zwar sehr unruhig, aber zumindest im sicheren Hafen. In der kommenden Nacht blies es mit bis zu 45 Knoten. Selbst im Hafen stand viel Schwell, und von unseren 25-Millimeter-Festmacherleinen brachen gleich drei Stück. Zum Glück waren alle Leinen doppelt geführt.

Vor uns lag nun noch das schwierige Stück um das Kap der Guten Hoffnung nach Kapstadt, die letzte Etappe, Distanz wieder 260 Seemeilen. Ein »Fenster« von zwei bis drei Tagen war also das Minimum. Zehn Tage lagen wir in Mossel Bay. Täglich zwei- bis dreimal riefen wir die verschiedenen Wetterämter an. Manchmal bekamen wir von drei Stationen drei unterschiedliche Auskünfte. Es war frustrierend – zum Glück aber nur das Wetter. Ansonsten war die Kameradschaft unter den Seglern fantastisch. Im lokalen Yachtklub organisierten wir Grillabende, pflegten das gemütliche Beisammensein und warteten eben auf das richtige Wetter.

Am 17. Februar 1998 war es so weit. Das Wetteramt in Pretoria, in Kapstadt und dasjenige des lokalen Flughafens sagten einstimmig ein Wetterfenster von drei Tagen voraus. Das war die Gelegenheit! Noch in derselben Stunde lösten wir die Leinen und verließen den ungemütlichen Hafen.

Es ließ sich gut an. 25 Knoten Wind aus Südost sind schließlich für diese Region eher schwach. Hoch am Wind umrundeten wir das Kap Saint Blaize und konnten dann auf einen bequemeren Kurs vor dem Wind gehen. Wieder waren wir sehr schnell unterwegs. Nachmittags um fünf Uhr wurde die Zuversicht wieder stark gebremst. Der Wetterbericht sagte für das Cape Agulhas, das ist der südlichste Punkt Afrikas, vierzig Knoten Wind aus Südwest voraus. Sturmwarnung! Ich verfluchte alle südafrikanischen Meteorologen und wünschte ihnen nur eines: »Die verdammten Pfuscher sollten dabei sein, wenn wir in diese Scheiße kommen.«

Nachdem ich dieses aufgebracht, wütend und lautstark in Richtung Land geschrieen hatte, war mir wohler. Es galt, die richtige Taktik zu wählen. Wir hatten zwei Möglichkeiten: das Kap entweder nahe an der Küste oder weit draußen zu runden. Nahe unter Land sind die Strömungen weniger stark, dafür ist die Bewegungsfreiheit – der Seeraum – eingeschränkt. Wir entschieden uns, weit draußen zu bleiben, mindestens dreißig Seemeilen. Der Nachteil besteht darin, dass dort irre Strömungsverhältnisse herrschen, weil der warme Agulhasstrom mit der kalten Benguellas-Strömung zusammentrifft und sich ein riesiger Wirbel bildet.

Um acht Uhr abends blies es mit bereits 35 Knoten. Die See war als grob zu bezeichnen. Einige Male knallten Wellen mit ungemeiner Wucht auf die PURA VIDA. Das ganze Boot erzitterte unter diesen Schlägen. Angst hatten wir nicht, aber solche Prügel haben wir noch nie bekommen. Um zehn Uhr nachts war der Wind konstant bei 45 Knoten, zum Glück immer noch aus der richtigen Richtung. Der Wind war nur noch ein Heulen im Rigg. Angespannt saßen wir im Cockpit, bereit, jeden Moment auf irgendeine Situation reagieren zu können. Aber da gab es nichts einzugreifen. Die Segel waren auf Sturm reduziert und PURA VIDA verhielt sich großartig.

Vreni sinnierte vor sich hin: »Was machen wir eigentlich hier draußen in diesem Mistwetter? Wir frieren, sind müde und alles ist nass. Dabei könnten wir zu Hause im warmen Büro sitzen. Auf was habe ich mich da nur eingelassen?«

»Wenn du einmal alt bist und mit zittrigen Händen am Stock gehst, kannst du dich auf die warme Ofenbank setzen und deinen

Enkelkindern von den Erlebnissen am Kap der Guten Hoffnung erzählen. Damals, als ...«

»Ja – dann heißt es vielleicht: Grosi, erzähle uns nochmal die Geschichte vom Kap mit den großen Wellen.«

»Siehst du! Deshalb ist es gut, hier zu sein. Enkelkinder wollen keine langweiligen Bürogeschichten hören.«

»Da hast du auch wieder recht. Ich erzähle ihnen dann auch, dass du mich ein paar Mal im Beiboot aussetzen wolltest.«

»Genau. Das arme Grosi! Eigentlich ist es nur ein Glücksfall, dass sie nicht immer noch irgendwo im Indik treibt.«

Um vier Uhr morgens lag Kap Agulhas querab. Weit querab – 35 Seemeilen! Der Wind war immer noch konstant bei 40 bis 45 Knoten, nun aus Ost. Wir änderten unseren Kurs auf 320 Grad in Richtung Atlantik. Zwei Stunden später stellten wir ein sporadisches Nachlassen der Windstärke fest. Um acht Uhr morgens waren es nur noch 35 Knoten und immer noch aus Ost. Mittags um zwölf Uhr hatten wir noch 25 Knoten und die See war merklich angenehmer geworden. Das Wichtigste aber – wir waren im Atlantik!

Der Wetterbericht um acht Uhr morgens sagte vierzig Knoten aus Ost bis Nordost für das Kap der Guten Hoffnung voraus. Es war also noch keineswegs ausgestanden. Jedoch glaubten wir, dass wenn der Wind bei uns schon nachließ, er voraus auch weniger sein müsse, und damit hatten wir recht. Morgens um vier Uhr waren Cape Point und das Kap der Guten Hoffnung querab, und das bei Flaute unter Maschine. Das ist typisch für dieses Gebiet. Entweder es bläst dir die Haare vom Kopf oder es ist Flaute.

Um sieben Uhr in der Frühe bogen wir in die Hout Bay ein und lagen eine Stunde später im dortigen Yachtklub am Steg fest. Nun war es wirklich an der Zeit, Kap Agulhas, Kap der Guten Hoffnung und Cape Point zu feiern, alle drei zusammen. Bei 45 Knoten Wind vergeht uns nämlich die Lust zum Feiern. Aber kaum waren die Leinen fest, knallte der Sektpfropfen.

Die Hout Bay liegt etwa dreißig Kilometer südlich von Kapstadt. Mit dem Bus ist man in 15 Minuten im Zentrum von Kapstadt, liegt mit dem Boot aber in einer ländlichen Gegend, die sich für ausgedehnte Wanderungen anbietet. Vreni hat in Kapstadt einen Schulfreund, der schon 26 Jahre dort lebt, und sie nahm sofort nach Ankunft Kontakt mit ihm auf. Bereits wenige Stunden danach sahen sich die beiden nach zwanzig Jahren wieder. Mit Gian und Elsbeth waren wir tags darauf im Schweizer Klub Kapstadt bei einem Spagettiabend. Der Schweizer Generalkonsul servierte die Spagetti und ließ es sich nicht nehmen, auch noch den Wein für alle zu zahlen. Es wurde ein langer und sehr lustiger Abend mit viel Ländlermusik. Wir fühlten uns wie zu Hause.

Am kommenden Tag war das traditionelle Capetown-Race. Das ist ein Radrennen von Kapstadt zum Cape Point und zurück. Die Distanz beträgt 160 Kilometer, und jedes Jahr nehmen 30 000 bis 40 000 Sportler in verschiedenen Kategorien teil. Die Auslandsschweizer waren mit 15 Fahrern vertreten, alle natürlich in roten Leibchen und Schweizerkreuz auf dem Rücken. Wir kannten alle schon vom Abend vorher und unterstützten sie mit lautstarkem »Hopp Schwyz« und mit Kuhglocken am Straßenrand. Entlang der ganzen Strecke fand ein riesiges Volksfest statt. Da wurde gegrillt, getanzt und natürlich viel getrunken. Morgens um acht Uhr kamen die ersten Fahrer in der Hout Bay vorbei, und nachmittags um vier Uhr war das Ende der Fahrerschlange noch nicht zu sehen.

In der kommenden Woche wollten wir Klaus anrufen. Klaus ist Deutscher und wohnte über zwanzig Jahre in Kapstadt. Nun ist er mit seiner Segelyacht GEMINI CONTENDER wie wir auf langer Fahrt. Wir lernten ihn in Französisch-Polynesien kennen und waren auf vielen Ankerplätzen zusammen. Wir wussten, dass er sich zur Zeit in Kapstadt aufhielt. Mit einem Zettel mit seiner Telefonnummer waren wir zur nächsten Telefonzelle unterwegs, als uns Klaus entgegenkam. Was für ein Zufall! Die Freude war auf beiden Seiten riesig, und Klaus nahm uns sofort in seine Obhut. Er hatte uns schon in Polynesien versprochen, dass er uns Kapstadt und Umgebung zeigen wolle, und das tat er nun. Beinahe jeden Tag waren wir mit ihm zusammen unterwegs. Wir besuchten die Weingebiete von Paarl, Stellenbosch, Boschendal und Franschoek, fuhren zum Kap der Guten Hoffnung und zum Cape Point, nach Simon's Town in der False Bay und natürlich mehrmals nach Kapstadt. Wenn Klaus verhindert war, sprangen sofort Gian und Elsbeth ein. So liebevoll betreut bekamen wir in kurzer Zeit sehr viel zu sehen.

Anfang März teilte uns unser Sohn Reto mit, dass er eigentlich gern für zwei Wochen nach Südafrika käme, aber erst ab Mitte des Monats weg könne. Das warf alle unsere Pläne über den Haufen, denn zu diesem Zeitpunkt wollten wir eigentlich in Namibia sein. So strichen wir Namibia von unserem Reiseplan und blieben fünf Wochen länger in Kapstadt. Reto war uns einfach wichtiger.

Am 14. März 1998 kam Reto in Kapstadt an. Klaus fuhr nochmals mit uns in die Weingebiete, und für fünf Tage mieteten wir uns einen Kleinwagen, mit dem wir eine längere Reise unternahmen. Der Küste entlang fuhren wir nach Mossel Bay und dann die »Garden Route« nach Knysna. Das ist ein riesiges Naturschutzgebiet, welches landschaftlich herrlich gelegen ist. In Knysna erwischten wir gerade noch die legendäre Dampfeisenbahn nach George. Wer je einmal die Gelegenheit hat, nach Südafrika zu kommen, sollte diese Bahnfahrt auf keinen Fall auslassen. Die Schmalspurstrecke ist wunderschön angelegt, führt am See entlang, dann durch tiefe Wälder an die Küste und dann am Meer entlang durch Tunnels und Schluchten hinauf auf die Hochebene von George.

Am nächsten Tag fuhren wir in den Addo-Nationalpark. Das ist ein Reservat für Elefanten, Nashörner, Zebras, Wildschweine, Strauße und Nilpferde. Wir hatten das Glück, alle diese Tiere zu sehen. Eine Herde Elefanten kam mit einem erst wenige Tage alten Baby nur einige Meter an unserem Auto vorbei. Für Reto war das ein Höhepunkt, denn er hatte sich nie erträumt, in diesen kurzen 14 Tagen Ferien sogar Elefanten in freier Wildbahn zu sehen. Für die 1000 Kilometer lange Rückfahrt nach Kapstadt wählten wir eine Strecke durch das Landesinnere. Wir fuhren durch Gebirge, über Pässe wie in den Voralpen, durch üppig grüne Täler und durch die endlos weite, sehr karge und trockene Hochebene von Karoo. Im letzten Abschnitt dieser Reise kamen wir nochmals durch alle großen Wein- und Obstanbaugebiete.

Nach der langen Autofahrt mussten die Beine wieder etwas bewegt werden. Wir bestiegen den 1000 Meter hohen Chapman's

Peak, der direkt an der Hout Bay liegt. Es wurde ein langer und sehr steiler Aufstieg. Die Aussicht war jedoch überwältigend. Man sieht von dort in die False Bay, nach Kapstadt, den Tafelberg und weit in den offenen Atlantik.

In einem Halbtagestrip segelten wir die PURA VIDA nach Kapstadt in den Royal Cape Yacht Club. Die letzten Tage mit Reto waren für Kapstadt reserviert. Wir besuchten das Naturhistorische Museum, das Fort, die Victoria Waterfront, wanderten um den Tafelberg oder saßen einfach in einem Straßencafé und plauderten. Retos Ferienzeit ging viel zu schnell zu Ende.

Nach seiner Abreise wurde es auch für uns Zeit. Wir mussten uns für den langen Schlag über den Atlantik verproviantieren. Das heißt tagelang Konserven, Teigwaren, Käse, Gemüse, Früchte, Frischfleisch und Getränke auf das Boot schleppen. Da sprang Elsbeth wieder ein. Einen ganzen Tag lang fuhr sie uns mit ihrem Wagen in der Stadt herum. Zum Schweizer Käsehändler, zum deutschen Metzger, zur italienischen Teigwarenfabrik und auf den Markt. Für uns war es eine ganz enorme Hilfe.

Am 3. April 1998 passte das Wetter. Eine Woche lang hatte es in Kapstadt so stark geblasen, dass es kaum möglich war, aufrecht zu gehen. Fallwinde vom Tafelberg bringen es regelmäßig auf Geschwindigkeiten bis sechzig Knoten. 25 bis 30 Knoten bezeichnen die Einheimischen bereits als »laues Lüftchen«. Mit so einem »lauen Lüftchen« von 25 Knoten liefen wir aus dem Hafen aus und nahmen Kurs auf die Insel St. Helena in der Mitte des Südatlantik.

Fünf Monate hatten wir nun in Südafrika gelebt. Es war eine schöne und gute Zeit. Das Land hat uns riesig gefallen. Leider sind die politischen Verhältnisse ziemlich verfahren. Die Probleme zwischen Schwarz und Weiß erscheinen unlösbar. Die zunehmende Kriminalität verhärtet diese Fronten immer mehr. Mordfälle brutalster Art sind eine tägliche Gegebenheit. Jeder Weiße kennt so eine Tat in seiner Familie oder seinem unmittelbaren Bekanntenkreis. Das Verrückte an der Sache ist, dass das keine Beziehungsdelikte sind. Der Ermordete war einfach zur falschen Zeit am falschen Ort. Zufall! So verwundert es nicht, dass beinahe alle weißen Südafrikaner mit einer Faustfeuerwaffe herumlaufen. Die Mörder sind durchweg Jugendliche oder Jugendbanden. Die Mordfälle sind aber keineswegs nur gegen Weiße gerichtet. Als in Kapstadt zwei Jugendbanden auf dem Parkplatz einer von vielen Touristen besuchten Disko aufeinander losgingen, gab es fünf Tote – alles Schwarze.

Wenn man mit Weißen über die heutige Situation in Südafrika spricht, spürt man eine enorme Verbitterung. Die nationale Währung, der Rand, ist nichts mehr wert. Für einen US-Dollar muss man heute bereits sechs Rand bezahlen. Die Preise für Farmland und Grundstücke verfallen zusehends. Tausende von Weißen verlassen das Land mit Sack und Pack. Die Schuld hat in den Augen der meisten Weißen nur die Regierung Mandelas. Diese Regierung mit ihren korrupten Ministern habe das einst so reiche Land verarmen lassen. Nur ganz wenige unserer Gesprächspartner sehen einigermaßen positiv in die Zukunft und glauben, dass man gemeinsam, Schwarz und Weiß, eine Zukunft für das Land anstreben könne. Die Zukunft wird zeigen, wie es in Südafrika weitergeht. Einfach wird es sicher nicht sein. Mit einem bisschen Toleranz auf beiden Seiten wäre aber schon sehr viel erreicht.

Die Küste Südafrikas war für uns nach wenigen Stunden nur noch als schmaler Strich auszumachen. Wir wollten so schnell wie möglich nordwärts kommen, weg von dieser Wetterküche. Wir kamen auch gut voran, zumindest während des Tages. Nach Einbruch der Nacht ließ der Wind merklich nach, und um 22 Uhr dieses ersten Tages auf See mussten wir völlig überraschend sogar den Motor zu Hilfe nehmen, weil der Wind beinahe weg war. Das ist für diese Gegend sehr ungewöhnlich.

Morgens um fünf Uhr hatte ich Kaffeewasser aufgesetzt und schaute vom Cockpit aus zum Herd, ob das Wasser schon siede. Dabei dachte ich: »Du könntest dir wirklich die Brille putzen. Du siehst ja wie durch einen Nebel.« Auch nach der Reinigung der Gläser blieb der Nebel. Von Nebel war natürlich keine Rede – das war Rauch. Von wo kam dieser Rauch? Ein rascher Blick auf die Instrumente war beruhigend. Temperatur und Öldruck stimmten. Trotzdem stoppte ich sofort die Maschine. Im Maschinenraum sah alles bestens aus. Aber der ganze Salon war voll mit Rauch. Der roch eindeutig nach Abgasen, weshalb das Problem schnell gefunden war. Der Abgasschlauch hatte sich im Heck vom Stutzen des Borddurchlasses gelöst, und nun pufftete das Kühlwasser samt Abgasen ins Bootsinnere. Die normalerweise trockene Bilge im Salon war randvoll mit Seewasser und schwappte unter den Bodenbrettern in jede noch so versteckte Ecke. Wir brauchten vier Stunden, um alles mit Süßwasser zu reinigen und aufzutrocknen. Die Reparatur war schneller erledigt. In einer knappen Stunde hatten wir zusätzliche Schellen als Sicherung angebracht und diese vorsichtshalber mit Draht gesichert. Der Schlauch hat sich danach nie mehr gelöst.

Bei Tagesanbruch war der Wind wieder da und wir konnten segeln. Allerdings hatte er von Südwest auf Nordwest gedreht. Das passte überhaupt nicht zu unseren Wetterkarten vom Vorabend und beunruhigte uns etwas. Trotzdem wurde es ein schöner Segeltag mit Wind um 12 bis 15 Knoten. In der kommenden Nacht frischte der Wind auf zwanzig Knoten auf und drehte auf West, später zurück auf Nordwest und blies dann konstant aus Nordnordwest. In der Zwischenzeit wussten wir auch, weshalb. Die neuen Wetterkarten zeigten drei Sturmtiefs, die für diese Jahreszeit ungewöhnlich nördlich Richtung Osten zogen. Der Druck im Zentrum betrug bei allen drei Tiefs unglaubliche 948 hPa! Die erste der zu diesen Tiefs gehörenden Fronten war gegen Abend zu erwarten. Um die Mittagszeit setzte Regen ein, und der Wind ging auf Südwest. Um 15 Uhr hatten wir bereits 32 Knoten Wind aus Südsüdwest. Um Mitternacht war die Front durch und der Himmel wurde schnell wieder klar. Von der zweiten Front haben wir nicht viel abbekommen. Sie ging etwa 24 Stunden später durch, aber mehr als einige kräftige Böen mit etwas Regen war nicht drin. Die dritte Front erwischte uns am 8. April 1998, also am fünften Tag auf See, morgens um drei Uhr. In den kräftigen Böen ging der Wind, diesmal aus Südsüdost, bis 45 Knoten hoch. Mittags hatten wir noch immer 30 bis 35 Knoten und in den Böen über 40 Knoten. Die Windsee war nun vier bis fünf Meter hoch und relativ kurz. Wir hatten zwei Reffs ins Groß gebunden und nur wenige Quadratmeter Genua gesetzt. Der Autopilot hatte mit diesen Verhältnissen keine Probleme. Die Küche war allerdings wieder einmal geschlossen.

Die Wetterkarte um 17 Uhr wurde nicht gesendet. Eigentlich erwarteten wir, dass die Front nun langsam durch sein müsste, aber so sah es überhaupt nicht aus. Um 20 Uhr waren es satte 35 bis 40 Knoten, immer noch aus Südsüdost, in den Böen einiges mehr. Allerdings wurde die See etwas länger und damit das Bordleben angenehmer. Vreni konnte eine heiße Suppe mit Würstchen aus der Dose kochen.

Es wurde eine lange und kalte Nacht. Wir haben uns bemüht, etwas Schlaf zu bekommen, aber es blieb bei den Bemühungen. Im Bootsinneren ist es zwar vergleichsweise ruhig und das Heulen im Rigg ist kaum zu hören, aber die Anspannung war zu groß, um einzuschlafen. Wir konnten uns wenigstens aufwärmen und die müden Knochen strecken. Das ist schon viel wert. Wir haben versucht, uns zu unterhalten, der eine in der Koje liegend und der andere im Cockpit auf Wache. Das war aber zu mühsam. Es war einfach zu laut da draußen im Cockpit.

Morgens um sechs Uhr ging der Wind ab und zu auf 25 Knoten zurück. Um acht Uhr waren auch die Böen nicht mehr stärker als 35 Knoten, und am Mittag war dieser Sturm ausgestanden. Die Regenwolken verzogen sich langsam und der Wind kam nur noch mit 20 bis 25 Knoten aus SSE. Von hinten rollten immer noch gewaltige Seen heran und wir staunten, wie gut unser Autopilot mit diesen Bedingungen fertig wurde. Wie ungleich höher wären die Strapazen ohne Aries und Autopilot!

In den ersten beiden Fronten konnten wir nur Nord segeln, in dieser letzten Front ging nur West, und beides ist nicht unser Kurs. Trotzdem machten wir in den letzten Tagen immer Etmale von über 120 Meilen. Nun drehte der Wind langsam auf Südost und ging auf 15 bis 20 Knoten zurück. Das Wetter wurde wolkenlos und von Tag zu Tag wärmer. Auf dem letzten Drittel der Strecke wurde der Wind weniger und weniger, um dann in der letzten Nacht vor St. Helena ganz einzuschlafen. Nach 16 Tagen und mit 1700 Seemeilen im Kielwasser fiel der Anker am 19. April 1998 vor Jamestown auf St. Helena ins klare Wasser.

St. Helena ist sicherlich jedem vom Geschichtsunterricht her bekannt. Hier verlebte Napoleon Bonaparte seine letzten Jahre in Verbannung. Als wir um die Insel zum Ankerplatz segelten, konnten wir nur ahnen, was Napoleon damals bei seiner Ankunft gedacht haben mochte. Die Insel sieht aus dieser Sicht sehr schroff aus. Steil fallen die Lavafelsen in das Meer. Von Vegetation ist nichts zu sehen. Für Napoleon muss diese Ankunft absolut frustrierend gewesen sein.

St. Helena wurde am 21. Mai 1502 durch den Portugiesen João da Nova auf seiner Rückreise von Indien nach Europa entdeckt. Die Insel wurde schnell ein Stützpunkt der Ostindien-Gesellschaft. Die durchsegelnden Schiffe konnten hier bestens verproviantiert werden. Im Landesinneren bietet St. Helena eine reiche Vegetation und gutes Quellwasser. Der Hauptort heißt Jamestown und liegt in einem tiefen, engen Tal. Es ist eine kleine, alte Stadt, die uns sehr gut gefallen hat. Die Insel gehört zu Großbritannien. Die Mehrheit der Bevölkerung ist jedoch dunkelhäutig und scheint indischer Herkunft zu sein. St. Helena hat noch keinen Flugplatz und ist nur auf dem Seeweg erreichbar. Das letzte im Dienst stehende britische Postschiff, die ST. HELENA, versorgt die Insel mit Lebensmitteln und anderen Gütern.

Napoleon Bonaparte erreichte am 15. Oktober 1815 mit der NORTH-CUMBERLAND St. Helena. Etwa zwei Kilometer von Jamestown entfernt wohnte er in einem kleinen Haus, Briar's Pavillon, auf einem Hügel. Dieses Haus war ihm zu klein und vor allem nicht standesgemäß. Auf der Hochebene bei Longwood ließ er sich eine eigene Residenz bauen, die er am 10. Dezember desselben Jahres bezog. Napoleon war mit seinen britischen Bewachern absolut nicht glücklich. Das Longwood House ist heute ein Museum in französischem Besitz, dort sind viele seiner Protestschreiben an die englische Regierung ausgestellt. Alle diese Briefe beginnen mit: »Je proteste« (Ich protestiere).

Napoleon lebte auf St. Helena nur noch vier Jahre. Am 5. Mai 1821 starb er kurz vor sechs Uhr morgens an Magenkrebs. Er wurde im Sane Valley beigesetzt. 1840 wurde Napoleon nach Paris überführt und im Dome des Invalides begraben. In Würdigung Napoleons hat Frankreich noch heute einen ständigen Botschafter mit Sitz im Longwood House auf St. Helena.

St. Helena war nicht nur für Napoleon ein Gefängnis. 2000 gefangene Südafrikaner aus dem Burenkrieg wurden hier über Jahre festgehalten. Unter misslichen Verhältnissen lebten diese Buren in Zelten und viele von ihnen starben an Seuchen. Der riesige Burenfriedhof zeugt davon.

Wir verbrachten 14 Tage auf dieser Insel. Es gab vom letzten Sturm einige Schäden in den Segeln zu reparieren, ansonsten wanderten wir und besuchten die vielen historischen Plätze.

Am 26. April 1998 machten wir uns auf den langen Weg nach Brasilien. Bis zu dessen Ostspitze waren weitere 1800 Seemeilen zu segeln. Der Südatlantik wird allgemein als ein sehr friedliches Segelrevier bezeichnet, und so war es auch. Wir segelten in einem riesigen Hochdruckgebiet. Das Wetter war immer gut und es wurde langsam aber sicher tropisch warm. Der Wind war schwach, wehte aber beständig mit 10 bis 15 Knoten. Die Maschine brauchten wir auf der ganzen Strecke nie zu benutzen. Völlig problemlos erreichten wir am 12. Mai 1998 früh am Abend die Küste von Brasilien. Wir steuerten den Hafen von Cabedelo an, das liegt genau zwischen Recife und Natal. Die Hafeneinfahrt passierten wir um zehn Uhr nachts. Eigentlich wollten wir dort ankern und dann bei Tageslicht den Fluss hinauffahren. Wir bekamen aber Funkkontakt mit Freunden am Ankerplatz, und die wollten uns unbedingt mit dem Beiboot bis Cabedelo entgegenfahren und uns dann den Weg zeigen. Dieses Angebot nahmen wir gern an. Die Freunde waren zur vereinbarten Zeit am richtigen Ort. Bei Vollmond und guter Sicht nahmen wir die letzten zehn Meilen den Rio Paraiba hinauf in Angriff. Um Mitternacht fiel der Anker vor dem kleinen Ort Jacare. Bis gegen Morgen saßen wir zusammen mit unseren Freunden auf der PURA VIDA und hatten uns wieder viel zu erzählen.

Hochsee und Urwaldströme: Brasilien

*Landimpressionen – Fernando de Noronha – Belem –
Segeln durch den Dschungel – Französisch-Guayana –
Weltraumbahnhof Kourou – In der Konvergenzzone*

Brasilien steuerten wir mit gemischten Gefühlen an. Immer wieder war die Rede von Überfällen auf Yachten in jedem Hafen. Aus solchen Gründen an diesem riesigen Land vorbeisegeln wollten wir aber auch nicht. Wir beschlossen deshalb, Fortalezza anzulaufen und dort von einer sicheren Hotelmarina aus Ausflüge zu unternehmen. Für unseren Aufenthalt in Brasilien hatten wir maximal drei Wochen geplant – es wurden mehr als vier Monate daraus, und Fortalezza haben wir nie angelaufen.

In St. Helena bekamen wir über Funk Informationen über einen Ort mit Namen Cabedelo, genau in der Mitte zwischen Recife und Natal. Segler erzählten uns von dem kleinen Dorf Jacare im Rio Paraiba, etwa zwanzig Kilometer vom Meer und dem Hafenort Cabedelo entfernt. Sie waren begeistert und versicherten uns, dass man dort absolut sicher ankern könne. So änderten wir kurz entschlossen wieder einmal unsere Pläne und liefen Cabedelo an. Diesen Entschluss haben wir nie bereut.

Das Örtchen Jacare liegt zwischen Cabedelo und der Millionenstadt João Pessoa. Der Rio Paraiba ist dort breiter als der Rhein in Basel. Die Strömung läuft bei Springtide mit rund drei Knoten. Der Ankergrund ist exzellent. Am Ufer gibt es drei Gaststätten, welche vom geringen Tagestourismus aus João Pessoa leben. Meistens waren nur am Wochenende Besucher dort. Jeden Abend, wenn die Sonne unterging, wurde in Jacare Bolero gespielt. Das war dann der Zeitpunkt, sich an Land mit den anderen Seglern zu treffen.»Jacare« bedeutet »Krokodil«. Zum Einkaufen mussten wir mit dem Bus in die zwanzig Kilometer entfernte Hauptstadt des Staates Paraiba, nach João Pessoa fahren.

Fünfzehn Kilometer südlich von João Pessoa liegt das Cabo Branco. Das ist der östlichste Punkt Südamerikas. Wir haben das Cabo Branco von Jacare aus zu Fuß umwandert, immer auf feinem Sand am Strand entlang. Das ist sehr kurzweilig, weil sich am Strand immer Hunderte von gut gebauten Brasilianerinnen in ihren Minibikinis sonnen und räkeln. So ein Bikini braucht etwa so viel Stoff wie eine Brieftasche. Nacktbaden oder Oben-ohne ist in Brasilien verpönt. Es reicht jedoch, wenn die Brustwarzen und das Schamhaar leidlich bedeckt sind. Die brasilianischen Mädchen überbieten sich darin, so wenig Stoff wie möglich zu verwenden. Dabei gerät bei schnelleren Gangarten und gut gebauten Oberweiten des öfteren mal etwas außer Kontrolle.

João Pessoa ist eine laute, quirlige, aber recht saubere Stadt. Der älteste Stadtteil entstand um 1585. Die Erbauer waren Holländer, Spanier und Portugiesen. Zu dieser Zeit konnten die Schiffe den Rio Paraiba bis João Pessoa befahren. Heute ist er zu stark versandet. Es entstand deshalb der Hafenort Cabedelo an der Flussmündung in den Atlantik. Das Hinterland ist äußerst fruchtbar und wird intensiv landwirtschaftlich genutzt.

Mit dem Boot lagen wir also sicher und ruhig vor dem verschlafenen Dorf Jacare und hatten die Möglichkeit, in einer knappen Stunde in der Großstadt zu sein. Der Ort liegt zudem ideal für Ausflüge in das Landesinnere. Die Distanzen sind allerdings gewaltig. Man unterschätzt leicht die Größe Brasiliens. Brasilien ist mit 8,5 Millionen Quadratkilometern das fünftgrößte Land der Erde und hat 155 Millionen Einwohner. Das Land erstreckt sich 4394 Kilometer von Nord nach Süd und 4319 Kilometer von Ost nach West. Die Küstenlinie ist 7367 Kilometer lang. Allein das Amazonasdelta ist vier Millionen Quadratkilometer groß. In diesem Gebiet liegen auch zwanzig Prozent der Süßwasser-Gewässer der Erde. Zehn der zwanzig größten Flüsse der Welt fließen ebenfalls durch dieses Gebiet. Der Amazonas mit seinen 5500 Kilometern Länge ist nur einer davon.

Wir entschlossen uns, nach Sousa zu fahren. Diese Kleinstadt mit 80 000 Einwohnern liegt 500 Kilometer westlich von João Pessoa. Die Stadt wurde wegen seiner Dinosaurier-Fußspuren in der Umgebung bekannt. Die wollten wir uns ansehen.

Kurz hinter João Pessoa wurde das Land sehr trocken und heiß. Wir befuhren nur Nebenstraßen, weil wir kleine Ortschaften und Kleinstädte sehen wollten. So befanden wir uns denn schon nach wenigen Stunden auf Naturstraßen, die eigentlich einen Allradantrieb-Wagen erfordert hätten. Den hatten wir natürlich nicht. Nachdem wir einige Stunden nur im Schritttempo vorangekommen und den Löchern im Zickzack ausgewichen waren, war uns das doch zu anstrengend und zu langsam. In diesem Gebiet befinden sich riesige Bananenplantagen. Zur Bewässerung wurden kleine Stauseen angelegt. Autos haben wir dort keine gesehen, dafür viele Pferde. Auf diesen Straßen war das sicher das schnellere Fortbewegungsmittel. Lustig wurde es immer an den wenigen Kreuzungen. Wegweiser gab es nämlich keine und unsere Karte war zu wenig genau. Der Skipper hatte wieder einmal am falschen Ort gespart. Irgendwann kamen wir auf eine geteerte Straße und bald danach sogar in eine kleine Stadt, die auf unserer Karte zu finden war.

Vera, eine Touristikfachfrau in Cabedelo, hatte uns geraten, unbedingt die Stadt Inga zu besuchen und uns dort die mysteriösen Felsinschriften anzusehen. Wenn man dort an einem bestimmten Ort steht, sieht man über eine Linie eine Sternenkonstellation, die in Linie mit einem Felsen an einem bestimmten Tag zu sehen ist, vermutlich der kürzeste oder längste Tag des Jahres. Um Genaueres darüber zu erfahren, müsste man etwas darüber lesen. Wenn es das überhaupt gibt, dann ist es bestimmt nur in Portugiesisch erhältlich – eigentlich sehr schade. Bestimmt hätte Erich von Daeniken einige andere Theorien dazu.

Von Inga aus fuhren wir weiter über Campino Grande nach Patos und am nächsten Tag dann nach Sousa. Vera hatte uns nur gesagt, dass wir uns bei der Stadtverwaltung melden sollen. Die würden uns dann weiterhelfen, um die Stelle mit den Dinosaurier-Fußspuren zu finden. Vor der Stadtverwaltung parkten wir den Wagen, und schon wurden wir von einer Frau angesprochen.

»Seid ihr die Ausländer aus Cabedelo? Die Freunde von Vera? Die Segler?«

»Ja, das sind wir. Wir suchen eine Frau namens Maria in der Stadtverwaltung.«

»Das bin ich. Kommt bitte mit. Der Stadtpräsident wartet bereits auf euch.«

Davon wussten wir nichts. Wozu sollte der auf uns warten? Verunsichert folgten wir der Frau. Wir wurden verschiedenen Herren und Damen vorgestellt.

»Touristen aus Europa, die unsere Stadt besuchen.«

»Oh – sehr schön. Wir haben doch kaum Touristen hier. Schon gar nicht Ausländer aus Europa. Hoffentlich gefällt es euch.«

Dann wurden wir ins Büro des Stadtpräsidenten geführt. Dort warteten nebst dem Präsidenten bereits der Kulturminister Francisco das Chaoas Marques de Oliveira, der Informationsminister Espedito Lopes Neto und ein Journalist der örtlichen Zeitung. Maria entpuppte sich als die Ministerin für Tourismus mit vollem Namen Hosana Maria Carvalho Pires.

Was für klangvolle Namen!

Kaffe wurde serviert. Der Kulturminister sprach Englisch und sprang als Dolmetscher ein. Fotos wurden gemacht und dann nochmals Kaffee serviert, weil der Fotoapparat nicht funktioniert hatte und der Reporter sich schnell einen anderen Apparat besorgen musste. Wir kamen aus dem Staunen nicht mehr heraus. Was hatte Vera da nur eingefädelt?

Nach einer Stunde meldete eine Sekretärin, dass der für uns organisierte Fahrer mit Geländefahrzeug nun da sei. Wir verabschiedeten uns höflich beim Stadtpräsidenten. Die Minister für Kultur, Information und Tourismus begleiteten uns.

Vor dem Gebäude stand ein klimatisiertes Geländefahrzeug mit Fahrer. Etwa fünfzehn Kilometer hinter der Stadt ging es über einen Schotterweg zu einem kleinen Bach. Dann war die Fahrt zu Ende. Dazu hätte man nie und nimmer ein Allradfahrzeug gebraucht. Das hätten wir sogar mit unserem tief liegenden Fiat geschafft.

Nur wegen dieser Fußspuren hierher zu reisen hätte sich sicher nicht gelohnt. Interessant war es aber auf jeden Fall. Die Stelle, wo

42. Nordaustralien: Im Kakadu-Nationalpark bei Darwin.

43. Felszeichnungen der Aborigines.

44. Baden ist hier tödlich.

45. Cocos Keeling: An diesem Grillplatz verewigt sich jeder Besucher.

46. Südafrika: Im Addo-Nationalpark.

47. Rodrigues: Sand für den Strassenbau wird hier mit dem Segelboot transportiert.

48. Simbabwe/Sambia: Die Victoria-Fälle an der Grenze.

49. Sambia: Der Sambesi, kurz bevor er in die Schlucht stürzt.

50. Sambia: Ein Dorf auf dem Lande.

51. Simbabwe: Eselgespann bei Bulawayo.

52. Am Kap der Guten Hoffnung.

53. Das Kap der Guten Hoffnung.

54. Kapstadt mit Tafelberg.

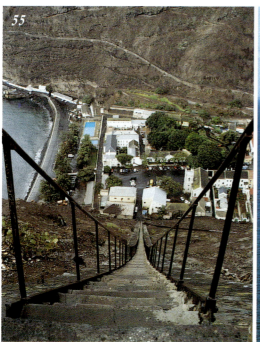

55. St. Helena: In einem Tal liegt der Hauptort Jamestown.

56. St. Helena: Longwood House – hier starb Napoleon.

57. Amazonasdelta: Kinder mit ihren Kindern.

58. Ankerplatz in Fernando de Noronha.

59. Amazonasdelta: Siedlung am Furo dos Macacos. Der nächste Nachbar wohnt mehrere Bootsstunden entfernt.

60. Französisch-Guayana: Fluss im Dschungel.

61. Azoren: Lava und Asche vom letzten Vulkanausbruch bei Horta.

62. Azoren: Solche Ochsenkarren sind auch heute noch in Gebrauch.

die Fußspuren zu sehen sind, war sicherlich ein altes Flussbett. Als die Dinosaurier das Flussbett durchquerten, war das damals, vor geschätzten 150 Millionen Jahren, feuchtnasser Schlamm. Heute sieht die Stelle aus wie eine große Steinplatte. Sie ist nur fünf bis acht Zentimeter dick. Der dort anwesende Wissenschaftler, Prof. Augusto Ferraz, bezeichnete es als versteinertes Sediment. Rund um Sousa gibt es noch weitere dreißig Stellen, an denen solche Fußspuren zu besichtigen sind.

Nachdem wir sie uns ausgiebig angesehen hatten, wurden wir im Kulturzentrum mit Fruchtsäften bewirtet. Zum Abschied überreichten die liebenswürdigen Gastgeber uns ein Geschenk. Vreni bekam eine kleine Lampe aus Zink und ich einen Strohhut – gerade etwas zu klein, um ein Sombrero zu sein.

Auch in Sousa und in der Umgebung war es sehr trocken. Allerdings gibt es unweit von Sousa einige größere Seen. Im Moment werden Kanäle gebaut, um die weiten Ebenen großflächig bewässern zu können. Die Temperaturen im Landesinneren Brasiliens sind um einiges höher als an der Küste. 42°C im Schatten war auf dieser Reise die normale Tagestemperatur.

In Jacare lernten wir den seit zwanzig Jahren in Brasilien lebenden Schotten Jim kennen. Er hatte mehrmals das Amazonasdelta und auch den Amazonas selbst bereist und riet uns, unbedingt diese Gegend zu besuchen. Eines Abends kam er mit seinem Freund Salazar, einem pensionierten Luftwaffengeneral der brasilianischen Armee, an Bord der PURA VIDA und zeigte uns anhand einer alten Seekarte seine Lieblingsrouten von Belem am Rio Para nach Santana am Rio Amazonas. Die beiden eiferten sich richtiggehend, uns diese Region schmackhaft zu machen.

Ich hatte einige Bedenken. Ein Segelboot ist schließlich wegen seines Tiefgangs nicht unbedingt für Flüsse geeignet. In der Einfahrt des Rio Para galt es schwierige Barren zu überwinden. Was mich aber am meisten beunruhigte, waren die Barren in der Ausfahrt aus dem Rio Amazonas und die Windrichtung in diesem Gebiet. Da war mit starkem Wind genau auf die Nase zu rechnen, und das bei fünf Knoten Strom.

Trotzdem entschlossen wir uns einige Tage später, den Trip zu wagen. Das brachte unsere Reiseplanung natürlich wieder einmal völlig durcheinander. Aber der Entschluss war gefasst. Die Monate Juli, August und September wurden als die idealen Reisemonate für das Amazonasdelta beschrieben, und wir hatten nun Anfang Juni. Da lag sogar noch ein längerer Aufenthalt auf der Insel Fernando de Noronha drin. Wir besorgten uns Seekarten für den Rio Para und den Rio Amazonas und gingen daran, die PURA VIDA für mehrere Wochen zu verproviantieren.

Tagelang schleppten wir Rucksack um Rucksack voll Lebensmittel von João Pessoa nach Jacare – eine Schweiß treibende Sache in dieser Hitze. Kurz vor der Abreise nach Fernando erwischte mich die Tropenkrankheit Dengue. Dieses unangenehme Fieber warf mich für mehrere Tage ins Bett und ich erholte mich nur langsam. Dengue wird von Moskitos übertragen. Es erkrankten auch noch einige andere Segler in Jacare. Machen kann man nichts. Es gibt keine Medikamente gegen Dengue. Man kann zwar das Fieber etwas drücken und die Kopfschmerzen lindern, aber ansonsten muss man es einfach durchstehen.

Am 24. Juni 1998 verließen wir Jacare. Der Nachmittag brachte uns wunderschönes Segeln. Nach der langen Zeit vor Anker genossen wir das ruhige Dahingleiten. In der Nacht kamen schwere, schwarze Regenwolken auf und brachten unregelmäßigen Wind aus der falschen Richtung. Wir mussten hoch an den Wind gehen, um den Kurs noch halten zu können. In den heftigen Regenschauern blies es in Sturmstärke und dazwischen war fast zu wenig Wind. Rund um die Uhr hieß es: Einreffen – ausreffen – einreffen – ausreffen! Die Verhältnisse blieben unverändert, bis am 27. Juni 1998 morgens um fünf Uhr die Insel Fernando de Noronha für einen kurzen Moment zwischen zwei Regenwänden sichtbar wurde. In den Böen blies es mit 35 bis 40 Knoten. Die Sicht war auf zwanzig Meter reduziert.

Um neun Uhr fiel der Anker in der Baia Santo Antonio. Es war ein anstrengender, rauer Trip gewesen. Kurz vor dem Ankerplatz mussten wir noch einmal umkehren und offenes Wasser suchen. Eine neuerliche Regenwalze hatte uns jede Sicht genommen. Hier in der Abdeckung der Insel war aber zumindest die See ruhig. Kaum

war der Anker im Grund, wurde die PURA VIDA von Freunden gestürmt.
»Habt ihr uns das Gemüse mitgebracht?«
Ja – wir hatten, drei Kisten voll. In Fernando de Noronha gibt es Frischproviant nicht oder nur sehr, sehr teuer zu kaufen. Über Funk hatte uns Mike von der BAYWOOD (RSA) gebeten, so viel wie möglich mitzunehmen. Die BAYWOOD lag schon vier Wochen hier. Skipper Mike hatte das Denguefieber hier erwischt, und auch er erholte sich nur langsam davon. Dadurch wurde die Abreise ungeplant verzögert. Mit fünf Erwachsenen an Bord waren die Vorräte an frischem Gemüse längst ausgegangen. Die Zigaretten auch. Aber auch davon hatten wir genügend.

Zum Dank für den Transport wurde am Abend an Land ein Grillfest organisiert. Die Südafrikaner hatten durch Zufall gesehen, dass ein Rind geschlachtet wurde, und sie ergatterten die beiden Filets. Farmer Vossie ist für solche Dinge Spezialist. Über dem Hafen für die Fischer liegt ein kleines, baufälliges, strohgedecktes Rundhaus. Hier lebt der Engländer George mit seiner brasilianischen Frau Elda. In früheren Jahren war in diesem Haus ein Restaurant und irgendwann sollte auch wieder einmal eines daraus werden. Die Südafrikaner hatten sich längst mit George angefreundet und gingen da oben ein und aus. Dieses Haus wurde zum Treffpunkt der Segler. Zur See hin ist das Haus offen und man hat eine traumhafte Aussicht über den Hafen und die Ankerbucht. Draußen blies der Sturm, der Regen prasselte auf das Strohdach und drinnen brutzelte das Fleisch auf den glühenden Kohlen. Die Müdigkeit war verflogen. Ausschlafen konnten wir später.

Fernando de Noronha liegt 540 Kilometer östlich von Natal und besteht aus 21 Inseln. Die Hauptinsel ist 17 Quadratkilometer groß und vulkanischen Ursprungs. Es ist nicht genau bekannt, wann diese Inseln entdeckt wurden. Sie erschienen 1502 auf der Karte von Cantino. Amerigo Vespucci beschreibt die Inseln 1503 als Erster. 1534 wurden sie durch Engländer besetzt und 1556 durch die Franzosen. 1628 übernahmen sie die Holländer, welche zwei Jahre später durch die Portugiesen vertrieben wurden. 1635 waren wieder die Holländer auf den Inseln und das blieb so, bis 1736 die Franzosen die Inseln erneut besetzten. Aber bereits ein Jahr später übernahmen die Portugiesen erneut die Herrschaft. 1942 gingen die Inseln an Brasilien. Sie wurden dem Staat Pernambuco zugesprochen. Pernambuco benutzte die Insel recht schnell als Gefängnis für politische Gefangene und später auch für Kriminelle. Die Gefängnisanlagen sind heute natürlich nicht mehr in Betrieb. Die Inseln sind Naturschutzgebiet. Die IBAMA (Brasilianisches Institut für Forschung und Entwicklung) leistet dort vorbildliche Arbeit. Sie kontrolliert und überwacht, dass Küste und Unterwasserwelt intakt bleiben.

Auf der Hauptinsel leben 2000 Einwohner, und täglich werden Touristen von Recife und Natal nach Fernando de Noronha geflogen. Auf den Inseln selbst gibt es nicht viel zu schützen, außer den alten Befestigungsanlagen, dem alten Dorfkern und dem Gefängnis. Grandios sind die Unterwasserwelt und die Küste an der Luvseite der Insel sowie die traumhaften Buchten an der Leeseite. Tauchen ist nur in Begleitung von Leuten der IBAMA erlaubt. Fischen, Muscheln sammeln, Tauchen mit Speer und all diese Dinge sind verboten. Man darf aber wandern, so viel man will und wo man will, wenn man alles so lässt wie es ist.

Wir haben die ganze Insel zu Fuß umrundet. Wir waren in allen Buchten, sowohl in den großen wie auch in den ganz kleinen, verträumten, von Fels umrahmten Paradieschen. Mit IBAMA-Leuten konnten wir sogar in der Baia dos Golfinhos mit Delfinen schwimmen. Die Luvseite ist nur bei Niedrigwasser begehbar. Etwas beschwerlich allerdings, aber fantastisch. Die rund um die Hauptinsel liegenden kleinen Inseln sind ein Vogelparadies.

Ganze drei Wochen blieben wir auf Fernando de Noronha. Anfänglich hatten wir etwas Bedenken, denn normalerweise hat man in diesem Paradies umgerechnet etwa 20 sFr pro Person und Tag zu bezahlen. Den Flugtouristen wird dieser Betrag am Flughafen direkt abkassiert. Den Seglern wird aber nichts abverlangt, sofern sie sich an die verständlichen Regeln halten. Ein südafrikanischer Segler hielt sich nicht daran. Er fischte mit der Harpune. Tags darauf verlangte die IBAMA von ihm die Bezahlung der Taxe. Daraufhin verließ das junge Ehepaar in der folgenden Nacht klammheimlich die Ankerbucht und lief keinen brasilianischen Hafen mehr an. Die IBAMA-Leute lachten nur. Genau das hatten sie erreichen wollen.

Hier in Fernando de Noronha erlebten wir die Endspiele der Fußballweltmeisterschaft – die Siege der Brasilianer und dann die Niederlage beim Endspiel gegen die Franzosen. Es ist schon beeindruckend, solche Spiele in diesem fußballverrückten Land zu sehen. Die Brasilianer toben, rasen, singen und schreien, wenn sie am Gewinnen sind und werden mäuschenstill, wenn sich eine Niederlage abzeichnet. Dann geht die Welt unter. Frauen weinen und Männer vergraben ihre Köpfe zwischen den Armen.

Am 20. Juli 1998 verließen wir Fernando de Noronha mit Ziel Belem im Rio Para. Gesamtdistanz 1050 Seemeilen, also acht bis zehn Segeltage. Beim Start in Fernando de Noronha ist man 250 Meilen von der Küste entfernt und segelt dann in einem spitzen Winkel nach Norden auf die Küste Brasiliens zu. Bei Salinopolis ist man dann noch etwa dreißig Meilen von der Küste weg. Das Wetter wird so nahe an der Küste vom Festland geprägt. Küstenwetter lieben wir nicht besonders. Man muss immer mit Gewittern und unbeständigem Wetter rechnen.

Wir hatten das Wetter in den letzten Tagen genau beobachtet und glaubten einen guten Start erwischt zu haben. Nachmittags kamen jedoch schon wieder schwere, schwarze Wolken auf. Der Wind frischte kräftig auf und pendelte sich dann bei 25 bis 30 Knoten ein, in den Böen ging die Windstärke wieder auf 35 bis 38 Knoten hoch. Heftige Regenfälle begleiteten uns die ganze Nacht hindurch und erforderten volle Aufmerksamkeit, denn in diesem Bereich kreuzen sich zwei Routen der Großschifffahrt. Erst 24 Stunden später wurden die Regenfälle seltener. Vereinzelt sah man zwischen den tief dahineilenden Wolken blaue Flecken. Der Wind ging nur noch selten über 30 Knoten. Kurz vor Mitte der zweiten Nacht passierte das erste »kleine Drama«. Wir segelten mit zwei Reffs im Groß und der zur Hälfte weggerefften, ausgebaumten Genua Schmetterling. Ohne ersichtlichen Grund rauschte die Genua voll aus und wickelte sich um das zweite Vorstag. Wir hatten eine volle Stunde hart zu kämpfen, um dieses Segel zu bändigen und wieder vernünftig zu reffen. Meine Hände sahen danach nicht mehr sehr gut aus. Morgens um drei Uhr gab es schon wieder Hektik. Ein Frachter kam genau von achtern mit Kollisionskurs auf uns zu und gab über Funk keine Antwort. Ich korrigierte unseren Kurs schon zum zweiten Mal, aber mir schien, dass der Frachter jedes Mal mitkorrigierte. Ich weckte Vreni, denn mittlerweile war er bis auf zwei bis drei Meilen herangekommen.

»Ruf ihn ununterbrochen über Funk auf. Abwechselnd in Englisch und Spanisch«, rief ich ihr zu.

Sie begann sofort: »Big ship – big ship – big ship, this is sailing vessel PURA VIDA two miles in front of you. Over.«

Keine Antwort!

»Big ship – big ship – big ship, aqui es el velero PURA VIDA dos milas in sua fronte. Over.«

Keine Antwort!

Monoton rief sie, wartete ein paar Sekunden und rief dann wieder. Der Frachter war nur noch eineinhalb bis zwei Meilen weg und sah bereits bedrohlich groß aus.

Endlich kam Antwort.

»Here is the big ship. I see you in front. Distance is now 2,7 miles on my radar. What's your course and speed?«

»Unser Kurs ist 320 Grad. Geschwindigkeit 7,5 Knoten.«

»Okay. Ich ändere meinen Kurs auf 310 Grad. Mein Speed ist 17 Knoten. Unser Bestimmungshafen ist Georgetown in South Carolina in den USA. Wir sind hier 22 Mann Besatzung – alles Philippinos. Wohin segelst du?«

Ich sah, dass er seinen Kurs geringfügig änderte, und danach war mir bedeutend wohler. Ich hörte Vreni mit dem Mann auf dem »big ship« plaudern. Wenn sie dann endlich einmal am Funk sind, machen sie das gern, um etwas Abwechslung in ihre Nachtwache zu bekommen. Ich vermute, dass das auch der Grund ist, weshalb manche Frachter in der Nacht so nahe herankommen. Irgendwann beginnt der »Kleine« zu schreien und das unterbricht die Monotonie.

Auf manchen Frachtern ist es dem Steuermann nicht erlaubt, den Funk zu benutzen. Er muss in der Nacht einen Offizier wecken. Das dauert dann eben seine Zeit.

Tags darauf hatten wir am Mittag bereits 100 Meilen Vorsprung auf unsere Marschtabelle. Das Etmal der letzten 24 Stunden war 155 Meilen gewesen. Unsere Ankunft am Rio Para musste wegen der starken Strömungen bei einer Nipptide erfolgen. Das war frühestens am 28. Juli 1998 – also in fünf Tagen, und dann hatten wir maximal vier Tage zur Verfügung. Mehr reffen ging aber nicht. Wir segelten bereits mit zwei Reffs im Groß und nur noch einem Viertel der Genua. Vorsorglich begann ich, die Strömungsverhältnisse für den 26. und 27. Juli 1998 auch zu berechnen.

Nachmittags um halb vier Uhr begann das zweite »kleine Drama«. Mit einem lauten Knall kamen beide Unterwanten vom Großmast auf das Deck geflogen. Der Beschlag am Mast – fünf Millimeter rostfreier Stahl – war gebrochen wie ein Stück Karton. Der Mast war dadurch in akuter Gefahr. Nach dreißig Sekunden war das Großsegel unten und geborgen. Mit den beiden Spibaum-Toppnanten sicherten wir den Mast provisorisch. An Deck benutzten wir dazu Stahlvorläufer und Wantenspanner, um diese Leinen kräftig genug durchsetzen zu können. Als zusätzliche Sicherung setzten wir das Fockfall seitlich kräftig durch. Das Großsegel wollten wir aber auf keinen Fall wieder setzen. Es lagen bis Belem immerhin noch 650 Meilen vor dem Bug. Wir setzten den Besan. Wozu hat man einen Zweimaster? Schmetterling mit Besan! Von dieser Segelstellung wusste ich nur, dass sie kaum zu steuern ist. Die Windsteueranlage schaffte es erwartungsgemäß auch nicht, dafür unser elektrischer Autopilot. Perfekt hielt diese Anlage unsere PURA VIDA auf Kurs. Es konnte weitergehen.

In den nächsten 24 Stunden machten wir unser schnellstes Etmal überhaupt. 170 Seemeilen in 24 Stunden mit nur ein paar Quadratmetern Segel. Die nach Norden setzende Strömung war hier am Festlandsockel sehr stark. Wir schätzen etwa drei Knoten. Morgens in der Frühe fing ich meinen ersten Fisch mit der Schleppangel. Es war ein drei Kilo schwerer Tunfisch. Der Amerikaner Neil hatte mir in Jacare ein paar Tipps und Tricks gezeigt, und nun gelang es endlich. Bisher hatten wir immer zu kleine Angeln verwendet. Von Südafrika bis Brasilien waren vier Fische an der Angel gewesen, und alle gingen verloren.

Zwei Tage später erreichten wir morgens um fünf Uhr den Festlandsockel. Die Strömung ließ sofort merklich nach und bereits am Mittag kam sie uns entgegen. Die Etmale gingen zurück auf knapp hundert Meilen pro Tag. Auf dem Sockel sind bei Tag und Nacht viele Fischer an der Arbeit. Auch bei uns biss wieder ein Fisch an. Mit lautem Knall klatschte die Schleppleine auf das Deck. Vreni schrie: »Ein Fisch – ein Fisch! Das muss ein Riesending sein! Er hat uns gleich die Arretierung der Schleppleine weggerissen.«

Die ganze Schleppleine rauschte aus. Die Rolle bekam ich im letzten Moment zu fassen. Vorsichtig begann ich mit beiden Händen zu ziehen. Auch der Fisch zog nun wieder. Und wie! Die Leine zerschnitt mir gleich sechs Finger. Bis ich Handschuhe an hatte und es nochmals versuchen konnte, war es zu spät. Der Fisch hatte sich in der Zwischenzeit befreit.

Am 28. Juli 1998 lagen wir um die Mittagszeit noch fünfzehn Meilen vor der Einfahrt über die Barre zum Rio Para. Die ideale Zeit für diese Passage wäre morgens um neun Uhr gewesen. Der Wind war kräftig, aber unbeständig bei 20 bis 30 Knoten. Bei diesen Windverhältnissen schien uns die einzige Ankermöglichkeit bei Ilha Guaras nicht gerade vielversprechend. Es gab zwei Alternativen. Wir konnten etwa zwanzig Stunden bis zum nächsten idealen Termin hier draußen herumsegeln oder wir konnten es am Nachmittag bei hoffentlich noch geringem Gegenstrom versuchen. Wir entschlossen uns für Letzteres und fuhren weiter in Richtung Canal do Espadarte.

Kurz vor der Barre fingen wir nochmals einen Fisch. Diesmal gelang es uns, ihn an Bord zu bekommen. Es war ein wunderschöner, 65 Zentimeter langer Barracuda – ein Leckerbissen!

Um 15 Uhr erreichten wir die Barre. Die Betonnung war gut sichtbar, die Verhältnisse jedoch etwas gewagt. Der Strom hatte bereits gekentert und stand nun gegen den Wind. Hohe, kurze Wellen empfingen uns. Bei einer Halse geschah das dritte »kleine Drama«. Der Block der Besanschot zerriss. Mit Getöse knallten der Baum und das Segel in die Unterwanten. Viel Auswahl an Segeln hatte wir nun nicht mehr. Den Besan nahmen wir natürlich sofort weg. Der Block war schnell ersetzt und das Segel auch bald wieder oben. Aber der

Schreck war gewaltig. An so was denkt man überhaupt nicht. So ein Block hält doch ewig! Anscheinend nicht – jedes Material wird irgendwann einmal müde. Zur Sicherheit starteten wir die Maschine und ließen sie im Leerlauf mitlaufen. Die Hälfte der Passage durch den Kanal lag bereits hinter uns und es konnte nun nur noch besser werden, denn auf dem zweiten Abschnitt war zunehmend mit Abdeckung zu rechnen, weil der Kanal einen langen Bogen nach Südwesten macht. Land sieht man an dieser Stelle noch nicht. Der Rio Para ist dort noch siebzig Kilometer breit. Die Abdeckung erfolgt durch die Sandbänke.

Um 19 Uhr hatten wir es geschafft. Wir waren durch! Aber es war hart. Für die elf Seemeilen hatten wir vier Stunden benötigt. Nun ließ der Wind merklich nach und die See voraus sah ziemlich ruhig aus. Wir waren jetzt im Rio Para und die Distanz bis Belem betrug noch achtzig Seemeilen. Während der ganzen Nacht gingen wir Doppelwache. Im Rio Para wird vor treibenden Baumstämmen gewarnt, und so einen wollten wir nicht unbedingt rammen. Morgens um vier Uhr waren wir bereits in der Einfahrt zum Canal do Mosqueiro und am Mittag des 29. Juli 1998 fiel der Anker vor dem Yachtklub in Belem.

Belem ist die Hauptstadt des Staates Para und hat 1,2 Millionen Einwohner. Belem ist das Tor zum Amazonas. Von hier aus werden das Amazonasdelta und der Amazonas versorgt, alles auf dem Wasserweg. Die Flüsse ersetzen hier die Straßen. Tag und Nacht kommen und gehen Schiffe aller Größen. Diese Flussboote sind grundsätzlich aus Holz gebaut und fast immer übermotorisiert. Gegen die starken Strömungen sind starke Motoren gefragt. Geladen wird bis weit über die Wasserlinie.

Die Stadt ist dreckig. Sehr dreckig! Große, stinkende Abfallhaufen zieren die Gehwege. Hunde zerreißen die Abfallsäcke und verteilen den Unrat weiträumig. Aber das kümmert anscheinend niemanden. Im nur von sehr reichen Leuten besuchten Yachtklub sitzen die Klubmitglieder am Pool oder in den diversen Restaurants und lassen alles auf den Boden fallen. Am Abend sieht es aus wie auf einem Schlachtfeld. Am Boden liegen dann Hunderte Flaschen,

Becher, Kartons, Zigarettenschachteln und vieles mehr. Die Elite der Stadt ist also nicht besser als die Menschen im Elendsviertel – oder umgekehrt. Besonders schlimm erschien uns das Quartier Ver-O-Peso mit dem Fischerhafen. Die Fischer schmeißen den ganzen Abfall über Bord. Bei Niedrigwasser sitzen sie trocken im Schlick in ihrem eigenen Abfall. In der heißen Tropensonne stinken die Fischabfälle in kürzester Zeit unerträglich. Geruchsempfindlich darf man in Belem bestimmt nicht sein. Das Kanalisationssystem ist in einem bedenklichen Zustand. Bei starken Gewitterschauern verstopft der allgegenwärtige Abfall die Leitungen und innerhalb kurzer Zeit steht das Wasser dann kniehoch in den Straßen.

Offene Kanäle zum Rio Para sind eine Brutstätte für Moskitos. Aus Platzmangel wurden vielerorts in der Stadt Häuser über die stinkenden Abwasserkanäle gebaut. In diesen Bretterbuden leben nicht einmal die Ärmsten. Die schlafen auf der Straße.

Trotzdem ist Belem nicht ohne Reiz. Der Stadtkern gleicht einer Stadt in Südeuropa. Dort sind einige herrliche Kirchen, Paläste der Regierung, Befestigungsanlagen, ein Fort und drei Kasernen von Militär und der Policia Militar. Die Regierungsgebäude und die Kasernen sind renoviert und in bestem Zustand. Die Kirchen zerfallen.

Mitten in der Stadt ist der Emilio-Goeldi-Park. Auf einem riesigen Areal wurden vor 120 Jahren die wichtigsten Bäume, Sträucher und Pflanzen aus der Amazonasregion angepflanzt. In künstlichen Teichen leben Schildkröten, Botus (Süßwasserdelfine), Krokodile, Alligatoren, Seekühe und Fische. In einem Aquariumhaus sind an die zweihundert verschiedene Fischarten zu besichtigen. Weiter gibt es eine Sektion mit Schlangen und eine mit Vögeln aus Amazonien. Der Park ist riesig. Im Inneren hört man den Lärm der Stadt nicht mehr. Man glaubt im Dschungel zu sein.

Belem ist eine quirlige, übervölkerte Stadt, die aus allen Nähten platzt. Auf den Trottoirs stehen Marktstände und Straßenverkäufer. Auf der Straße wird alles angeboten. In der Schubkarre Zigaretten, auf einem Brett Kugelschreiber, auf einem Stück Karton Postkarten, auf einer Treppe Früchte – der Fantasie ist hier keine Grenze gesetzt. Eine alte Autofelge dient als Grill für Fisch. Die Preise sind flexibel. Handeln ist angesagt.

Märkte gibt es einige in Belem, derjenige von Ver-O-Peso ist aber sicher der größte. Fisch kauft man in der Fischhalle, Fleisch im gegenüberliegenden Fleischmarkt und Gemüse und Früchte an etwa fünfhundert verschiedenen, fest installierten Verkaufsbuden. Das Angebot ist riesig und durchaus billig. Rund um dieses Quartier sind die Textilhändler angesiedelt. Auch die verkaufen ihre Waren ausschließlich auf der Straße.

Nachdem unsere Reparaturen fertig waren, mussten wir uns für mehrere Wochen verproviantieren. Wieder schleppten wir tagelang Rucksäcke und Taschen voller Lebensmittel auf unsere PURA VIDA. Dabei besuchten wir mehrmals den Markt. Eines Tages saßen wir im Schatten einer geschlossenen Restaurantbude bei einem kühlen Getränk. Hinter uns lagen auf der Theke unsere zwei prallvollen Rucksäcke und drei ebenso volle Einkaufstaschen. Uns gegenüber war die Bude unseres Stammwirtes. Immerhin waren wir ja schon drei Mal hier bei ihm gewesen.

»Setzt euch da drüben hin – bei mir gibt es im Moment keinen Schatten«, hatte er uns begrüßt.

Seine Stammgäste kannten wir auch schon. Den Käsehändler von der Insel Marajo, den Gemüsehändler von nebenan, eine 70-jährige Gesundbeterin, einen Fischer und ein paar andere Leute ohne bestimmten Beruf.

Ein Straßenverkäufer bot uns für zehn Franken eine Uhr an. Vreni lehnte ab. Das dauert in Brasilien auf dem Markt so eine Weile. Auf einmal gab es rund um uns ein riesiges Geschrei.

»Haltet den Dieb – haltet den Dieb!«, schrie die Gesundbeterin. Unser Wirt sprang elastisch über die Theke und rannte um die Ecke. Eine Frau von einem Stand nebenan kam zu uns und zeigte auf unsere Taschen.

»Eine hat er geklaut!«

Tatsächlich. Eine Tasche mit zehn Stangen Zigaretten – auch das ist Proviant – war weg. Nur dreißig Zentimeter hinter meinem Rücken stand sie. Der Dieb war, als der Uhrenverkäufer uns ablenkte, durch die leere Bude geschlichen und dann blitzschnell abgehauen, als die Gesundbeterin das sah und losschrie. Betroffen sahen wir uns an. Da hätten wir wohl besser aufpassen müssen!

235

Um die Ecke war viel Geschrei. Die Gesundbeterin hatte sich in der Zwischenzeit zu uns gesellt. Kreuze schlagend verfluchte sie die niederträchtigen Diebe. Aus dem von Runzeln durchzogenen Gesicht funkelten zwei erboste Augen. Zwischen ihren letzten drei Zähnen zischten böse Worte aus ihrem Mund und ununterbrochen schlug sie Kreuze. Vermutlich um sich gleich wieder dafür zu entschuldigen. Was für ein Bild! Dann kam unser Wirt zurück. Beklatscht von allen Standinhabern bog er wie durch ein Spalier um die Ecke. Die Brust herausgerückt – den Bauch eingezogen. Meine Zigaretten hielt er wie eine Siegesbeute vor sich hingestreckt.

»Da hast du sie wieder, Antonio, mein Freund. War kein Problem! Meine Freunde bestiehlt man nicht.«

Für einen Fremden hätte er keinen Finger gerührt, denn der Dieb war bestimmt auch sein Freund. Aber auch ein Freund darf nicht die Freunde seines Freundes bestehlen. Schon gar nicht, wenn die Freunde des Freundes Ausländer sind. Zwei uniformierte Beamte der Policia Municipal kamen die Standstraße entlang.

»Gab es hier Probleme?«

Unser Wirt gab zur Antwort: »Nein – wir haben keine Probleme. Und wenn, dann lösen wir die selbst. Buenas tardes, Señores!«

Rundherum wurde wieder geklatscht. Unser Wirt war der Held des Tages und genoss das sichtlich.

Der Hafenkapitän hatte uns darauf aufmerksam gemacht, dass die Bewilligung des Steueramtes für die PURA VIDA demnächst abgelaufen sei. Wir waren mittlerweile ja beinahe drei Monate in Brasilien. Ordentlich wie wir Schweizer nun mal sind, suchten wir die entsprechende Behörde noch am gleichen Tage auf. Nach einem endlosen Marsch durch den Hafen von Belem fanden wir dann endlich das richtige Büro. Die Bewilligung für weitere drei Monate in Brasilien bekamen wir aber nicht. Das sei Sache der Direktion und die sei an einem ganz anderen Ort in der Stadt. Kurz vor Büroschluss fanden wir auch die Direktion. Müde, verschwitzt und ausgetrocknet stürmten wir diese Festung in der Altstadt. Vreni bekam Einlass – ich nicht. Ich sei nicht angemessen gekleidet. Nur mit langen Hosen und mit richtigen Schuhen dürfe ich da rein. Shorts und Turnschuhe seien eine Beleidigung für die Beamten. Im Innenhof gab es viel Schatten und einen kleinen Park. Da setzte ich mich hin, während Vreni in Begleitung eines uniformierten Wächters in den Hallen verschwand. Nach einer Stunde kam sie entnervt zurück.

»Die machen uns das heute nicht mehr. In einer Viertelstunde ist Feierabend. Als ich endlich im richtigen Büro war, sagten die mir, ich solle morgen um neun Uhr wiederkommen. Eine Frechheit! Wir brauchen doch nur einen Stempel und eine Unterschrift. Die Verlängerung ist auf dem Formular bereits vorgedruckt.«

Andertags ging das auch nicht viel besser. Die Rechtsabteilung müsse unsere Angelegenheit prüfen, hieß es. Dieses Mal war ich in langen Hosen mit dabei.

Die Beamtin sagte: »Eigentlich arbeiten wir heute nicht. Wir sind im Streik. Kommen Sie morgen wieder. Heute geht nichts mehr.«

Der dritte Tag in dieser Angelegenheit erforderte viel Geduld. Das Gesuch sei noch nicht geprüft worden. Der Streik natürlich! Wir bekamen Wasser und auch Kaffee, aber vorerst nicht den Stempel und die Unterschrift. Nach drei Stunden brachten sie uns endlich in ein anderes Büro. Der Rechtsanwalt der Direktion des Steueramtes des Staates Para erklärte uns freudestrahlend, dass es in unserer Angelegenheit keine Probleme gäbe und er das Gesuch befürwortend an das andere Büro zurückgeschickt habe.

»Kommen Sie morgen um neun Uhr wieder.«

Damit war ich gar nicht einverstanden.

»Seit drei Tagen verbringen wir nun wegen diesem Bagatellfall jeweils zwei bis drei Stunden hier in diesem schönen Steuerpalast. Das ist eine Zumutung. Entweder Sie machen mir die Papiere jetzt, oder wir verlassen Belem, Para und Brasilien noch heute. Vorher sprechen wir aber noch mit der Redaktion des ›Diario do Belem‹ und der Redaktion des Fernsehens. Nach dem Streik von gestern ist das ein gefundenes Fressen für die.«

Man bat uns wieder Platz zu nehmen. Es dauerte dann nochmals eine Viertelstunde, aber dann hatten wir unsere Papiere. Nicht einfach ein Stempel und Unterschrift auf dem bestehenden Dokument. Nein – ein zweiseitiger Rechtsentscheid mit mehreren Unterschriften wurde uns ausgehändigt.

Damit sprachen wir wenig später beim Hafenkapitän vor: »Hier haben wir nun die gewünschte Verlängerung. Können Sie für sich eine Fotokopie machen?«
»Das interessiert mich nicht. Ich brauche das nicht.«
»Aber Sie haben uns doch gesagt...«
»Mein Herr – dieses Papier interessiert mich nicht. Glauben Sie mir, ich brauche das nicht. Der Nächste bitte!«
Da waren wir nun drei Tage in der Gluthitze herumgerannt, um diese Verlängerung zu erhalten, und nun wollte sie niemand sehen und haben.
Drei Tage vor unserer Abreise in Belem waren wir wieder beim Hafenkapitän. Freundlich klarierte er uns aus. In fünf Minuten war der ganze Papierkram erledigt. Weil er uns nun ja kannte, bat er uns sogar in sein klimatisiertes Büro. Zum Schluss gab ich ihm erwartungsvoll die Verlängerung des Steueramtes.
»Brauch ich nicht. Haben Sie eine schöne Reise durch das Amazonasdelta. Auf Wiedersehen.«
Probleme gab es bei der Fremdenpolizei. »Wann reisen Sie ab?«, fragte der Beamte.
»Am Samstag – in drei Tagen.«
»Heute ist erst Mittwoch. Da müssen Sie am Freitagnachmittag nochmals hierher kommen. Ich kann eure Pässe nicht schon heute ausstempeln.«
»Oh – das wusste ich nicht. Ja dann! In diesem Falle reisen wir bereits morgen früh um acht Uhr ab. Bitte machen Sie mir unsere Pässe fertig.«
»Nein, nein, nein! Ich weiß ganz genau, dass Sie nicht morgen abreisen. Ich mache Ihre Pässe nicht.«
Er saß am längeren Hebel und zudem ist es Blödsinn, solche Beamten zu ärgern. So sagte ich so freundlich wie nur möglich:
»Gut! Dann komme ich eben morgen so früh wie möglich wieder vorbei. Es macht aber keinen Sinn für mich. Sie wissen genau, dass wir noch mindestens vier Wochen in Ihrem so schönen Land sind, bevor wir den Amazonas erreichen. Warum also ein solches Drama wegen ein bis zwei Tagen mehr oder weniger hier in Belem? Das macht für mich schlichtweg keinen Sinn.«

Ein älterer Herr saß im selben Büro und las die Zeitung. Vermutlich der Boss. Er gab einen kurzen Befehl. Es klang recht schroff. Unser Beamter sagte daraufhin: »Geben Sie mir Ihre Reisepässe wieder. Sie haben recht. Das macht wirklich keinen Sinn.«
Wütend fertigte er uns ab. Von Freundlichkeit keine Spur mehr.

Voll beladen mit Diesel, Wasser und Proviant für mehrere Wochen verließen wir am 22. August 1998 Belem. An diesem Tage fuhren wir bis zur Insel Cotejuba. Diese Insel liegt im Hauptstrom des Rio Para. Belem ist ja in einem Seitenarm dieses Flusses. Bei der Insel Cotejuba ist der Rio Para noch sehr breit. An einen Fluss denkt man gar nicht. Das Ufer auf der anderen Seite sieht man nur bei guter Sicht. In den kommenden drei Tagen änderte sich das auch nicht viel. Der Rio Para ist in diesem Bereich sehr stark befahren. Unterwegs sind bei Tag und Nacht die Großschifffahrt, brasilianische Personen- und Transportboote, Fischer und viele Schubverbände. Der Wind kommt in dieser Region aus Nordost. Bei Gegenstrom bildet sich sofort eine kurze, hohe See, die ab zwanzig Knoten Wind unangenehm wird. Der Wind schläft allerdings kurz nach Einbruch der Nacht fast völlig ein. Den stärksten Wind hatten wir immer bei Gegenstrom. Je stärker der Strom, desto stärker war der Wind. Bei mitlaufender Strömung war der Wind immer schwach bis moderat.

Von Cotejuba aus fuhren wir bis zur Ilha Mandi, wo wir vor dem Leuchtfeuer auf acht Metern Wassertiefe ankerten. Von dort aus ging es weiter bis nach São Sebastião da Boa Vista. Vor diesem sauberen kleinen Dorf lagen wir gut geschützt und konnten beim örtlichen Schwimmbad mit dem Beiboot anlanden. Alle am Wasser liegenden Häuser sind auf Pfählen gebaut. Ein schmaler Steg, ebenfalls auf Pfählen, verbindet die Häuser. Kontakt bekamen wir sofort. Kinder baten um leere Zigarettenpackungen. Die werden gesammelt und gehandelt, fünf Rappen das Stück. Unsere exotischen Packungen aus Südafrika waren in diesem Kinderhandel gleich 50 Rappen wert.

São Sebastião da Boa Vista hat uns auf Anhieb gefallen. Wir blieben einen Tag länger. Stundenlang übten drei verschiedene jugendliche Musikgruppen auf der einzigen Straße für ein nahes Fest.

Das Trommeln wollte kein Ende nehmen. Voraus liefen Mädchen mit Stöcken, die sie hoch in die Luft warfen und dann meistens wieder auffingen. Die Cinella wurde ersetzt durch eine Anzahl Musikanten mit unterschiedlich großen Schraubenschlüsseln. Das tönt gar nicht so schlecht und sieht entzückend lustig aus.

In einer Schubkarre brachte ein Metzger ein eben geschlachtetes Rindchen zu einer offenen Verkaufsbude, die aus einer Theke aus Stein bestand. Darauf schnitt er nun nicht gerade fachmännisch, jedoch flink gewünschte Größen aus dem ganzen Stück heraus. Ich sah, dass die beiden Filets noch daran waren und bat darum.

»Die kosten aber viel. Drei Riales (Fr. 4.50) das Kilo!«

»Das ist wirklich teuer. Trotzdem möchte ich sie gern haben«, sagte ich mit todernstem Gesicht.

Minuten später hatten wir 4,5 Kilo frisches Rinderfilet erstanden. An jedem Filet hing noch ein Stück Huft. Metzger sind auch in Brasilien Schlitzohren. Bei dem Preis war Huft jedoch nicht zu verachten und ich protestierte auch gar nicht. Vreni war skeptisch.

»Was machen wir mit dem vielen Fleisch? Allein die beiden Filets sind schon viel zu viel!«

Die sauber dressierten Filets legten wir in Öl ein. In Frischhaltedosen kamen sie so präpariert in den Kühlschrank. Täglich hat Vreni diese Leckerbissen gewendet und darauf geachtet, dass sie immer gut mit Öl gedeckt waren. Die letzten aßen wir nach zwei Wochen. Das waren dann die besten. Den Rest kochte die Bordköchin als Vorrat in Gläser ein.

Der folgende Tag brachte uns bis zu den Inseln Arraras. Wir ankerten dort genau in der Einfahrt zwischen den Inseln. Der Anker war kaum unten, als wir von Kanus umringt waren. Es waren Indios oder Mischlinge. Fische, Acai (Palmfrucht) und Bananen wurden zum Tauschhandel angeboten. Erwartet wurden T-Shirts. Die 12- bis 14-jährigen Mädchen hatten ihre Säuglinge mit dabei. Die nuckelten vergnügt an der Brust der Mutter und erweckten natürlich unser Mitleid mit den sehr jungen Müttern. Auf jeden Fall wurden wir ein paar ältere T-Shirts los. Unsere Süßigkeiten und Äpfel waren ebenfalls sehr begehrt. Wir waren spät angekommen und es begann nun schnell dunkel zu werden. Mit dem letzten Tageslicht verschwanden unsere Besucher kichernd und fröhlich lachend. Der Tag war anstrengend gewesen. Viel Holz trieb im Wasser, Baumstämme, Äste, Buschwerk und Schnittholz. Ineinander gekeilt sind das kleine, treibende Inseln. Gefährlich sind schon lange im Wasser treibende Holzstämme. Die sind vollgesogen und treiben aufrecht im Wasser; nur ein kleines Stück vom Stamm ist auf kurze Distanz zu sehen. Hier nachts zu fahren ist sicher nicht sinnvoll.

Am nächsten Tag verließen wir den Rio Para. Nachdem wir um fünf Uhr im ersten Morgengrauen Anker auf gegangen waren, fuhren wir bereits um sieben Uhr in den Estreito de Boiucu ein. Nun waren wir endlich in den kleinen Flüssen. Sobald die PURA VIDA in Sicht eines Hauses kam, starteten dort alle Kinder in ihren Kanus und warteten dann in der Mitte des Flusses auf uns. Auch Frauen mit ihren Kindern – oder besser Kinder mit ihren Kindern.

In diesen kleinen Flüssen ist es üblich, dass man Kanus mitschleppt, wenn man darum gefragt wird. Zwei junge Burschen machten entsprechende Handzeichen und hingen kurz danach hinter uns an einer Leine. Zwischen ihnen lag am Boden ein Schwein. Nach zehn Kilometern waren sie am Ziel. Wir ließen sie los. Einige Minuten später war das Kanu im Dschungel verschwunden. Die zum Mitschleppen installierte Leine ließen wir gleich an der Klampe. Wir brauchten sie in den kommenden Wochen immer wieder.

Hinter der Ilha da Borralha fanden wir nahe am Ufer einen wunderschönen Ankerplatz. Bereits beim Abfahren des Ankerplatzes waren zehn Kanus um uns herum. Zwei sehr junge Mütter baten um Esswaren. Wir gaben ihnen je ein Kilo Reis. Das eine der Mädchen war damit nicht zufrieden. Mürrisch fragte sie: »Hast du auch fertig Gekochtes? Und Kleider? Gib mir Kleider!«

»Wenn dir der Reis nicht gut genug ist, gib ihn wieder zurück. Vielleicht sind andere froh darüber und sagen zumindest danke.«

Sie bequemten sich daraufhin, sich wenigstens zu bedanken. Sie blieben noch fast zwei Stunden in der Nähe der PURA VIDA. An die fröhlichen Kinder in den anderen Kanus verteilten wir Orangen. Sie waren innerhalb von Sekunden verschlungen.

Im nahen Urwald sahen und hörten wir Papageien. Das Vogelkonzert verstummte erst bei Einbruch der Nacht. Nun waren die

Frösche an der Reihe – Tausende! Zwei Stunden später war Ruhe im Dschungel. Kein Laut war mehr zu hören. Nur noch das leise Plätschern an der Bordwand. Weit in der Ferne waren die Blitze eines Gewitters zu sehen. Botus und Seekühe tauchten auf, um Luft zu holen. Große Fledermäuse huschten zwischen unseren Masten hindurch. Die Ruhe und der Friede um uns herum griff auf uns über. Wir fühlten uns unendlich glücklich.

Am nächsten Tag verließen wir schon nach wenigen Meilen den Estreito da Boiucu und zweigten in den Furo Olaria ein. Dieser Furo ist eine Querverbindung in den Estreito da Breves. Breves ist die einzige größere Ortschaft in dieser Region. Wir waren vor der Kriminalität in dieser Stadt gewarnt worden und umfuhren sie deshalb großräumig. Nach der Überquerung des Estreito da Breves kam hinter einigen Inseln unser eigentliches Ziel, der Furo dos Macacos, in Sicht. Dieser Fluss führt in großen Schlaufen rund um die Insel Marajo zu den Randflüssen des Amazonas und ist wohl etwas vom Schönsten in diesem Gebiet. Die Insel Marajo ist ziemlich genau gleich groß wie die Schweiz. Zum Glück hatten wir für diesen Furo dos Macacos mindestens 14 Tage geplant.

Am Abend fiel der Anker vor zwei Häusern am Ufer der Insel Comprida. Wir ließen die Eindrücke des Tages in uns nachwirken. Es war eine schöne Fahrt gewesen. Wo Häuser waren, kamen die Kinder mit ihren Kanus in die Flussmitte, winkten munter, versuchten eine Weile das Tempo mitzuhalten und fielen dann lachend ab. Mehrmals wurden uns Früchte zum Tausch angeboten. Ein pfiffiger Knabe erhandelte sich so ein T-Shirt gegen eine Staude Bananen. Der Urwald ist intakter als wir angenommen hatten. Uns gefiel es riesig.

Auf der kommenden Etappe fuhren wir bis zum Rio Angelim. Wir ankerten nahe der Flussmündung in diesem Seitenfluss vor einer kleinen Sägerei. Um die PURA VIDA spielten die Delfine, die Seekühe und natürlich wie immer die Kinder in den Kanus. Vreni verteilte wieder Süßigkeiten und Äpfel. Wenig später waren die Kinder zurück und brachten uns ein Geschenk. Sechs riesige, wunderschöne Orangen und Bananen! Beim nächsten Besuch der Kinder waren dann die Mütter dabei und beim übernächsten auch die

Väter. Wir machten Kaffee und Sirup für die Kinder. Die Leute leben seit zwei Jahren da draußen. Die kleine Siedlung besteht aus nur vier Häusern. In der Mitte der Besitzer der Sägerei, links der Arbeiter, rechts das Schulhaus und daneben das Haus des Lehrers. Die Kinder der Umgebung haben dort Gelegenheit, in die Schule zu gehen. Wir staunten nicht schlecht. Die nächste Stadt ist Breves, und das ist bereits sechs Fahrstunden entfernt. Beim Gegenbesuch an Land erfuhren wir einiges über den Holzabbau im Amazonasdelta und die Lebensbedingungen da draußen. Die Bäume werden noch von Hand gefällt. Der Transport ist nicht einfach. Jeweils um die zwanzig Blöcke werden zu einem Floss zusammengebunden. Mit langen Leinen zieht dann ein Schiff bis maximal drei solcher Flöße durch die Flüsse zu einer Sägerei.

Früh am anderen Morgen klopfte jemand an unsere Bordwand. Es war ein Mann mit einem bösen, eiternden Abszess am Knie. Ob wir helfen könnten? Wir behandelten die Wunde mit einer entsprechenden Salbe und gaben dem Mann Antibiotika. Überglücklich bedankte er sich und verschwand mit seinem Kanu im Dschungel. Eigentlich wollte er sich von einem Boot nach Breves mitnehmen lassen und dort einen Arzt aufsuchen. Das war nun nicht mehr nötig. Kaum war der Mann weg, kam die Frau des Sägereibesitzers an Bord. Die kleine Tochter hätte in der Nacht Asthmaanfälle gehabt. Ob wir helfen könnten? Ich bin kein Arzt, aber an Asthma konnte ich nicht so recht glauben. Ich vermutete eher eine Entzündung der Atemwege und gab ihr Hustensirup. Die Mutter war damit nicht ganz glücklich. Sie wollte ein Mittel gegen Asthma haben. Das hatten wir zwar an Bord, aber es ist sehr stark und nur für akute, schwere Fälle gedacht, und das wollte ich auf keinen Fall nur so auf Verdacht abgeben. Trotzdem war es schön, helfen zu können. In den kommenden Wochen war die PURA VIDA noch mehrmals ein Lazarettschiff. Wir behandelten vor allem eiternde Insektenstiche und bronchiale Entzündungen.

Der nächste Ankerplatz lag vor dem kleinen Ort São Miguel. Vom Fluss aus sahen wir, dass es ein Postamt, jedoch keinen Laden gab. Der Ort war viel kleiner als wir dachten. Ungefragt stieg ein frecher Jüngling an Bord. Ich bat ihn höflich zu verschwinden. Daran dachte er gar nicht. Zigaretten wollte er und Bier. Energisch jagte ich den aufdringlichen Burschen von Bord. Damit nicht genug. Jetzt ärgerte er uns damit, dass er mit dem Kanu an die Bordwand knallte.

»Gib mir Zigaretten, dann gehe ich.«

Als die Farbe an unserem Rumpf anfing abzuplatzen und auch meine Drohungen mit dem Bootshaken nichts fruchteten, sagte ich:

»Komm – wir gehen Anker auf. Wir fahren ein paar Meilen weiter. Was soll das – ich mag mich mit dem Kerl nicht ärgern. Verjagen lässt er sich nicht und wenn wir ihm nichts geben, kommt er nachts und holt es sich.«

Einige Meilen weiter ankerten wir wieder vor einer Sägerei bei der Insel São Pedro. Der Anker war noch nicht unten, da waren wir bereits umringt von Kanus. Zwei junge Mädchen sagten uns, dass hier schon einmal eine Yacht geankert hätte, vor zwei Jahren. Aus Deutschland sei die gewesen.

»Ankert genau vor dem Haus. Dort ist die Strömung nur gering. Seid herzlich willkommen bei uns. Wir freuen uns riesig, dass ihr hier bei uns ankert.«

So war das auch! Die Familie Manuel und Maria de Nazare Monteiro Chaves mit ihren Kindern Ediranza, Cardinali, Edilenso, Jaquelinha, Tieni sowie Edivando mit Ehefrau Maria Maumuda freuten sich aufrichtig, uns bei sich zu haben. Nachdem die ganze Großfamilie die PURA VIDA besichtigt hatte und der angebotene Kaffee getrunken war, wurden wir an Land gebeten. Der jung verheiratete Edivando zeigte uns die Häuser, die Sägerei, den Bootsbau und die Pflanzungen hinter dem großen Haus der Eltern. Wir waren beeindruckt von der Vielfalt der Frucht- und Gewürzpflanzen. Kaffee, Kakao, Orangen, Zitronen, Bananen, Papayas, Nüsse und noch viele andere, uns völlig unbekannte Fruchtarten wachsen hinter dem Haus dicht bei dicht. Die Fruchtbäume und Stauden sind fest mit dem Dschungel verwachsen. Man weiß gar nicht, wo der Dschungel aufhört und der »Garten« beginnt. Edivando demonstrierte uns etwas ganz Interessantes. Wenn wir das Wort einer Frucht nicht wussten, riss er ein Blatt von dieser Staude und gab sie uns zum Riechen. Tatsächlich – es roch nach Kakao, nach Orange oder nach Kaffee. Jede uns bekannte Frucht konnten wir eindeutig nach dem Geruch des Blattes bestimmen. Wir blieben drei Tage bei diesen freundlichen Leuten. In den Tagen bekamen wir eine Ahnung davon, was es heißt, im Dschungel und vom Dschungel zu leben. Die Hälfte des Tages ist der Nahrungsbeschaffung gewidmet – die andere Hälfte wird in der Sägerei, beim Bootsbau oder bei Reparaturen am Haus gearbeitet. Die ganze Familie, auch die Kleinsten, teilen sich in diesen Arbeiten. Beim Ernten von Acai (Palmfrucht) klettern schon die Jüngsten wieselflink in die Gipfel der Palmen.

Gefischt wird mit Reusen. Zwei davon stehen am Ufer. Bei Niedrigwasser steht das Wasser in der Reuse noch etwa einen Meter hoch. Ein Pfahl mit Kerben für die Füße dient als Einstieg in die Reusen. Mit einem Speer wird vorerst von diesem Pfahl aus der Boden abgesucht. Der Grund wurde schnell klar. Am Speer zappelte ein beachtlicher Stachelrochen. Naturgemäß versuchen sich die Rochen im Schlick zu verstecken. Die Rochen tragen an ihrem peitschenartigen Schwanz einen Stachel mit vielen Widerhaken. Der Stachel ist sehr giftig. Zur Verteidigung wird der Schwanz wie eine Peitsche über den Kopf nach vorn geschnellt und verletzt so den Angreifer schwer. Das Gift kann zum Tode führen. Die Vorsicht war also angebracht. Nach langem und vorsichtigem Suchen und Stochern mit dem Speer fand sich noch ein zweiter Rochen. Erst als Edivando sicher war, dass kein Rochen mehr in der Reuse war, konnte er ganz hineinsteigen. Mit einem Korb konnte er nun das Gehege ausfischen. In beiden Reusen zusammen waren an diesem Morgen 22 Fische. Wird mehr gefangen, als man essen kann, wird der Fisch gesalzen und getrocknet. Danach ist er für Monate ohne Kühlung haltbar. Luxus wie Kühlschrank oder Kühltruhe hat man dort nicht zur Verfügung.

Am Ufer, direkt vor den Mangroven, leben viele Garnelen, auch bekannt als Crevetten, Shrimps oder Prawns. Um diese Krustentiere zu fangen, benutzt man ein fünf Meter langes und achtzig Zentimeter breites Netz. An den Enden des Netzes sind Stöcke aus Holz. Zwei Männer bedienen das Netz. Sie stehen bis zur Brust im Wasser und halten das Netz an den Stöcken. Das eine Ende des Netzes wird am Boden zum Ufer hin in die Mangroven gezogen. Das andere Ende liegt im Kanu. Mit den Füßen wird der Grund aufgewühlt. Die Garnelen werden aufgescheucht und springen – direkt ins Netz. In kurzer Zeit waren einige Kilo Garnelen im Kanu.

In der Zwischenzeit waren die Frauen und Mädchen auch nicht untätig. Mit Körben voll Acai kamen sie in ihren Kanus aus einem kleinen Seitenfluss zum Haus zurück. Die Hände und Arme, bei den Kindern auch der Mund, waren tiefblau vom Fruchtsaft. Die Frucht wird für 24 Stunden in Wasser eingelegt, dann mit einem groben Sieb aus Holz vom Stein befreit und nun durch ein sehr feinmaschiges Sieb aus Bast gedrückt und gerieben. Sie schmeckt wie sehr saure Blaubeeren. Pro Korb bekommen die Leute zwei Riales dafür. Aber nur in Macapa, und das ist weit, weit entfernt.

Als wir mit den Garnelen zurückkamen, waren die älteren Mädchen dabei, die Fische auszunehmen und einen großen Teil davon einzusalzen. Die Männer trugen zwei Körbe Maniok hinter das Haus. Die wie eine Zuckerrübe aussehende Wurzelfrucht muss gemahlen, getrocknet und geröstet werden. Maniok ist die Nationalspeise im nördlichen Brasilien und schmeckt ähnlich wie Polenta. Zum Mahlen hatte man einen uralten, öltriefenden, unregelmäßig fauchenden Einzylinder-Diesel hinter dem Haus unter einem palmgedeckten Dach installiert. Eine Zweiliterflasche aus Plastik war unter dem Dach als Dieseltank aufgehängt. Ein altes Band von der Bandsäge trieb eine aus Holz geschnitzte Welle an. In die Welle waren grobe Rillen geschnitzt worden, die nun das Maniok sehr fein aufrieben. Das zerriebene Maniok wurde danach zum Trocknen auf ein Blech gelegt. Geröstet wurde ein paar Tage später in einem ausgedienten Betonmischer.

Nach dem Mittagessen und der Siesta wurde die Sägerei in Betrieb genommen. Die Frauen und Mädchen verschwanden wieder lachend und singend mit leeren Körben im Dschungel. Acaiernte! Die Sägerei würde jedem Unfallversicherungsmann die Tränen in die Augen treiben. Gearbeitet wird barfuß auf einem losen Bretterrost. Das Sägeblatt ist ungeschützt. Der Wagen mit dem Holzstamm wird gestoßen und mit einem Seil gezogen. Das Blatt wird mit Flusswasser gekühlt. Das Wasser wird eimerweise vom Fluss geholt. Ein Mann ist damit voll beschäftigt. Der Stamm wird nach Augenmaß ausgerichtet. Weil das Sägeblatt für den Stamm um einiges zu klein war, musste der Stamm mehrmals gedreht werden, bis dann die ersten Bretter geschnitten werden konnten. Die Axt ist das einzige Werkzeug, das sie benutzen. Die Hitze flimmerte. Kein Lufthauch war zu spüren. Uns rann der Schweiß in Strömen nur beim Zusehen. Den arbeitenden Männern schien das nichts auszumachen. Die Hitze sind sie gewohnt.

Am Abend saßen wir vor dem Haus auf der großen Plattform zum Fluss hin. Die Sonne war glutrot hinter der Insel São Pedro untergegangen. Der spiegelglatte Furo dos Macacos war für Minuten rot geworden. Auch die Passatwolken am Himmel.

Manuel, das Familienoberhaupt, schaute uns an, das fantastische Farbenspiel über dem Fluss und dann wieder uns:

»Hier draußen hat man kein Geld und auch keinen Luxus. Aber das Land ist schön – ist unsere Heimat, Dschungel und Fluss ernähren uns. Alle helfen einander, wenn Hilfe nötig ist. Wir könnten in einer Stadt gar nicht leben.«

Morgens um sechs Uhr klopften die Jüngsten schon zaghaft an die Bordwand. Die vierjährigen Zwillinge ruderten in ihrem Kanu immer allein. Wie selbstverständlich benutzten sie zum Festmachen des Bootes den Mastwurf als Knoten. Auf dem schwankenden Kanu bewegten sie sich so sicher wie an Land. Sie waren vorbeigekommen, um »guten Tag« zu wünschen. Kaum waren sie an Deck, als auch der Rest der Kinder im Kanu unterwegs zu uns war. Bald darauf erschienen auch die Männer an Deck. Man hätte sich gern unseren Motor angesehen. Insbesondere die »Fernbedienung« der Maschine. In Brasilien wird der Schub nämlich an der Maschine selbst reguliert – ohne Steuerkabel. Auch die Kühlung ist ganz anders geregelt. Nach zwei Stunden war die Führung zu Ende. Es war Niedrigwasser: Zeit, die Fische aus den Reusen zu holen, Zeit Garnelen zu fangen. Für die Kinder längst Zeit, Acai zu ernten.

Die Bäume werden auch hier von Hand gefällt. Mit der Säge oder dem Beil. Man kann nur Bäume fällen, die nahe am Wasser stehen. Anderswo könnte man sie nicht transportieren. Diese Arbeit sei wegen der Schlangen nicht ganz ungefährlich. Manuel meinte:

»Beim Fällen tragen wir Stiefel. Sie müssen bis zu den Knien reichen. Das ist wegen den Schlangen. Wir haben hier viele Kobras. Ein Biss, und du bist tot. Wir sind hier genau in der Mitte zwischen Breves und Macapa. Dort sind die nächsten Ärzte. Beide Städte sind für unsere Boote 24 Stunden weg. Mit einem Kobrabiss stirbst du. Der Dschungel gibt – aber er nimmt auch!«

Vreni hatte die Kleiderschränke aussortiert und alles, was wir nicht mehr brauchten, an die Familie verschenkt. Damit konnten wir uns ein wenig für die vielen Fische, Garnelen und Früchte bedanken, die wir in diesen Tagen geschenkt bekamen. Als Abschiedsgeschenk überreichten sie uns ein Acaisieb für Vreni und ein geschnitztes Kanupaddel für mich. Der Abschied war herzlich. Die ältesten beiden Mädchen kamen mit uns. Sie wollten eine Tante flussaufwärts besuchen. Der Rest der Familie stand vor dem Haus und winkte, bis wir um São Pedro außer Sicht kamen. Zwei Stunden später lösten auch die Mädchen ihre Kanus von der PURA VIDA.

»Mach's gut, Antonio dos Macacos! Kommt bald wieder.«

Wir mussten lachen. »Antonio dos Macacos« hatten sie mich schon vom ersten Tag an genannt und immer wieder hatten wir deshalb gelacht.

»Macht's gut – Schwestern vom Macacos! Bleibt so lustig und fröhlich wie ihr seid und geht nie in die Stadt. Bleibt am Macacos!«

Ihr Kichern erstarb im Aufdröhnen des Motors. Da gab es dann doch noch ein paar Tränen.

Wir verließen wenig später den Furo dos Macacos und bogen in den Furo Matamata Grande ein, dann fuhren wir den Furo Matamata Zinho hoch, rund um die Insel Basilio in den Rio Mapua-Mirim, dann in den Rio Arama, und schlussendlich erreichten wir am Abend den Furo Corredor. Hinter einer kleinen, namenlosen Insel fanden wir einen Superankerplatz. Wir hatten einen wunderschönen Tag hinter uns. Alle Flüsse waren schmal gewesen, zum Teil kaum bewohnt. Berufsverkehr hatten wir seit Tagen keinen mehr gesehen, seit wir den Furo dos Macacos erreicht hatten. Nur Kanus und kleinen Booten für den lokalen Verkehr begegneten wir, wenn auch ganz selten. Nicht einmal im Traum hatten wir uns dieses Gebiet so schön vorgestellt. Wir wären gerne noch weiter hineingefahren. Den Rio Arama hoch zum Beispiel. Zur Insel Anajas, wo die großen Büffelranchen sind. Aber uns fehlte dazu das Kartenmaterial. Wir mussten uns nun langsam zum Amazonas hin bewegen. Wir hatten mittlerweile den 3. September 1998, und zwischen dem 12. und 14. September wollten wir bei Nipptide den Amazonas verlassen. Wir hatten also genug Zeit, uns im diesem schönsten und abgelegensten Teil der Reise langsam und mit Unterbrechungen vorwärts zu arbeiten.

Nach zwei friedlichen Tagen hinter unserer namenlosen Insel ging die Flussfahrt weiter. Zuerst zurück in den Rio Arama Grande und dann hinein in den Furo Jacare Zhino. Das ist ein relativ schmaler Fluss auf direkterem Wege zum Rio Jacare Grande. Für diesen Furo hatten wir nur im ersten Drittel eine Seekarte mit Tiefenangaben. Die Fahrt war trotzdem kein Problem. Vor dem abendlichen heftigen Gewitter lagen wir eine halbe Meile hinter der Einfahrt des Furo Arrozal gut geschützt, sicher und ruhig vor Anker. Hier blieben wir über das Wochenende. Der Rest der Strecke war nur noch auf großen Flüssen zu befahren. Wir genossen die letzten Tage in der Einsamkeit des Amazonas-Deltas.

Wie erwartet wurde der Seegang auf dem breiten Rio Jacare Grande hoch wie auf offener See. Wir mogelten uns so nahe wie möglich am Ufer entlang. Dort ist die Strömung geringer und deshalb auch die See bzw. der Fluss ruhiger. An einen See denkt man eher als an einen Fluss. Um die Mittagszeit erreichten wir den Canal do Vieira Grande. Beim kleinen Ort Caldeiro bogen wir in einen Seitenarm, den Canal Vieirzhino ab, der zum Furo Tartaruga hochführt. Wir ankerten neben der Insel Cajubal. Im ersten Morgengrauen zogen wir den Anker hoch. Durch die Insel Conceicao gut geschützt vor einem kräftigen Südostwind von 25 Knoten kamen wir gut voran bis zum Canal do Vieira. Da standen uns dann ein hoher Seegang und der Wind entgegen. Nur noch mühsam ging es vorwärts. Die knapp zwei Meter hohen Wellen bremsten die Fahrt beträchtlich. Wir zogen in den Furo Baiano hinein und suchten dort Schutz. Gleich hinter der Mündung biegt noch ein kleiner Fluss in die Insel Baiano ein. Davor ankerten wir in ruhigem Wasser. Draußen sahen wir das schäumende Wasser. Ein Einheimischer kam aus den kleinen Fluss zu uns und sagte, dass der Platz hier nicht sehr gut sei. Die Strömung sei sehr stark und mache Wirbel. Wir sollten doch in den kleinen Fluss fahren und dort ankern. Tief genug sei es überall, sechs Meter mindestens. Er fuhr voraus und zeigte uns, wo. Wir sahen vier oder fünf Häuser. Der Platz reichte eben zum Schwojen – aber nur gerade eben! Dafür war der Platz sehr idyllisch. Besucher hatten wir den ganzen Nachmittag an Bord. Alle Männer sind dort Holzfäller, die Söhne und Schwiegersöhne des Mannes, der uns hier eingewiesen hatte, sympathische junge Männer. Die Frauen blieben vorerst an Land. Die Kinder hatten auf der PURA VIDA einen neuen und interessanten Spielplatz gefunden.

Der nächste geschützte Ankerplatz lag in vierzig Meilen Entfernung. Zwölf Meilen entfernt lag der ursprünglich geplante Ankerplatz. Zwölf sind zu wenig und vierzig beinahe zu viel für einen Tag. Versuchen wollten wir es auf jeden Fall. Die Taktik war: Aufbruch mit dem ersten Tageslicht. Im schwachen Wind am frühen Morgen die lange Gerade durch die Baia do Vieira Grande hinter sich bringen. Im Schutze der Insel Jurupari nach Sta. Julia fahren. Notfalls umkehren und ankern im Norden der Ilha Baiano.

Noch halb im Dunkeln stellten wir fest, dass der Anker irgendwo festsaß. Mit allen möglichen Tricks versuchten wir ihn frei zu bekommen. Vergeblich! Er ließ sich nicht bewegen. Wassertiefe jetzt bei Hochwasser acht Meter. Bei Niedrigwasser war mit fünf Metern zu rechnen. Das war jedoch erst in gut sechs Stunden. Damit war die Abreise vorerst einmal verschoben.

Wir orientierten uns an Land. Was könnte das im Wasser sein? Fels oder Holz? Der Holzfäller mit dem Haus uns gegenüber sagte: »Ja – da habe ich, als ich das Haus baute, diesen Baum gefällt und in den Fluss gerichtet.«

Er zeigte auf einen riesigen Baumstrunk. Nun war alles klar. Womöglich hatte sich die Kette schon ein paar Mal um die Äste gewickelt. Bei jeder Tide ein Mal mehr.

»Am Mittag kommen wir und helfen euch. Sobald Niedrigwasser ist.«

Mit dem Beiboot setzten wir einen Zweitanker, um zu verhindern, dass sich die Kette noch mehr vertörnte.

Um ein Uhr mittags waren wir von Kanus umringt. Jeder wollte helfen. Es sah aber nicht gut aus. Die Kette war mehrmals um Äste gewickelt, und der Anker saß unter dem Baum fest eingeklemmt. Zudem war in dem braunen Wasser kaum etwas zu sehen. Nach vielen erfolglosen Versuchen erschien das Familienoberhaupt, der Mann, der uns diesen Ankerplatz empfohlen hatte. Er schaute eine Weile zu und sagte dann:

»Was seid ihr für Memmen? Dreißig Sekunden bleibt ihr im Wasser. Das müsste doch zwei Minuten möglich sein. Hopp, hopp, meine Herren – strengt euch ein bisschen mehr an. Einsatz bitte!«

Der hatte gut lachen. Einige Minuten danach waren wir immer noch keinen Schritt vorwärts gekommen. Die Zeit lief uns davon. Das Wasser begann bereits wieder zu steigen. Der Alte stieg ins Wasser und sagte:

»Dann muss ich euch Jungen wohl zeigen, wie lange man unter Wasser bleiben kann.«

Er tauchte weg und kam nicht wieder. 30, 60, 90 120 Sekunden – mir wurde bange. Man sah zwar, dass an der Kette gearbeitet wurde, aber so viel Luft kann man doch gar nicht haben. Endlich kam er prustend hoch.

»Nehmt etwas Kette hoch. Die Hälfte ist frei.«

Nun wollte jeder beweisen, dass er auch so lange unten bleiben kann. Innerhalb von fünf Minuten waren Kette und Anker frei.

An Bord gab es Antibiotika in die Ohren und kühles Bier für die ganze Mannschaft. Dazu bekam jeder zwei Schachteln Zigaretten. Alle waren glücklich, am meisten der Alte. Er strahlte über das ganze Gesicht. Er hatte gezeigt, wie man unmögliche Sachen möglich macht. Und darauf durfte er wirklich stolz sein.

Einer der jungen Männer hatte ein Problem mit einer Lichtmaschine. Die war an einen Generator gehängt, der allen Häusern täglich für zwei Stunden Strom lieferte. Die Lichtmaschine sollte eine Batterie laden, mit welcher seine Frau auch tagsüber Musik hören konnte. Nun war der Keilriemen gerissen und die Elektrokabel waren zum Teil auch defekt. Ich besah mir die Sache und machte an Bord einen neuen Satz Kabel. Einen Keilriemen und sogar noch einen als Ersatz konnte ich auch abgeben. Dazu noch etwas Elektrowerkzeug und Steckermaterial. Eine Stunde später lief die Lichtmaschine wieder bestens. Auf die PURA VIDA zurück kam ich mit drei frischen Fischen und einer ganzen Staude Bananen. Der Alte brauchte dringend ein paar Liter Diesel. Auch da konnten wir aushelfen. Minuten später kam er zurück mit Papayas, Mangos, Orangen und Zitronen. Eine Einladung an Land nahmen wir gern an. Wir wurden mit ausgezeichnetem Kaffee aus eigener Produktion bewirtet. Am Abend kamen alle Männer mit ihren Frauen an Bord. Alle brachten wieder Früchte mit. In den kommenden Tagen galt es, etwa zwölf Papayas und drei Stauden Bananen zu essen. Alles auf einmal, weil bekanntlich alles auf einmal reif wird.

Wieder sehr früh am Morgen kam der Anker dieses Mal problemlos frei. Am Ufer winkten verschlafen unsere neuen Bekannten und wünschten gute Reise. Um 11.10 Uhr überquerten wir den Äquator. Nach dreieinhalb Jahren waren wir nun wieder auf der nördlichen Halbkugel. Das war Grund genug, uns einen guten Schluck zu genehmigen. Ansonsten gab es keine weltbewegenden Ereignisse. Wir kamen mit wenig Wind bis nach Sta. Julia. Dieses schwierige Teilstück war gut zu schaffen gewesen. Um zwei Uhr nachmittags fiel der Anker vor dem kleinen Dorf. Das erste Dorf seit São Miguel! Im Nu wurden wir von mehr als zwanzig Jugendlichen und Kindern gestürmt. Einige waren dermaßen in Eile an Bord zu kommen, dass sie sogar vergaßen, das Kanu festzumachen. Ich lachte schallend los, als das Kanu im kräftigen Strom schnell abtrieb und sich die Jungen betreten und ratlos ansahen. Als sich die jungen Herren zur Siesta auf das Achterdeck legten, schmiss ich sie von Bord. Zwei Stunden später waren sie wieder da, mit Zitronen und Orangen. Ein Mann kam mit einer Staude grüner Bananen.

»Bitte gib mir dafür ein paar Zigaretten. In Sta. Julia gibt es keine mehr zu kaufen.«

Bananen hatten wir nun wirklich genug. Der Mann tat uns aber leid. Als Raucher weiß man, wie es ist, wenn man nichts mehr zum Rauchen hat. Vier Stauden Bananen hingen nun am Besan. Dann kamen die beiden Lehrer des Dorfes an Bord. Mit den beiden hatten wir interessante Gespräche auf Französisch und wurden für den kommenden Tag zu ihnen an Land eingeladen.

Das Dorf Sta. Julia ist nur sehr klein, es hat vielleicht 25 Häuser, alle wieder auf Stelzen oder Pfählen gebaut. Vor den Häusern wie gehabt ein Laufsteg vom ersten bis zum letzten Haus. Der Generator des Dorfes war längst defekt und damit hatten die beiden Lehrer trotz Satelliten-Antenne keine Möglichkeit mehr, fernzusehen. Der einzige Laden hatte nur gerade Mehl, Zucker, Salz und ein paar wenige Konserven im Angebot. Das einzige Restaurant, die »Bar del Rio«, war, weil leer getrunken, geschlossen. Die Jugendlichen tobten im Gemeindesaal und demolierten mit einer Kokosnuss, die sie als Ball benutzten, die letzten intakten Möbel und Türen. Es sah wüst aus. Man muss diese Jungen aber verstehen. Was sollen die in Sta. Julia sonst tun? Macapa, die Hauptstadt des Staates Amapa, liegt acht Bootsstunden entfernt. Arbeit gibt es in Sta. Julia keine, Zukunft auch nicht. Nur viele, viele Kinder. Der alte Greis in Rom hat in Brasilien keine Heldentat vollbracht, als er seinen Gläubigen die Pille verbot. Zumindest hätte er jeder Familie einen Fernseher schenken können. Bei dem heutigen Programmangebot schläft nämlich jeder ein. Auch allein!

Wir blieben drei Tage in Sta. Julia – nicht weil es uns so gut gefiel. Wir hatten die PURA VIDA von einem Flussboot wieder in ein seegängiges Schiff umzurüsten. Der Amazonas lag in Sichtweite. Nun musste das Beiboot verstaut, die Windsteueranlage wieder montiert werden, und auch sonst gab es tausend Kleinigkeiten zu tun.

Am 13. September 1998 erreichten wir morgens um zehn Uhr den Amazonas. In diesem Bereich gibt es bereits viele Sandbänke und man muss vorsichtig navigieren. 35 Meilen weiter ankerten wir im Rio Acaituba do Gauge vor der Ilha Caviana de Dentro. Vor der Einfahrt in den Fluss liegt eine Sandbank, die auf der Karte nicht verzeichnet ist. Unser Log zeigte nur noch einen Meter Tiefe an. Dann nichts mehr. Vreni wurde nervös.

»Da müssen wir wohl umkehren und einen anderen Platz zum Ankern suchen«, meinte sie.

»Ach wo – stell das Instrument ab. Das Ding kostet nur unnötig Nerven.«

Ganz langsam tasteten wir uns in den Fluss hinein und bekamen bald wieder fünfzehn Meter Wasser unter den Kiel. Es war unser letzter ruhiger Ankerplatz. Das letzte Mal konnten wir die großen

Botus und Seekühe sehen und dem herrlichen Vogelgezwitscher lauschen.

Nun trennten uns nur noch zwei Tage vom offenen Atlantik. Noch siebzig Meilen bis zur offenen See. Wegen der vielen treibenden Baumstämme durften wir auf keinen Fall in der Nacht fahren. Sie waren schon bei Tag nicht gut zu sehen. Die Verlockung war allerdings groß, denn nachts hat man wenig Wind und deshalb auch wenig Seegang. Das Risiko ist aber sehr hoch.

Wir kamen am kommenden Tag bis zum Punto Limao. Das ist eine kleine Einbuchtung am Ufer. Die Bucht selbst ist versandet. Der auf der Karte eingezeichnete Fluss ist nicht mehr zu sehen. Die Barre liegt bei Niedrigwasser trocken. Bei 25 Knoten Wind erreichten wir eine mäßige Abdeckung und fuhren vorsichtig und langsam Kreise. Wir tasteten uns so nahe wie möglich an das Ufer heran. Dabei sind wir einmal kurz auf einer Bank aufgesessen. Auf fünf Metern Wassertiefe lagen wir dann nicht gerade ruhig, aber doch sicher vor Anker, als die Dämmerung einbrach. Das war immerhin mehr, als wir erwartet hatten.

Nun begann die große Rechnerei. Wir wollten mit mitlaufendem Strom durch den Kanal in den Atlantik und zudem wollten wir diesen Kanal bei Tageslicht hinter uns bringen. Das konnten wir nur schaffen, wenn wir so früh wie möglich losfuhren und mit Gegenstrom so viele Meilen wie möglich machten. Eine offene Frage war die Stärke des Stromes – und der Wind natürlich. Im Moment blies er mit um die dreißig Knoten. Der Amazonas sah weiß aus.

Gegen Morgen ließ der Wind nach. Zwölf Knoten aus Südost hatten wir noch, als wir den Anker hoben. Es war fünf Uhr morgens. Die letzten Sterne verblassten. Der Strom war vor Minuten gekippt und stand nun gegenan. Um sieben Uhr machten wir noch einen halben Knoten Fahrt, und das bei 1800 Umdrehungen. Damit fahren wir normalerweise 5,5 bis 6,0 Knoten. Mittags waren wir trotzdem am Kanal. Die Berechnungen hatten erstaunlich gut gestimmt. Durch den breiten Kanal kamen wir noch mit dem letzten mitlaufenden Strom, dann hatten wir ihn wieder für Stunden gegenan. Dafür war der Wind den ganzen Tag über mäßig gewesen, und darüber waren wir sehr glücklich. Wir waren wieder im Atlantik. Mit jeder Stunde entfernten wir uns von den gefährlichen Sandbänken. Der Strom blieb die ganze Nacht stark gegenan und nur sehr schwach mitlaufend, wenn er dann endlich kenterte. Erst am Mittag des nächsten Tages erwischten wir die nordsetzende Strömung an der 20-Meter-Linie. Mit acht Knoten Fahrt segelten wir bei herrlichsten 15 bis 18 Knoten Wind aus Südost in Richtung Iles de Salut. Unser Abenteuer »Amazonasdelta« war geschafft.

Um die Mittagszeit des 18. September 1998 waren bis zur Ile du Diable (Teufelsinsel) nur noch 75 Seemeilen zu segeln. Wir hatten die Segel auf ein absolutes Minimum weggerefft und liefen mit der kräftigen Strömung noch immer 6,5 Knoten. Zu langsam, um noch bei Tageslicht anzukommen, aber viel zu schnell für den frühen Morgen des nächsten Tages. Eine Nachtankunft war nicht zu umgehen. Um Mitternacht lagen die Inseln vor dem Bug. Der Wind hatte in den letzten Stunden zugelegt und kam mit 25 Knoten aus Südost. Die See war aufgewühlt. Der Mond war bereits untergegangen. Die Sichtverhältnisse waren also nicht gerade ideal. Das Leuchtfeuer auf der Ile Royale beschien jedoch für kurze Sekunden auch die Ile St. Joseph. Sie war als Silhouette zu erkennen. Auf den letzten zwei Meilen kam eine beleuchtete Pier auf der Ile Royale in Sicht. Mit dieser Orientierungshilfe kamen wir in dieser dunklen Nacht bis in den Innenhafen der Ile Royale. Kurz vor zwei Uhr morgens fiel der Anker und hielt auf Anhieb. Bei Tageslicht verlegten wir uns näher ans Land und lagen dort etwas besser geschützt vor dem Schwell.

Zum ersten Mal seit drei Monaten sahen wir wieder andere Segler. Seit Fernando de Noronha waren wir nicht mehr auf Fahrtensegler getroffen. Wir waren wieder auf der »normalen« Route der Weltumsegler.

Den Nachmittag verbrachten wir an Land. Beim örtlichen Gendarmerieposten konnten wir provisorisch einklarieren. Das Ganze dauerte nur ein paar Minuten. Danach fanden wir in der ehemaligen Kantine der Aufseher dieser aufgelassenen Gefängnisinsel ein hübsches Restaurant mit einer schattigen Terrasse und Sicht über die Inseln. Wir blieben, bis die Sonne unterging, und konsumierten etliche Humpen Bier. Das war auf der PURA VIDA nämlich schon längst ausgegangen. Der astronomische Preis schockierte uns diesmal nicht. Seit Wochen hatten wir keine Gelegenheit mehr gehabt, Geld auszugeben – nun durfte es auch etwas kosten.

Ein paar Tage später segelten wir nach Kourou am Fluss Kourou auf dem Festland. Kourou ist bekannt durch das europäische Weltraumzentrum. Viele hoch qualifizierte Techniker aus ganz Europa leben in Kourou und arbeiten in diesem Zentrum. Die alte Stadt besteht aus den Häusern an der Hafenstraße. Die neue Stadt bildet sich aus modernen Betonwohnsilos, die weit auseinander liegen. Ein eigentliches Stadtbild ist gar nicht ersichtlich.

Französisch-Guayana ist französisches Übersee-Territorium. Die Hauptstadt ist Cayenne. Die Vegetation ist der im Amazonasdelta ähnlich. Die Flüsse sind im Gegensatz zu denen im Amazonasdelta aber schwierig zu befahren. Es gibt in allen Hauptflüssen Stromschnellen und natürliche Barrieren wie Wasserfälle. Das ist auch der Grund, weshalb der feuchte Tropendschungel noch in erstaunlich gutem Zustand ist. Straßen in den inneren Teil des Landes gibt es keine und auf dem Wasserwege sind die begehrten Tropenhölzer auch nicht abzutransportieren.

Am oberen Maroni-Fluss leben noch zwei Indiostämme. Ansonsten besteht die Bevölkerung vorwiegend aus Kreolen, Chinesen, Weißen und Laoten. Die Kreolen sind ehemalige Sklaven aus Zentralafrika. Sie sind uns Weißen gegenüber vielfach sehr unfreundlich und arrogant. Ihre Sprache ist Taki-Taki, eine Mischung aus afrikanischen Dialekten und Französisch. Arbeit scheuen sie wie die Motten das Licht. Sie stehen auf dem Standpunkt, dass sie über Generationen als Sklaven für den Weißen geschuftet haben und nun der Weiße für sie zu sorgen hat. Der französische Staat gibt immense Summen an Sozialhilfegeldern für die Kreolen aus. Die Chinesen haben wie überall auf der Welt den Handel in der Hand. 98% der Lebensmittelgeschäfte werden von Chinesen betrieben. Die Weißen sind vor allem Franzosen. Sie besetzen Verwaltung, Schulen, Polizei und das Gesundheitswesen. Europäer aus anderen Staaten sind ausschließlich im Zentrum tätig. Weiße Handwerker und Arbeiter kommen aus Brasilien und anderen südamerikanischen Staaten. Die Laoten sind im Gemüse- und Früchteanbau tätig und in diesem Markt dominierend.

In Kourou ist ein Regiment der französischen Fremdenlegion stationiert. Seine Hauptaufgabe ist die Sicherung des Raumfahrtzentrums. Daneben arbeiten die Legionäre auch im Straßenbau. Im Moment bauen sie eine Straße zur Grenze zu Brasilien.

Das Zentrum der ESA (European Space Agency) liegt zwanzig Kilometer nördlich von Kourou. Wir hatten Gelegenheit, das Zentrum zu besichtigen und waren überrascht, was die Europäer hier vollbringen. Alle drei Wochen wird eine ARIANE-4-Rakete in den Weltraum geschossen. Die Satelliten werden mit hoher Präzision stationiert. Wir erlebten den Start zweier ARIANE 4 und einer ARIANE 5. Alle drei Starts waren unvergessliche Erlebnisse. Besonders natürlich, weil wir durch unseren TO-Stützpunktleiter Klaus immer mit Informationen aus erster Hand gefüttert wurden. Klaus ist leitender Ingenieur der Daimler-Benz AG in der ESA.

Klaus stellte uns einen Firmenwagen zur Verfügung. Kostenlos konnten wir damit das ganze Land bereisen. Tagelang waren wir mit diesem Kleinwagen unterwegs. Wir fuhren bis in die entlegensten Siedlungen der Laoten im tiefen Dschungel. In diesem Gebiet ist das Land sehr hügelig. Man hat an vielen Stellen ausgezeichnete Aussichtspunkte mit Sicht weit ins Landesinnere.

Über den guten Zustand des Urwaldes konnten wir uns bei einer Kanufahrt auf dem Fluss Mahury selbst überzeugen. Den Grund für diese intakte Artenvielfalt sahen wir auf dieser Fahrt auch. Der Fluss ist gespickt mit Untiefen und Felsblöcken. Erst bei Niedrigwasser sieht man, wie gefährlich das Befahren ist.

Nach vier Wochen im Kourou-Fluss segelten wir wieder zurück zu den Teufelsinseln. Diesen Namen haben die Inseln im 17. Jahrhundert von den Seeleuten erhalten, weil sie sich vielfach von diesen Inseln freikreuzen mussten. Die Franzosen haben die drei Inseln mehr als zweihundert Jahre lang als Gefängnisinseln benutzt. Heute sind sie ein beliebtes Ausflugsziel für die Einwohner von Kourou und Cayenne. Auf den Teufelsinseln weht der Passatwind beständig und bringt Kühlung. Zudem regnet es wesentlich weniger als auf dem Festland. Auf der Königsinsel sind viele Häuser als Ferien- und Wochenenddomizil ausgebaut worden. Ein täglicher Fährbetrieb bringt die Besucher in gut einer Stunde von Kourou zu den Inseln. Die Gefängnisanlagen kann man auf allen drei Inseln besichtigen. Dabei bekommt man manchmal schon Gänsehaut. Zimperlich sind die Franzosen mit ihren Gefangenen nicht umgegangen. Sie stehen aber zu ihrer Vergangenheit und vertuschen nichts. In einem kleinen Museum kann man sich ausgezeichnet informieren. In mehrsprachigen Broschüren wird die Vergangenheit dieser Inseln beschrieben und illustriert.

Französisch-Guayana und die Teufelsinseln werden immer wieder als die »Grüne Hölle« bezeichnet. Wir finden diese Bezeichnung nur aus der Sicht der Gefangenen der Teufelsinseln zutreffend. Für sie waren die Inseln sicher die Hölle. Und grün sind sie eben. Als Tourist kann und darf man dieses Land nicht als »Grüne Hölle« bezeichnen. Es wäre nicht zutreffend, nicht einmal in der Regenzeit.

Die Preise sind in Französisch-Guayana, wie in allen anderen französischen Übersee-Territorien auch, sehr hoch, etwa zwanzig Prozent höher als im Mutterland Frankreich. Dafür bekommt man aber in den Supermärkten alles angeboten, was das Herz begehrt. Die Produkte werden täglich von Frankreich eingeflogen.

An der Hafenstraße gibt es einige von Franzosen geführte Speiselokale und Restaurants. Durstig betraten wir an einem späten Nachmittag eines dieser Lokale und baten um ein Bier. Die Besitzerin schlug entsetzt die Hände über dem Kopf zusammen.

»Das ist viel zu teuer! Unsere Preise grenzen schon an Wucher. Beim Chinesen nebenan bekommt ihr das viel billiger. Setzt auch auf die Straße und trinkt euer Bier dort. Das machen hier alle.«

Also, wir denn auch. Nach und nach bevölkerte sich der Gehsteig mit Seglern, Arbeitern und Fischern. Es wurde eine lustige Runde.

Am 28. Oktober 1998 verließen wir um die Mittagszeit die Teufelsinseln mit dem Ziel Tobago, Entfernung 600 Meilen. Auch die ständigen Bewohner der Inseln mussten zum Festland – aus Sicherheitsgründen! Am Abend war wieder ein Start einer ARIANE 4 vorgesehen, und die Raketen werden genau über die Inseln hinweg gestartet. Um 20.30 Uhr hörten wir das nun bereits bekannte Wummern. Mit einem riesigen Feuerschweif schoss die Rakete in die Höhe. Obwohl wir bereits 35 Meilen weg waren, sahen wir die ARIANE für mehrere Minuten am wolkenlosen Himmel dahinziehen. Aus unserer Sicht war auch dieser Start erfolgreich.

Bereits einen Tag nach unserer Abreise erreichten wir die Konvergenzzone. Der Himmel war wolkenlos, aber milchig und blass. Der Wind ging zurück auf sechs bis acht Knoten. Die See war glatt. Nur dank der guten mitlaufenden Strömung war unsere Geschwindigkeit immer noch bei tragbaren vier Knoten. Wir brauchten die Maschine nicht. Ich bastelte mir einige neue Köder und probierte sie auch gleich aus. Bei Einbruch der Nacht biss ein herrlicher, 75 Zentimeter großer Tunfisch an. Problemlos bekamen wir ihn an Bord. Mit den neuen großen, dreifachen Angeln ist ein Entkommen auch fast nicht mehr möglich, weil sich die Fische in mindestens zwei der Haken verbeißen. Zwei riesige Portionen Fleisch kamen in den Kühlschrank, den Rest kochte Vreni noch in der Nacht in Gläser ein.

Um Mitternacht wurde der Wind wieder stärker. Seit wir im Atlantik sind, haben wir immer wieder festgestellt, dass der Wind in der Nacht stärker ist als am Tage, auch wenn man weit von der Küste weg ist.

Bei Tagesanbruch kamen große Wolkenfelder auf, und bald danach liefen wir in eine erste Regenwand hinein. Der Wind wurde böig und so blieb das auch, bis sechs Tage nach unserer Abfahrt unser Ziel Tobago in Sicht kam. Wir liefen von einer Regenwand in die andere. In den Regenfronten ging der Wind bis auf dreißig Knoten hoch, und dazwischen hatten wir nur gerade 12 bis 15 Knoten. In den Fronten drehte der Wind von Südost auf Ost und zeitweise sogar Nordost. Eigentlich hatten wir in der Konvergenzzone mit eher schwachwindigen Verhältnissen gerechnet. Damit lagen wir komplett falsch. Die Maschine haben wir nie benutzen müssen. Wir konnten von Ankerplatz zu Ankerplatz segeln und das passte auch gut. Wir hatten nur noch 250 Liter Diesel. Bei den Preisen in Kourou hatten wir es uns nicht leisten können nachzutanken.

Zwiespältiger Reiz: Karibik

*Tobago und Trinidad – Ein Horrortrip –
Der Karneval beginnt – Grenada – Carriacou –
Martinique und Antigua*

Am 3. November 1998 fiel der Anker um die Mittagszeit im kleinen Hafen von Scarborough/Tobago. Die Karibik war erreicht! Von der nahen Stadt her ertönte unverkennbar Steelband-Musik. Es hörte sich gut an.

Nach Scarborough verirren sich nur wenige Touristen. Die Hotelkomplexe und Ferienanlagen sind auf der anderen Seite der Insel. Die ausschließlich schwarze Bevölkerung der Stadt ist unglaublich nett und freundlich. Wir hatten überhaupt keine Mühe, sofort Kontakt zu finden. Mehrmals wurden wir nach »woher« und »wohin« gefragt und immer hörten wir dann: »Nice to have you here in Tobago.«

Es stünde uns in der Heimat wohl auch nicht schlecht an, wenn wir unsere Besucher ebenso freundlich begrüßen würden.

Tobago bildet zusammen mit Trinidad den Staat Trinidad und Tobago (T&T). Die beiden Inseln wurden 1498 von Kolumbus entdeckt. Trinidad liegt zehn Kilometer vor der Küste Venezuelas. Auf diesen beiden Inseln leben etwa 1,3 Millionen Menschen. Die Hauptsprache ist Englisch. Die Währung ist der TT-Dollar. Das Klima und die Vegetation sind tropisch. Trinidad und Tobago liegen am Rande des Hurrikangürtels. Nur sehr selten verirrt sich ein Zyklon so tief in den Süden. An der Westküste gibt es reiche Öl- und Gasvorkommen. Der Staat T&T gehört nicht zu den Armen in der Karibik.

Nach einer Woche in Scarborough segelten wir um die Südspitze der Insel zum Pigeon Point nahe am Bucco Reef. Im Bucco Reef selbst durfte man seit kurzem nicht mehr ankern. Es ist Naturschutzzone. Dieses ausgedehnte Riff bietet ausgezeichnete Möglichkeiten zum Tauchen und Schnorcheln. Von unserem Ankerplatz aus waren wir mit dem Beiboot in fünf Minuten dort. Hier auf der Westseite der Insel wimmelte es von Yachten aus allen Nationen. Die meisten sind schon seit Jahren in der Karibik zu Hause. Mit den Seglern, die wir in den letzten vier Jahren unserer Reise getroffen haben oder zusammen segelten, haben diese Leute überhaupt nichts gemeinsam. Die Maschinen der meist riesigen »Dampfer« liefen jeden Tag stundenlang, damit sich die Besatzung im voll klimatisierten Bootsinneren wohlfühlen konnte. Erst gegen Abend kam Bewegung in die schläfrige Szenerie. Dann begaben sich diese »Segler« in Abendkleidung zum Dinner in die teuren Hotels an Land. Irgendwie fühlten wir uns hier nicht wohl. Wir waren ein Fremdkörper in dieser Landschaft. Wir vermissten die lustige Gruppe der Individualisten unter den Langzeitseglern.

Ende November 1998 verließen wir Tobago und machten uns auf den Weg nach Trinidad. Eigentlich sollte es ein ruhiger Nachttörn werden. Der Wetterbericht versprach 10 bis 15 Knoten Wind aus Nordost. Bis Mitternacht hatten wir jedoch umlaufende Winde von maximal acht Knoten. In Inselnähe frischte der Wind dann jedoch kräftig auf und blieb konstant bei 20 bis 25 Knoten aus Südost. Wir konnten die Maschine abstellen. Von den Bergen Trinidads zogen kräftige Regenfronten über uns hinweg. In diesen Fronten war die Sicht sehr schlecht. Eine Stunde vor Tagesanbruch lagen wir nur noch sechs Meilen vor der Einfahrt in die Kleine Boca. Dies ist eine schmale, felsige Passage zwischen Inseln in die Bucht von Chaguaramas. Viel Berufsverkehr und heftige Böen bis vierzig Knoten in den Schauern zwangen uns mehrmals, vor dem Wind ablaufend wieder offene See zu suchen und bessere Verhältnisse abzuwarten. Morgens um sieben Uhr waren wir endlich in der Boca. Wir hatten darauf geachtet, dass die Strömung mit uns lief. Das war auch gut so. Im Eingang dieses engen Fahrwassers herrschten irre Wellenverhältnisse. Alles lief durcheinander. Aus den felsigen Einschnitten knallten Fallböen herunter. Wir hatten alle Hände voll zu tun. Das Groß musste ganz weg, dafür benötigten wir etwas mehr Genua.

Der Kurs musste laufend korrigiert werden, weil die Strömung uns stark versetzte. Voraus sah es jedoch wesentlich besser aus. Drei Fischer auf Gegenkurs lagen trotz hohem Seegang relativ ruhig im Wasser. Ein Ende war in Sicht.

Um acht Uhr waren wir durch. Noch am Ende der Kleinen Boca hatte der Wind nachgelassen und war bald ganz weg. Auf spiegelglattem Wasser fuhren wir in die große Bucht von Chaguaramas ein und bald danach fiel der Anker in einem Feld von mindestens zweihundert anderen Segelyachten. Tags darauf verlegten wir uns zur TTYA (Trinidad & Tobago Yacht Association). Dort lagen zwar noch mehr Yachten vor Anker, aber der Ankergrund ist um einiges besser als in Chaguaramas.

Die meisten der vor der TTYA ankernden Yachten kommen aus den USA und werden überhaupt nie bewegt. Viele liegen dort schon seit Jahren am gleichen Platz. Es ist wie ein schwimmender Campingplatz. Vorwiegend sind es Pensionäre. Sie profitieren von den niedrigen Lebenshaltungskosten in Trinidad. Der Yachtklub ist amerikanisch durchorganisiert. Jeden Morgen gibt es eine Funkrunde über UKW. Wetter, Notfälle, Nachrichten, Warnungen, Tipps für Einkäufe, Angebote für die Freizeitgestaltung, Tauschhandel untereinander und vieles mehr wird täglich abgehandelt. So eine Funkrunde dauert ohne weiteres mehr als eine Stunde. An Land gibt es dann am Montag den Kartenspielabend, am Dienstag den Tanzabend, am Mittwoch den Filmabend, am Donnerstag den BBQ-(Grill-)Abend, am Freitag ist ein Quizabend, am Samstag der gemeinsame Karnevalkurs und am Sonntagnachmittag ist der Yachtklub aktiv und es gibt gratis Getränke, weshalb die ganze Gemeinde wieder vollzählig anwesend ist. Am Montag geht es dann wieder von vorn los. Selbstverständlich sind auch andere Nationen zu diesen Aktivitäten herzlich eingeladen. Trotzdem wirkt es doch eher wie eine geschlossene Gesellschaft.

Wir lieben solche schematischen Veranstaltungen nicht sehr. Das kann man auch zu Hause haben. Wir hielten uns an die wenigen Langfahrtsegler in der Bucht. Unser tägliches Programm war ein lockerer Treff am Abend an der Bar oder am Grill mit Gesprächen über Gott und die Welt. Erfahrungsaustausch, gemeinsame Bekannte, technische Fragen und die nächsten Pläne sind fast immer abendfüllende Themen. Einige Boote aus Südafrika, die wir vom Yachtklub in Durban her kannten, waren nun auch hier. Hatten den Absprung geschafft und waren nun auf dem Weg nach »Little South Africa«. Damit ist St. Maarten gemeint, wo inzwischen beinahe 4000 geflohene weiße Südafrikaner leben. Auch alte Bekannte aus Neuseeland und Australien trafen wir in der TTYA wieder, alle auf dem Absprung zum Pazifik und in die Südsee.

Wie wir diese Gruppe beneidet haben! Sie waren auf dem Weg zu den schönsten Orten der Welt und wir auf dem Weg nach Hause. Andererseits ist man ja immer auf dem Weg nach Hause. Nach dem Pazifik sagten wir in Darwin/Australien auch: Noch durch den Indik, dann rechts abbiegen, den Atlantik hoch, nochmals rechts abbiegen und schon wir sind im Mittelmeer. Aber da wussten wir, dass die Reise noch zwei bis drei Jahre dauern würde. Nun lagen nur noch wenige Monate dieses freien Lebens vor uns. Das ist ein gewaltiger Unterschied. Ein Ende zeichnete sich langsam ab und da war die Versuchung schon groß, einfach nach links abzubiegen. Nach Panama und ab in die Südsee – fast die gleiche Distanz wie nach Hause. Mit dem gleichen Aufwand waren zwei völlig unterschiedliche Ziele realisierbar. Statt die lokalen karibischen Steelbands zu genießen, hörten wir Südseemusik vom Band und träumten schweigend von vergangenen Zeiten. Uns wurde bewusst, dass wir eigentlich gar nicht nach Hause wollten. Für einen kurzen Besuch, ja. Die ganze Familie wieder einmal sehen, alle Freunde und Bekannten besuchen, kurz einmal schauen, wie's zu Hause aussieht – und dann wieder abhauen. Das Fernweh war eben immer noch schlimmer als das Heimweh. Inzwischen auch bei Vreni. Die Ungewissheit mit Jobsuche, Wiedereinstieg in das Berufsleben und die Unsicherheit, ob man dann auch wieder sesshaft sein kann, machte uns mehr zu schaffen als die Ungewissheit von 4000 Meilen vor dem Bug. Aber es musste einfach sein. In der Bordkasse war bereits der Boden zu sehen. Das Ende der Freiheit war deshalb vorprogrammiert. Aber träumen kann man ja. Träume kosten nichts.

Während des Tages haben wir nicht geträumt. Da waren wir wie alle anderen mit Reparatur- und Wartungsarbeiten beschäftigt.

Und natürlich wieder einmal mit der Verproviantierung. Nirgends in der Karibik waren billigere Lebensmittel zu bekommen. Das musste man einfach ausnutzen. Nur waren die billigen Supermärkte wieder einmal sehr weit vom Ankerplatz entfernt. Es galt für vier Monate Proviant an Bord zu schleppen. Da kommt einiges zusammen. Teigwaren, Mehl, Zucker, Salz, Kaffee, Konserven, Öl, Essig, Toilettenartikel, Reinigungsmittel, Waschpulver, Getränke, Zigaretten, Leckereien für die Nachtwachen und vieles mehr. Frisches Fleisch und Geflügel kaufte Vreni bei Sonderangeboten und machte es auf der PURA VIDA fertig gekocht in Gläser ein. Aber nicht in Weckgläser, Gläser mit Schraubverschluss sind viel praktischer. Unterwegs ergibt das eine kräftige Mahlzeit, die schnell zubereitet ist und viel besser schmeckt als Konserven.

Ersatzteile und Betriebsstoffe für das Boot waren auch reichlich und zu guten Preisen zu bekommen. Auch in diesem Bereich haben wir auf Lager gebunkert. Motoröl, Getriebeöl, Ölfilter, Dieselfilter, Keilriemen, Kriechöl, Rostbehandlungsmittel, Freon, Gas, Diesel und Benzin waren recht günstig. Hinter dem Yachtklub gab es Werkbänke und Stromanschlüsse, ideal für alle Arten von Wartung. Wir haben diese Einrichtungen jedenfalls reichlich genutzt und die PURA VIDA wieder auf Vordermann gebracht. Seit Südafrika hatten wir dazu keine Gelegenheit mehr gehabt. Es gab einiges zu tun.

Das Wetter in Trinidad war meistens heiß und schwül mit regelmäßigen Gewittern ab dem frühen Nachmittag. Starkwindperioden brachten öfter Aufregung in das riesige Ankerfeld, weil auch hier der Ankergrund nicht vom Besten ist und manch einer auf Drift ging. Am 15. Dezember 1998 ging morgens um drei Uhr eine Gewitterfront durch und brachte Böen bis vierzig Knoten Wind und viel Regen. Auf Ankerplätzen wie diesem schlafe ich deshalb nie besonders tief. Ein Ohr hört immer mit. Schon beim ersten kräftigen Windstoß war ich hellwach und raste blitzschnell ins Cockpit. Splitternackt natürlich. 38 Knoten zeigte das Windmessgerät. Der Ankerplatz war stockdunkel. Die Beleuchtung auf der Uferstraße war infolge von Stromausfall dunkel. Starker Regen reduzierte die Sicht. Neben uns lag die deutsche Yacht BELLA DONNA und schien zu driften. Quer auf uns zu. An Bord war niemand zu sehen. Zündschlüssel rein, vorglühen, starten – die Maschine kam wie immer direkt. BELLA DONNA lag nur noch fünf Meter neben uns. Noch immer war niemand an Deck zu sehen. Für ein Anker-auf-Manöver war es zu spät. Mit voller Kraft voraus fuhr ich vorwärts. Vreni war in der Zwischenzeit längst an der Ankerwinsch und bereit, den Anker aufzuholen. Knapp hinter uns ging die BELLA DONNA durch. Das war Glück. Ich nahm den Schub weg und ging auf Leerlauf. Auf der BELLA DONNA waren nun auch zwei Gestalten zu sehen. Sie driftete immer noch schnell in den unveränderten Verhältnissen, jetzt auf meinen anderen Nachbarn, einen Engländer zu. Die Kollision war nicht mehr zu verhindern. Ich hörte Metall kreischen und Gebrüll, sah aber nicht genau, was passierte. Wir waren selbst in höchster Gefahr. Ich hatte mit meiner rasanten Flucht den eigenen Anker überfahren und das nicht bemerkt. Nun waren wir nur noch zehn Meter vom Ufer weg und auf dem besten Wege, die PURA VIDA auf Grund zu setzen.

»Wir müssten doch schon aufsitzen – da ist es doch gar nicht tief genug!«, schoss es mir durch den Kopf.

»Anker auf!«, schrie ich.

Gleichzeitig schob ich den Gashebel wieder auf Vollanschlag. PURA VIDA reagierte. Nur langsam zwar, aber sie kam. Weg vom Ufer! Der Anker kam auch herein. Aber bei fünfzig Metern gesteckter Kette dauert das eine Weile. In sicherer Distanz zum Ufer ging ich auf eine kontrollierte Drift, um das Einholen des Ankers nicht zu behindern. Er riss sofort ein und hielt auch.

»Wie viel Kette ist noch unten?«, schrie ich zum Bug.

»Etwa 25 Meter.«

»Gib fünf Meter mehr Kette und komm ins Cockpit.«

»Was ist los? Wir können hier nicht ankern. Zu nahe an Hank!«

»Komm ins Cockpit. Hol mir Kleider. Ich friere wie ein Hund.«

Bei dem Wind und zudem klatschnass friert man auch in den Tropen recht schnell. Wir waren tatsächlich zu nahe bei Hank mit seiner MY WAY (RSA). Allerdings versetzt hinter ihm und er lag da schon seit Wochen. Sein Anker hielt sicher und das wusste ich mit Bestimmtheit. Zudem war es im Moment einfach zu gefährlich, zwischen den Yachten hindurchzufahren, zu wenden und neu zu ankern. Auf allen Booten herrschte zwar Hektik, aber niemand hatte daran gedacht, die Boote ordentlich zu beleuchten. Positionslichter im Topp und unzureichende Ankerlichter sind in so einer Situation völlig ungeeignet. Ideal sind Salingsleuchten und ein voll beleuchteter Salon. Das sieht man und es dient der eigenen Sicherheit.

Vreni hatte nun etwas zum Anziehen gebracht und auch den großen Scheinwerfer auf dem Vorschiff installiert. So war es kein großes Problem, Anker auf zu gehen, die nötigen Manöver zwischen den anderen Booten zu fahren und den Anker dann am alten Platz wieder zu werfen. Zu dem Zeitpunkt war das Gewitter vorbei. Der stürmische Wind auch.

Alle 14 Tage hatte ich im Hinblick auf so einen Notfall den Propeller gereinigt. Der Bewuchs war dann jeweils etwa einen Zentimeter dick gewesen. Damit ist der Wirkungsgrad des Propellers stark reduziert. Ohne diese vorsorgliche Reinigung wäre die PURA VIDA mit Bestimmtheit nicht von der BELLA DONNA freigekommen und erst recht nicht im letzten Moment vom Ufer.

Erwin, der Skipper von BELLA DONNA, hatte Glück. Der Schaden am englischen Boot KELLY DOWN war gering. Er war mit seinem Mitsegler spät nach Mitternacht aufs Boot zurückgekommen und erst durch das Geschrei auf dem anderen Boot wachgeworden.

Für die vielen Yachten in Trinidad gibt es jegliche Infrastruktur. Bootszubehör, Werften, Elektroniker, Segelmacher, Schweißer und Fachgeschäfte sind überall präsent. Post-Service und selbstverständlich auch Internet-Büros sind gleich mehrmals vertreten. Ich habe die Gelegenheit benutzt und uns eine E-Mail-Adresse eingerichtet. Für uns Segler ist das eines der besten Kommunikationsmittel überhaupt. Wir fanden auch später überall eine Möglichkeit, unsere Mails abzusenden und zu empfangen, sogar auf kleinsten Inseln. Der Vorteil der E-Mail ist klar. Die Nachrichten gehen nie verloren. Das Problem mit zu spät eingetroffenen Faxmitteilungen und Briefen war für uns damit Vergangenheit. Zudem hat es den Vorteil, das E-Mail grundsätzlich schneller beantwortet wird. Wenn man seine Nachricht an Bord auf dem Laptop schreibt und sie auf Diskette mit an Land nimmt, benötigt man zudem sehr wenig Zeit am System. Empfangene Nachrichten habe ich ebenfalls auf Diskette heruntergeladen und dann erst an Bord gelesen und eventuell ausgedruckt. Auf diese Weise kommt man immer mit der Minimalgebühr weg und das ist weit weniger, als ein Fax kosten würde. Natürlich kann man auch seinen Laptop samt Modem mit an Land nehmen und direkt anschließen. An den meisten Orten wird das problemlos gestattet. Mit einer Amateurfunklizenz eröffnen sich noch ganz andere Möglichkeiten, und die sind zudem ganz gratis. Die Entwicklung in diesem Bereich geht dermaßen rasant voran, dass es demnächst für wenig Geld möglich sein wird, von überall auf der Welt direkt vom Boot aus E-Mails zu senden und zu empfangen bzw. Internetzugang zu haben. Damit eröffnen sich dann noch ganz andere Möglichkeiten, nicht zuletzt in Bezug auf den Empfang von Wetterkarten unterwegs.

Für das Weihnachtsfest hatten die Amerikaner ein traditionelles Truthahn-Menu organisiert. Man musste sich anmelden, damit dann auch genügend solcher Vögel bestellt werden konnten. Es gab um die hundert Anmeldungen. Pro Person war ein Beitrag von 15 US-Dollar für die Truten zu entrichten. Die Beilagen hatte jeder selbst mitzubringen. Daraus wurde ein großes Buffet aufgebaut.

Damit niemand bevorzugt wurde und wohl auch aus den Erfahrungen vorangegangener Jahre wurden pro Tisch Lose für die Reihenfolge verteilt. Der Tisch mit der ausgelosten Nummer 1 durfte sich zuerst bedienen. Unser Tisch hatte die Nummer 15. Von den insgesamt sechs zubereiteten, wirklich großen Truten sahen wir nur noch die Knochen – die blanken Knochen. Bis zum Tisch mit der Nummer 12 wurden solche Portionen geschöpft, dass der Daumen, mit dem die Teller gehalten wurden, unter dem Fleisch verschwanden. Einige dieser Rüpel stopften sich schon am Buffet den Mund voll, damit es auf dem Teller mehr Platz gab.

»What a shame!«, rief die Organisatorin immer wieder, schämte sich für ihre Landsleute und rannte von Tisch zu Tisch, um diese Unglaublichkeit zu erzählen. Sie hatte nicht viele Möglichkeiten dazu. Manche Tische waren bereits wieder verlassen, die Leute schon in ihren Beibooten auf dem Heimweg, vollgestopft und Zufriedenheit ausstrahlend. Alles so genannte »wohlgesittete« Amerikaner und Amerikanerinnen. Anderntags haben genau diese Leute uns zu erklären versucht, dass nicht alle Amis so seien und sie natürlich auf keinen Fall so etwas getan hätten. Da habe ich ihnen Bescheid gesagt. Zweisprachig!

Am Altjahrsabend haben wir Langfahrtsegler uns dann von diesem schwimmenden Altersheim distanziert und für uns selbst etwas organisiert. Es wurde ein lustiges Fest und alle hatten genug zu essen und zu trinken. So ging auch das fünfte Weihnachts-/Neujahrsfest in der Fremde vorbei.

Der Januar 1999 war ausgefüllt mit letzten Wartungsarbeiten am Boot. Sämtliche Blöcke und Umlenkrollen sowie einen großen Teil des laufenden Gutes haben wir ersetzt. Der Motor wurde wieder einmal tagelang gehätschelt und gepflegt. Der Außenborder bekam eine Revision, das Beiboot ein paar neue Pflaster und alle Rostflecken wurden behandelt und gestrichen. PURA VIDA war wieder in einem Top-Zustand und so muss das auch sein, wenn man sich in hartem Wetter auf sein Boot verlassen will. Und den Nordatlantik nahmen wir nicht auf die leichte Schulter. Nun war es Zeit, die PURA VIDA wieder einmal etwas zu bewegen und ein paar Meilen im Kielwasser zu lassen.

Kurz vor unserer Abreise nach Grenada ereignete sich in Trinidad eine unglaubliche Geschichte. Am 31. Januar 1999, einem Sonntag, hörten wir am Funk, dass der Deutsche Wolfgang Bunjes seit Mittwoch, dem 27. Januar 1999, vermisst werde. Freunde von Wolfgang baten um Mithilfe bei der Suche nach dem Vermissten und gaben einige Details bekannt. Sein Segelboot, der Katamaran DOUBLE TROUBLE, war nicht abgeschlossen. Das Beiboot war nicht auffindbar. Wolfgang wurde am Mittwoch um 23 Uhr letztmals in einem Restaurant gesehen, und der Wirt bezeichnete seinen Zustand zu diesem Zeitpunkt als »stark angetrunken«. In der Nacht von Mittwoch auf Donnerstag zog eine Front durch. Wir hatten Winde von 20 bis 25 Knoten, in den Böen 30 bis 35 Knoten. Der Katamaran DOUBLE TROUBLE lag nur gerade zwanzig Meter vom Ufer entfernt vor Anker. Trotzdem befürchteten seine Freunde, dass Wolfgang eventuell in seinem Zustand im Beiboot vom Wind an seinem Katamaran vorbeigetrieben worden war.

Nach diesem Hilferuf startete eine umfangreiche Suche mit vielen Beibooten und zwei Yachten. Alle infrage kommenden Küstenstriche wurden abgefahren. Auch die vorgelagerten Inseln wurden abgesucht. Gleichzeitig wurden diverse Nachforschungen an Land betrieben. Die Polizei und die Coast Guard wurden informiert. Abends um 17 Uhr wurde die Suche erfolglos abgebrochen. Wolfgang und sein Beiboot blieben spurlos verschwunden. Tags darauf – am Montag – wurde die Deutsche Botschaft in Port of Spain informiert.

Am Dienstag, dem 2. Februar 1999, wurde am Funknetz bekannt gegeben, dass Wolfgang vor einer Stunde mit einem Küstenfrachter von Venezuela kommend in Trinidad gelandet sei.

Ich hatte nach der Rettung Gelegenheit, mit Wolfgang persönlich zu sprechen. Er erzählte mir seine unglaubliche Geschichte.

Nach einer ausgiebigen Party im Restaurant der Hummingbird Marina wollte Wolfgang gegen Mitternacht auf seinen Katamaran zurückkehren. Sein Beiboot lag am Dock bei der Peaks Marina. Das Beiboot war 2,70 mal 1,10 Meter groß, hochbordig, gebaut aus Sperrholz und mit GFK verstärkt. Im Bug- und Heckbereich war es ausgeschäumt, also unsinkbar. Die Distanz zu seinem Katamaran betrug ungefähr fünfzig Meter. Wolfgang trieb sofort ab. Quer zum Wind war er in seinem Zustand nicht in der Lage, sein Boot zu erreichen. Er realisierte, dass er in das große Feld der ankernden Yachten abtrieb und versuchte, wieder an Land zurückzurudern. Das hochbordige Beiboot bot dem Wind jedoch viel zu viel Angriffsfläche. Wolfgang trieb an allen vor Anker liegenden Yachten vorbei in den offenen Golf von Paria hinein.

Wolfgang geriet deswegen nicht in Panik und sah sich überhaupt nicht in Gefahr. Er hoffte zuversichtlich, am Morgen aus eigener Kraft zurückrudern zu können oder von einem Fischer gerettet zu werden. Er legte sich in dieser kleinen Nussschale schlafen.

Morgens um drei Uhr wurde er durch eine überaus ruppige See aufgeweckt. Er hatte Mühe, die Balance zu halten, und verlor das eine Ruder. Die Sache sah nun nicht mehr so rosig aus. Mittlerweile wieder einigermaßen ernüchtert ging er daran, eine Bestandsaufnahme zu machen und seine Situation zu überdenken. Im Beiboot lagen noch seine Kulturtasche und ein Handtuch. Lebensmittel und Wasser war natürlich nicht vorhanden. Bei Tagesanbruch war von Trinidad nicht mehr viel zu sehen. Wolfgang vermutete seine Drift in Richtung Venezuela und beschloss, der Situation aktiv zu begegnen. Er wollte irgendwie seine Fahrt beschleunigen. Mit einer Nagelschere aus der Kulturtasche schnitt er in mühsamer Arbeit ein Stück PVC-Rohr ab, das am Beiboot als Rammschutz diente. Mit der Festmacherleine befestigte er dieses Rohr am verbliebenen Ruder und hängte sein Badetuch als Segel daran. Die Drift wurde dadurch um etwa einen halben Knoten schneller.

Am Nachmittag zog ein Frachter nahe an Wolfgang vorbei. Er winkte, so heftig es das schwankende Beiboot erlaubte. An Deck des Öltankers winkte jemand zurück. Der Tanker zog weiter. Man realisierte seine Lage nicht oder wollte sie nicht realisieren. Gegen Abend an diesem Tag regnete es für kurze Zeit heftig. Im Beiboot sammelte sich etwa ein Liter Wasser an. Auf dem Boden kniend leckte er dieses Wasser auf. Es war dreckig, vermischt mit Salzwasser und Farbsplittern. Aber es löschte den schlimmsten Durst.

In der Nacht waren vor ihm viele Lichter zu sehen. Wolfgang vermutete Land und eine stark befahrene Straße. Berechtigte Hoffnung kam auf. Die Distanz zu den Lichtern war nicht sehr weit. So hoffte er denn, am Morgen irgendwo an Land gespült zu werden. Der Wind blies immer noch kräftig und die Wellenhöhe schätzte er auf etwa zwei Meter. Es wurde empfindlich kalt. Seine Kleidung war komplett durchnässt. Wolfgang trug nur Shorts, T-Shirt und Turnschuhe. Manchmal wärmte er sich mit dem nassen Badetuch etwas auf, versuchte zwischendurch auch etwas zu schlafen, aber er raffte sich immer wieder auf, das Boot zu »segeln«. Schneller zu sein, um schneller irgendwo anzukommen.

Auch diese Nacht ging vorbei. Inzwischen war es Freitag, der 29. Januar 1999. Bei Tagesanbruch war von Land weit und breit nichts zu sehen. Hinter ihm zogen Frachter vorbei und er begann zu ahnen, dass die Lichter, die er in der Nacht als Straßenlichter zu erkennen glaubte, Lichter der Frachter auf der nun hinter ihm liegenden Schifffahrtsstraße waren. In der Nacht war er zwischen diesen hindurchgetrieben und glücklicherweise von keinem über-

rannt worden. Gegen Mittag regnete es wieder für ein kurze Zeit. Wolfgang konnte wieder etwa einen Liter Wasser trinken.
Insgesamt fühlte sich Wolfgang nicht schlecht. Er wusste, dass der Hunger nicht sein Problem war. Wasser war sein Problem. Im Beiboot lag ein alter, dreckiger Schwamm, mit dem er jeweils das Boot reinigte. Wenn er sich ausruhte, benutzte Wolfgang diesen Schwamm als Kopfkissen. Er glaubt fest, dass die Verdunstung des Wassers aus dem Schwamm ihm eine Erleichterung brachte.
Am Nachmittag sah er vor sich ein Gebilde, das wie ein Mast aussah. Beim Näherkommen entpuppte es sich als Pumpstation einer Ölpipeline. Kein Mensch war zu sehen. Wolfgang trieb eine halbe Meile daran vorbei, hinein in die dritte Nacht. Es wurde eine schlimme Nacht. Wieder war es empfindlich kühl. Er fror und konnte nichts dagegen tun. Der Wassermangel machte sich nun auch bemerkbar. Wolfgang begann zu halluzinieren. In den weißen Flecken der brechenden Wellenkämme glaubte er Schiffe zu erkennen. Erstmals hatte er nun Angst. Angst, die Kontrolle über sich zu verlieren. Nach Mitternacht sah er in einem lichten Moment zum ersten Mal eindeutig Land vor sich. Eine bewaldete Küste. Noch weit weg, aber eindeutig Land. Dann erkannte er auch zwei Bohrinseln vor der Küste. Wolfgang wurde wieder zuversichtlicher. Das waren alles gute Dinge. Positiv für ihn. Nur der Seegang machte ihm Sorgen. Je näher er der Küste kam, desto wilder wurde die See. Er hatte immer mehr Mühe, in dieser Nussschale die Balance zu halten. Dann stellte er erstaunt fest, dass die Entfernung zum Land wieder größer wurde. Der Strom musste gekentert haben. Wolfgang glaubte ein Flussdelta zu erkennen, vor dem er hilflos hin und her getrieben wurde, dem er aber keinen Meter näher kam. Die Halluzinationen wurden wieder stärker. Die See war aus seiner Sicht erschreckend hoch. Drei Meter oder mehr. Vermutlich lief ein starker Strom aus dem Fluss gegen die Tide.
Ein erstes Mal kippte in diesen Verhältnissen sein Boot. Irgendwie erwischte er einen Rest der Festmacherleine. Das Boot konnte zumindest nicht abtreiben. Nach vielen Versuchen gelang es ihm, die Leine quer über das Boot zu bringen. Nun zog er sich bäuchlings auf den voll mit Muscheln bewachsenen Boden. Mit allen Vieren

krallte er sich auf dem Boden fest und kippte dann das Boot mit seinem eigenen Gewicht. Das war die einzige Möglichkeit, das Ding wieder umzudrehen. Es gelang ihm auch. Aber das Boot war nun beinahe randvoll mit Wasser. Von Hand schöpfte er möglichst viel Wasser weg und stieg dann von hinten wieder ein. Es dauerte mehr als eine Stunde, bis das Boot wieder einigermaßen leergeschöpft war. Außer seinem Handtuch war nun alles verloren. Seine Arme und Beine waren durch die Muscheln fürchterlich zerkratzt worden.

Die Distanz zum Land schätzte er auf etwa eine Meile. Er glaubte die Brandung am Ufer zu erkennen und sah, dass er nun definitiv näher kam. Nun kenterte das Boot ein zweites Mal. Die nächste Welle kippte es wieder zurück. Sofort trieb es ab. Wolfgang hatte dieses Mal die Leine nicht erwischen können. Nun musste er schwimmen. Er zog sich die Schuhe aus und entledigte sich der um den Bauch gebundenen Geldbörse, die ihn störte. Nun ging das Schwimmen besser. Auf dem Wellenkamm sah er jeweils für einen kurzen Moment das Ufer. Er kam näher. Aber er fühlte, wie seine Kräfte weniger und weniger wurden.

»Herrgott! Du weißt, wie ich das Wasser liebe. Warum lässt du mich ertrinken? Gib mir einen Herzschlag oder irgend so etwas, aber lass mich bitte nicht ertrinken.«

Solche und ähnliche Gedanken schossen ihm durch den Kopf. Das Zeitgefühl war ihm komplett abhanden gekommen. Müde, kraftlose Bewegungen hielten ihn über Wasser. Irgendwann glaubte er eine Pier zu erkennen. Leute waren darauf zu erkennen. Leute, die ihm zuriefen: »Geh weg. Du hast hier nichts verloren.«

Wolfgang erlebte den Rest seiner Horrorreise wie einen Film als Zuschauer. Die Realität hatte er zu diesem Zeitpunkt völlig verloren. Sein Körper reagierte wohl und agierte auch noch, aber geistig war er weggetreten. Es war noch Nacht, muss aber gegen Morgen gewesen sein, als er Boden unter seinen Füßen fühlte. Mit letzter Kraft kam er an Land. Auf Händen und Füßen. Leute sprachen mit ihm. Bedrohten ihn. Wollten ihn zurück ins Wasser treiben. Die Panik in ihm wuchs ins Unerträgliche.

»Bitte gebt mir Wasser. Helft mir doch.«

»Nein! Du bekommst von uns kein Wasser. Wenn du nicht ertrunken bist, musst du nun hier verdursten. Lebend kommst du hier nicht mehr weg.«

In Gruppen standen die Inselbewohner am Ufer und tranken Bier. Sobald eine Flasche leer war, hoben sie ein Blatt auf, steckten es in den Flaschenhals und wedelten damit. Die Flasche wurde wieder voll.

Wolfgang bettelte: »Gebt mir doch auch eine Flasche. Wie ich sehe, braucht ihr dafür ja nicht einmal etwas zu zahlen. Ihr füllt die ja irgendwie selber wieder. Genial! Ich bin so durstig. Bitte!«

Man gab ihm keine Antwort. Still tranken die Insulaner ihr Bier und beobachteten Wolfgang. Sobald er sich vom Strand weg bewegte, versperrten sie ihm den Weg. Er durfte den Strand nicht verlassen.

Wolfgang kroch am Strand entlang. Er grub ein Loch in den Sand. Im Loch sammelte sich ein wenig Brackwasser. Er trank es und fiel dann in eine tiefe Ohnmacht, die ihn endlich von seinen Halluzinationen erlöste.

Am Samstag, dem 30. Januar 1999, gegen Mittag wurde Wolfgang von einem Patrouillenboot der Coast Guard Venezuelas am Ufer der Insel Cotorra entdeckt. Wolfgang lag immer noch ohnmächtig im Sand. Das Coast Guard-Boot war auf der Suche nach einem Segelboot, das angeblich illegal dort einzureisen versuchte. Die Insel Cotorra ist unbewohnt. Seine Entdeckung war reiner Zufall. Man gab ihm Wasser und er kam wieder zu sich. Die Coast Guard brachte ihn in ihre Basis am Rio Pedernales, wo er verpflegt und befragt wurde.

Noch am gleichen Tag wurde Wolfgang mit einer Piroge zu einer Bohrinsel transportiert. Von dort aus verkehrt eine Fähre zur Stadt Güiria. In Begleitung eines Sergeanten der Coast Guard wurde er dorthin gebracht und in der Krankenstation einer Kaserne der Guardia Civil untergebracht. Die Befragungen dauerten den ganzen Sonntag an. Erst am frühen Montagnachmittag wurde ihm seine Geschichte geglaubt. Er durfte sich wieder frei bewegen. Am Abend bestieg er den Küstenfrachter nach Trinidad und kam anderntags in Chaguaramas an. Auf seiner unfreiwilligen Reise hat er in 54 Stunden 55 Seemeilen in einer Nussschale zurückgelegt.

Über die Ursache dieser Horrorfahrt kann jeder denken, wie er will. Die Fahrlässigkeit ist wohl unbestritten. Das hat sich Wolfgang selbst eingebrockt und auch beinahe mit dem Leben bezahlt. Das weiß er selbst auch und hat wohl seine Lehren daraus gezogen. Einmal ernüchtert, hat er aber in bewundernswerter Art agiert und reagiert. Mit den wenigen Mitteln, die ihm zur Verfügung standen, hat Wolfgang seine Überlebenschancen erheblich verbessert.

Wolfgang hätte viel früher gerettet werden können, wenn die Küstenwachen von Trinidad und Venezuela miteinander kommuniziert hätten. Das taten sie nachweislich nicht.

In Trinidad gab es mittlerweile nur noch ein Gesprächsthema: Karneval! Tag und Nacht spielten überall auf der Insel Steelbands. Tausende besuchten diese Veranstaltungen. Jede Gruppe versuchte die andere mit ganzen Lautsprechertürmen zu übertönen. An Schlaf war nicht mehr zu denken. Das ganze Boot vibrierte. Oftmals wurden wir gleich von drei Seiten mit Musik eingedeckt. Wir hatten nur zwei Möglichkeiten: mitmachen oder abhauen!

Wir entschieden uns für Letzteres. Die Musik gefiel uns eh nicht besonders – war viel zu laut, und karnevalverrückt sind wir auch nicht. Nur passte wie so oft das Wetter wieder einmal nicht. Der Kurs nach Grenada ist Nordost, und von da kam der Wind mit gleichmäßigen 20 bis 25 Knoten und einer See von 2,5 bis 3 Metern Höhe. Wir mussten warten.

Unsere Aufenthaltsbewilligung für Trinidad lief aus. Wir begaben uns zur Fremdenpolizei und baten um eine Verlängerung. Es war nachmittags, wenige Minuten vor drei Uhr, und die Büros hatten für Yachtleute bis vier Uhr geöffnet. Eine fette schwarze Lady blätterte in einer Zeitschrift und ignorierte uns. Unseren Gruß erwiderte sie nicht. Punkt drei Uhr fragte sie dann: »Yes?«

Freundlich bat ich um die Verlängerung. Als Gast in einem Land muss man immer und trotz allem freundlich bleiben.

»Das geht heute nicht mehr. Solche Sachen machen wir nur bis drei Uhr und das ist schon vorbei. Kommen sie innerhalb der nächsten sieben Tage wieder. Dieses Formular müssen sie ausgefüllt mitbringen und pro Person 200 TT-Dollar bezahlen.«

Freundlich bedankten wir uns und wünschten noch einen schönen Tag. Die Lady war aber schon wieder in ihre Zeitschrift vertieft und gab keine Antwort. Wir kamen uns wie Dreck vor. Erst vor dem Büro ließen wir unseren Dampf ab. Diese Dame war aber eine Ausnahme. Ansonsten wurden wir in Trinidad immer sehr freundlich und zuvorkommen aufgenommen.

Ein paar Tage später prophezeite der Wetterbericht für die nächsten 36 Stunden Wind aus Ost um 15 Knoten, später wieder auf Nordost zurückdrehend. Wir entschlossen uns, dieses kleine Fenster zu nutzen. Die Ausklarierung verlief problemlos. Die dicke Lady hatte wohl ihren Ruhetag. Das ausgefüllte Formular interessierte niemanden. Die Reisepässe wurden ausgestempelt und die 200 TT-Dollar pro Person mussten wir auch nicht bezahlen. Die freundlichen Beamten konnten nur nicht verstehen, dass wir ausgerechnet drei Tage vor Beginn des Karnevals Trinidad verlassen wollten, wo doch die ganze Welt gerade deshalb nach Trinidad komme.

Noch am gleichen Tag, es war der 10. Februar 1999, verließen wir nachmittags um drei Uhr Trinidad. Der Wind war wie vorhergesagt. Wir setzten Segel und waren bald in der Kleinen Boca. Der Strom lief mit uns. Wir kamen schnell durch den Engpass. In der Ausfahrt sah es wieder wild aus. Eine vor uns laufende Segelyacht verschwand richtiggehend in den Wellen. Die See war höher als bei unserer Ankunft, sie lief aber nicht so wild durcheinander und war deshalb kein großes Problem. Es sah schlimmer aus, als es tatsächlich war. Zwei hinter uns segelnde Yachten drehten jedoch ab und kehrten um. Nach einer langen Liegezeit kostet es auch uns immer etwas Überwindung, aus ruhiger See direkt in solche Wellenungetüme hineinzufahren. Dann hilft aber die Erfahrung, aus der wir wissen, dass es auf offener See fast immer ausgeglichener und oft auch ruhiger ist.

Nach Mitternacht drehte der Wind zügig von Ost auf Nordost und legte stetig zu. Der Winddreher war 24 Stunden zu früh gekommen. Bei Tagesanbruch hatten wir konstante 25 Knoten und entsprechenden Seegang. Unseren Kurs konnten wir so natürlich auf keinen Fall halten. Zudem registrierten wir einen starken Gegenstrom genau gegenan. Die Distanz bis Grenada betrug noch vierzig Meilen. Mit einem Reff im Groß, zwei Dritteln der Genua und dem Besan liefen wir hoch am Wind gerade mal zwei Knoten Fahrt und das nicht einmal Kurs. Bis Mittag wurde die Strömung noch stärker. Die Distanz war immer noch 32 Meilen. Wir nahmen die Genua und den Besan weg, starteten die Maschine und gingen auf direkten Kurs. Durchs Wasser ergab sich danach Fahrt von 3,5 bis 3,8 Knoten. Über Grund waren es noch ein bis eineinhalb Knoten! Dabei lief die Maschine mit 1900 Umdrehungen. Für solche Bedingungen sind 65 PS zu wenig. Da müsste man 100 PS oder besser noch mehr zur Verfügung haben.

Um 19 Uhr waren wir immer noch 23 Meilen vor Grenada. Die Bedingungen waren unverändert. Es dämmerte, die Sicht war aber noch gut und Grenada bereits als schwache Kontur zu erkennen. Ich stand im Cockpit und starrte zu dieser Kontur. Plötzlich sah ich nur drei Meter neben der PURA VIDA eine Fischerpiroge mit acht wild aussehenden Männern an Bord – bärtige, in Plastik gehüllte, triefend nasse Gestalten. Ich hatte das mit zwei 60-PS-Außenbordern ausgerüstete Boot weder gehört noch gesehen. Ich war vor Schreck wie gelähmt.

Ein älterer Fischer schrie: »Donde es Grenada?«
»En este direction!« Ich zeigte die ungefähre Richtung.
»Quantos milas para Grenada?«
»23 milas, Señor.«
»Muchas gracias, Capitano. Buenas.«

Die beiden Außenborder heulten auf sein Kommando wieder auf. Am Boden der Piroge lag vor Schmerzen gekrümmt ein Mann. Ich sah es erst jetzt. Wir hätten ihm Schmerzmittel geben oder vielleicht auch sonst helfen können. Aber es ging alles viel zu schnell. Trotz seiner 120 PS entfernte sich das Langboot nur langsam im hohen Seegang und verschwand dann darin. Wäre das ein Überfall gewesen, hätten wir nie eine Chance gehabt. Die wären bei uns an Bord gewesen, bevor wir auch nur irgendetwas hätten tun können. Ich hätte mich ohrfeigen können, weil ausgerechnet mir so etwas passiert war. Wir haben in der folgenden Nacht noch oft an den armen, kranken Mann in der Piroge gedacht und gehofft, dass er in Grenada Hilfe bekam. Die Insel in der Nacht zu finden war für die Fischer sicher kein Problem. Der Widerschein der Lichter der Hauptstadt St. George's war schon eine Stunde später gut zu sehen.

Die Fahrt wurde auch im Laufe der Nacht nicht besser, im Gegenteil. Je näher wir an Grenada herankamen, desto stärker wurde der Gegenstrom. Manchmal lagen wir für Minuten mit null Fahrt auf der Stelle. Erst um neun Uhr morgens fiel dann der Anker in der Prickley Bay im Süden Grenadas. Durch das harte Eintauchen des Bugspriets in die Wellen wurde die Abdeckplatte aus Aluminium aus den Schrauben gerissen und völlig verbogen. Die Holzumrandung war weggerissen worden.

Wir hätten umkehren können, gewiss! Aber wer macht das, wenn man einmal unterwegs ist? Wir auf jeden Fall nicht, wenn wir nicht einen zwingenden Grund dafür haben. Das Ziel liegt immer vor dem Bug.

Am Nachmittag gingen wir an Land zum Einklarieren. Die Behörden sind praktischerweise direkt in der Prickley Bay stationiert. Ein Beamter regelt sowohl Zoll wie Einwanderungsbehörde. Der Beamte war mürrisch und übel gelaunt. Frisch angekommen, hatten wir auch keine EC-Dollar (Eastern Carribean Dollar) zur Hand, um die Einklarierungsgebühr zu bezahlen. Wir fragten deshalb höflich nach der nächsten Bank oder einem Bankautomaten. Darauf wurde der Mann richtig unflätig. Das wisse er nicht und er brauche auch keine Bank. Das sei nur für reiche Leute wie uns – nicht für ihn. Wir sollen uns ein Taxi nehmen und ihm das Geld gefälligst so schnell wie möglich bringen. Die Bootspapiere behalte er als Depot. Man wisse ja nie. Eine billigere Möglichkeit als Taxi? Laufen natürlich – weißer Mann. Laufen wie wir. Hasserfüllt zeigte er mit seinen dreckigen Fingern auf die Tür.

Genau vor solchen Dingen in der Karibik wurden wir immer wieder gewarnt. Rund um die Welt. So recht geglaubt haben wir es nie. Aber es sollte noch besser werden. Vor dem Gebäude waren ein halbes Dutzend Taxis stationiert. Wir erkundigten uns nach dem Preis für eine Fahrt zur Bank und zurück.

»20 EC!«
»Okay – fahr los.«

Nach zehn Minuten kamen wir bei der Bank an. Es gab sogar einen Geldautomaten. Vreni stieg aus und lief zum Automaten. Ich blieb sitzen.

»Hey man – warum bleibst du sitzen? Steig aus! Wir sind bei der Bank.«

»Ja – das ist okay, aber wir fahren gleich zurück.«

»Dann ist das nochmals 20 EC.«

»Was? Wir haben 20 EC für hin und zurück ausgemacht.«

»Nein. 20 EC ist nur ein Weg. Immer. Das ist immer so. Hey man – du bist reich. Was sind für dich 20 EC?«

Vreni war inzwischen zurück. Ich erklärte ihr die Situation, worauf auch sie die Gesichtsfarbe wechselte.

»Was machen wir?« fragte sie.

»Gib ihm 20 EC. Wir laufen zurück oder fahren mit einem anderen Taxi, aber mit dem Arsch fahren wir keinen Meter mehr. Soll er leer zurückfahren.«

Auf der anderen Straßenseite gab es eine Bar, wo wir den Ärger mit einem Bier wegspülen konnten. Unser Taxi von vorhin wartete am Eingang der Straße, die zur Prickley Bay führt. Vermutlich in der Hoffnung, dass wir trotzdem noch mit ihm zurückfahren würden. Den Gefallen taten wir ihm nicht. Wortlos marschierten wir an ihm vorbei zur Prickley Bay. Minuten später düste er mehrmals hupend an uns vorbei. So nahe, dass wir ins Gras fliehen mussten.

Ein nachfolgender Kleinlaster hatte das gesehen und hielt an. »Wollt ihr auf der Brücke mitfahren? Ihr wollt doch sicher in die Prickley Bay?« fragte der Fahrer.

»Siehst du! Es gibt auch hier noch freundliche Leute«, sagte ich zu Vreni und wir stiegen auf. Die Welt war wieder in Ordnung. Zumindest einigermaßen. In der Prickley Bay angekommen, meinte unser Fahrer: »Hey man – war schön, dass ich euch mitnehmen konnte. Habt einen schönen Aufenthalt in Grenada. Wenn ich euch wieder einmal auf der Straße sehe, nehme ich euch gerne wieder mit. Hey man – kostet dich 20 EC!«

Wir gaben ihm schließlich nach längerem Hin und Her fünf EC. Zumindest war er immer freundlich und nett geblieben. Auch als ich ihn fragte, ob man hier in der Karibik auch noch für die Luft, die man zum Atmen braucht, bezahlen müsse. Er lachte nur und meinte: »Hey man – eine gute Idee! Das muss man sich wirklich überlegen.«

Die Bootspapiere bekamen wir nach Bezahlung der Gebühr auch wieder zurück. Es dauerte allerdings eine Weile, bis sie wieder gefunden waren. Die dreckigen Fingerabdrücke des Beamten sind noch heute als Andenken an Grenada darauf zu erkennen.

Zur Entschuldigung dieser Leute muss gesagt werden, dass Chartergäste aus Europa und Amerika diese Preise und auch weit höhere anstandslos bezahlen und nicht auch noch herummeckern. Wir haben gesehen, wie solche Besucher Grenadas förmlich mit dem Geld herumgeschmissen haben. Man kann diesen Einheimischen dann nicht böse sein, wenn sie so werden. Es ist wie mit Kindern: So wie man sie erzieht – so hat man sie. Wir haben später festgestellt, dass die Grenadinier sehr nett, hilfsbereit und gastfreundlich sind, wenn man sich abseits der Touristenwege aufhält.

Grenada ist eine sehr grüne Insel, tropisch feucht mit viel Regen im Inneren und eher gemäßigten, weniger häufigen Niederschlägen an den Küsten. Grenada wird nicht zu Unrecht die Gewürzinsel genannt. Es wächst hier wirklich alles, was es an Gewürzen und Früchten in den Tropen gibt. Vorwiegend aber Muskat, Pfeffer, Kakao, Vanille, Mangos, Bananen, Papayas, Orangen, Zitronen und Zuckerrohr. Das Landesinnere ist gebirgig mit tiefen, äußerst fruchtbaren Tälern.

Zusammen mit der Insel Carriacou und einigen kleineren, unbedeutenden Inseln bildet sich der Staat Grenada, der seit 1974 unabhängig ist und zumindest seit 1979 demokratisch regiert wird.

Im Süden der Insel Grenada gibt es einige tiefe Buchten, die für uns Segler hervorragende Ankerplätze bieten. Von diesen Buchten aus kann man sehr schöne Inselwanderungen unternehmen oder an den Riffen tauchen und schnorcheln. Die Distanzen zwischen diesen Buchten sind nicht sehr groß. Von Grenada nach Carriacou ist es auch nur ein Tagestrip.

Ende Februar 1999 besuchten uns unverhofft und unerwartet meine beiden Schwestern Rosmarie und Irene in Grenada und lebten mit uns für zwei Wochen auf der Pura Vida. Fünf Jahre hatten wir uns nun nicht mehr gesehen. Über diesen Besuch freuten wir uns riesig und wir verlebten eine fantastische Zeit zusammen. Während für uns die Tropen schon Alltag waren, erfreuten sich unsere Gäste an Dingen, die wir kaum noch wahrnahmen. Was wir als Unkraut bezeichneten, erkannten die beiden als Zierpflanzen, welche in Europa selten und teuer zu kaufen seien. Wie dem auch sei – in den Tropen wächst es eben wie Unkraut.

Auf der obligaten Inselrundfahrt sahen wir alles, was auf dieser Insel wächst und gedeiht. Wir besuchten eine Muskatfabrik, eine Gewürzhandlung, den Markt in St. George's und die Rumdestillerie im Norden der Insel.

Was niemand in Grenada verpassen sollte, ist die Steelband in der Prickley Bay. Sie spielt jede Woche am Freitag und Samstag. Die Gruppe besteht aus über zwanzig Jugendlichen beider Geschlechter und soll die beste Steelband in der Karibik sein. Wir waren auf jeden Fall begeistert und haben keinen Auftritt verpasst. Die Jungen und Mädels haben großes Können und viel Talent bewiesen.

Nach einem solchen Konzert kehrten wir um Mitternacht zurück auf die PURA VIDA und schliefen bald tief und fest. Um zwei Uhr morgens gab es plötzlich einen fürchterlichen Knall im Vorschiffsbereich. In Sekundenschnelle war ich an Deck und hinter mir natürlich Vreni und meine beiden kreideweißen, erschrockenen Schwestern. Im Bugspriet hing mit dem Heckkorb fest verklemmt eine Yacht aus Amerika. Zwei verschlafene Gestalten versuchten das Boot wieder frei zu bekommen.

»What the hell are you doing here?«, schrie ich, während ich zum Bug rannte.

»I don't know! Ohhhhh – this is not our anchorage. Shit – the anchor was not holding. Sorry!«

Mit einigen Gewichtsverlagerungen kam der Heckkorb frei, aber ihr Beiboot hing nun auf der anderen Seite im Wasserstag und löste sich nicht, während die Yacht bereits, ungefendert natürlich, an der PURA VIDA längsseits ging. Das Beiboot bekamen wir trotz Einsatz aller Kräfte nicht frei. Wir schnitten einfach die Leine durch. Sofort trieben beide ab, das Beiboot nach Backbord – die Yacht nach Steuerbord.

»Thanks – see you later!«

Es war nicht viel passiert. Ein paar Kratzer am Bugspriet und an der Reling. Beim Amerikaner eine Delle im Heckkorb. Am nächsten Morgen kamen die beiden vorbei und entschuldigten sich sehr lieb. Für die paar Kratzer bekam ich sogar noch 200 US-Dollar überreicht. Der Ami war überglücklich. Hätte die PURA VIDA ihn nicht aufgehalten, wäre er über die Bucht an das gegenüberliegende felsige Ufer getrieben. Dort wäre der Schaden in die Tausende gegangen, wenn nicht sogar bis zum Totalverlust. Schlussendlich waren alle glücklich – inklusive meiner Schwestern, die zu Hause eine interessante Geschichte zu erzählen hatten.

Anfang März 1999 segelten wir bei wunderschönsten Verhältnissen in die Lagune von St. George's. Das ist der Ankerplatz für die Yachten im Hafen des Hauptortes der Insel. Durch ein Riff und eine Sandbank geschützt, liegt man in diesem kleinen runden See so ruhig wie in einem Ententeich. Ihren schlechten Ruf erhielt die Lagune wegen verschiedener Überfälle auf Yachten.

Meine Schwestern genossen das Segeln um die Südspitze Grenadas in vollen Zügen und waren richtig enttäuscht, als der Anker bereits nach drei Stunden wieder fiel. Dabei haben sie die schöne Küste fast nur durch den Sucher der Videokamera gesehen. Am liebsten wären sie gleich über den Atlantik nach Hause gesegelt.

Die restlichen Ferientage unseres Besuchs verbrachten wir mit Schwimmen und Wandern in der Umgebung von St. George's. Die kilometerlangen, schneeweißen Sandstrände blieben für die beiden unvergesslich. Sie waren kaum aus dem Wasser zu bringen und freuten sich wie kleine Kinder über Seesterne und Seeigel. Die Abende verbrachten wir auf der PURA VIDA oder in einem gemütlichen Speiselokal in der Stadt. Auch für uns war diese Zeit irgendwie Ferien. Die 14 Tage gingen viel zu schnell vorbei. Der Abschied auf dem Flughafen war nicht so schmerzlich. Bis bald zu Hause!

Meine beiden Schwestern hatten kurz nach ihrer Ankunft in Grenada eine interessante Aussage gemacht. Sie fanden, dass die Beziehung zwischen mir und Vreni wesentlich herzlicher, liebevoller und toleranter geworden sei. Wir hätten uns auch verändert, und zwar positiv. Wir seien beide viel selbstbewusster und aufgeschlossener geworden. Uns war das gar nicht aufgefallen. Ich bestritt es sogar und sagte, das sei schon immer so gewesen. Das akzeptierten meine Schwestern so nicht. Sie kamen immer wieder auf dieses Thema zu sprechen und meinten sogar, dass so eine Reise manch anderen Paaren gut bekäme. Damit haben sie wohl nicht ganz unrecht, aber es kann sich auch gegenteilig auswirken. Wir haben unterwegs auch das gesehen. Für unsere Beziehung war die Reise allerdings ein Glück und ich werde Vreni immer dankbar sein, weil sie mit ihrer Bereitschaft mitzumachen die Reise überhaupt ermöglichte.

Am 18. März 1999 segelten wir die gut dreißig Meilen nach Carriacou in die Tyrrel Bay. Von Carriacou hatten wir schon viel gehört. Diese Insel wurde uns mehrfach als ein Ort mit wenig Tourismus und viel Natur wärmstens empfohlen. Unsere Pläne sahen vor, ab 1. Mai 1999 in Antigua für die Überquerung des Nordatlantiks bereit zu sein. St. Vincent und St. Lucia wollten wir wegen ihrer enorm hohen Preise und der unfreundlichen, aufdringlichen Bewohner gar nicht anlaufen. So hatten wir also genügend Zeit für Carriacou.

Carriacou gefiel uns auf Anhieb. Die Insel ist zwar weit weniger grün als Grenada und auch viel weniger fruchtbar, hat aber ihren eigenen Charme. Freundliche Einheimische, fantastische Wandermöglichkeiten, günstige Preise, guter Ankergrund und ein trockenes Klima haben das vielfach wettgemacht. Ein Traumstrand ist bei L'Esterre. Hier findet man feinen, weißen Sand und hat das bekannte Sandy Island direkt vor sich. Bei ruhigem Wetter könnte man dort sogar ankern. Vom Hotel in der Cassada Bay hat man einen herrlichen Ausblick über die Grand Bay, die Riffe und hinüber zum White Island und Saline Island. Das Hotel ist zwar offen, aber Gäste haben wir dort nie gesehen. Ich habe den Manager darauf angesprochen. Er meine nur: »Hoffentlich kommen keine – dann haben wir hier unsere Ruhe.«

Ich gab ihm meine Adresse für den Fall, dass er sich einmal verändern wolle.

Die schönsten Wanderungen führten uns um die Südspitze und die Nordspitze der Insel. Vorwiegend kann man im Schatten der

Bäume laufen. Im Norden ist es ein Höhenweg, von dem aus man eine gute Aus- und Übersicht nach Union Island, die Tobago Keys, Petite Martinique und Petite St. Vincent hat.

Direkt vom Ankerplatz aus kann man mit dem Beiboot durch die Mangroven fahren. Das wäre ein sehr idyllischer Ankerplatz, absolut hurrikansicher, aber seit kurzem Naturschutzgebiet. Man darf es mit dem Beiboot befahren, aber nicht mehr ankern. Der Besuch lohnt sich auf jeden Fall. Für Vogelfreunde sind die Morgen- und Abendstunden besonders reizvoll.

Der Hauptort der Insel heißt Hillsborough. Es ist eine niedliche Kleinstadt mit alten Häusern direkt am Meer. Einen eigentlichen Hafen hat die Stadt nicht. Die Fähre und die kleinen Frachter legen an einer langen Pier an. Man findet in Hillsborough einen kleinen Markt, eine Bäckerei, zwei kleine Supermärkte und etliche urige Tante-Emma-Läden zum Stöbern und Amüsieren. Bei »Printer John« kann man E-Mails und Faxe absenden und auch kostengünstig ein paar Fotos durch den Scanner ziehen. Jeder kennt jeden in dieser Stadt und im weiteren Sinne natürlich auch auf der Insel. Auf der ganzen Insel leben nur etwa 2000 Menschen, und die meisten wohnen in der Stadt. Vor der Stadt ist ein kleiner Flugplatz. Mit einem Inselhüpfer wird die Insel zweimal täglich von Grenada aus bedient. Die Hauptstraße führt über die Flugpiste. Wenn ein Flugzeug landet, wird die Straße auf jeder Seite mit einem Tor geschlossen. Jedes Haus hat ein Telefon und die Gespräche auf der Insel sind kostenlos.

In der Tyrell Bay ist ein kleiner Yachtklub mit Restaurant und einem Minimini-Markt. Die Familie, die diesen Betrieb führt, ist ausgesprochen hilfsbereit und sehr nett. Wir fühlten uns dort sehr wohl und gut aufgehoben.

Die Zeit tröpfelte so dahin. Bis ich bei einer Kontrolle im Motorraum feststellte, dass der Key an der flexiblen Kupplung lose war. Diese Kupplung hatten wir seit Neuseeland nicht mehr abnehmen müssen und ich ahnte, dass sich das auch nicht so einfach bewerkstelligen lassen werde. So war es auch. Von den acht Schrauben waren sieben festgefressen. Ein paar Tage lang haben wir versucht, die Schrauben mit Kriechöl loszubekommen. Aber es half nichts. Sie saßen unverrückbar fest. Wir bohrten dann die Madenschraube des Keys aus, zumindest bis auf den gehärteten Teil an der Spitze. Nun war die ganze Kupplung relativ lose und wir konnten sie mit einem schweren Hammer vom Schaft lösen. Wir hatten große Hoffnung, das defekte Teil reparieren lassen zu können. Wir fanden in der Bucht einen deutschen Schlosser. Der besah sich die Sache und riet uns dringend von einer Reparatur ab. Die Manschette hatte 1,5 Millimeter zu viel Spiel. Man hätte das aufschweißen und dann neu drehen müssen. So schmerzlich das für die Bordkasse war, wir mussten in Holland eine neue Kupplung bestellen. Mit Speditionskosten und allem Drum und Dran hat der Spaß über 1000 US-Dollar gekostet. Allerdings benötigt die neue Kupplung keinen Key mehr. Die Manschette der Kupplung besteht neu aus zwei Halbschalen. Sie wird nur mit vier Zwölf-Millimeter-Schrauben auf den Schaft aufgeklemmt und ist wesentlich stabiler als die alte. Diese neue Generation von Kupplung kann nicht mehr ausleiern. Auf dem ersten Teil der kommenden Nordatlantiküberquerung mussten wir mit sehr leichten Winden und langen Flauten rechnen. Da muss an der Motoranlage alles bestens funktionieren, auch wenn uns die Kosten schmerzten. Die Kupplung war nach 14 Tagen in Carriacou und dann in zwei Stunden eingebaut.

Das war am 23. April 1999, einem Freitag. Zum Ausklarieren war es bereits zu spät, und am Wochenende kostet das Überzeit. Deshalb verließen wir Carriacou erst am Montag. Die Zeit wurde eng. Eigentlich war ja vorgesehen, am 1. Mai 1999 in Antigua zu sein, um dann spätestens Mitte Mai 1999 zu den Azoren abzusegeln. Die 14 Tage Aufenthalt in Antigua waren für letzte Vorbereitungen vorgesehen. Während wir auf die Kupplung warteten, haben wir deshalb so viel wie möglich vorgezogen. Von Carriacou aus haben wir in England ein Ersatzteilpaket für unsere Aries nach Antigua bestellt. Die Aries selbst haben wir in Carriacou demontiert und in sämtliche Bestandteile zerlegt. Sie ging in letzter Zeit etwas schwer. Durch Korrosion quellen die Kunststoffführungen auf und machen die Windsteueranlage träge. Wenn man dieses Verbrauchs- und Abnutzungsmaterial auswechselt, hat man eine neue Anlage. Das war also schon einmal vorbereitet und organisiert. In Antigua brauchten wir die Aries nur noch wieder zusammenzusetzten. Ebenfalls für Antigua war ein letzter Öl- und Filterwechsel am Motor vorgesehen. Alles andere war erledigt und in bester Ordnung. Zur Sorge gab es also keinen Anlass.

Am 26. April 1999 verließen wir Carriacou – in der Tasche das Vorkaufsrecht für ein Grundstück am Meer. Carriacou hat uns wirklich gefallen.

An diesem Tag segelten wir an Union Island vorbei bis Canouan, tags darauf bis Bequia in die Admiralty Bay. Dort mussten wir drei Tage auf besseres Wetter warten. Für den Trip nach Martinique brauchten wir wegen der starken nach West setzenden Strömung zumindest Ostwind. Im Moment hatten wir wieder Nordost. Am Freitag waren die Bedingungen gut. Wir konnten weiter. Wie vorgesehen segelten wir an St. Vincent und St. Lucia vorbei und schafften die einhundert Meilen nach Martinique in 24 Stunden. In den Passagen zwischen den Inseln hatten wir immer brauchbaren Wind, aber in den Inselabdeckungen mussten wir uns mit schwachen und umlaufenden Winden abfinden. Um die Mittagszeit ankerten wir in der Anse Mitan auf Martinique.

Noch am gleichen Tag setzten wir mit der Fähre zu einer Besichtigungstour nach Fort de France über. Am Abend gab es ein Festessen mit frischen Baguettes, italienischer Salami und französischem Landwein. Man kann schon mit sehr wenig zufrieden sein, wenn man es lange Zeit vermisst hat. Am Sonntag riefen wir Freunde an, Franzosen, die mit uns zusammen in Durban gelegen hatten und nun hier lebten. Sie freuten sich riesig, holten uns gleich am Ankerplatz ab und luden uns zu sich nach Hause ein. Es wurde eine lange Nacht. Gegen Morgen fuhren wir zurück in die Anse Mitan, mit einem Wagen, den uns Magdalie und Billy für unseren Aufenthalt auf Martinique zur Verfügung stellten. Die Versuchung war groß, mit diesem Wagen zwei bis drei Tage kreuz und quer über die Insel zu fahren und etwas mehr als nur Fort de France zu sehen. Aber wir blieben hart. Wir durften den optimalen Absprung in Antigua nicht verschlafen. Wir sahen uns lediglich die Umgebung von Fort de France an und kauften in den herrlichen Warenhäusern der Stadt

Leckerbissen für den Atlantiktrip ein: Salami, Coppa, Käse, Würste, gesalzenes Fleisch, Schokolade, billiges Bier aus einem Sonderangebot und Wein der Marke »Chateau du Carton«, auch Kartonwein genannt.

Schon am Dienstag ging die Reise weiter. An Dominica vorbei direkt bis in den Norden von Guadeloupe nach Deshaies. Diese 120 Meilen schafften wir in 27 Stunden. Die Bedingungen waren wie zuvor. Gute Winde, starke Strömungen und hoher Seegang in den Passagen und tote Hose in den Inselabdeckungen. Bereits morgens um halb vier verließen wir den guten Ankerplatz in Deshaies und nahmen die letzte Etappe nach Antigua in Angriff. Bei wunderschönsten Segelbedingungen kamen wir gut voran und erreichten Jolly Harbour auf Antigua schon früh am Nachmittag des 6. Mai 1999. Nun waren wir wieder im Zeitplan.

Jolly Harbour ist ein neu erbauter Hafen, das Herzstück einer sehr teuren Feriensiedlung. Alle Ferienhäuser haben eigene Bootsanlegeplätze. In der Marina finden 150 Yachten Platz. Es gibt eine Tankstelle, eine Werft und einen Yachtzubehör-Shop im Hafen, zudem zwei Hotels, sieben Restaurants, dreißig Geschäfte, Tennisplätze, Schwimmbad und Hubschrauber-Landeplatz. Wir haben Jolly Harbour angelaufen, weil unser TO-Stützpunktleiter Karl Wuttke dort wohnt und für uns Post bereit hielt. Unter Seglern besser bekannt sind die schönen Buchten English Harbour und Falmouth Harbour an der Südküste.

Die bestellten Ersatzteile für die Aries waren nicht in unserer Post. Ein Anruf in England klärte die Sache schnell. Statt mit DHL war das Paket mit normaler Post verschickt worden. Man versprach uns, das Material umgehend nochmals per DHL zu senden. Aber tags darauf war das Paket mit der normalen Post bereits in Antigua. Es war nur zwei Wochen unterwegs gewesen. Die Aries war schnell zusammengebaut. Nun lief sie wieder wie neu. Bereits auf den kleinsten Windhauch reagierte sie mit Steuerkorrekturen. So muss das sein.

Wettermäßig sah es nicht so gut aus. Ein kräftiges Hoch über dem Nordatlantik brachte für weite Gebiete Flauten oder sehr leichte

Winde. Brauchbare Winde gab es erst auf dem letzten Teil zu den Azoren. Die Segelanweisungen für die Strecke Antigua – Azoren besprechen zwei Möglichkeiten. Bei beiden Varianten muss man ein riesiges Flautengebiet durchqueren. Die erste Variante sieht vor, zuerst die Bermudas anzulaufen und von dort aus dann mit brauchbaren Winden auf dem 40. Breitengrad zu den Azoren zu segeln. Das ist ein Umweg von etwa 800 Seemeilen. Bis zu den Bermudas hat man mit 80% Flaute zu rechnen. Die zweite Variante ist eine Bananenkurve von Antigua direkt zu den Azoren. Wir entschieden uns für diese zweite Möglichkeit. Antigua liegt auf dem 17. Breitengrad. Wir planten für uns, ab Antigua vorerst einmal einen Nordostkurs zu segeln und auf diesem Kurs zu bleiben, bis der 25. Breitengrad erreicht war. Danach wollten wir dann, soweit die Winde es erlaubten, auf direktem Weg zu den Azoren segeln. Aber wie gesagt, im Moment sah es nicht gut aus. Boote, die bereits unterwegs waren, sprachen von einem riesigen Flautengebiet, und die Wetterkarte bestätigte diese Aussage.

Für diese Strecke muss man zudem beachten, dass man nicht zu früh im Jahr aus der Karibik absegelt. Sonst kann es passieren, dass man auf dem zweiten Teil der Strecke in die letzten schweren Frühjahrsstürme gerät. Zu spät darf man aber auch nicht sein, weil sonst die Gefahr von frühen Hurrikans besteht. Deshalb wird als ideale Abfahrtszeit Mitte Mai empfohlen. Etwa hundert Boote waren am 10. Mai bereits unterwegs. Etwa 30% zu den Bermudas, der Rest auf direktem Wege. Wir beschlossen, noch etwas abzuwarten, um vielleicht eine Chance zu bekommen, wenigstens die ersten paar Tage segeln zu können.

Während dieser Wartezeit lernten wir die beiden Schweizer Jacques und Mariela kennen. Sie waren für zwei Wochen auf Hochzeitsreise in Antigua. Sie hatten den Flug von Genf über Barbados nach Antigua mit der British Airways gebucht. Bei dieser Fluggesellschaft gilt ein absolutes Rauchverbot. Beide hielten sich natürlich daran. Bei der Zwischenlandung in Barbados fragte die junge Frau, ob sie eventuell auf dem Flughafen eine Zigarette rauchen dürfe. Man wollte das klären, blieb ihr aber eine Antwort schuldig. Nachdem sie noch zwei weitere Flugbegleiter gefragt hatte und auch von diesen nur den Bescheid erhielt, man wolle fragen und das abklären, entschloss sich Mariela, zum Rauchen auf die Toilette zu gehen. Es wurde die teuerste Zigarette ihres Lebens. Man erwischte sie natürlich und informierte den Flugkapitän. Der erklärte Mariela, dass sie die Sicherheit des Flugzeugs in Gefahr gebracht habe, und verwies sie augenblicklich aus dem Flugzeug. Zudem erwirkte der Kapitän, dass das junge Ehepaar auf Hochzeitsreise von British Airways ein lebenslanges Flugverbot erhielt. Jacques blieb nichts anderes übrig, als das Flugzeug ebenfalls zu verlassen. Sie mussten sich in Barbados ein Hotelzimmer nehmen, weil an diesem Tag kein Flug nach Antigua weiterging. Mit einem Tag Verspätung kamen sie dann in Antigua an und buchten bei der Air France einen Flug über Guadeloupe zurück nach Genf. Der ganze Spaß hat die beiden 2500 Schweizer Franken gekostet. Den Humor hatten sie zum Glück nicht verloren. Lachend erzählten sie uns diese Geschichte, und wir amüsierten uns köstlich darüber. Ich habe Mariela gesagt, dass sie einen Riesenfehler begangen habe. Sie hätte sich direkt an einen männlichen Flugbegleiter wenden müssen. Bei ihrem Aussehen hätte sie dann sicher keine Probleme bekommen. Beide lachten wieder schallend los.

»Hat Mariela doch auch gemacht. Nur genutzt hat es nichts. Der war nämlich schwul«, grinste Jacques.

»Für den Rückflug haben wir uns heute in einer Apotheke Nikotinpflaster gekauft. Eine ganze Kur zur Raucherentwöhnung! Air France hat nämlich auch Rauchverbot.«

Auf dem Heimweg

*Der letzte große Schlag – Auf den Azoren –
Ein schwieriges Stück – Die Straße von Gibraltar –
Endstation Aguadulce*

An der Wettersituation änderte sich nicht viel. Eine stabile Hochdrucklage über dem Atlantik war dominierend. Dieses Hoch bekam aber Mitte Mai durch ein Sturmtief über Florida etwas Druck auf die Isobaren. Das war unsere Chance. Wir fuhren ein letztes Mal in die Hauptstadt St. John auf den großen Markt und deckten uns mit frischen Gemüse und Früchten ein. Am Samstag, dem 15. Mai 1999, klarierten wir aus. Wir wollten die Situation auf keinen Fall verschlafen. Vrenis Geburtstag am Sonntag wollten wir auf See feiern.

Vollgeladen mit 900 Litern Wasser, 770 Litern Diesel und Lebensmitteln für zwei Monate lag die PURA VIDA tief im Wasser. Sie lief aber trotzdem gut. Mit 12 bis 15 Knoten Wind aus Nordost konnten wir einen Kurs von zehn Grad über Grund anliegen und machten mit Genua, Fock, Groß und Besan gute fünf Knoten Fahrt – ein guter Anfang. Im Laufe der Nacht wurde der Wind schwächer und drehte mehr auf Nordnordost. Es ließ sich aber immer noch gut segeln. Seegang war kaum vorhanden. Wir liefen immer noch knapp vier Knoten, aber nur noch 350 Grad über Grund. Um Mitternacht stießen wir auf Vrenis Geburtstag an und tranken eine Flasche Wein aus den schwindenden Südafrikabeständen. Am wolkenlosen Himmel flimmerten Millionen von Sternen, an der Bordwand gurgelte leise das abfließende Wasser und PURA VIDA zog ruhig dahin. Ganz flach am südlichen Horizont war noch das Kreuz des Südens zu sehen, Vrenis Lieblingssternbild. Schweigend saßen wir zusammen im Cockpit, hingen unseren Gedanken nach und genossen den unendlichen Frieden.

Auf der Wetterkarte am Sonntagmorgen war die erste »tropical wave« der Saison zu erkennen. Aus diesen »tropical waves« entstehen später im Jahr tropische Stürme und daraus dann die Hurrikans. Mit der ersten »tropical wave« ist die Hurrikan-Saison eröffnet. Erscheint sie so früh im Jahr, ist das ein Indiz, dass mit vielen und vor allem frühen Hurrikans gerechnet werden muss. Die Wellenstörungen selbst sind keine Gefahr für uns Segler. Hurrikans im Mai oder Juni sind zwar möglich, aber eher unwahrscheinlich. Statistiken über mehrere Jahrzehnte zeigen zwar, dass sie schon vorgekommen sind, aber dadurch darf man sich nicht verrückt machen lassen. In den Wetterberichten dieses Tages war es aber die Sensation: Die Hurrikan-Saison war offiziell eröffnet.

In den nächsten beiden Tagen konnten wir weiterhin segeln. Nicht auf Kurs, aber zumindest nach Norden oder in nördlicher Richtung. Dementsprechend waren die Etmale. Durchs Wasser machten wir in den ersten drei Tagen jeweils gut einhundert Meilen. Auf die Gesamtdistanz zu den Azoren haben wir aber nur 80, 46 und 63 Meilen gutgemacht. Bis zu den Azoren waren noch 2000 Meilen zu segeln. Um die Mittagszeit dieses dritten Tages war der Wind erstmals für einige Stunden ganz weg. Unter Maschine gingen wir auf einen direkten Kurs zu den Azoren. Gerade richtig für das Nachtessen fing ich eine kleine Golddorade. Es wurde ein Festessen. Gegen Mitternacht gab es wieder Wind, zwanzig Knoten! Wir mussten sogar reffen. Es war aber nur eine durchziehende Front. Hinter der Front mussten schnell wieder alle Segel ausgerefft werden. Bei wenig Wind plagte uns der starke Gegenstrom. Bei 4,2 Knoten Fahrt durchs Wasser verblieben noch ganze 2,8 bis 3,0 Knoten über Grund. Mit diesem Gegenstrom mussten wir noch mindestens weitere 600 Meilen rechnen. Danach sollte es besser werden. Die nächsten beiden Tage konnten wir während des Tages segeln, hatten in der Nacht jedoch überhaupt keinen Wind mehr. Am sechsten Tag stand der Wind auch nachts durch, kam sogar aus Ost und erlaubte uns, direkt auf die Azoren zu halten.

Das hielt aber nicht an. Vier weitere Tage konnten wir nur am Tage segeln. Hoch am Wind mit nur gerade 10 bis 12 Knoten Wind, aber absolut ruhiger See. Die PURA VIDA macht bei so wenig Wind kaum Lage, aber 5,0 bis 5,5 Knoten Fahrt durchs Wasser. Es war kein Problem, die Kaffeetasse auf dem Tisch stehen zu lassen. Das Leben an Bord ist bei solchen Bedingungen äußerst angenehm. In der Nacht schob uns die Maschine weiter. Ich fing nochmals eine Golddorade, dieses Mal ein Prachtexemplar von 82 Zentimetern Länge.

Vreni hat uns zur Vorspeise »Poisson cru« (rohen Fisch an Kokosnuss-Crème) zubereitet. Sie macht diese Spezialität nach einem polynesischen Rezept. Vom frischen Fisch werden kleine Würfel geschnitten, pro Person etwa zwei Hand voll. Diese Würfel legt man in frisch gepressten Zitronen- oder Limonensaft ein, dem man ein wenig Salz und Pfeffer beigibt. Am besten verwendet man dazu eine Frischhaltedose. Der Fisch muss vom Saft zugedeckt sein. Ideal ist, wenn man die Schale nun in den Kühlschrank legen kann. Bei ganz frischem Fisch ist das aber auch in den Tropen nicht unbedingt zwingend. Ein schattiger, kühler Ort reicht eigentlich auch. Kühl schmeckt der Fisch jedoch besser. Für etwa zwei bis drei Stunden bleiben die Fischwürfel im Zitronensaft, der Fisch wird dann weiß. Wie lange das dauert, hängt von der Fischart ab und natürlich von den Zitronen. Je saurer die Zitrone, desto schneller ist der Fisch weiß. Nach etwa einer Stunde sollte man die Würfel umrühren; wenn man nicht genügend Saft hat, um den Fisch ganz abzudecken, auch mehrmals! Danach schüttet man den Zitronensaft weg und trocknet die Würfel mit Küchenpapier. Dann gießt man eine Tasse reine, ungesüßte Kokosnussmilch oder Kokosnuss-Crème (erhältlich auch in Europa als Konserve aus Thailand) über den Fisch. Garniert wird das Ganze mit fein geschnittenen grünen Zwiebeln, Tomaten, Essiggurken und geriebenen Karotten. Man nehme, was man hat. Der Leckerbissen kann nun serviert werden. Fertig zubereitet, sollte man »Poisson cru« nicht mehr in den Kühlschrank legen, weil die Kokosmilch hart würde. Als Fisch eignen sich Golddorade (Mahi Mahi), Tunfisch, Papagaienfisch, Drückerfisch und Barracuda.

Mit so einem großen Fisch ist man schon eine Weile beschäftigt. Das Ausnehmen und Präparieren geht bei einer Dorade schnell, weil man sie nicht filetieren muss. Zwei bis drei Mahlzeiten kann man für wenige Tage auch noch im Kühlschrank halten. Der Rest muss aber gekocht und in Gläser eingemacht oder gesalzen und getrocknet werden. Am Ankerplatz ist Salzen und Trocknen kein Problem. Unterwegs ist jedoch Einkochen einfacher. Auch für Fisch verwenden wir Gläser mit Schraubverschluss. Vreni kocht den Fisch, legt ihn in die Gläser ein und deckt ihn mit einer leichten Bouillon zu. Die Gläser werden anschließend im Dampfkochtopf sterilisiert und sind so einige Monate haltbar.

In Carriacou sind uns ungebetene Gäste in Form von kleinen Käfern an Bord geflogen. Alle Bemühungen, diese Viecher wieder loszuwerden, waren erfolglos. Es wurden zwar immer weniger, aber ganz verschwunden sind sie erst später. Jeden Abend wurden sie für etwa eine Stunde aktiv, flogen und krochen herum und suchten sich dann wohl einen warmen Platz für die Nacht. Einer dieser Käfer fand seinen warmen Platz in meinem Ohr. Weil es ihm dort aber nicht so recht passte und er den Ausgang nicht mehr fand, geriet er in Panik und fing an zu flattern. Ich dachte, mir platze die Schädeldecke vom Kopf. Etwas unsachgemäß und auch in Panik versuchte ich den Käfer mit einem Wattestäbchen zu entfernen, was noch heftigeres Flattern zur Folge hatte. Vreni hatte dann die Idee, den Käfer mit Ohrentropfen zu ermorden oder wenigstens zu betäuben. Das gelang sogar, und der Käfer ließ sich entfernen. Das Trommelfell schmerzte jedoch noch lange und das Ohr blieb für einige Tage sehr empfindlich. Wir mussten es noch längere Zeit mit Tropfen behandeln. Vor allem aber haben wir beide uns heftig erschrocken und daraufhin noch tagelang die Ohren mit Watte geschützt. Erst als es nahe der Azoren empfindlich kälter wurde, haben wir von den Käfern nichts mehr gesehen.

Am neunten Tag war ein Drittel der Strecke geschafft. Noch immer mussten wir in der Nacht mit Maschine laufen, aber während des Tages war es prächtiges Segeln. Zwei Tage später stand der Wind sogar erstmals wieder die Nacht durch. Vorerst noch aus Nordost, zwei Tage später über Ost auf Südost drehend. Nun konnten wir spielend den Kurs auf die Azoren halten. Der gegenlaufende Strom wurde weniger und wir von Tag zu Tag schneller. Dabei sah das nach der Wetterkarte gar nicht so aus. Uns war es egal. Wir kamen gut voran und das noch sehr bequem, denn die See war so ruhig, wie man das nur selten erlebt.

Jeweils abends um 19 Uhr bekamen wir eine ausgezeichnete Wetterberatung über das Atlantiknetz auf SSB. Der deutsche Einhandsegler Andreas von der PUNKTULUM verstand es, das Netz ausgezeichnet zu führen und täglich eine Gesamtwetterlage für den Atlantik und eine Detailprognose für jedes Boot zu erstellen. Zusammen mit den eigenen Wetterkarten waren wir mit Wetterinformationen bestens bedient. Zudem wussten wir von Andreas und den anderen Booten unterwegs, wie es voraus aussah.

300 Meilen vor uns lag die deutsche Yacht LONG TARA mit Gerhard und seinem österreichischen Mitsegler Horst, und die Distanz verringerte sich von Tag zu Tag. Die beiden waren drei Tage vor uns in Antigua gestartet. Gerhard hatte Probleme mit dem Rigg. Ein Oberwant war angebrochen. Während wir schönste Verhältnisse erlebten, lag Gerhard schon wieder in einer Flaute und hatte nur noch wenig Diesel. Er durfte die Maschine nicht mehr benutzten. Wir hatten Ersatzmaterial an Bord und ließen Gerhard das über Funk wissen. Dadurch war er beruhigt. Er wusste nun, dass hinter ihm noch ein Boot war, das ihm zudem auch helfen konnte.

Tagelang änderte sich nichts an den Bedingungen. Zwar sollten wir gemäß Wetterkarte eher in einer Flaute liegen, aber wir segelten und das gar nicht schlecht.

Am 16. Tag waren wir nur noch 60 Meilen hinter Gerhard mit seiner LONG TARA, die er inzwischen in »Flauten-TARA« umgetauft hatte. 80 Meilen vor Horta lag der Schweizer Einhandsegler Rolf mit seiner BIG SHADOW und hatte große Probleme. Das Vorstag war gebrochen, drei Unterwanten angebrochen und der Motor defekt. Rolfs Batterien waren deshalb schon ziemlich leer und die Verbindung sehr schwach. Nur von den Azoren aus war er gut zu hören. Dort war in der Zwischenzeit Andreas mit seiner PUNKTULUM eingetroffen und nahm die Sache selbstlos in die Hand. Zur gleichen Zeit kam noch eine Warnung von Werner mit seiner WEREVA herein. Am Funk war sein Mitsegler Harald.

»Sind heute um vier Uhr morgens beinahe auf eine andere Yacht aufgedonnert. Die Yacht ist unbeleuchtet, antwortet nicht auf UKW, kein Mensch an Bord, keine Segel oben – sie treibt auf Position...«

»Mensch Harald – das ist doch die Position von BIG SHADOW!

Warum habt ihr nicht gestoppt? Du hättest den Rolf doch auf den Haken nehmen können.«

Andreas verstand die Welt nicht mehr. Seit Stunden versuchte er nun erfolglos Hilfe zu organisieren, und eine mögliche Hilfe rennt zwanzig Meter an BIG SHADOW vorbei. Es gab dann doch noch Hilfe für Rolf. Das Frustrierende war nur, dass stundenlang über Bergelohn diskutiert wurde, bevor dann endlich etwas passierte. Unter Seglern darf so etwas einfach nicht sein. Hilfeleistung ist doch eine Selbstverständlichkeit, wenn man die Möglichkeit dazu hat. Was Rolf bezahlen musste, ist mir unbekannt, aber er wurde schlussendlich abgeschleppt.

Zwei Tage später waren wir nur noch wenige Meilen hinter Flauten-LONG TARA. Sie kam nun auch wieder voran. Wir hatten ihr ja den Wind mitgebracht. Schon einen Tag später waren wir in Sichtkontakt und den behielten wir auch. Die Herrlichkeit mit dem schönen Wind dauerte aber nur noch 36 Stunden. Danach hingen auch wir in einem riesigen Flautengebiet. Wir lagen im Zentrum des Azoren-Hochs. Die See wurde spiegelglatt. Nicht der leiseste Hauch von Wind war noch vorhanden. Bis zu den Azoren hatten wir noch 490 Meilen zu bewältigen.

Wir motorten die Nacht durch und um sieben Uhr am Morgen des 5. Juni 1999, dem 21. Tag auf See, lag PURA VIDA zwanzig Meter neben LONG TARA. Gerhard und Horst ließen ihr Beiboot zu Wasser und Gerhard ruderte zu uns. Drei Kanister mit sechzig Litern Diesel waren schnell umgeladen. Danach genehmigten wir uns einen Begrüßungstrunk direkt aus der Rumbuddel. Wir hatten Gerhard bis zu diesem Zeitpunkt ja noch nicht persönlich gekannt. Nach ein paar Minuten ging es weiter. Bald hatte die LONG TARA wieder zu uns aufgeschlossen. Mit ihrem 120-PS-Turbodiesel und nun genügend Treibstoff war das kein Problem mehr. Gerhard fuhr nahe an uns heran und deutete an, dass er uns etwas herüberwerfen wolle. Wir positionierten uns auf dem Achterdeck, und schon kam ein kleiner Kanister geflogen. Er enthielt Bücher und ein ein Kilogramm schweres Stück Schwarzwaldspeck. Was für eine Überraschung! Mitten auf dem Atlantik, weitab jeder Zivilisation, so ein Stück Fleisch zu bekommen ist schon ein starkes Stück. Auf jeden

Fall haben wir uns über das Geschenk riesig gefreut. Gerhard und Horst sich natürlich auch über den Diesel. Nun konnten sie endlich sorglos weiterfahren.

Beim Übergabemanöver hatte ich von Hand gesteuert und dabei festgestellt, dass das Ruder hart ging. Normalerweise lässt sich das Ruder mit dem kleinen Finger bewegen. An der Hydraulik lag es nicht. Das Problem musste am Ruderschaft liegen. Auf See kann man daran nicht viel machen. Mit Kriechöl erreichten wir eine akzeptable Verbesserung. Wir nahmen uns vor, das Ruder gut im Auge zu behalten, es regelmäßig zu kontrollieren und zweimal täglich mit Kriechöl zu behandeln.

Gegen Abend kam ein großer Frachter in Sicht und rief über Funk die vor ihm liegenden Yachten an. Vreni gab ihm Antwort.

»Mit welcher Yacht spreche ich?«

»Wir sind die zweite, die hintere«, antwortete Vreni.

»Bestens. Haben Sie GPS an Bord?«

»Ja, selbstverständlich.«

»Ich weiß, dass klingt für Sie nun sehr komisch, aber bitte können Sie mir Ihre GPS-Position nennen?«

Wir gaben ihm selbstverständlich die Position. Wir haben ihn nicht gefragt, weshalb er die brauchte. Es war ihm nämlich offensichtlich mehr als peinlich. Vreni hat dann noch eine Weile mit ihm geplaudert. Er war Grieche und auf dem Wege nach New York. Zum Abschied sagte Vreni: »Kalinichta! (Gute Nacht!)«

Darauf lachte der Grieche schallend los und wünschte ebenfalls: »Kalinichta!«

Nach sechzig Stunden Motorfahrt kräuselte sich das Meer leicht, und bereits eine Stunde später waren wir wieder mit allem, was wir an Segeln setzen konnten, unterwegs, Distanz nach Horta auf den Azoren noch 210 Meilen. Der Wind stand durch. Zwei Tage später, am 9. Juni 1999, um 01.30 Uhr fiel der Anker im Hafen von Horta auf Fajal/Azoren. Das Ruder war in den letzten Stunden immer härter gegangen. Die Aries schaffte es schon seit einem Tag nicht mehr. Der Autopilot hatte aber keine Probleme. Trotzdem waren wir froh da zu sein. Die LONG TARA war dank Turbolader vier Stunden vor uns angekommen. Gerhard hatte aber auf uns gewartet. Er wusste von unseren Ruderproblemen. Hätten wir Schwierigkeiten gehabt, wäre er sofort wieder ausgelaufen, um uns zu helfen.

Die Überfahrt von Antigua zu den Azoren hatte 25 Tage gedauert. 2300 Meilen hatten wir dabei zurückgelegt. Das ist nicht gerade berauschend schnell, aber die Bedingungen waren insgesamt sehr friedlich gewesen. Wir hatten es richtig genossen. Für uns war es die letzte große Strecke gewesen. Vor uns lag ja nur noch ein kurzer Trip von rund tausend Meilen bis ins Mittelmeer. Die Zeit der langen Distanzen war vorbei. Mittlerweile hatten wir sie lieben gelernt und immer mehr genossen. Wo hat man sonst so viel Zeit für einander? An Land hat man immer etwas zu tun, ob das nun wichtig ist oder nicht. Auf See, auf diesen langen Überfahrten, kann man nicht davonrennen. Deshalb ist auch das Gefühl des Zusammengehörens viel stärker. Das gegenseitige Vertrauen wuchs bei uns ins Unendliche. Unstimmigkeiten oder gar Streitereien haben wir auf See sowieso nie gehabt. Im Gegenteil! Wir fühlten uns da draußen immer sehr nahe. Der Abschluss dieser letzten langen Strecke war deshalb auch mit einem kleinen bisschen Wehmut verbunden.

Die Marina im Hafen von Horta war voll. Wir bekamen einen Platz in einem Fünferpäckchen im hinteren Teil der Marina. Auf allen Booten wurde gewerkelt und repariert. Ganz ohne Defekte waren nur wenige angekommen. Erstaunlicherweise gab es sehr viele Schäden in den Riggs. Etwa 70% aller Reparaturen betrafen das Rigg. Vor allem waren es gerissene und angerissene Wanten und Stagen. An zweiter Stelle waren es Motorprobleme. Die Segelmacher in Horta waren ebenfalls gut ausgelastet.

Wir haben unseren Ruderschaft ausgebaut und dann die Ursache für unser Ruderproblem schnell gefunden. Die unterschiedlichen Materialien Stahl, Messing und rostfreier Stahl haben zu Korrosion geführt. Dadurch quillt das schlechteste Material auf. Es handelt sich nur um Zehntelmillimeter. Das reicht aber aus, den Schaft aus rostfreiem Stahl schwergängig zu machen. Normalerweise sollte man alle Teile auch im Wasser demontieren und reinigen können. Bei einigen Konstruktionen muss das Boot aber an Land. Es sah bei uns eine Zeit lang auch so aus, weil sich ein entscheidendes Teil nicht ablösen lassen wollte. Bei Korrosion ist das immer das Hauptproblem. Auf einen Rat von WEREVA-Werner hin haben wir es mit Erwärmen versucht. Ein alter Trick! Dadurch dehnt sich das Material und kann dann normalerweise entfernt werden. Dazu verwendeten wir bis dahin einen Gasbrenner. Werner stellte uns einen 2000 Watt starken Elektro-Heißluftföhn zur Verfügung. Wir erreichten damit wesentlich höhere Temperaturen. Das Korrosionsmaterial verpulverisiert sich zudem bei dieser großen Hitze weitgehend und lässt sich mit Reinigungsspray entfernen. Die Reparatur gelang. Das Ruder lief wieder spielend leicht.

Nach der obligatorische Überprüfung des Motors sowie Öl- und Filterwechsel an der Maschine waren wir bereit für die Weiterreise an das europäische Festland. Bis zum Eingang zur Straße von Gibraltar waren weitere 1100 Meilen zu bewältigen. Eine meteorologisch schwierige Strecke lag vor uns. Schwierig, weil je nach Lage des Azorenhochs mit ausgedehnten Flauten oder Gegenwinden zu rechnen ist. Liegt dieses Hoch genau über den Azoren, herrscht Flaute. Liegt es nördlich der Azoren, bringt es Winde aus Ost. Nur wenn es sich westlich der Azoren etabliert hat, gibt es eine Chance auf nördliche Winde.

Wir wollten auch diese Strecke möglichst segeln. Wir mussten 24 Tage auf eine akzeptable Wettersituation warten. Das ist für diese Strecke überhaupt nicht außergewöhnlich, im Gegenteil. Es spielte auch keine Rolle. Für uns und viele andere Segler waren es gewissermaßen die letzten Ferien. Der letzte Etappenort vor dem Festland, der Heimat und den Alltag. Wir genossen die Warterei.

Schon in den letzten 14 Tagen der Überfahrt hierher war es empfindlich kühl geworden. Insbesondere in der Nacht musste man sich wieder warm anziehen. Lange Hosen und Pullover wurden aus den tiefsten Schapps hervorgekramt. Das Seewasser war merklich kühler als in der Karibik. Kalte Füße waren an der Tagesordnung. Auf den Azoren war das nicht viel anders. Es regnete viel und die Temperaturen schwankten beträchtlich. Es gab auch schöne, milde Tage, die wir für Wanderungen und Inselausflüge nutzten. Das war aber selten. Meistens war es feucht und kalt und die Heizung auf dem Boot lief rund um die Uhr.

Die Hafenmole in Horta ist bunt bemalt. Jeder Segler verewigt sich mit einem Gemälde auf der Mole. Die Einheimischen sagen, dass es Pech bringt, wenn man das nicht tut. Wir machten es also auch, weil es eben alle taten. Oder fast alle. Gerhard von Flauten-LONG TARA unterließ es. Er reparierte sein Rigg und lief schon nach einer Woche mit Ziel Spanien wieder aus, hinein in ein riesiges Flautengebiet. Schon nach dreißig Meilen war die Reise infolge Motorschadens zu Ende. Mit leichten Winden kam er in der Nacht unter Segeln wieder bis auf zehn Meilen an Horta heran und blieb dann in der Flaute liegen. Die Strömung trieb ihn zwischen den Inseln hindurch in den offenen Atlantik. Ein anderes Boot nahm ihn auf den Haken und brachte ihn zurück nach Horta. Am Motor wurde ein Kolbenriss festgestellt. Der Motor musste ausgebaut werden. Die Instandsetzung dauerte mehr als vier Wochen. Gerhard hat sich daraufhin auch auf der Hafenmole verewigt. Der zweite Versuch gelang dann. Wir trafen ihn in Spanien wieder.

Am Samstag, dem 3. Juli 1999, verließen wir den Hafen von Horta. Die Wetterkarten sahen für die kommenden Tage gut aus. Bis Montag ging es auch gut. Dann hatte uns das Hoch eingeholt. Wieder lagen wir im Zentrum und damit in der Flaute. Die See war allerdings keineswegs ruhig. Aus Norden kam ein hoher und unangenehm kurzer Schwell. Das Bordleben gestaltete sich unbequem und mühsam. Nicht auszudenken, wie unangenehm es wäre, bei diesem Schwell ohne Fahrt liegen zu müssen. Uns schob die Maschine Meile um Meile dem Festland entgegen, 86 Stunden lang! Dann kamen wir in den Bereich des Portugalpassats mit seinen kräftigen, nördlichen Winden. Wir konnten endlich wieder segeln.

Der Seegang blieb unangenehm bis zum Cabo San Vincente an der Südspitze Portugals. Etwa zwanzig Meilen vor dem Kap erlebten wir Wellen, wie wir sie nicht einmal am Kap der Guten Hoffnung erlebt hatten, und damals hatten wir 45 Knoten Wind. Hier hatten wir nur 30 Knoten, aber eine weit gefährlichere See. Es muss mit den Strömungsverhältnissen zu tun gehabt haben. Glücklicherweise dauerte es nur ein paar Stunden, bis wir das Kap erreichten, und hinter dem Kap war die See glatt.

Schon einige Meilen vor dem Cabo San Vincente sahen wir viele Frachter. Am Kap selbst trauten wir unseren Augen nicht mehr. Drei bis vier Frachter waren immer in Sicht und das bei Nebel und einer Sichtweite von maximal 350 Metern. Trotzdem mussten wir dieses Verkehrstrennungsgebiet durchqueren. So ganz wohl war uns nicht bei der Sache, aber eine andere Möglichkeiten hatten wir nicht. Wir machten eindeutig klare Richtungswechsel und behielten den neuen Kurs stur bei. Und siehe da! Auf beiden »Straßen« zeigten uns die Frachter ebenfalls durch Kursänderung, dass sie auswichen. Sie passierten hinter uns.

Hinter dem Verkehrstrennungsgebiet hielten wir mehr auf die Küste zu, weg von der Schifffahrtsstraße, und sahen von den Frachterkolonnen schnell nichts mehr. Mit großem Abstand zum Frachtertreck gingen wir dann wieder auf den alten Kurs nach Barbate am Eingang zur Straße von Gibraltar, Distanz noch 140 Meilen. Nun hatten wir endlich Zeit, den in der Nacht gefangenen, 82 Zentimeter langen Tunfisch für die Küche zu präparieren. Mit beinahe zwanzig Kilo war das unser größter je gefangener Fisch. Es blies zwar immer noch mit dreißig Knoten aus West, aber das war kein Problem mehr. In der Landabdeckung von Portugal war kaum noch Seegang und die PURA VIDA lief wie auf Schienen ihren Weg. Im Laufe der Nacht ließ der Wind nach. Die Wolken verzogen sich. Nach vielen Tagen mit einem Himmel grau in grau sahen wir am Morgen endlich die Sonne wieder. Es wurde ein Segeltag, wie man ihn sich erträumt, wenn auch der Wind weniger und weniger wurde. Sonnen auf dem Achterdeck war angesagt! Wenigstens für Vreni. Ich hatte Strömungsberechnungen zu erarbeiten. Wir wollten die Straße von Gibraltar gleich in einem Zug durchfahren. Das ist nämlich auch so ein problematisches Teilstück. Der Wind kommt für etwa fünf Tage aus Ost und weht dann etwa sieben Tage von West in die Straße hinein. Noch hatten wir Westwind, und damit wollten wir durch. Nachts um 22 Uhr kam der neueste Wetterbericht von Tarifa Radio herein. Für den frühen Morgen war in Gibraltar mit Ostwind Stärke sechs bis sieben zu rechnen. Damit war alles klar. Gibraltar war gestrichen – das neue Ziel hieß Barbate. Die stundenlange Arbeit an den Strömungstabellen war für die Katz gewesen.

Nachts um zwei Uhr waren wir vor Barbate. Der Wind war nun komplett eingeschlafen. Ein untrügliches Zeichen, dass er bald drehen würde. Von den in der Seekarte und den Handbüchern eingezeichneten Tunfischnetzen sahen wir nichts. Eigentlich hätten sie beleuchtet sein müssen. Wir sahen aber nur ein paar Fischer. Das war mir zu gefährlich. Ich wusste, dass die Netze da waren. Wir mussten warten und den Hafen bei Tageslicht anfahren. Dabei galt es, die Position einigermaßen zu halten, das heißt die Strömung jede Stunde zu kompensieren. Um 6.30 Uhr begann es zu dämmern und wir konnten wieder Fahrt aufnehmen. Nun sahen wir, dass die Fischer, die wir in der Nacht gesehen hatten, in einer Linie an den Netzen gearbeitet hatten. Einer der Fischer geleitete uns um die Netze zur Hafeneinfahrt von Barbate. Um acht Uhr waren wir in der Marina Barbate. Es war Mittwoch, der 14. Juli 1999. Elf Tage waren wir seit den Azoren unterwegs gewesen.

»Vreni«, sagte ich beim obligaten Anleger, »zum ersten Mal seit fünf Jahren könnten wir von hier aus notfalls sogar zu Fuß nach Hause laufen. Erstmals liegt kein Ozean zwischen uns und der Heimat. Wir sind mehr oder weniger zu Hause. In Europa! Und der Nordatlantik ist auch geschafft.«

»Stimmt. Wenn ich nur wüsste, ob das nun gut oder schlecht ist.«

Gerade glücklich sah sie nicht aus.

Vier Tage mussten wir in Barbate warten. Auf einem Fest sahen wir andalusische Tänzer, waren umringt von temperamentvollen Spaniern und es gefiel uns prächtig. Auch Europa hat schöne Ecken! Am Sonntag kam der Wind schon wieder von der richtigen Seite. Nach Erhalt des Wetterberichtes um zehn Uhr morgens liefen wir aus. Die Strömungen passten haargenau. Wir durften nur keine Minute verschlafen. Noch in der Hafenausfahrt merkte ich, dass mit dem Autopiloten etwas nicht stimmte. Die PURA VIDA lief aus dem Ruder. Scheiße! Umkehren kam nicht in Frage. Wir hatten Wind, die Aries lief tadellos und von Hand steuern konnten wir notfalls auch noch. Zudem spürte ich so etwas wie Stalldrang. Weiter!

Bis Gibraltar kamen wir problemlos. Es war sogar interessant. Eine Menge Berufsverkehr war unterwegs und bei Gibraltar kreuzten viele Fähren die enge Straße. Der Wind frischte auf, erreichte bald 25 Knoten und auf der Höhe von Gibraltar waren es bereits 30 Knoten, Tendenz zulegend. Mit zwei Reffs im Groß und einem Handtuch Genua rauschten wir in das Mittelmeer und in die Nacht hinein. Der neue Kurs ab Gibraltar war spitz vor dem Wind. Das ist eine Sache für den Autopiloten. Mit der Aries lässt es sich so genau vor dem Wind nicht steuern. Der Autopilot musste also repariert werden, wenn wir nicht die ganze Nacht selbst Ruder gehen wollten. Unser nächstes Ziel hieß Aguadulce, und bis dort waren es noch 150 Meilen. Ich prüfte die Elektrik und fand einen Wackelkontakt am Hauptschalter. Das war provisorisch schnell zu reparieren. Mit zwei kurzen Kabeln überbrückte ich den Schalter, und schon lief die Anlage wieder einwandfrei.

Der Wind hatte in den wenigen Minuten noch mehr zugelegt, 35 bis 40 Knoten waren es nun. In den Böen lasen wir 45 Knoten ab. Auch die See war respektabel hoch, aber angenehm lang. Der Autopilot hatte mit solchen Bedingungen keine Probleme und steuerte uns sicher und genau durch die schwarze Nacht. An Schlaf denkt man in so einer Nacht aber nicht. Schon gar nicht, wenn überall Lichter zu sehen sind. Um Mitternacht ließ der Wind nach, ging zurück auf 25 Knoten, um zwei Uhr morgens waren es noch 15 Knoten und bei Tagesanbruch verblieben noch ganze zehn Knoten, immer noch aus West. Damit können wir zwar am Wind segeln, jedoch niemals vor dem Wind. Wieder musste die Maschine schieben. Es war aber nicht mehr weit, noch ganze 80 Meilen bis Aguadulce. Es lief wunderprächtig in der letzten Nacht.

Der Wind kam nicht mehr zurück. Auf spiegelglatter See erreichten wir in der kommenden Nacht um zwei Uhr morgens die Bucht von Almeria und stoppten die Maschine drei Meilen vor der Hafeneinfahrt von Aguadulce. Ich wollte nicht nachts hineinfahren. Wir hatten keine Detailkarte und in der Bucht wimmelte es von Fischern. Waren da wieder irgendwo Netze? Wir wussten es nicht. Vreni machte eine Thermoskanne voll Kaffe. Die Maschine lief wegen der vielen Fischer noch im Leerlauf. Wir saßen im Cockpit und schauten den sich hin und her bewegenden Positionslichtern zu.

Plötzlich sahen wir einen großen, schwarzen Schatten auf uns zuschießen. Männer schrieen, Deckslichter gingen an und wir sahen ein etwa 25 Meter langes Fischerboot noch 25 Meter von uns entfernt mit höchster Geschwindigkeit auf uns zurasen. Wir sprangen auf. Starrten zu diesem Boot und waren unfähig etwas zu tun.
»Der überrennt uns!«, schrie Vreni.
Nun erwachte ich aus meiner Schreckenslähmung. Vollgas! Die Maschine heulte auf 2800 Touren. Langsam nahm PURA VIDA Fahrt auf. Viel zu langsam. Das konnte niemals reichen. Mehr Gas ging aber nicht. Wir waren schon auf Vollanschlag. Im letzten Moment reagierte der Fischer. Hart riss er das Ruder herum und raste vier Meter hinter unserem Heck vorbei, an Deck die wütend zum Rudergänger schreienden Männer. Sie hatten uns offensichtlich schon lange gesehen, nur der Mann am Ruder nicht. Auf dem davonrasenden Fischerboot gingen nun endlich die Positionslichter an.

Wir verbrachten den Rest der Nacht bei voller Decksbeleuchtung, Positionslichtern an Bug und Heck sowie der Dreifarbenlampe im Masttop. Es kam uns niemand mehr zu nahe.

Das war verdammt knapp! Wir hatten keine Chance, uns selbst zu helfen. Der Fischer war viel zu schnell und viel zu nahe, als wir ihn sahen. Trotz laufender Maschine konnten wir nicht fliehen. Wäre die Maschine nicht gelaufen, hätten wir ihn vermutlich gehört. Aber ich weiß nicht, ob wir richtig reagiert und unser Boot voll beleuchtet hätten. Vielleicht hätte ich auch dann versucht, den Motor zu starten und zu fliehen. Wir waren ja korrekt beleuchtet. Gewarnt hätte den Mann aber nur eine voll beleuchtete Yacht. Zum Glück waren seine Leute an Deck aufmerksam.

Bei Tagesanbruch war das Meer wie leer gefegt. Kein Fischer war mehr zu sehen. Wir nahmen Kurs auf Aguadulce und erreichten den Marinahafen um acht Uhr morgens am 20. Juli 1999. Der Schreck saß uns noch in allen Gliedern, und müde waren wir auch. Immerhin hatten wir zwei Nächte nicht geschlafen.

Am folgenden Wochenende gab es eine Hochzeit in der Familie. Mein Vater hatte sich anerboten, uns den Flug in die Schweiz zu bezahlen. Er wollte uns unbedingt dabei haben und wusste, dass unser

Kassenboden immer besser zu sehen war. Im Büro der Marina fragten wir deshalb nach einer Reiseagentur. Die Dame im Büro versprach, einen Last-Minute-Flug für uns zu organisieren. Wir hatten kaum unser Boot an den uns zugewiesenen Steg verlegt, als wir über Funk ins Büro gebeten wurden. Man hatte einen Flug, billig und direkt nach Zürich. Aber es war ein Haken dabei. Der Flug ging am nächsten Tag früh am Morgen ab Malaga. Um die Zeit fuhr aber noch kein Bus nach Malaga, der letzte Bus ab Aguadulce ging um Mitternacht. Den mussten wir nehmen. Wir überlegten nicht lange. Der Flug war wirklich günstig. Auf eine schlaflose Nacht mehr oder weniger kam es nun auch nicht mehr an. Wir buchten definitiv.

Für den Rest des Tages gab es noch viel zu tun. Motorraum reinigen und kontrollieren, Segel sauber auftuchen und abdecken, Boot abspritzen, Geschenke einkaufen, Tickets abholen, Reisegepäck bereitstellen und tausend andere Kleinigkeiten. Im Bus konnten wir endlich die Beine strecken und schliefen bald tief und fest. Um drei Uhr morgens waren wir in Malaga, nahmen ein Taxi zu Flughafen, bestellten ein gutes Frühstück und um elf Uhr waren wir bereits in Zürich. Genau fünf Jahre und drei Monate waren seit unserer Abreise vergangen.

Wir blieben zehn Tage in der Schweiz. Die Tage waren ausgefüllt mit Wiedersehenstreffen. Der Terminkalender war komplett ausgebucht. Eine Einladung folgte der anderen. Wir wurden nur mit den besten Delikatessen verwöhnt. Die für die Hochzeit neu gekauften Hosen waren bereits wieder zu eng.

Zurück in Aguadulce wurden wir die neu erworbenen Kilos aber bald wieder los. Noch in der Schweiz hatten wir ein bisschen herumtelefoniert und die Preise für Langzeitliegeplätze an Land sowohl in Südfrankreich wie auch in Spanien abgeklärt. Aguadulce war schlussendlich die Marina mit dem mit Abstand besten Angebot. Dabei wurde die Kategorie 12 bis 16 Meter berechnet. Mit dem Bugspriet kommen wir natürlich in diese Kategorie. Wir wären aber gern in die Kategorie 10 bis 12 Meter gekommen. Die Preisdifferenz

303

ist immerhin ziemlich genau 1000 sFr. Nach langem Hin und Her wurde PURA VIDA vom Hafenkapitän vermessen – ohne Bugspriet! Er kam auf 11,95 Meter, und dabei blieb es.

Somit war Aguadulce zur Endstation unserer Reise geworden. Unsere PURA VIDA kam an Land und bekam einen sehr guten Standplatz in einem abgeschlossenen Areal. 26 Karton Material hatten wir nach Costa Rica transportiert, und 30 Karton lagen schließlich vor der PURA VIDA zum Abtransport in die Schweiz bereit. Wir mieteten einen Transportbus und fuhren das ganze Material in zwei Tagen nach Hause. Während Vreni in der Schweiz unsere Wohnung einrichtete, brachte ich den Bus nonstop wieder zurück nach Spanien. Bis nach Aguadulce musste ich nicht mehr fahren. Ich konnte ihn in Barcelona abgeben und von dort aus noch am gleichen Tag mit der Bahn wieder nach Hause fahren.

Unsere fünfjährige Reise ist nun definitiv zu Ende und damit auch ein wunderschöner Abschnitt unseres Lebens. Wir werden vieles vermissen. Vor allem die Freiheit, die wir in dieser Zeit genossen haben. Aber auch das Plätschern an der Bordwand, den Geruch des Meeres, die Wärme der Tropen und die Gemeinschaft der Freunde rund um die Welt. Auch das Ankommen werden wir vermissen. Das Ankommen in anderen Ländern und Kontinenten. Das erhabene Hochgefühl der ersten Schritte und Eindrücke. Es gibt aber auch einiges, das wir mitnehmen wollen in unseren neuen Lebensabschnitt. Zum Beispiel Toleranz gegenüber anderen Völkern und Kulturen. Wir werden nie vergessen, dass man uns mit ganz wenigen Ausnahmen überall auf der Welt als Besucher freundlich empfangen und aufgenommen hat. Die Gastfreundschaft hat uns manchmal verblüfft und beinahe beschämt. Diese erlebte Offenheit wollen wir hier weitergeben und ein offenes Haus haben – in Erinnerung an all diejenigen, die uns irgendwo auf der Welt ihr Heim öffneten und sagten: »Schön, euch hier bei uns zu haben!«

Südafrika

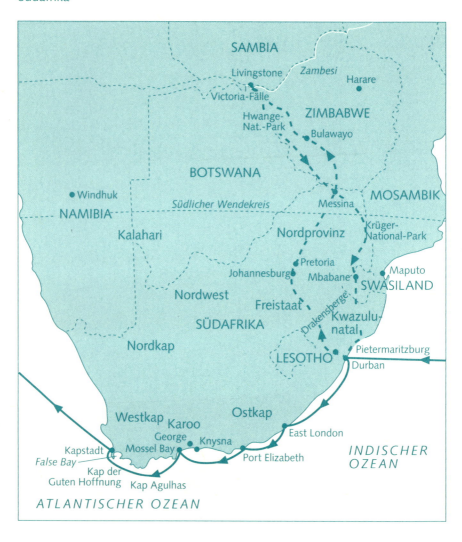